Le plus des Editions ENI

1 livre imprimé acheté

= sa Version numérique offerte*

Demandez votre code d'accès au livre numérique

1. **Consultez la liste des livres bénéficiant de cette offre** dans la rubrique « Livres numériques » sur www.editions-eni.fr
2. Si votre livre fait partie de cette liste, vous avez un mois à compter de votre date d'achat pour nous **envoyer vos coordonnées complètes accompagnées de votre preuve d'achat** par e-mail à : editions@eni.fr ou par courrier à : Editions ENI – Offre Livre Numérique – BP 80009 – 44801 Saint-Herblain Cedex
3. **Vous recevrez par e-mail votre accès** à votre livre numérique.

Nom ______________________ **Prénom** ______________________

Adresse ____

____

E-mail ____

N° ISBN du livre ______________________ (voir au dos du livre ex : 978-2-7460-XXXX-X)

*Voir conditions complètes de l'offre sur le site.
Le livre numérique offert est consultable via Internet, pendant un an.

www.editions-eni.fr

eni éditions

Maintenance et Dépannage d'un PC en réseau

3ième édition

ISBN : 978-2-7460-5887-3
ISSN : 1627-8224
Imprimé en France

Editions ENI

ZAC du Moulin Neuf
Rue Benjamin Franklin
44800 St HERBLAIN
Tél. 02.51.80.15.15
Fax 02.51.80.15.16

e-mail : editions@ediENI.com
http://www.editions-eni.com

Auteurs : Jean-Noël ANDERRUTHY et Sylvain GAUMÉ
Collection **Ressources Informatiques** dirigée par Joëlle MUSSET

La maîtrise de l'outil informatique et plus particulièrement du poste de travail est une nécessité dans la plupart des sociétés, quelle qu'en soit la taille. Cet ouvrage aborde l'installation, la maintenance, la mise en réseau et le dépannage des PC dans un environnement professionnel. Nous avons dans ce livre recensé les problèmes les plus courants que vous pouvez rencontrer dans l'administration quotidienne de vos postes. Nous apportons une ou plusieurs solutions pour chaque problème identifié et, ce, dans tous les chapitres de l'ouvrage. L'administration du système d'exploitation est décryptée, les outils, services et utilitaires système sont détaillés puisqu'ils sont nécessaires pour les opérations de maintenance. Vous trouverez dans cet ouvrage des références aux systèmes d'exploitation Windows Vista et Windows 7, mais également aux périphériques et composants matériels des PC, comme par exemple la gestion des périphériques USB ou SATA. Un chapitre aborde la sécurité renforcée d'Internet Explorer afin de vous prémunir contre les menaces externes.

Fruit de notre longue expérience, ce livre ne s'adresse pas seulement aux professionnels de l'informatique mais également aux passionnés désirant trouver des informations techniques avancées et pertinentes répondant à leurs soucis quotidiens. Une expérience préalable et une bonne connaissance des systèmes d'exploitation Microsoft sont donc fortement recommandées avant d'aborder cet ouvrage.

L'ouvrage ne se limite pas à la mise en réseau de type filaire du poste de travail mais présente également les problèmes rencontrés avec une connexion de type sans-fil. De nombreuses références à la base de registre permettent de rentrer dans la configuration avancée du système, dans le but de concevoir des scripts pour l'administration locale et distante du système d'exploitation.

Avant-propos

Le matériel

Chapitre 1

Quatre outils Système — Chapitre 3

Les comptes d'utilisateurs — Chapitre 4

Maintenance du système — Chapitre 5

Dépanner le système d'exploitation — Chapitre 6

Les périphériques

Chapitre 7

Internet Explorer et les protocoles de messagerie

Chapitre 8

Le réseau — Chapitre 9

Chapitre 1 : Le matériel

A. Introduction au matériel

Un ordinateur est un ensemble d'éléments dont la pièce principale est l'unité centrale. À cette dernière, sont reliés les périphériques : moniteur (écran), clavier, souris, imprimantes, modem, etc. On désigne par le terme de "composant", les éléments qui constituent la partie matérielle de l'unité centrale ("Hardware"). Le ou les systèmes d'exploitations que vous installerez ainsi que les applications forment la partie logicielle ("Software").

Ce premier chapitre va nous permettre de faire connaissance avec les composants matériels de la machine ainsi qu'avec le fonctionnement du BIOS.

B. Carte mère

La carte mère ("Motherboard" en anglais) désigne la carte la plus importante présente dans l'ordinateur. C'est un circuit imprimé qui permet d'assurer les échanges de données entre les différents composants matériels qui sont connectés à cette carte.

1. Le facteur d'encombrement

Ce terme permet de définir les dimensions et les caractéristiques électriques de la carte mère. Plusieurs normes ont été définies :

- AT baby/AT plein format (*Advanced Technology*) est un format utilisé sur les premiers ordinateurs PC du type 386 ou 486 ;
- ATX (*Advanced Technology Extended*) est un format optimisé conçu par la société Intel et permettant une meilleure organisation des éléments ;
- ITX (*Information Technology eXtended*) est un format développé par VIA pour ses plates-formes miniatures à faible dissipation thermique ;
- BTX (*Balanced Technology eXtended*) est un format visant à remplacer la norme ATX et qui n'est compatible qu'avec un Pentium 4 ou Celeron.

2. Les composants

Sur toutes les cartes mères, les composants suivants sont présents :

Le chipset ou "Jeu de puces" est un ensemble de composants électroniques permettant de gérer les échanges de données. C'est le chipset qui détermine en partie le modèle de processeur et le type de mémoire qu'il sera possible d'installer. Les systèmes récents intègrent deux éléments : le North-Bridge et le South-Bridge.

- le North-Bridge regroupe le contrôleur mémoire, le contrôleur AGP et les autres interfaces de bus PCI-X ;
- le South-Bridge regroupe les contrôleurs comme ATA/ATAPI, USB, FireWire/1394, etc. Ces deux éléments sont reliés par un bus PCI.

Le CMOS (*Complementary Metal-Oxyde Semiconductor*) est un circuit électronique qui permet de conserver certaines informations même quand l'ordinateur est éteint. Le CMOS est alimenté par une pile de type bouton qui est visible sur la carte mère.

Le BIOS (*Basic Input/Output System*) est un ensemble de routines logicielles qui permettent le démarrage de la machine alors même que le système d'exploitation n'est pas encore chargé.

C. Le processeur

Le processeur ("Microprocesseur") ou CPU (*Central Processing Unit*) est un circuit intégré chargé d'interpréter les instructions et de traiter les données contenues dans la mémoire. La vitesse de traitement d'un processeur est exprimée en MIPS (millions d'instructions par seconde). Il est placé sur la carte mère grâce à ces deux types de support :

- Slot : sorte de connecteur rectangulaire dans lequel on enfiche le processeur verticalement ;
- Socket : connecteur carré possédant un grand nombre de petits trous sur lequel le processeur vient directement se placer.

Ils peuvent être classés en deux groupes selon le fabricant.

Pour les cartes mères destinées aux processeurs AMD :

- Slot A : processeurs Athlon AMD ;
- Socket 754 : Athlon 64, Mobile Athlon 64, Sempron, Turion ;
- Socket 939 : Athlon 64, Athlon FX, Athlon X2, Sempron ;
- Socket 940 : Opteron et Athlon 64 FX ;
- Socket AM2 : Athlon 64, Athlon FX, Athlon X2, Sempron, Cammas ;
- Socket F : Opteron ;
- Socket AM3 : Phenom II, Athlon II, Sempron ;
- Socket G34 : Opteron 3ème génération.

Pour les cartes mères destinées aux processeurs Intel :

- Socket 478 : Pentium 4, Celeron ;
- Socket 775 : Pentium 4, Celeron, Pentium D (dual-core), Core 2 Duo ;
- Socket 604 : Xeon DP ;
- Socket LGA 771 : Xeon, Core 2 ;
- Socket LGA 1366 : Core i7 ;
- Socket LGA 1156 : Core i7, Core i5.

1. Fréquence et largeur des bus

Un bus désigne l'ensemble des circuits électroniques permettant de connecter les différents composants d'un ordinateur (processeur, mémoire et les périphériques). Il existe différentes catégories de bus :

- le bus système (ou bus interne) qui relie le processeur à la mémoire vive ;
- le bus d'extension (ou bus d'entrées/sorties) qui relie le processeur aux connecteurs d'entrées/sorties et aux connecteurs d'extension (là où vous pouvez connecter des cartes ou des périphériques).

La fréquence du processeur se mesure en mégahertz (MHz). Si un processeur est cadencé à 1000 Mhz, cela signifie qu'il est capable de gérer 1000 millions d'impulsions (ou bit) par seconde.

Un bit ("binary digit") est une unité de mesure qui désigne la quantité élémentaire d'information qu'est capable de traiter un ordinateur. Il représente un chiffre au format binaire (utilisant la base 2). Signalons enfin que 8 bits forment un octet ("Byte" en anglais).

La déduction qui s'impose est que la fréquence du processeur fait directement partie de l'évaluation des performances d'un ordinateur. Deux paramètres déterminent la fréquence d'un processeur :

- La fréquence interne et externe, respectivement la vitesse à laquelle fonctionne le processeur et la vitesse à laquelle il peut communiquer avec les autres composants ;

- Le cœfficient multiplicateur qui permet de synchroniser le processeur avec la carte mère. C'est pour cette raison que la fréquence du processeur est un multiple de la fréquence de la carte mère. Afin de connaître la fréquence interne d'un processeur, il suffit de multiplier la fréquence du bus processeur par un cœfficient multiplicateur. Les fréquences de base sont 66, 100 et 133 MHz. Par exemple, un Pentium III 866 MHz tournera à 133 MHz (vitesse du bus système) multiplié par 6.5 (cœfficient multiplicateur) ;

Il y a d'autres éléments qui rentrent en compte :

- La taille des données qu'il manipule : 16 bits, 32 bits, 64 bits, etc.
- La taille du bus externe, soit la largeur du chemin que doivent emprunter les données quand elles sont envoyées aux autres composants. Si la largeur d'un bus externe est de 64 bits, cela signifie qu'il peut aller chercher ("adresser"), en mémoire, 8 octets de données (64 bits/8) en même temps.

L'"Overclocking" consiste soit à modifier le cœfficient multiplicateur ou la fréquence du bus système afin d'augmenter les performances d'un ordinateur. Cette opération peut être effectuée principalement soit en déplaçant des cavaliers sur la carte mère, soit en modifiant les paramètres qui sont accessibles dans le BIOS. Il existe également des programmes qui permettent d'"Overclocker" un processeur.

D. Le stockage des données

Lors de la mise sous tension de l'ordinateur, celui-ci charge en mémoire vive une partie des fichiers stockés sur le disque dur et qui forment le système d'exploitation. Lorsque cette mémoire vive n'est pas suffisante, le système d'exploitation utilise une portion du disque dur appelée mémoire virtuelle. On distingue plusieurs types de supports permettant de stocker les données :

- Mémoire volatile : les données qui sont stockées dans la mémoire volatile seront perdues quand l'ordinateur sera éteint. Un bon exemple de mémoire volatile sont les barrettes mémoires (RAM ou *Random Access Memory*) ;
- Mémoire non volatile : à l'inverse des précédentes, les données qui sont stockées dans la mémoire non volatile ne sont pas perdues quand l'ordinateur n'est plus alimenté. Par exemple, disque dur, DVD-ROM, etc.

- Stockage magnétique : cet ensemble regroupe la plupart des périphériques de stockage fonctionnant selon le principe de l'électromagnétisme (combinant à la fois les propriétés électriques et les propriétés des aimants). Le disque dur est le périphérique de stockage magnétique principal de l'ordinateur ;
- Stockage optique : ce terme désigne un support de données numériques lisible par un système optique (laser) : CD-ROM, DVD-ROM, graveurs, etc.

1. Les disques durs

Un disque dur est composé d'un empilement de disques rigides appelés plateaux. Ils tournent rapidement autour d'un axe dans le sens inverse des aiguilles d'une montre. Un moteur assure la rotation des plateaux et des têtes de lecture et d'écriture parcourent les faces des différents plateaux. Les données stockées sur le disque dur sont organisées en cercles appelés pistes. En règle générale, les pistes sont constituées de plusieurs secteurs de 512 octets.

Trois éléments principaux entrent dans l'évaluation d'un disque dur :

- l'interface du disque dur, c'est-à-dire le type de connexion qui le reliera à la carte mère : IDE, SCSI, SAS ou Serial ATA ;
- la capacité du disque dur ;
- la vitesse de rotation du disque dur : plus elle est importante, moins il faudra de temps pour repositionner les têtes de lecture.

Je signale que c'est souvent un élément fondamental dans le choix d'un ordinateur notamment si c'est un portable...

2. Les disques ATA

ATA (*Advanced Technology Attachment*) est une technologie plus connue sous la dénomination "IDE" (*Integrated Drive Electronics*) ou "PATA". Quand a été mise sur le marché la norme SATA, on a employé l'expression "Disque PATA" (pour *Parallel ATA*) puisque la transmission des données se fait en "parallèle". Le disque est relié à la carte mère par une nappe appelée nappe IDE.

L'Ultra DMA (parfois noté UDMA) a été conçu dans le but d'optimiser l'interface ATA.

Les échanges de données se font grâce à un protocole appelé PIO (*Programmed Input/Output*). La technique du DMA (*Direct Memory Access*) permet de soulager le processeur en autorisant les périphériques à accéder directement à la mémoire. Il existe différentes normes ATA : ATA-1, ATA-2, ..., ATA-6 ("Ultra DMA/100") et ATA-7 ("Ultra DMA/133").

Quand vous installez un périphérique IDE, vous devez définir si le disque dur sera placé en maître ("Master" ou "MA") ou en esclave ("Slave" ou "SL") le long de la nappe IDE. Il y a, à l'arrière du disque dur, des cavaliers enfichés sur des minuscules connecteurs qui vous permettent de le faire.

Si le BIOS supporte cette fonctionnalité, il est possible de régler le disque dur sur un mode appelé "Cable Select". Dans ce cas, c'est le BIOS qui va gérer les priorités accordées à vos périphériques de stockage magnétique. Traditionnellement, le connecteur noir de la nappe IDE est réservé au lecteur déclaré en maître tandis que l'autre connecteur (bleu ou gris) est réservé au lecteur déclaré en tant qu'esclave. Le liseré rouge qui est visible sur un des côtés de la nappe doit être orienté vers la prise connectée à l'arrière du disque dur et qui permet de relier ce dernier à l'alimentation. La nappe va donc relier le disque dur à un des connecteurs IDE de votre carte mère (qui en compte généralement deux). En conséquence, il vous est possible de relier à un ordinateur de type un peu ancien (sans port SATA) pas moins de quatre lecteurs IDE (disque dur, CD-Rom, DVD-ROM ou/et graveur).

3. Installer un disque dur IDE

En fonction de la marque d'un disque IDE, les réglages suivants s'offrent à vous :

- Cable Select : selon la position sur la nappe IDE, le disque est déclaré en maître ou en esclave. Cela suppose l'utilisation d'un câble IDE Ultra ATA avec trois différentes couleurs de connecteurs.
- Master (maître) ou Single (lecteur seul) : à choisir si le disque est seul et en première position sur la nappe IDE.
- Slave (ou esclave) : à choisir si le disque est en seconde position sur la nappe IDE.
- Master with non ATA compatible slave (maître avec un disque dur non compatible ATA) : à utiliser si le disque dur placé en maître n'est pas compatible avec un lecteur placé en esclave.
- Limit drive capacity (capacité du disque dur limitée) : à utiliser si votre carte mère (très ancienne) ne reconnaît pas correctement les disques de grande capacité. Vous avez différentes possibilités : Single Master with Limit Capacity - Slave with Limit Capacity.

4. Les utilitaires disques

Les fabricants de disque mettent à la disposition du public un certain nombre d'utilitaires permettant d'effectuer un test du disque dur, un formatage de bas niveau ou de résoudre des problèmes de reconnaissance du disque par le système d'exploitation ou le BIOS de votre machine.

Un disque pour pouvoir être accessible dans l'Explorateur Windows a besoin d'être formaté. Il y a deux types de formatage : physique et logique. Le formatage physique initialise le disque en pistes, secteurs et cylindres. C'est l'organisation physique des données qui est, dans ce cas, définie. Ce formatage est aussi appelé formatage de bas niveau. Après le partitionnement du disque, le formatage logique prépare le disque à accueillir un ou plusieurs systèmes de fichiers (création du secteur d'amorçage et de la table d'attribution des fichiers).

5. Les disques Serial ATA

La norme Serial ATA (ou "SATA") a été instaurée afin de repousser les limites de transmission des données inhérentes aux disques IDE. Afin de relier un disque SATA à la carte mère, on utilise un câble plat composé de sept fils et terminé par un connecteur de 8 mm de large.

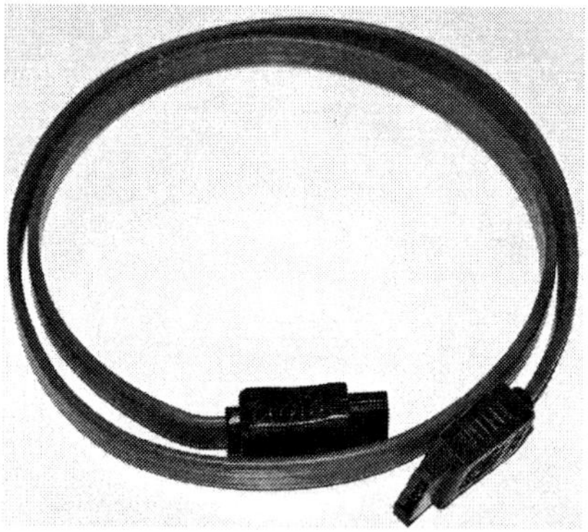

Par ailleurs, le connecteur d'alimentation d'un disque SATA diffère de celui d'un disque IDE. La dernière génération de disque SATA ("SATA 3") permet un débit théorique de 600 Mo/s. Rappelons qu'en réalité, un disque SATA atteint souvent un débit réel de 200 Mo/s.

Pour les lecteurs SATA, il n'y a pas de configuration maître/esclave puisque sur un câble SATA est branché un seul lecteur. Les connecteurs SATA sont munis d'un détrompeur qui assure qu'ils sont branchés dans le bon sens.

E. La mémoire vive

La mémoire vive est un composant électronique permettant de stocker l'ensemble des données dont le processeur se sert à un moment précis. La RAM se présente sous la forme de barrettes enfichées sur la carte mère. La mémoire vive a un temps d'accès de quelques centaines de nanosecondes tandis que celui du disque dur est de quelques millisecondes (cent mille fois plus). Une autre manière de dire que la mémoire vive est beaucoup plus rapide qu'un disque dur ! Le processeur prépare la mémoire à recevoir ou à envoyer les données contenues dans une zone d'adresse spécifique. Les adresses sont disposées selon un système de lignes et de colonnes insérées dans une matrice. Pour écrire une donnée, l'adresse est envoyée en X et en Y. Le signal RAS# (*Row Address Strobe*) désigne une adresse de ligne, tandis que le signal CAS# (*Column Address Strobe*) est employé pour une adresse de colonne.

Il existe trois principales normes :

- SIMM (*Single Inline Memory Module*) : ce type de barrettes possède 30 ou 72 broches. Dans ce dernier cas, il y a une encoche (appelée détrompeur) au milieu des broches.

- DIMM (*Dual Inline Memory Module*) : ce sont des mémoires 64 bits qui possèdent 84 connecteurs de chaque côté. Elles sont caractérisées par le fait qu'elles comportent deux détrompeurs.
- RIMM (*Rambus Inline Memory Module*), appelées également RD-RAM ou DRD-RAM) : ce sont des barrettes mémoire 64 bits comportant 184 broches.

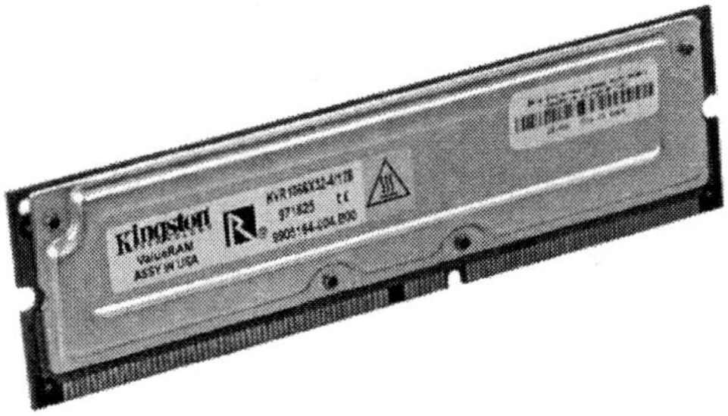

1. Les types de mémoire

Pour compliquer les choses, il y a différents types de barrettes mémoire :

- Mémoire FPM (*Fast Page Mode*) : cette mémoire permet d'obtenir des temps d'accès de l'ordre de 70 à 80 nanosecondes pour une fréquence de fonctionnement allant de 25 à 33 Mhz.
- Mémoire EDO (*Extended Data Out*) : le temps d'accès est de 50 à 60 nanosecondes pour une fréquence de fonctionnement allant de 33 à 66 MHz.
- Mémoire SDRAM (*Synchronous DRAM*) : cette mémoire est capable de fonctionner avec la carte mère de manière synchrone. Les temps d'accès sont de 10 (6) nanosecondes pour une fréquence de 150 MHz.
- Mémoire SDRAM DDR (*SD RAM Double Data Rate*) : cette mémoire est capable de doubler le taux de transfert de la SDRAM à fréquence égale.
- Mémoire RDRAM (*Rambus DRAM*) : cette mémoire permet un transfert de données sur un bus de 16 bits de largeur à une cadence de 800 MHz.
- Mémoire DDR2-SDRAM : cette mémoire est capable de doubler le taux de transfert de la DDR à fréquence égale.
- Mémoire DDR3-SDRAM : cette mémoire permet de diminuer la consommation électrique de 40% en comparaison de la DDR2.

Le principal problème consiste à vous assurer que la fréquence de la barrette mémoire que vous allez acheter est compatible avec la fréquence de votre carte mère ("FSB" : *Front Side BUS*). Un outil mis à la disposition du public peut vous aider à y voir clair : http://www.ldlc.com/assistants/ram-memoire.html.

2. Installer des barrettes mémoire

Il arrive que l'ordinateur ne démarre pas correctement ou n'affiche pas la somme exacte de la mémoire installée. Imaginons le scénario suivant : une barrette d'origine placée sur le slot n°1 et une barrette rajoutée placée sur le slot n°2.

Enlevez la barrette rajoutée et déplacez celle d'origine du premier sur le second slot. Si l'ordinateur ne démarre toujours pas, le slot n°2 de la carte mère est défectueux. On suppose que l'ordinateur fonctionnait parfaitement avant l'ajout de la seconde barrette mémoire.

Procédez ensuite au test suivant : enlevez votre barrette d'origine et mettez votre deuxième barrette sur le premier slot.

Si le problème subsiste, cela pourrait être plutôt dû à un problème de compatibilité sur la barrette rajoutée ou à un défaut de la barrette mémoire que vous venez d'acheter.

Procédez enfin au test suivant : placez votre barrette d'origine sur le deuxième slot. Si l'ordinateur démarre, le problème venait juste d'un mauvais contact sur l'une des deux barrettes. Sinon, le problème est dû à un mauvais réglage de votre BIOS. Auquel cas, enlevez la barrette ajoutée, redémarrez en accédant au BIOS, puis restaurez les paramètres par défaut. Rajoutez la barrette, retournez dans le BIOS, sauvegardez les changements en appuyant sur la touche [F10], et validez en appuyant sur les touches [Y] et [Entrée].

Notez qu'il arrive qu'une barrette mémoire ne soit pas reconnue si le premier slot n'est pas rempli en priorité. L'indication se trouve sur la carte mère, à côté des emplacements de vos barrettes mémoire.

3. J'ai installé 4 Go de mémoire !

Le constat que vous allez immédiatement faire est que seuls 3 Go (approximativement) sont reconnus. On peut se rendre compte que la somme totale de la mémoire détectée varie, selon les cas, entre 2.5 Go et 3.58 Go. Voici une réponse rapide : en pratique c'est la limite maximale ! Quelques mots d'explication sont nécessaires :

En théorie, les systèmes d'exploitation 32 bits sont capables d'utiliser les 4 Go. Mais ces systèmes ont besoin d'une certaine quantité d'espace mémoire (qui n'a rien à voir avec la quantité de mémoire vive) pour le fonctionnement du Bus PCI, l'adressage mémoire de votre carte graphique, etc. En bref, un ordinateur x86 aura besoin d'allouer de 512 Mo à 1 Go pour l'adressage des bus PCI avant même que la mémoire vive (RAM) reçoive un espace d'allocation. Si, par exemple, votre carte vidéo possède une mémoire de 512 Mo, ce sera autant d'espace d'adressage qui sera retiré à vos barrettes mémoire. Ce n'est donc pas un problème de capacité mais bien de "place". Dans le cas d'un système en 64 bits, le problème ne se posera pas : il a été imaginé un mécanisme permettant d'adresser virtuellement l'espace mémoire qui est disponible. Dans ce cas, la plage d'adresses utilisée par le bus PCI est récupérée en la redirigeant vers la zone haute de la mémoire RAM.

Si vous êtes confronté à ce type de problème, la seule solution consiste donc à migrer vers un système 64 bits. Le problème n'est pas tant que cette limitation existe mais tient plutôt au fait que la plupart des assembleurs et vendeurs informatiques oublient d'en informer leurs clients !

F. Le stockage optique

- Un CD-Rom (*Compact Disc Read Only Memory*) a une capacité de stockage de 650 ou 700 Mo.
- Un CD-R (*Compact Disk Recordable*) est un disque sur lequel on ne peut graver des données qu'une seule fois.
- Un CD-RW (*Compact Disc ReWritable*) possède une capacité de stockage de 650 Mo mais présente l'avantage d'être réinscriptible.

Il existe principalement quatre types de DVD :

- Le DVD-5 : il est composé d'une face et d'une couche de stockage. Sa capacité est de 4,7 Go.
- Le DVD-9 : il est composé d'une face et de deux couches de stockage. Sa capacité est de 8,5 Go.
- Le DVD-10 : il est composé de deux faces et d'une couche par face. Sa capacité est de 9,4 Go.
- Le DVD-18 : il est composé de deux faces et de deux couches par face. Sa capacité est de 17 Go.

Les formats sont les suivants :

- DVD-R (R pour *Recordable* : enregistrable) : cette norme est la première à avoir vu le jour.
- DVD+R : cette norme est plus récente...
- DVD-R DL, DVD-RW DL, DVD+R DL et DVD+RW DL : DL signifie "Double couche" ("Dual Layer" en anglais). Ces DVD offrent une capacité doublée : 8,5 Go.
- DVD-RW et DVD+RW : sont des DVD réinscriptibles ("ReWritable") avec les mêmes caractéristiques que leurs homologues -R et +R.

Le Blu-ray ou Blu-ray Disc (abréviation officielle BD, autre dénomination B-RD) est un format de disque numérique breveté et commercialisé par Sony. La capacité d'un disque Blu-ray double couche est de 50 Go. Il existe principalement trois types de disques Blu-ray sur le marché :

- BD-R : ce type de disque est un disque enregistrable qui ne permet de graver les données qu'une seule fois sur le disque.
- BD-RE : disque Blu-ray réinscriptible.
- BD-ROM : disque Blu-ray préenregistré d'une capacité de 100 ou 200 Go.

Rappelez-vous que :

- un lecteur de DVD comme un graveur de DVD peut aussi bien lire des CD que des DVD ;

- un graveur de CD peut lire toute sorte de CD :
- les lecteurs ou les graveurs de CD ne peuvent pas lire des DVD ;
- un lecteur "Combo" est un lecteur de DVD capable de graver des CD.

Les caractéristiques des lecteurs de graveurs de CD-Rom ou de DVD sont indiquées à l'aide d'un nombre suivi de la lettre X. 1X est égal à 150 Ko/s. Par exemple, pour un graveur CD, 40x/12x/48x, signifie 40x en écriture, 12x en réécriture et 48x en lecture.

1. Nettoyer un disque

Utilisez un morceau de tissu non pelucheux pour nettoyer le disque. En aucun cas, vous ne devez toucher à la face brillante du disque.

Le principe n'est pas de suivre les pistes dans un mouvement circulaire mais, au contraire, d'effectuer des mouvements du centre vers la périphérie du disque.

Si la surface du DVD paraît présenter des taches de graisse ou est légèrement poisseuse, mélangez du shampoing pour bébé dans de l'eau tiède puis laissez tremper votre disque... Servez-vous ensuite d'un coton tige ou d'un tissu doux pour le nettoyer. Attendez ensuite que le disque soit complètement sec.

S'il y a des traces de doigts sur le disque, utilisez un chiffon imbibé d'alcool, d'éthanol ou de méthanol pour effacer les marques. En aucun cas, n'utilisez un solvant fabriqué à partir d'un produit issu de l'industrie pétrolière. La surface du disque sera irrémédiablement abîmée. En dernier recours, vous pouvez aussi utiliser de l'eau distillée.

2. Les périphériques d'entrées/sorties

On appelle "Entrées-Sorties" les échanges de données entre le processeur et les périphériques qui lui sont associés (parfois désignées sous l'acronyme I/O, de l'anglais *Input/Output*). Ces périphériques sont classés selon le type de connecteur et le type de bus.

3. Les types de connecteur

Port série ou port COM : ces ports sont appelés port série car les données sont transmises sous forme de séries. Un ordinateur utilise le port série RS-232C. Il n'est plus guère utilisé sauf dans le cas du raccordement d'un modem RTC.

Port parallèle : un port parallèle est composé de canaux qui permettent de transmettre simultanément 8 bits (ou 1 octet). Un port parallèle permet de raccorder des imprimantes disposant du câble correspondant.

Port USB (*Universal Serial Bus*) : la norme USB se divise en pas moins de trois standards...

Le standard USB 1.0 propose deux modes de communication :

- 12 Mb/s en mode haute vitesse ;
- 1.5 Mb/s à basse vitesse.

Le standard USB 1.1 propose un débit similaire.

La norme USB 2.0 permet d'obtenir des débits pouvant atteindre 480 Mbit/s.

Il existe deux types de connecteurs USB :

- les connecteurs dits de type A, dont la forme est rectangulaire. Ils servent à relier des périphériques nécessitant peu de ressources (souris, clavier, webcam, etc.) ;
- les connecteurs dits de type B, dont la forme est carrée. Ils sont utilisés principalement pour des périphériques à haut débit (disques durs externes, imprimantes, etc.)

Il existe une compatibilité ascendante entre périphériques USB 1.1 et ports USB 2.0. L'inconvénient est que le périphérique ne fonctionnera qu'à une vitesse limitée (1.1).

Port eSATA (external SATA) : ce port permet, grâce à l'adaptation du protocole SATA, le branchement de périphériques externes.

4. Les types de bus

Nous avons déjà vu que les échanges entre la carte mère et les composants se font par l'intermédiaire des bus. Il y a différents types de bus.

- ISA (*Industry Standard Architecture*) : cette norme autorise des transferts de données sur 8 ou 16 bits à 8 MHz. Elle a complètement disparue de nos jours sauf dans les musées dédiés à l'informatique.

- PCI (*Peripheral Component Interconnect*) : le bus PCI est un bus 32 bits à 33 MHz. Les cartes mères disposent de 3 à 6 slots PCI. Il est possible d'y connecter des cartes vidéo, des cartes réseaux, des cartes SCSI, etc.
- AGP (*Accelerated Graphic Port*) : le bus AGP permet d'accroître les performances des cartes graphiques. La version 2.0 du bus AGP a offert le mode AGP 4X qui permet l'envoi de 16 octets par cycle. Plus récemment, la version 3.0 du bus AGP double le débit de l'AGP 2.0 en proposant un mode AGP 8x.
- PCMCIA (*Personal Computer Memory Card International Association*) : les cartes qui sont reliées à ce bus ont le format d'une grosse carte de crédit. Ce type de connecteur est utilisé pour les ordinateurs portables.
- Firewire (IEEE 1394) : ce type de bus est beaucoup plus rapide que l'USB (400 Mo/s contre 12 Mo/s).
- PCI Express : ce type de bus est destiné à remplacer tous les bus internes d'un ordinateur, dont le PCI et l'AGP. Le bus PCI Express existe en plusieurs versions (1X, 2X, 4X, 8X, 12X, 16X et 32X) selon le nombre de connecteurs de ligne dont il dispose. Il autorise des débits compris entre 250 Mo/s et 8 Go/s, soit près de 4 fois le débit maximal des ports AGP 8X.

G. Le BIOS

Nous savons déjà ce qu'est le BIOS ! Nous allons simplement voir comment rentrer dans le BIOS et les réglages qui sont utiles au dépannage d'un ordinateur.

1. Accéder au BIOS

Afin d'entrer dans le BIOS, vous devez utiliser une touche ou une combinaison de touches préétablies. Cela dépend de la marque de votre BIOS ou de celui du fabricant de la machine. Il arrive souvent qu'en bas de l'écran, une mention, généralement en anglais, l'indique. Voici quelques pistes :

- un BIOS Award est accessible par la touche [Suppr] (l'équivalent anglais de la touche [Del]) ;
- on rentre dans un BIOS Phoenix en tapotant sur la touche [F2] ;
- tous les BIOS des ordinateurs de marque Compaq s'activent en appuyant sur la touche [F10] ;
- certains BIOS des ordinateurs de marque IBM sont accessibles par la touche [F1].

Vous pouvez aussi rencontrer ces combinaisons de touches : [Ctrl][Alt][Suppr] ou [Ctrl][Alt][Esc]. Si, en désespoir de cause, vous n'arrivez pas à accéder au BIOS, débranchez complètement le clavier puis éteignez l'ordinateur. Rallumez ensuite votre machine : l'absence de clavier provoquera un message d'erreur et, parfois, l'indication de la bonne combinaison de touches.

2. Paramétrer le BIOS

Il n'y a pas un modèle de BIOS qui ressemble à un autre : souvent les options qui sont visibles peuvent différer du tout au tout. Néanmoins, vous êtes sûr de retrouver sous des noms de commandes différentes les mêmes fonctions.

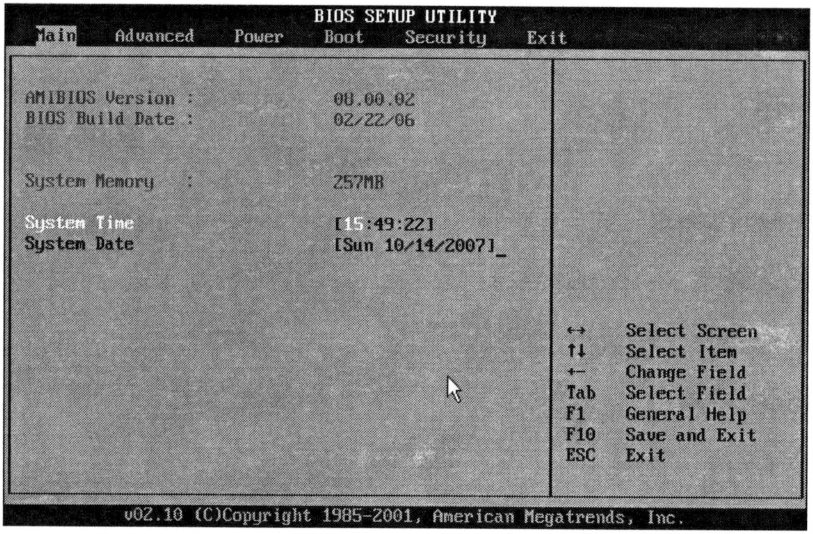

On se déplace généralement dans le BIOS d'un ordinateur en se servant des touches de direction du clavier.

a. Restaurer les réglages par défaut

Il y a généralement deux options : régler le BIOS sur les paramètres servant au dépannage ("Load BIOS Default"), ou régler le BIOS sur les paramètres optimisés ("Load Setup Default"). Le BIOS sera alors réglé sur les paramètres "sortie usine".

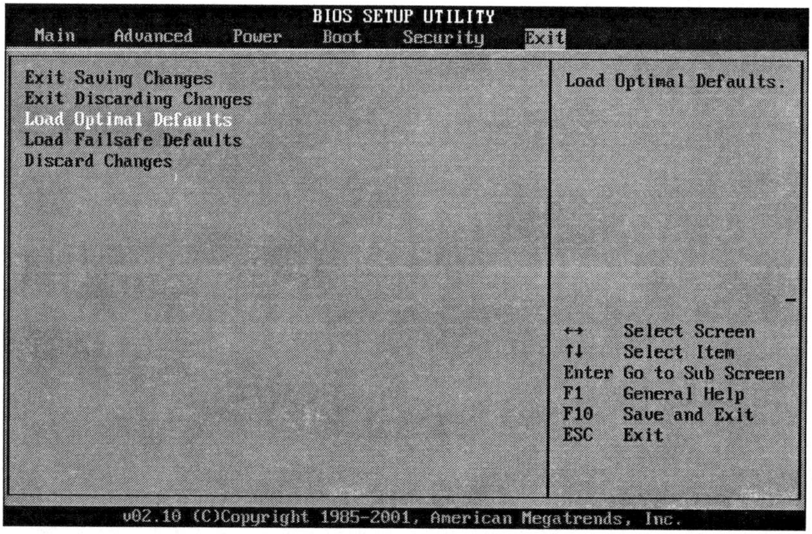

La première option permet de résoudre de nombreux problèmes survenant pendant l'installation de Windows, et cette option est utile le temps d'installer le système d'exploitation. Elle a souvent pour corollaire de baisser la fréquence dévolue à la mémoire, de désactiver les cartes intégrées et de modifier la séquence de démarrage. Aussi la méthode consiste à activer la commande **Load BIOS Default** puis à appuyer sur la touche [Y] afin de confirmer les changements.

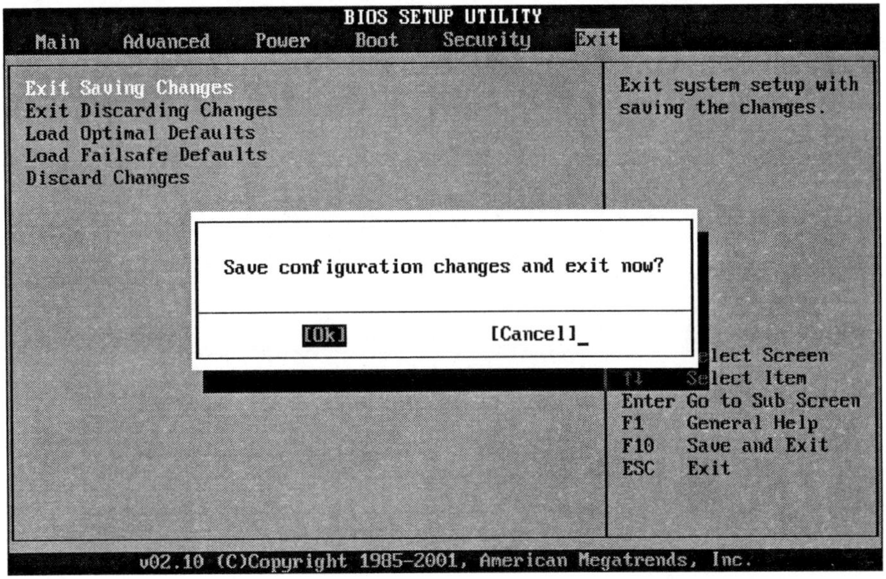

Il ne vous reste plus qu'à changer la séquence de démarrage définie dans le menu **BIOS Features Setup** et de valider une nouvelle fois les changements auxquels vous avez procédés. Dès que l'installation de Windows XP est terminée, retournez dans le BIOS et définissez-le sur les réglages optimisés en vous servant de la commande correspondante ("Load Failsafe Defaults" ou "Load Optimal Defaults").

b. Paramétrer la séquence de démarrage

Ces commandes sont généralement présentes dans les menus **BIOS Features Setup** ou **Advanced Cmos Setup** ou **Boot**. Quand votre système démarre, il cherche un système d'exploitation à partir d'un ordre prédéfini de lecteurs.

Par exemple, la commande **Boot Sequence : Cd-Rom, C, A** permettra de démarrer sur le disque d'installation de votre système d'exploitation.

Certains BIOS vous proposent le menu suivant : **1st Boot Device, 2nd Boot Device,** etc.

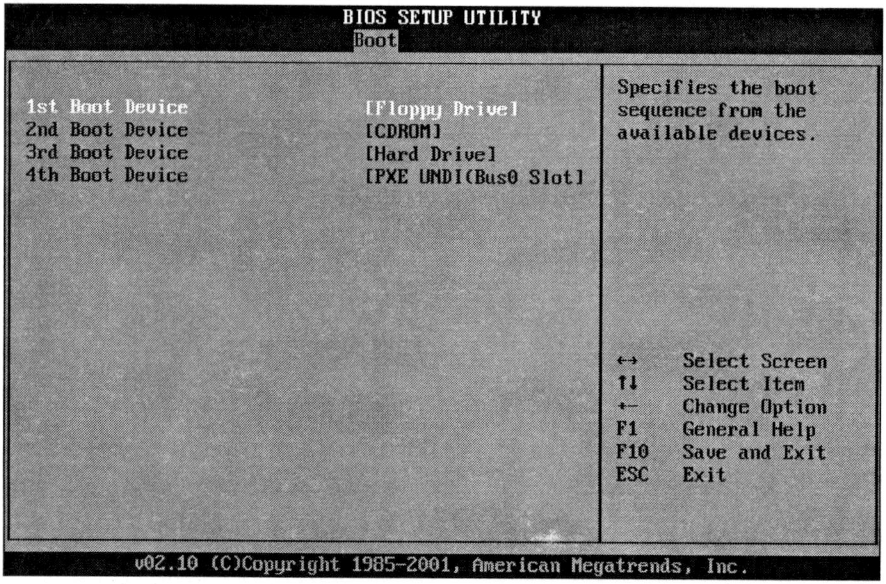

En cas de difficulté à démarrer sur le CD-Rom Windows, réglez ces trois lignes sur **Cd-Rom** et laissez la commande **Try Other Boot** sur **Enable**. Si vous n'avez pas le choix vous permettant de booter sur un disque SATA, procédez à une mise à jour du BIOS.

c. Paramétrer le port USB

Ces commandes sont généralement présentes dans les menus **Integrated Peripherals** ou **Chipset Features Setup** ou **PNP/PCI Configuration**.

La commande **USB Controller** doit être configurée sur la valeur "Enable". Cette option peut être présente sous la dénomination **Onboard USB Function** ou **On-Chip USB Controller**. Vérifiez que, dans le BIOS, vous n'avez pas une commande ressemblant à USB Port ou, dans le cas des BIOS Phoenix, USB Controller. La valeur affectée à cette commande peut être : **All, 0 - 1** ou **2 - 3**. Rappelez-vous qu'il arrive souvent que tous les ports USB d'un ordinateur ne soient pas en USB 2.0. Il se peut, par exemple, que seuls les ports situés à l'arrière correspondent bien à la norme la plus performante. Par ailleurs, vous devez vous assurer que les ports USB soient bien paramétrés dans le BIOS en USB 2.0. Par exemple, les ports USB peuvent être en "Full speed" ("1.1" !) et non en "High speed" ("2.0"). Il y a en effet une subtile différence...

d. Gestion des périphériques intégrés

On retrouve ces commandes dans les menus **Chipset Features Setup** ou **Integrated Peripherals**. Afin de désactiver la carte son ou la carte modem intégrée, réglez la commande **Onboard Sound** (ou **Onboard Modem**) ou encore **PNP Sound Chip** sur la valeur "Disable". Cette option peut être présente sous la dénomination **Onboard Legacy Audio** ou **AC97 modem**.

e. Désactiver les contrôles d'erreurs

Ces commandes sont accessibles à partir des menus **Standard Cmos Setup** ou **BIOS Features Setup**, ou **Main**. Voici quelques options de base :

- **Halt On** : vous aurez le choix entre les valeurs "All Errors" et "No Errors". En cas de blocage au démarrage sans qu'apparaisse de message d'erreur, changez ce paramètre afin de provoquer l'affichage d'une indication concernant le problème qui se pose.
- **Quick Power On Self Test** : si vous réglez cette commande sur la valeur "Enable", la vérification de la capacité de vos barrettes mémoire ne sera pas effectuée pendant la phase d'initialisation de votre machine. C'est une façon simple de gagner quelques précieuses secondes au démarrage !

Les options **Power On Delay** ou **Boot Delay** permettent de ralentir le processus de démarrage de façon à ce que la carte mère puisse reconnaître votre disque dur. Désactivez cette option si vous ne rencontrez pas de problème de reconnaissance de disque dur (scénario du message d'erreur "Disk Boot Failure").

f. Désactiver la protection antivirus

Cette ou ces options, quand elles sont activées, peuvent empêcher l'installation normale de votre système d'exploitation. Les commandes correspondantes ressembleront à celles-ci : **Virus Warning, Firmware Write Protect** ou **CIH Buster Protection**. Par ailleurs, elles peuvent aussi vous empêcher de procéder à une mise à jour de votre BIOS.

H. Les problèmes matériels

Nous n'avons pas la prétention d'aborder tous les problèmes que vous pourrez rencontrer mais juste vous indiquer quelques éléments de solution.

1. Assembler un ordinateur

Nous avons déjà vu que les périphériques IDE doivent être correctement définis (maître ou esclave). En cas de doute, et si vous voulez configurer un lecteur en esclave, laissez-le sans cavalier. Sur un même port IDE, il est indispensable de placer le lecteur le plus rapide en maître. De manière générale, évitez de relier sur la même nappe un lecteur de CD-Rom ou un graveur avec un disque dur.

Chaque lecteur doit être relié à l'alimentation par un des cordons prévus à cet effet.

Si vous avez un fort bruit de frottement au démarrage de l'ordinateur, cela peu provenir d'un fil qui gêne le ventilateur du microprocesseur. Il suffit alors de relier ensemble les câbles qui semblent "pendouiller". De plus, cela améliorera le système de refroidissement de votre machine.

Les nappes IDE ont un sens. Le liseré rouge doit être orienté vers la prise d'alimentation du disque dur. Sur la carte mère, un symbole situé à côté du connecteur IDE doit vous permettre de vous repérer. Mais, le plus souvent, un détrompeur est présent sur le connecteur de la nappe.

Si un des lecteurs reste constamment allumé, c'est que la nappe IDE qui le relie à la carte mère est montée à l'envers.

Les voyants d'activité (disque dur, mise en veille, etc.) se paramètrent soit en suivant le schéma présent dans le manuel du constructeur, soit en fonction des indications directement signalées sur la carte mère. En général, le fil de couleur se place sur le + (+5VDC), tandis que l'autre (noir ou blanc) vers le - (Ground). En cas de dysfonctionnement (la led ne s'allume pas), et si vous êtes sûr que le cavalier est correctement placé, changez simplement l'orientation du fil.

Vous pouvez rencontrer également des problèmes si les vis qui maintiennent la carte mère sur son support sont serrées trop fort, provoquant alors des problèmes d'initialisation.

2. Savoir interpréter les codes POST

Lorsque le système est mis sous-tension, le BIOS effectue un check-up du matériel détecté. Ce test appelé POST (*Power-On Self Test*) permet de détecter un éventuel problème sur les composants matériels ou une mauvaise configuration du BIOS. Si aucune anomalie n'est trouvée, la machine va alors émettre un seul bip. Dans le cas contraire, voici la signification des bips que vous entendrez :

- un bip suivi de deux bips longs : ouvrez votre boîtier, puis essayez de replacer la carte graphique placée sur le port AGP ;
- une série de bips espacés : c'est un problème sur les barrettes mémoire ;
- une série de bips qui ressemblent à une alarme de pompier : c'est le processeur qui est défectueux ou mal fixé ;
- une série de bips très rapprochés : retournez puis secouez votre clavier. Il arrive qu'une touche reste enfoncée provoquant une alarme provenant de la carte mère ;
- un bip en continu : c'est le signal d'une arrivée de courant défectueuse. Vérifiez si un câble d'alimentation ne fait pas masse avec le boîtier.

Notez que la signification des bips varie grandement d'un fabricant de carte mère à l'autre. Ce ne sont vraiment que des hypothèses de travail !

3. Résoudre un problème matériel

Le principe consiste à enlever un à un l'ensemble des composants matériels de votre ordinateur jusqu'à trouver, par déduction, le composant coupable. Il y a, a priori, un ordre logique à respecter :

- Périphériques externes (USB et parallèle) ;
- Clavier et souris ;
- Lecteurs de carte ;
- Cartes internes (PCI, AGP) ;
- Barrettes mémoire ;
- Lecteurs de disques ;
- Ventilateur de processeur ;

- Processeur.

Voici les principes qui régissent cette méthode de dépannage :

Il arrive qu'un ordinateur refuse de démarrer pour la simple raison qu'une carte PCI est mal insérée ou qu'une des barrettes mémoires n'est pas correctement enfichée dans son slot. Le fait de vous obliger à tout débrancher puis rebrancher permet d'être sûr que les composants présents sont assemblés de manière parfaite.

Un problème survenant sur un composant peut être provoqué par un autre composant qui, a priori, n'a rien à voir. Par exemple, j'ai pu rencontrer un problème sur les barrettes mémoires qui était en fait provoqué par un lecteur de disquette défectueux. Après avoir changé de lecteur de disquette, l'ordinateur reconnaissait alors correctement la barrette mémoire ajoutée.

Il est évident qu'en enlevant l'intégralité des barrettes mémoire ou la carte vidéo, votre ordinateur ne va pas fonctionner ! Mais le raisonnement sous-jacent est de dire que si les symptômes sont identiques, cela ne provient pas de la pièce que vous avez retirée.

En conclusion, vous devez procéder de manière méthodique sans chercher à interpréter l'origine de la panne. Tenez-vous aux seuls faits même s'ils ne vous apparaissent pas forcément très rationnels.

4. Déceler un problème de carte mère

Nous venons de voir que la carte mère en s'initialisant procède à une vérification des composants installés sur votre ordinateur.

Si vous êtes devant un écran noir sans aucun bip sonore qui signalerait une erreur, vous devez vous demander si la carte mère est encore capable de s'initialiser ou si elle en est simplement empêchée par un problème matériel. Pour ce faire, enlevez la carte graphique de son slot AGP ou PCI, ou enlevez l'ensemble des barrettes mémoire. Rallumez votre ordinateur. Si la carte mère émet un bip, cela signifie qu'elle marche puisqu'elle est capable de se rendre compte qu'un des composants est manquant. Dans le cas contraire, le problème provient bien du fait qu'elle ne se rend plus compte de rien et n'est donc plus capable de déceler un problème sur votre ordinateur. Rappelez-vous tout de même que si le processeur est défectueux, il empêchera l'initialisation de la carte mère puisque cette dernière en a besoin pour pouvoir mettre en place les routines de démarrage. Par ailleurs, il est toujours difficile de discerner si le problème vient d'une alimentation qui ne marche plus ou de la carte mère elle-même.

Un indice peut vous aider à vous forger une opinion : débranchez puis rebranchez le câble d'alimentation de l'ordinateur. Si, à l'arrière, le ventilateur fait au moins un quart de tour, il y a de fortes chances que l'alimentation soit en état de marche.

5. Quelques problèmes courants

Voici une liste de problèmes classiques et la manière de les résoudre ou, à défaut, de connaître la pièce qui est défectueuse.

Écran noir au démarrage

Si l'ordinateur est correctement alimenté, il y a en façade un voyant de mise en marche qui doit être allumé. Permutez le câble d'alimentation de l'écran avec celui de l'unité centrale. Si l'écran s'allume normalement, il suffit alors de changer le bloc d'alimentation (dans le cas contraire, c'est le câble qui est défectueux). Vérifiez qu'il n'y ait pas un interrupteur de mise en marche à l'arrière du boîtier.

La manipulation suivante fonctionne très souvent... Débranchez le câble d'alimentation à l'arrière et actionnez plusieurs fois le bouton Marche-Arrêt, puis rebranchez le câble et rallumez votre ordinateur. Mieux encore : débranchez tous les câbles et les connecteurs reliés à la machine puis ne rebranchez que le câble d'alimentation et enfin, allumez l'ordinateur. Cela force la carte mère à se réinitialiser (on conclura alors à un problème passager de décalage de l'EEPROM).

L'alimentation de mon ordinateur se coupe juste après que je l'ai démarrée

- Ouvrez le boîtier.
- Retirez le ventilateur du processeur.
- Retirez le processeur.
- Procédez de nouveau à un test (sans que le processeur soit placé sur le slot de la carte mère).

Si, là encore, l'alimentation se coupe, procédez au changement de la carte mère sinon testez un autre processeur. Il arrive que deux pièces soient en même temps défectueuses mais c'est vraiment très rare !

L'ordinateur fait du bruit

Cela peut provenir d'un des ventilateurs internes (celui du processeur ou de la carte graphique, par exemple) mais aussi du ventilateur d'alimentation.

Arrêtez votre ordinateur. Placez un crayon de façon à bloquer les pales du ventilateur d'alimentation. Remettez en marche l'ordinateur. Le ventilateur étant bloqué, il ne tournera plus. Si vous avez toujours le même bruit, ouvrez l'ordinateur et débranchez le câble d'alimentation du ventilateur placé sur la carte graphique. Rallumez votre ordinateur. Si le bruit est toujours présent, c'est le ventilateur du processeur qui est en cause.

L'ordinateur ralentit au bout de quelques heures d'utilisation

Et vous devez redémarrer pour que tout rentre dans l'ordre... C'est clairement un problème de surchauffe du processeur. N'hésitez pas à faire un test en laissant ouvert le boîtier et même en favorisant le refroidissement de la machine en laissant tourner un ventilateur juste à côté.

L'heure et la date du jour retardent

Les erreurs au démarrage peuvent être les suivantes : "Cmos battery state low/has failed" ou "CMOS Time and Date not set". C'est dû à l'usure de pile de la carte mère. Il vous suffit dans ce cas de la changer. Si les symptômes persistent, c'est le signe d'un problème matériel sur votre carte mère.

"Verifying dmi pool data"

Il suffit généralement de restaurer les paramètres par défaut du BIOS pour que les problèmes disparaissent comme par enchantement. Rappelez-vous, qu'après ce type de manipulation, vous devrez vérifier que le processeur soit réglé sur la bonne fréquence. De plus, il se peut que votre carte son ou modem intégré ait été désactivé. Aussi, procédez manuellement aux bons réglages. Si cette manipulation n'a pas fonctionné, c'est un problème matériel sur la carte mère.

L'ordinateur s'éteint en cours d'utilisation

Un problème d'installation électrique peut occasionner ce type de souci, mais, le plus souvent, c'est dû à un problème d'alimentation.

L'ordinateur se fige en cours d'utilisation

C'est généralement un problème de carte mère ou de barrette mémoire.

L'ordinateur se fige de manière aléatoire

C'est souvent un problème de disque dur. Procédez à une vérification du disque en vous servant des outils intégrés à Windows 7 ou Windows Vista.

L'ordinateur se fige au bout d'un temps déterminé

Vérifiez que ce problème ne provient pas d'une surchauffe due à un ventilateur de processeur encrassé ou défectueux.

J'ai des bogues d'affichage

Cela ne survient que lors de l'utilisation d'applications multimédias qui sollicitent la carte graphique. On entend souvent ce genre de plaintes : "Les jeux se figent ou se brouillent au bout d'un certain moment". C'est toujours lié à un problème de surchauffe de la carte vidéo et notamment quand elles sont en PCI Express.

Chapitre 2 : Installer le système d'exploitation

A. Introduction à l'installation du système d'exploitation

Dans ce chapitre, nous allons voir les multiples manières d'installer Windows . Par ailleurs, nous examinerons les façons de faire fonctionner un système en Dual-boot ou Multi-Boot (quand des systèmes d'exploitation différents sont installés sur un même disque).

B. Les différentes versions de Windows 7

Voici un tableau récapitulatif des fonctionnalités propres aux différentes versions de Windows 7.

Fonctionnalités	Édition Starter	Édition Familiale Premium	Édition Professionnelle	Édition Intégrale
Prise en charge Bluetooth	Oui	Oui	Oui	Oui
Joindre un groupe résidentiel	Oui	Oui	Oui	Oui
Internet Explorer 8	Oui	Oui	Oui	Oui
Afficher les réseaux disponibles	Oui	Oui	Oui	Oui
Windows Connect Now	Oui	Oui	Oui	Oui
DirectX 11	Oui	Oui	Oui	Oui
Gadgets	Oui	Oui	Oui	Oui
Explorateur des jeux	Oui	Oui	Oui	Oui
Lire sur	Oui	Oui	Oui	Oui
Lecteur Windows Media 12	Oui	Oui	Oui	Oui

Fonctionnalités	Édition Starter	Édition Familiale Premium	Édition Professionnelle	Édition Intégrale
Centre de maintenance	Oui	Oui	Oui	Oui
Améliorations audio et vidéo	Oui	oui	Oui	Oui
Gestion de l'alimentation	Oui	oui	Oui	Oui
ReadyBoost	Oui	Oui	Oui	Oui
Réparation du démarrage	Oui	Oui	Oui	Oui
Restauration du système	Oui	Oui	Oui	Oui
Transfert de fichiers et paramètres Windows	Oui	Oui	Oui	Oui
Indice de performance Windows	Oui	Oui	Oui	Oui
Résolution des problèmes Windows	Oui	Oui	Oui	Oui
Windows Update	Oui	Oui	Oui	Oui
Mise à niveau express	Oui	Oui	Oui	Oui
Accessibilité	Oui	Oui	Oui	Oui
Calculatrice	Oui	Oui	Oui	Oui
Device Stage	Oui	Oui	Oui	Oui
Mise en route	Oui	Oui	Oui	Oui
Liste des raccourcis	Oui	Oui	Oui	Oui
Bibliothèques	Oui	Oui	Oui	Oui
Paint	Oui	Oui	Oui	Oui
Snap	Oui	Oui	Oui	Oui
Télécopie et numérisation Windows	Oui	Oui	Oui	Oui

Fonctionnalités	Édition Starter	Édition Familiale Premium	Édition Professionnelle	Édition Intégrale
Recherche Windows	Oui	Oui	Oui	Oui
Barre des tâches Windows	Oui	Oui	Oui	Oui
WordPad	Oui	Oui	Oui	Oui
XPS	Oui	Oui	Oui	Oui
Sauvegarde et restauration	Oui	Oui	Oui	Oui
Gestionnaire d'informations d'identification	Oui	Oui	Oui	Oui
Contrôle parental	Oui	Oui	Oui	Oui
Contrôle de compte d'utilisateur	Oui	Oui	Oui	Oui
Windows Defender	Oui	Oui	Oui	Oui
Pare-feu Windows	Oui	Oui	Oui	Oui
Créer un groupe résidentiel	Non	Oui	Oui	Oui
Prise en charge de la fonctionnalité Capteurs d'emplacement et autres capteurs	Non	Oui	Oui	Oui
Créer et lire des DVD	Non	Oui	Oui	Oui
Jeux multi-joueurs	Non	Oui	Oui	Oui
Diffusion multimédia à distance	Non	Oui	Oui	Oui
Windows Media Center	Non	Oui	Oui	Oui
Prise en charge du 64 bits	Non	Oui	Oui	Oui

Fonctionnalités	Édition Starter	Édition Familiale Premium	Édition Professionnelle	Édition Intégrale
Aero	Non	Oui	Oui	Oui
Prise en charge de plusieurs moniteurs	Non	Oui	Oui	Oui
Peek	Non	Oui	Oui	Oui
Shake	Non	Oui	Oui	Oui
Outil Capture	Non	Oui	Oui	Oui
Pense-bête	Non	Oui	Oui	Oui
Prise en charge de Tablet PC	Non	Oui	Oui	Oui
Journal Windows	Non	Oui	Oui	Oui
Centre de mobilité Windows	Non	Oui	Oui	Oui
Technologie d'interface tactile Windows	Non	Oui	Oui	Oui
Prise en charge de la jonction de domaines	Non	Non	Oui	Oui
Impression prenant en charge l'emplacement	Non	Non	Oui	Oui
Connexion Bureau à distance	Non	Non	Oui	Oui
Mode Windows XP	Non	Non	Oui	Oui
Fonctionnalité avancée de sauvegarde et restauration (sauvegarde réseau et stratégie de groupe)	Non	Non	Oui	Oui
Contrôles de stratégie de groupe	Non	Non	Oui	Oui

Fonctionnalités	Édition Starter	Édition Familiale Premium	Édition Professionnelle	Édition Intégrale
Système de fichiers EFS (Encrypting File System)	Non	Non	Oui	Oui
Dossiers en mode hors connexion	Non	Non	Oui	Oui
Packs de langue	Non	Non	Non	Oui
BitLocker	Non	Non	Non	Oui
BranchCache	Non	Non	Non	Oui
Démarrage direct à partir d'un disque dur virtuel	Non	Non	Non	Oui
DirectAccess	Non	Non	Non	Oui
Zones de recherche de contenu d'entreprise	Non	Non	Non	Oui
Améliorations de la virtualisations de postes de travail (VDI)	Non	Non	Non	Oui

C. Installer Windows Vista

- Vérifiez en accédant au Bios de votre ordinateur que la séquence de démarrage est correctement paramétrée.
- Insérez le disque d'installation de votre système d'exploitation.

La première fenêtre indique la langue à installer, les formats d'heure et de monnaie ainsi que les paramètres de votre clavier.

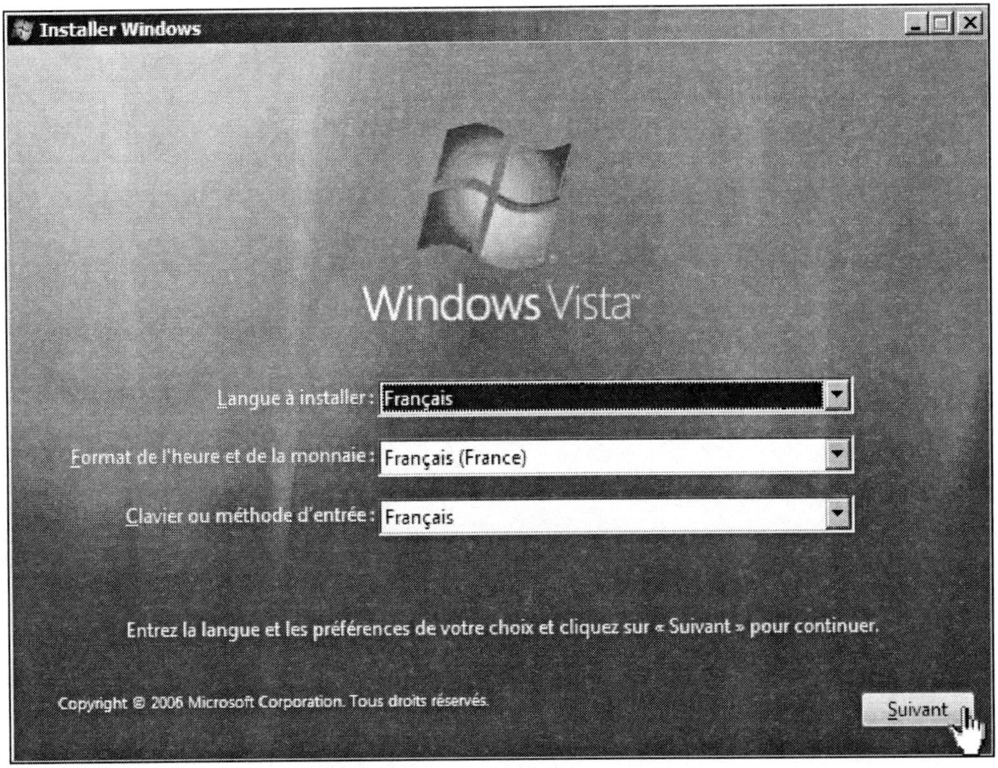

- Procédez éventuellement aux modifications nécessaires puis cliquez sur les boutons **Suivant** et **Installer**.
- Saisissez la clé de produit puis cliquez sur le bouton **Suivant**.

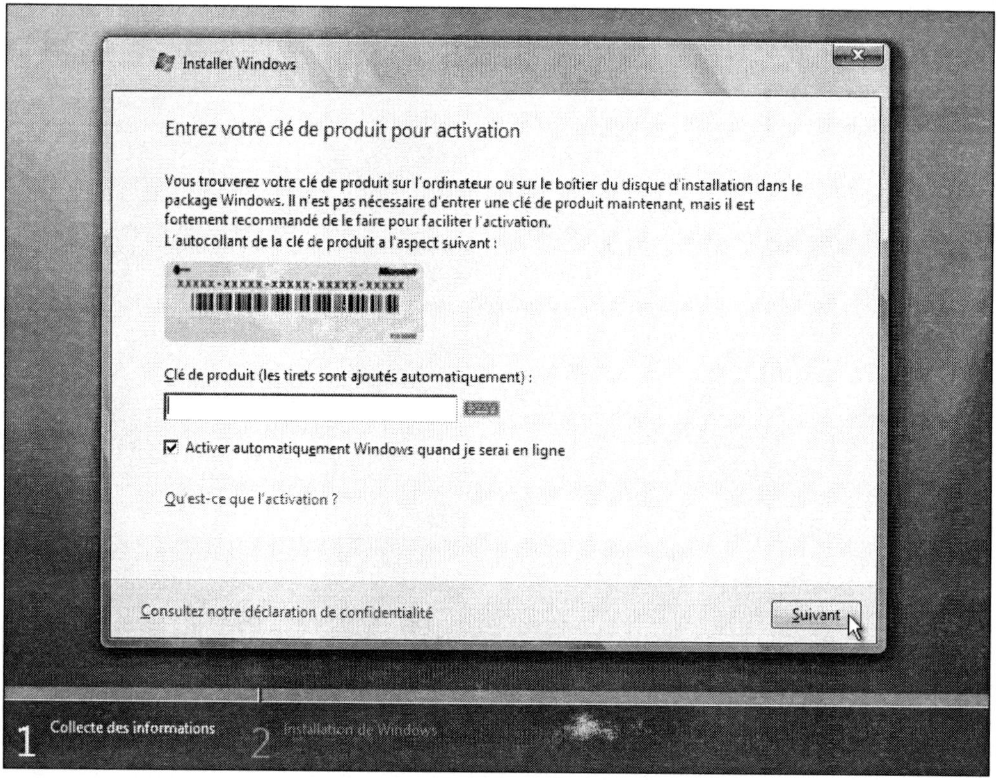

Notez que les tirets sont automatiquement ajoutés par le système et qu'il n'est donc pas nécessaire de les saisir. Signalons que vous pouvez aussi ne pas entrer de clé de produit :

- Cliquez dans ce cas sur le bouton **Non** dans la boîte de dialogue qui se lance puis sélectionnez la version de Windows Vista que vous souhaitez tester.
- Cochez la case **J'ai sélectionné l'édition de Windows que j'ai achetée** puis cliquez sur **Suivant**.

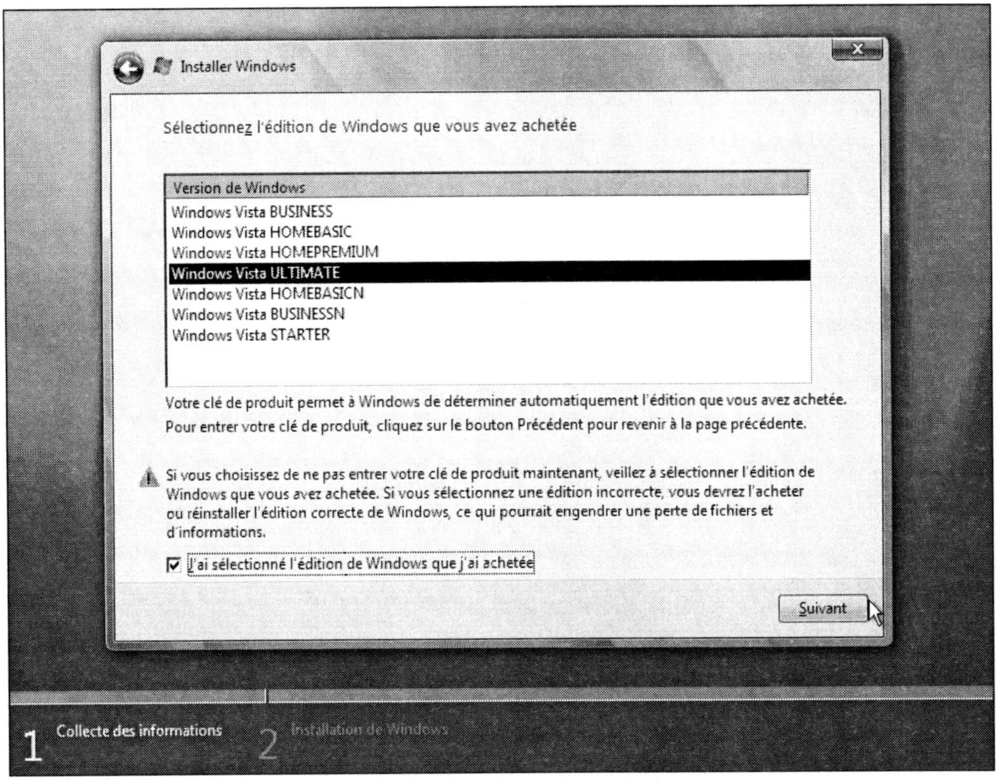

→ Cochez la case **J'accepte les termes du contrat de licence** puis cliquez sur **Suivant**.

→ Cliquez sur le second bouton qui est, par défaut, déjà sélectionné (**Personnalisée**).

Vous avez plusieurs possibilités :

- **Charger un pilote** : cette option permet de définir un pilote pour votre disque dur (en admettant que c'est un disque SATA et qu'il n'est pas automatiquement reconnu par Windows Vista). Cliquez sur le bouton **Parcourir** afin de sélectionner le pilote à installer qui peut être stocké sur une clé USB, un CD-Rom ou une disquette.
- **Nouveau** : permet de définir une taille personnalisée pour la partition qui recevra votre système d'exploitation. Dans la liste à choix multiple **Taille**, définissez la taille de la partition de destination puis cliquez sur les boutons **Appliquer** et **Suivant**.

Il est ensuite possible de cliquer sur le lien **Étendue** si vous souhaitez une nouvelle fois changer la taille de la partition qui va être créée.

Vous pouvez revenir en arrière à tout moment en cliquant sur le bouton **Page précédente**.

- La copie puis la décompression des fichiers va démarrer et enfin, l'installation des mises à jour.
- L'ordinateur va redémarrer pour la première fois. Attention de ne pas appuyer sur n'importe quelle touche pour démarrer à partir du DVD-ROM d'installation.
- Windows va ensuite redémarrer une seconde fois.

➔ Entrez maintenant un nom d'utilisateur et le mot de passe qui lui sera associé.

➔ Sélectionnez une vignette d'utilisateur puis cliquez sur **Suivant**.

➔ Cliquez de nouveau sur le bouton **Suivant** puis sur le bouton activé par défaut (**Utiliser les paramètres recommandés**).

C'est une précaution utile puisque, a priori, vous n'avez pas d'antivirus ou de pare-feu de connexion Internet installé et donc, votre système est, pour l'instant, vulnérable.

➔ Vérifiez les paramètres de date et heure puis cliquez sur **Suivant**.

➔ Sélectionnez l'emplacement actuel de votre ordinateur.

➔ Si vous n'avez pas de votre machine une utilisation professionnelle, cliquez sur le bouton **Domicile**.

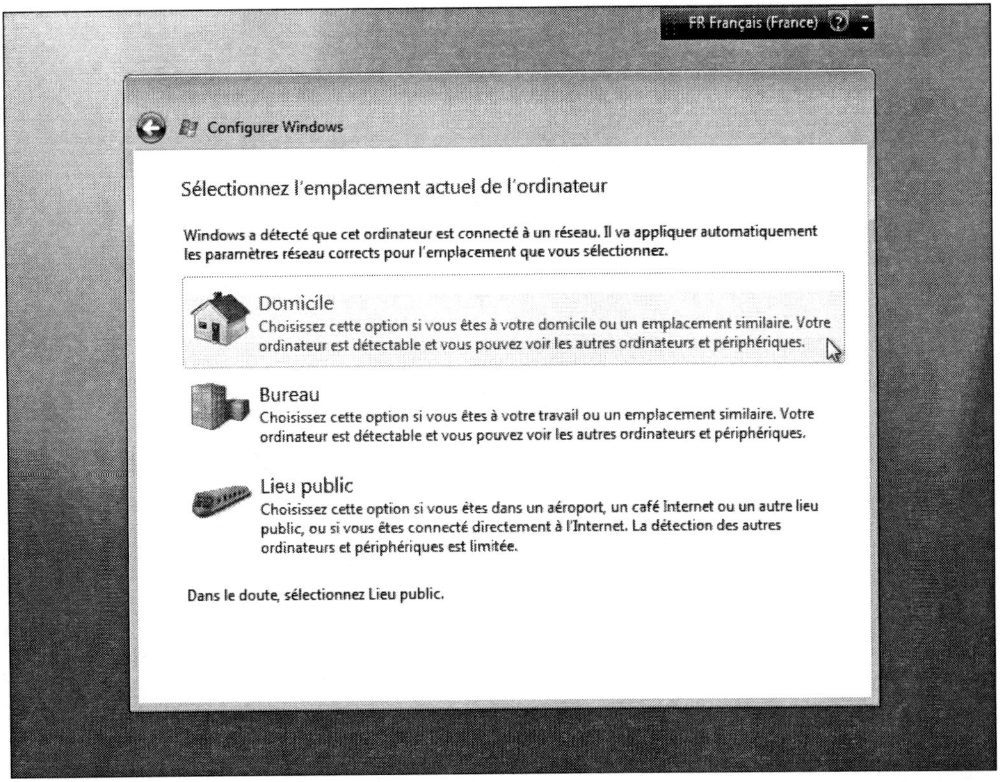

➜ Cliquez enfin sur le bouton **Démarrer**.

➜ Patientez pendant la procédure de test qui permettra principalement au système d'attribuer à votre machine un indice de performances.

Vous allez vous retrouver devant l'écran d'ouverture de session.

1. Installer Windows Vista sur un disque dur vierge

➜ À l'apparition de la fenêtre permettant de vérifier les paramètres de langue, cliquez sur le bouton **Suivant**.

➜ Cliquez sur le bouton **Installer**.

➜ Saisissez votre clé de produit.

➜ Acceptez les termes du contrat de licence.

➜ Cliquez sur le second bouton **Personnalisée (option avancée)**.

→ Cliquez sur le lien **Options de lecteur (avancées)**.

→ Si aucune partition n'est présente, cliquez sur le bouton **Nouveau**.

→ Saisissez la taille de la première partition que vous souhaitez créer.

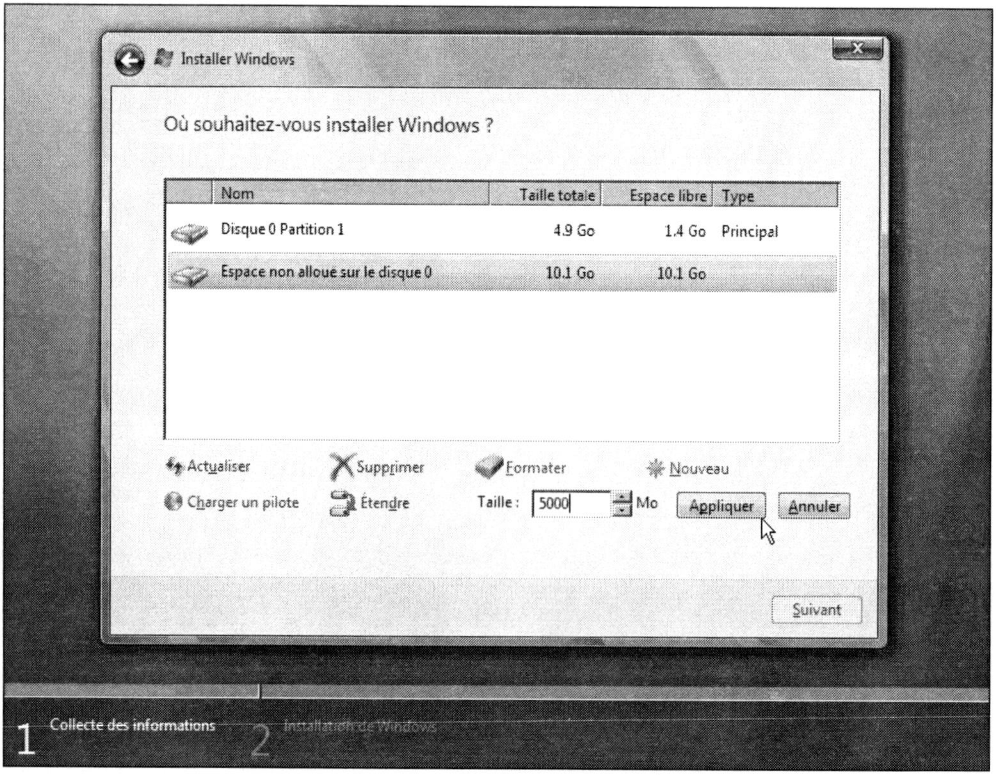

→ Cliquez sur les boutons **Appliquer** et **Formater**.

Vous pouvez directement créer une autre partition en sélectionnant l'espace non alloué du disque puis en cliquant sur le bouton **Nouveau**. S'il existe une partition qui occupe l'intégralité de l'espace disque restant et que vous souhaitez la découper en deux nouvelles partitions, il vous faudra la supprimer. Puisque vous devez créer une partition sur laquelle installer Windows Vista, elle devra faire au moins 8 Go. Si vous avez un message d'erreur (**La partition sélectionnée requiert au moins n Mo d'espace libre**), cliquez sur le lien **Étendre**.

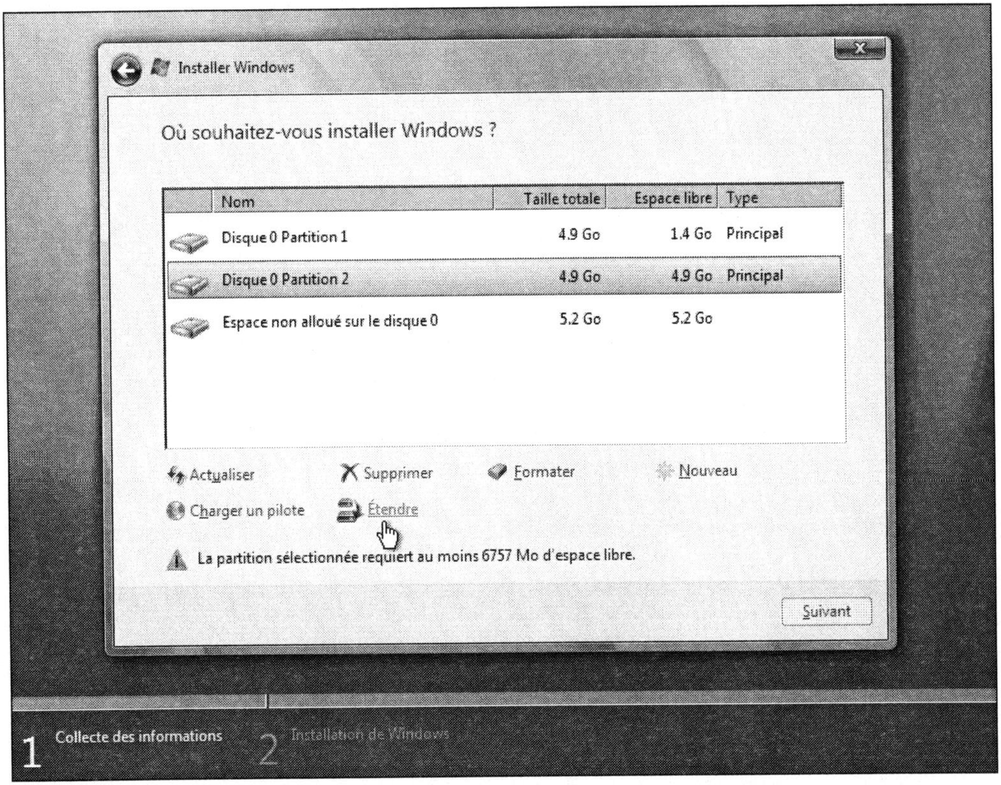

Le reste de la procédure ne diffère pas d'une installation classique.

2. Installer Windows Vista à partir d'un disque dur

Vous pouvez aussi choisir une installation à partir d'une clé USB ou d'une carte mémoire.

- Formatez le disque cible en utilisant le système de fichiers NTFS.
- Copiez les répertoires *Boot* et *Sources* du disque d'installation sur le disque fraîchement formaté.
- Copiez également le fichier *bootmgr*.
- Exécutez une Invite de commandes en tant qu'administrateur.

→ Saisissez ces commandes :

- **x:**
- **cd /boot**
- **bootsect x:**
- **diskpart /nt60 x: /force**

Remplacez x: par la lettre de votre lecteur. Cela vous permet de créer un disque "Bootable" de Windows Vista. L'étape suivante est nécessaire si le même disque sert à la fois de disque d'installation et de disque cible.

→ Démarrez à partir de votre disque puis sélectionnez l'option **Réparer**.

→ Sélectionnez ensuite l'option **Invite de commandes**.

→ Saisissez les commandes suivantes :

- **c:**
- **cd /boot**
- **del bcd**
- **bcdedit /createstore**
- **cd ../sources**
- **setup**

L'installation va s'initialiser comme lors d'une installation classique.

3. Installer Vista avec une version de mise à jour

Le processus d'installation avec un disque de mise à jour de Windows Vista peut se faire à partir d'une version de Windows XP, Windows 2000 ou d'une version de Vista qui n'a pas été encore activée. L'économie financière qui en résulte nécessite bien quelques acrobaties (complètement légales est-il besoin de le rappeler ?). Voyons la procédure complète :

→ Démarrez votre ordinateur en bootant à partir de votre disque de mise à jour.

→ Cliquez sur le bouton **Installer**.

→ N'entrez pas la clé de produit.

Windows Vista va donc s'installer en version d'évaluation valable 30 jours.

- Par ailleurs, désactivez l'option permettant aux mises à jour automatiques d'être téléchargées en fin d'installation (**Ne pas obtenir les dernières mises à jour pour l'installation**).
- Confirmez ensuite que vous souhaitez vraiment installer Windows Vista sans clé de produit.
- Sélectionnez la version de Windows que vous souhaitez installer et que vous avez légitimement achetée.
- Cliquez sur le bouton **Installation personnalisée (Options avancées)** et non l'option vous permettant de procéder à une mise à jour.

Une fois le processus d'installation terminé, vous allez retrouver le Bureau Windows.

- Éjectez puis réinsérez le disque de mise à jour et relancez, à partir de là, le processus d'installation (mais cette fois-ci à partir de l'interface graphique).
- Cliquez sur le bouton **Installer**.
- Désactivez une nouvelle fois l'option vous permettant d'obtenir les dernières mises à jour pour votre système.
- Saisissez, cette fois-ci, la clé de produit.
- Encore une fois, désactivez la fonctionnalité d'activation automatique en ligne.
- Lors de ce second processus d'installation, sélectionnez l'option **Mise à niveau** et non celle permettant une installation personnalisée.

Dès le second processus de mise à jour terminé, vous allez revenir dans la fenêtre d'ouverture de session.

- Saisissez simplement le nom d'utilisateur et le mot de passe dont vous vous êtes servis lors de la première installation.
- Une fois que vous avez ouvert une session interactive, appuyez sur les touches ⊞ + [Pause] afin de vérifier si votre machine est bien activée. Dans le cas contraire, il sera indiqué le nombre de jours restants avant de procéder à l'activation (normalement 30 jours).

4. Installer Windows Vista sur une configuration RAID

Prenons l'exemple de cette configuration : deux disques 250GB SATA de marque Western Digital et une carte mère Intel D975XBX. Notez qu'il y a de fortes chances que vous deviez installer Windows Vista sur une configuration complètement différente. Par contre, les étapes à respecter sont les mêmes ! Si vous avez un doute, n'hésitez pas à consulter le manuel de votre carte mère. Vous devez tout d'abord activer la fonction RAID dans le Bios :

- En prenant l'exemple de cette configuration, appuyez sur la touche [F2] dès le démarrage de la machine.
- Activez le menu **Advanced** puis, configurez la commande **ATA/IDE Mode Configuration SATA** sur cette valeur : **<RAID>**.
- Sauvegardez les changements puis redémarrez votre machine.

Vous devez maintenant entrer dans le gestionnaire de disques Matrix d'Intel en vous servant de la combinaison de touches [Ctrl] + I. Il faut définir une "Array RAID" ("Grappe"). Vous aurez ce type d'options :

- **RAID Level** : RAID0(Stripe)
- **Strip Size** : 128KB
- **Capacity** : 279.5 GB

Ces options sont les valeurs par défaut qui sont configurées pour un RAID0.

- Quittez le gestionnaire de disques Matrix puis lancez cette fois-ci l'installation de Windows Vista.

Le processus ne diffère pas de ce que nous avons déjà vu. Néanmoins, vous devez indiquer sur quel disque vous allez installer Windows.

- Cliquez sur le bouton correspondant afin de fournir les derniers pilotes RAID disponibles.

Le principal souci qui risque de se poser à vous est que, à partir du site du fabricant, ce type de pilotes ne s'installera que sur une disquette et que vous n'aurez pas forcément de lecteur de disquettes sur votre ordinateur. Auquel cas, suivez cette procédure :

- Téléchargez à partir d'un autre ordinateur le pilote sur une disquette.
- Transférez ensuite les données présentes de la disquette vers une clé USB.

➜ Insérez ensuite la clé USB contenant le pilote sur la machine cible.

Dès que la clé USB sera détectée, le pilote correspondant sera automatiquement chargé.

5. Créer un disque d'installation à partir d'une version téléchargée

Vous venez d'acheter la version de Windows Vista à partir du site "Windows Marketplace". Vous allez obtenir trois fichiers :

- *boot.wim* (116.31 MB) ;
- *install.wim* (2.25 GB) ;
- *X13-49120.exe* (73.76 MB).

➜ Placez ces trois fichiers dans un répertoire temporaire.

➜ Double cliquez sur ce fichier : X13-49120.exe.

➜ Téléchargez un logiciel appelé CDImage puis placez-le dans le même répertoire.

Afin de trouver un centre de téléchargement, il vous suffit de saisir ce nom de programme dans un moteur de recherche comme Google.

➜ Lancez une fenêtre d'Invite de commandes.

➜ En utilisant la commande **cd**, déplacez-vous vers le répertoire de téléchargement.

➜ Saisissez cette commande :

cdimage -m -u2 -b C:\Vista\boot\etfsboot.com C:\Vista C:\Vistax86.iso.

Une fois le processus terminé, il ne vous reste plus qu'à graver l'image ISO sur un DVD-R ou DVD-RW vierge. Vous pouvez pour cela utiliser votre programme de gravure habituel.

D. Installer Windows 7

Avant de commencer l'installation de Windows 7, vérifiez la configuration minimale requise de votre ordinateur. La configuration matérielle minimale requise sur un environnement Windows 7 est la suivante :

Environnement 32 bits	Environnement 64 bits
Un processeur 32 bits (x86) de 1 gigahertz (GHz)	Un processeur 32 bits (x64) de 1 gigahertz (GHz)
1 gigaoctet (Go) de RAM	2 gigaoctet (Go) de RAM
16 Go d'espace disque disponible	20 Go d'espace disque disponible
Un périphérique graphique ou une carte vidéo compatible DirectX 9 avec un lecteur WDDM 1.0 ou supérieur	Un périphérique graphique ou une carte vidéo compatible DirectX 9 avec un lecteur WDDM 1.0 ou supérieur

- Une fois la compatibilité matérielle de votre premier poste vérifiée, insérez le support amovible d'installation de Windows 7 dans le lecteur DVD du premier poste à installer, puis démarrez le poste.
- Vérifiez l'ordre de démarrage des périphériques dans le BIOS (*Basic Input/Output System*) afin de démarrer le poste sur le lecteur DVD.
- Dès l'apparition du programme vous le demandant, appuyez sur n'importe quelle touche pour démarrer à partir de votre disque d'installation.
- Le programme d'installation de Windows 7 s'initialise.
- La première fenêtre indique la langue d'installation, le format horaire et monétaire, et le type de clavier à utiliser.

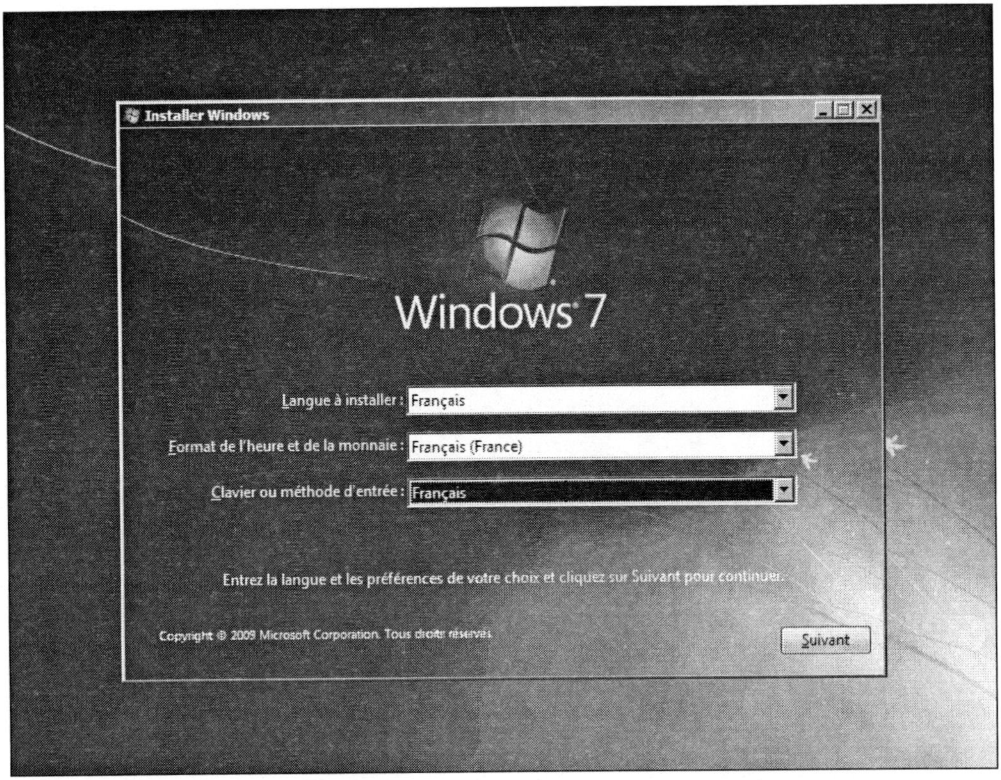

- Effectuez les modifications nécessaires, cliquez sur le bouton **Suivant** puis sur le bouton **Installer maintenant** pour poursuivre le processus d'installation.
- Acceptez l'accord de licence en sélectionnant l'option **J'accepte les termes du contrat de licence** puis cliquez sur le bouton **Suivant**.
- Sélectionnez le type d'installation **Personnalisée**. Vous remarquez sur cet écran la présence de l'option **Mise à niveau**, même sur une nouvelle machine. Si vous sélectionnez cette option, vous recevrez un message d'erreur indiquant que vous devez exécuter le programme de mise à niveau de Windows 7 en lançant le programme à partir d'une installation antérieure de Windows.
- Comme pour Windows Vista, vous avez plusieurs possibilités :
  - **Charger un pilote** : cette option permet de charger un pilote pour votre disque dur.

- **Options de lecteur (avancées)** : cette option donne accès aux options de configuration de la partition sur laquelle sera installé le système d'exploitation.

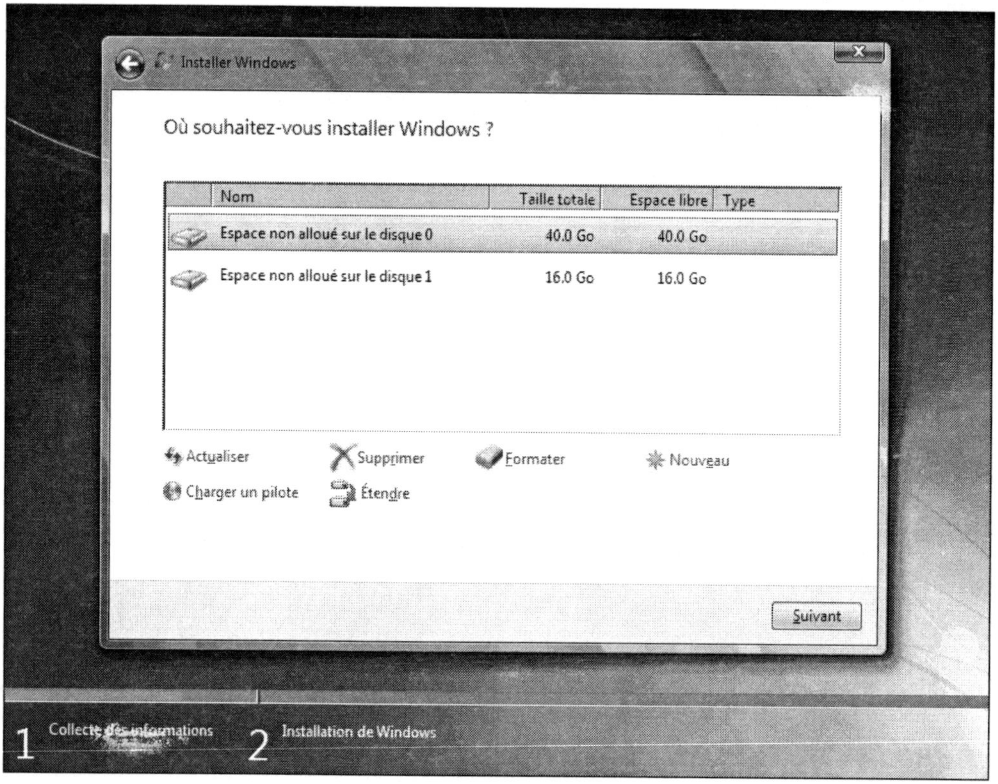

➔ Cliquez sur le bouton **Suivant** pour poursuivre le processus d'installation.

Le programme d'installation effectue la copie, la décompression puis l'installation des fonctionnalités et mises à jour de Windows 7. Le poste virtuel redémarre automatiquement plusieurs fois lors de ce processus.

Une fois le système de base installé, la phase de configuration de l'environnement utilisateur débute. Cette phase, plus connue sous le nom OOBE (*Out-Of-Box Experience*), permet la création du premier compte administrateur du poste et la configuration des principaux éléments du système d'exploitation.

➔ Renseignez le nom d'ordinateur et le compte utilisateur du poste. Ce compte sera configuré par le processus d'installation comme un compte de type administrateur. Cliquez sur le bouton **Suivant**.

- Renseignez et confirmez le mot de passe du compte précédemment renseigné. Ce mot de passe doit être, dans la mesure du possible, un mot de passe complexe respectant un minimum de 8 caractères et combinant lettres, chiffres, minuscules et majuscules.
- Notez que vous n'êtes pas obligé de renseigner un mot de passe. Toutefois, si vous voulez disposer d'un environnement sécurisé, la création d'un mot de passe complexe est très fortement recommandée. Renseignez également dans cet écran une indication de mot de passe, cette indication vous permettra de retrouver votre mot de passe en cas d'oubli. Attention, cette indication est potentiellement visible pour tous les utilisateurs de votre poste.

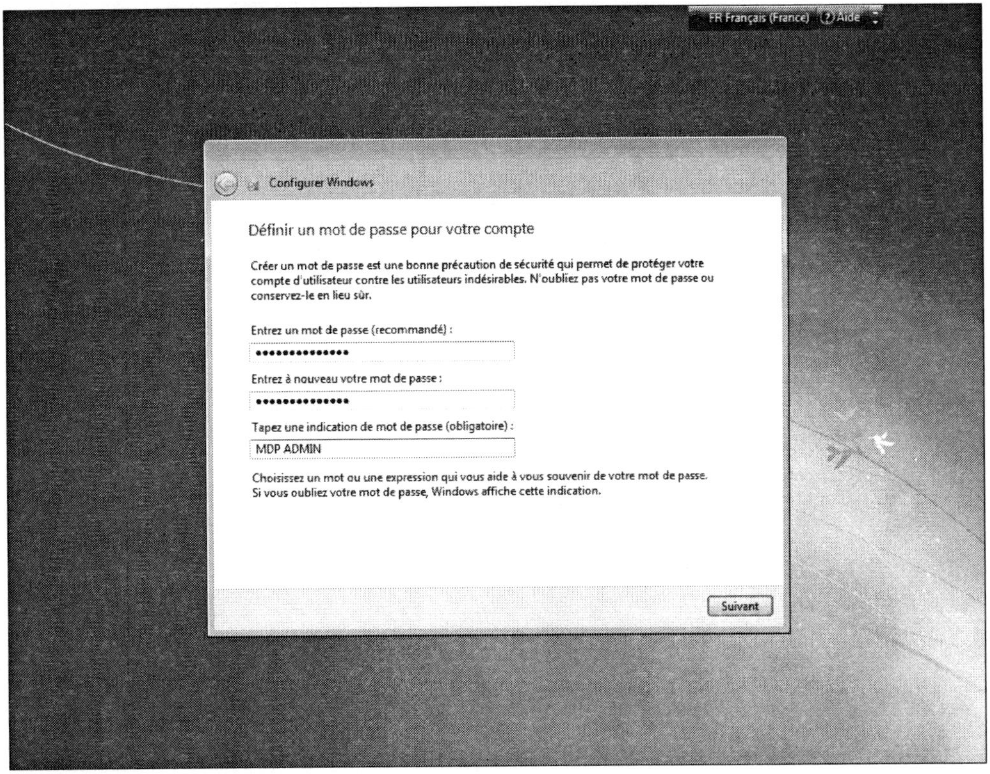

- Cliquez sur le bouton **Suivant**.
- Saisissez la clé de produit puis cliquez sur le bouton **Suivant**. Notez que les tirets sont automatiquement ajoutés par le système et qu'il n'est donc pas nécessaire de les saisir. Signalons, comme pour Windows Vista, que vous pouvez ne pas saisir de clé de produit immédiatement.

- Sélectionnez l'option activée par défaut, **Utilisez les paramètres recommandés**, afin de disposer d'un environnement sécurisé et mis à jour. Configurez le fuseau horaire sur lequel vous vous trouvez. Vérifiez l'heure et la date du système puis cliquez sur le bouton **Suivant**.
- Sélectionnez le type de réseau sur lequel vous voulez connecter le poste, comme pour Windows Vista, si l'utilisation du poste n'est pas réservée à une utilisation professionnelle, sélectionnez un réseau de type **Réseau domestique**.

1. Installer Windows 7 sur un disque dur vierge

- À l'apparition de la fenêtre permettant de vérifier les paramètres de langue, cliquez sur le bouton **Suivant** puis sur le bouton **Installer maintenant** pour poursuivre le processus d'installation.
- Acceptez les termes du contrat de licence.
- Cliquez sur le bouton **Personnalisée (option avancée)**.
- Cliquez sur le lien **Options de lecteur (avancées)**.
- Si aucune partition n'est présente, cliquez sur le bouton **Nouveau**.
- Saisissez la taille de la partition que vous voulez créer. Cliquez sur les boutons **Appliquer** et **Formater**.

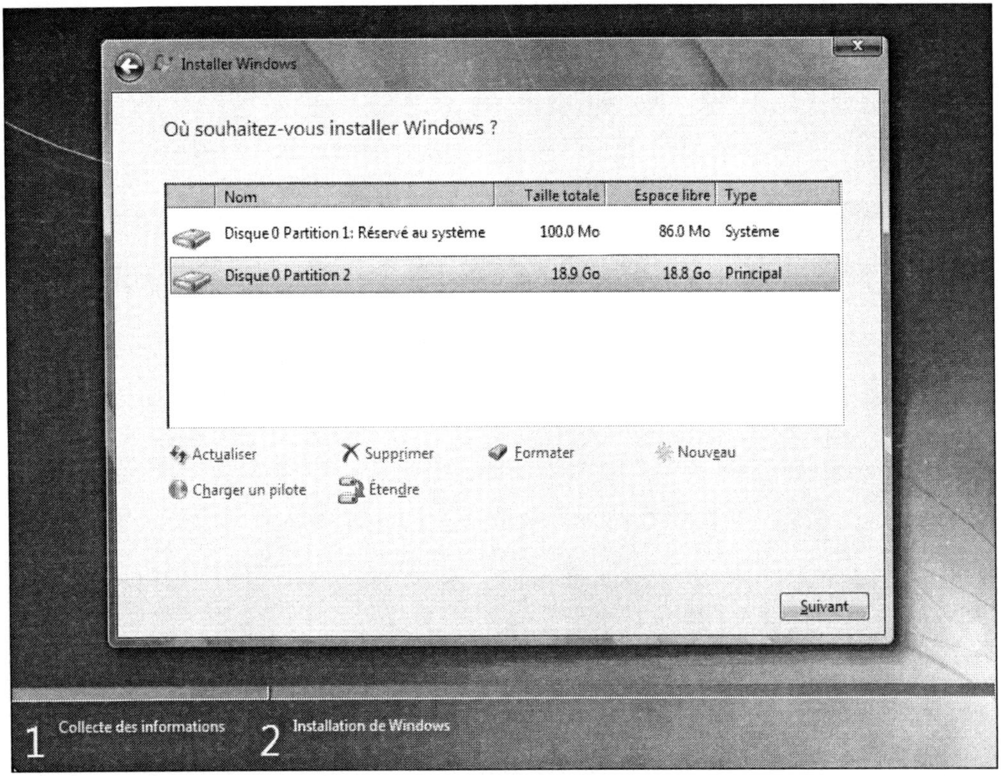

➜ Vous remarquez la présence de deux nouvelles partitions. L'usage de la première partition est réservé à la fonctionnalité BitLocker. Le système d'exploitation Windows 7 sera installé sur la deuxième partition du disque 0. Cliquez sur le bouton **Suivant** pour poursuivre le processus d'installation.

➜ S'il reste de l'espace non alloué, vous pouvez créer une autre partition.

Attention, vous devez créer une partition d'au moins 8 Go si vous désirez installer Windows 7 sur cette partition.

Le reste de la procédure d'installation est identique au paragraphe précédent.

2. Installation automatisée de Windows 7

Pour effectuer une installation automatisée de Windows 7 à partir d'un fichier de réponse, suivez le mode opératoire suivant :

→ Vous devez préalablement télécharger le fichier **Autounattend.xml** sur le site des éditions ENI. Copiez ensuite ce fichier sur une clé USB.

Le fichier Autounattend.xml est un fichier d'installation sans assistance obtenu à partir du kit d'installation automatisé de Windows 7 (Windows AIK).

→ Connectez cette clé sur votre poste, insérez le support amovible d'installation de Windows 7 dans le lecteur DVD du poste à installer puis démarrez le poste.

→ Vérifiez l'ordre de démarrage des périphériques dans le BIOS du poste afin de démarrer sur le lecteur DVD.

→ Le programme d'installation de Windows 7 s'initialise et détecte le fichier Autounattend.xml en scannant tous les supports de stockage amovibles connectés au poste.

→ Une fois le fichier **Autounattend.xml** détecté, le programme d'installation de Windows 7 déclenche une installation sans assistance du système de base. Vous pouvez remarquer que vous n'êtes pas invité à créer les partitions sur le disque de votre poste.

→ Une fois ce processus terminé, la phase de configuration de l'environnement utilisateur débute par l'exécution de l'utilitaire **sysprep.exe**. La fenêtre suivante s'affiche et vous êtes invité à sélectionner les paramètres d'exécution du programme.

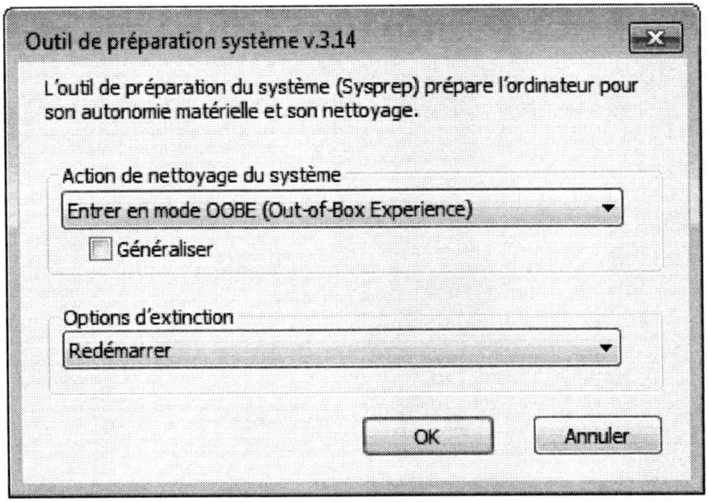

Le mode **OOBE** (*Out-Of-Box Experience*), permet la création du premier compte administrateur du poste et la configuration des principaux éléments du système d'exploitation. Vous pouvez personnaliser le mode **OOBE** en modifiant le fichier **OOBE.xml**, disponible dans le répertoire info du kit d'installation automatisé de Windows 7 (Windows AIK). Reportez-vous au site Microsoft technet pour de plus amples informations à ce sujet.

→ Renseignez le nom d'ordinateur et le compte utilisateur du poste. Cliquez sur le bouton **Suivant**.

→ Renseignez et confirmez le mot de passe du compte précédemment configuré.

→ Renseignez également dans cet écran une indication de mot de passe, cette indication vous permettra de retrouver votre mot de passe en cas d'oubli. Attention cette indication est potentiellement visible pour tous les utilisateurs de votre poste. Cliquez sur le bouton **Suivant**.

→ Sélectionnez l'option **Utilisez les paramètres recommandés** afin de disposer d'un environnement sécurisé et mis à jour. Configurez le fuseau horaire sur lequel vous vous trouvez. Vérifiez l'heure et la date du système puis cliquez sur le bouton **Suivant**.

→ Sélectionnez le type de réseau sur lequel vous voulez connecter le poste. À la fin du processus de configuration, le poste redémarre, celui-ci est alors opérationnel.

3. Mise à niveau vers Windows 7 à partir de Windows Vista Service Pack 1

- Ouvrez une session sur votre poste Windows Vista avec un compte de type administrateur.
- Vérifiez la compatibilité de votre poste pour la mise à niveau vers Windows 7 grâce à l'utilitaire **Windows 7 Upgrade Advisor** disponible en téléchargement sur le site Internet de Microsoft. **Windows 7 Upgrade Advisor** est un programme mis à disposition par Microsoft pour vérifier la compatibilité des postes Windows Vista avec Windows 7.
- Téléchargez le programme **Windows 7 Upgrade Advisor** à partir du site de téléchargement de Microsoft puis lancez l'installation de ce programme.
- Si un avertissement de sécurité s'affiche au lancement du programme, cliquez sur le bouton **Exécuter**.
- Le programme affiche une fenêtre d'information sur le produit, cliquez sur le bouton **Suivant**. Acceptez l'accord de licence puis cliquez sur le bouton **Suivant**.
- Installez le produit sur l'emplacement de votre choix, vous pouvez laisser l'emplacement proposé par défaut. Cliquez sur le bouton **Installer**. À la fin de l'installation, cliquez sur le bouton **Fermer**.
- Lancez le programme **Windows 7 Upgrade Advisor** via le raccourci présent sur le bureau Windows.
- Cliquez sur le bouton **Start Check**, l'analyse de compatibilité débute. À la fin de l'analyse vous visualisez les éléments du rapport. Vous pouvez enregistrer ce rapport si vous le désirez. Cliquez sur le bouton **Close**.

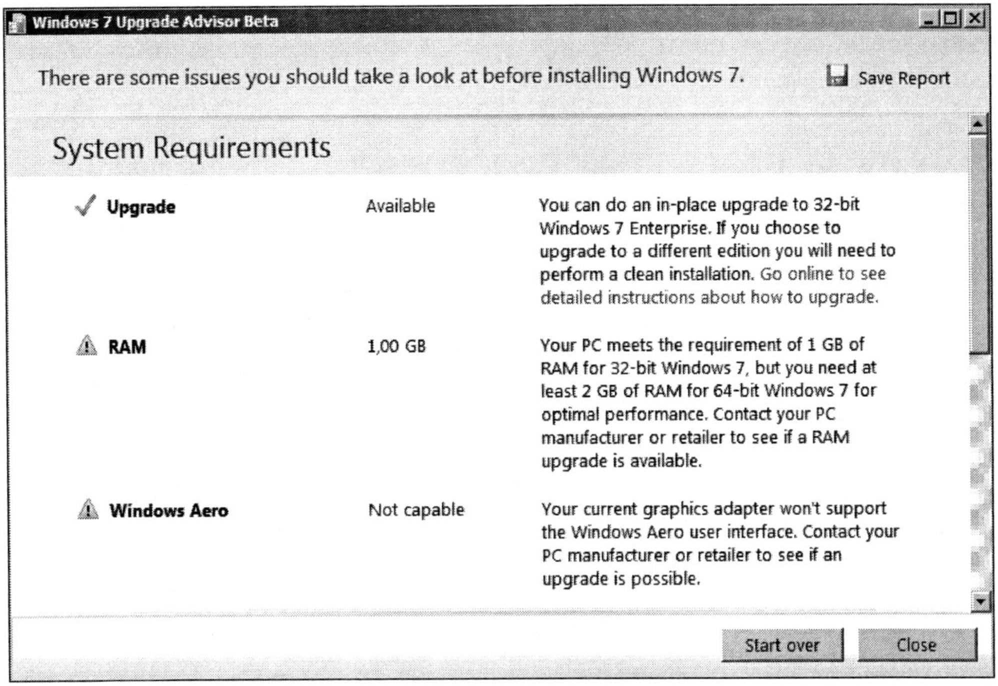

Si tous les éléments sont compatibles pour une mise à jour vers Windows 7, débutez la mise à niveau de votre poste. Pour effectuer cette mise à niveau il est fortement recommandé de disposer d'un accès à Internet afin de télécharger les dernières mises à jour disponibles.

- Insérez le support amovible d'installation de Windows 7 dans le lecteur DVD, puis lancez l'exécution automatique du DVD. Sélectionnez l'exécution du programme **setup.exe**.
- Sélectionnez l'option **Installer maintenant**, la mise à niveau vers Windows 7 débute. Sélectionnez l'option **Télécharger les dernières mises à jour pour l'installation**.
- Après la phase de téléchargement des mises à jour, acceptez l'accord de licence en sélectionnant l'option **J'accepte les termes du contrat de licence** puis cliquez sur le bouton **Suivant**.

- Sélectionnez le type d'installation **Mise à niveau**. Le programme d'installation effectue la copie, la décompression puis l'installation des fonctionnalités et mises à jour de Windows 7. L'ordinateur redémarre automatiquement plusieurs fois lors de ce processus. Les programmes et données personnelles des utilisateurs du poste sont également transférés vers le nouvel environnement par le programme d'installation.

Une fois le système de base installé, la phase de configuration de l'environnement utilisateur débute.

- Sélectionnez l'option **Utilisez les paramètres recommandés** afin de disposer d'un environnement sécurisé et mis à jour. Configurez le fuseau horaire sur lequel vous vous trouvez. Vérifiez l'heure et la date du système puis cliquez sur le bouton **Suivant**.
- Sélectionnez le type de réseau sur lequel vous voulez connecter le poste.
- À la fin de l'installation, le poste redémarre, vous pouvez vous connecter à l'aide de votre compte administrateur.

Si vous désirez mettre à niveau vers Windows 7 un poste Windows XP, cette option est disponible dans l'offre commerciale de Microsoft. Dans ce cas, il est important de savoir que l'installation de Windows 7 sera une installation de type complète. Le répertoire d'installation de Windows XP est alors sauvegardé avec l'extension **.old**.

E. Résoudre un problème d'installation

Il y a un bon nombre de scénarios possibles mais nous nous sommes efforcer de traiter les cas les plus courants quel que soit le système d'exploitation considéré.

1. Mon CD-Rom n'est pas reconnu

Vous restez bloqué sur "Boot from CD-Rom" ou sur un petit tiret clignotant visible en haut à gauche de l'écran. En règle générale, le problème se pose sur les ordinateurs possédant deux lecteurs. Par exemple, un lecteur de DVD-Rom et un graveur. Dans la plupart des cas, il suffit d'insérer votre disque d'installation dans l'autre lecteur et de redémarrer.

Si cela ne résout pas votre problème, ouvrez votre boîtier puis débranchez l'alimentation et la nappe du lecteur qui est en esclave sur la nappe IDE. Il y a encore une autre solution : inversez la position des cavaliers entre les deux lecteurs (le lecteur maître passera en esclave), rebranchez la nappe et le câble du premier lecteur puis déconnectez l'autre lecteur.

2. Résoudre un problème d'erreur STOP

Il y a différentes solutions à tester :

- Vérifiez vos barrettes mémoire.
- Le temps de procéder à l'installation, paramétrez le Bios sur les paramètres a minima.
- Débranchez tous les périphériques externes.
- Désactivez dans le Bios tous les périphériques intégrés (modem, son, USB, lecteur de cartes, etc.).
- Retirez de votre machine toutes les cartes qui sont enfichées dans les ports PCI.
- Débranchez les lecteurs qui ne sont pas strictement indispensables (lecteur de disquette, graveur, second disque dur, etc.).

En règle générale, c'est un dysfonctionnement des barrettes mémoire qui va empêcher le bon déroulement de l'installation. Le fait de paramétrer le Bios sur les options par défaut fera que les temps de latence attribués à la mémoire vive seront rallongés. Cette manipulation permet donc d'augmenter la stabilité du système et diminuer les risques d'erreur. Si cette solution ne fonctionne pas, vous devez retirer – toujours le temps de l'installation – l'une ou l'autre de vos barrettes mémoire. C'est un problème typique à Windows XP : durant le processus d'installation, l'ensemble des données qui sont nécessaires à l'installation du système d'exploitation sont placés en mémoire. De fait, la moindre défaillance sur les barrettes mémoire entraîne des problèmes de copie de fichiers. C'est assez paradoxal puisque les messages d'erreur font tous penser à un problème sur le disque dur ou sur le disque d'installation. C'est très rarement le cas !

3. Windows ne trouve aucun volume système conforme aux critères d'installation

Le point commun aux doléances des internautes est qu'un des lecteurs est branché en SATA. Le souci est que Windows Vista doit être installé sur une partition active et qu'il semble que ce système soit souvent dans l'impossibilité de correctement détecter la bonne partition quand il y a plus d'un disque installé sur votre machine. Il y a trois solutions possibles : il suffit d'accéder au Bios de votre ordinateur et modifier la séquence de démarrage de telle façon qu'après le lecteur dans lequel est inséré le disque d'installation de Windows Vista, ce soit votre disque dur qui soit mentionné. Paramétrez éventuellement l'option **Try Other Boot Device** ou **Boot Other Device** sur la valeur **Enabled** ou **YES**. Voici une autre suggestion : supprimez de la séquence de démarrage les éventuels lecteurs USB. Idéalement, vous devriez avoir ceci (ou similaire) :

- **1st : CD/DVD DRIVE ;**
- **2nd : HARD DRIVE ;**
- **3d : HARD DRIVE ;**
- **Try Other Boot Device: YES.**

Enfin, voici une troisième piste : dans le Bios, désactivez tous les autres disques et déclarez votre disque RAID comme premier périphérique de démarrage. Une fois l'installation terminée, réactivez normalement les autres disques dans le Bios. Vous l'aurez compris, il n'y a pas de recette toute prête mais ces quelques indications doivent suffire à résoudre 100 % des problèmes rencontrés.

4. Transférer un disque système sur un autre ordinateur

La difficulté est que le disque dur est paramétré en fonction d'une configuration particulière (appelée "Couche d'abstraction matérielle" ou HAL) qui sera forcément différente de celle de l'ordinateur cible. Le principe est donc d'éviter les erreurs bloquantes tout en conservant l'intégralité des données qui sont présentes sur le disque. Voici une procédure qui fonctionne mais que vous devrez adapter au cas par cas.

- Utilisez un utilitaire comme NtBackup (ou n'importe quel programme de sauvegarde) afin de procéder à une sauvegarde de vos paramètres essentiels.
- Vous pouvez aussi sauvegarder les informations de configuration réseau.

- Dans le Gestionnaire de périphériques, désinstallez tous les contrôleurs et les composants sauf le clavier, la souris, les contrôleurs IDE, la carte graphique et les périphériques système.

Jusque-là, vous ne devez pas redémarrer votre système.

- Accédez au Bios du nouvel ordinateur puis désactivez les périphériques intégrés (Audio/Ethernet/Sata/Com/Parallèle/FireWire/Raid), les périphériques PCI (SCSI/WiFi), les ports USB (Lecteur Carte Mémoire/Bluetooth), le lecteur de disquette et le second contrôleur IDE.

Le but de la manœuvre est de repartir d'un ordinateur "vierge" de toutes informations et placé dans une configuration matérielle la plus neutre possible.

- Sortez le disque dur de la machine d'origine puis placez-le dans le nouvel ordinateur.
- Démarrez en mode sans échec.
- Ne continuez pas l'installation des périphériques qui seront alors détectés.
- Si tout se passe bien redémarrez en mode normal.
- Retournez dans le Bios afin de réactiver un à un les composants que vous avez désactivés en commençant par ceux qui sont intégrés à la carte mère.
- Vous devez alors commencer par la réinstallation du pilote de chipset de carte mère puis de l'AGP, de la carte vidéo, etc.

Ayez soin de procéder composant par composant afin de connaître immédiatement la cause d'un éventuel problème de démarrage. Ces manipulations pourront paraître un peu trop "prudentes" mais vous êtes sûr de cette façon de pas vous "rater".

F. Créer un Multi-Boot

Si vous souhaitez effectuer un Multi-Boot avec plusieurs systèmes d'exploitation, vous devez d'abord procéder à l'installation du système le plus ancien vers le plus récent. A priori, l'ordre à respecter est donc celui-ci : MS-DOS, Windows 98 ou Millénium, Windows 2000, Windows XP, Windows Server 2003 puis Windows Vista, Windows 7 ou Windows Server 2008. Si vous ne suivez pas cette règle, les fichiers présents dans le volume d'amorçage seront écrasés par une version qui ne sera pas capable de reconnaître les systèmes plus récents. Vos systèmes d'exploitation peuvent appartenir à des systèmes de fichiers différents (FAT, FAT32 ou NTFS), mais doivent être installés sur des partitions différentes. Il est possible de placer dans une partition d'amorçage de taille réduite (C:) l'ensemble des fichiers nécessaires au démarrage de vos différents systèmes d'exploitation. Le fait que les fichiers permettant le démarrage du système soient placés sur une partition dédiée peut simplifier, par la suite, les tâches de maintenance.

Voici la liste des fichiers nécessaires :

- Windows 2000 et XP : *NTLDR*, *NTDETECT.COM*, *BOOT.INI* et, si vous possédez un disque SCSI, *NTBOOTDD.SYS*.
- Windows 2000 Server : *ARCLDR.EXE* et *ARCSETUP.EXE*.
- Windows 98 ou Millenium : *IO.SYS*, *MSDOS.SYS*, *COMMAND.COM* et éventuellement, *AUTOEXEC.BAT* et *CONFIG.SYS*.
- Win9X: Bootsect.*.

La principale difficulté d'un Multi-Boot est d'avoir à installer ou à réinstaller un système d'exploitation plus ancien que celui ou ceux qui sont déjà en place.

1. Le processus de démarrage de Windows Vista et Windows 7

Ces versions de Windows utilisent un magasin de bases de données de configuration de démarrage (BCD ou *Boot Configuration Database*). Il contient un menu de démarrage et toutes les informations concernant les systèmes d'exploitation installés sur votre machine.

Dans les versions antérieures du système d'exploitation qui s'exécutent sur un ordinateur (comme Windows XP), le processus de démarrage se lance à partir du BIOS système. Ce dernier détermine le périphérique de démarrage, puis charge le premier secteur physique, appelé enregistrement de démarrage principal (MBR ou *Master Boot Record*). Le MBR contient la table de partition et le code d'exécution nécessaire. Ce code recherche dans la table de partition, la partition active et transmet le contrôle au secteur de démarrage de cette partition. Ce secteur de démarrage charge ensuite le programme Ntldr, ce dernier analysant le fichier Boot.ini. Ce fichier est utilisé pour énumérer les systèmes d'exploitation déjà installés.

Au démarrage de l'ordinateur, le BIOS charge le MBR, puis le secteur de démarrage. Le nouveau programme Gestionnaire de démarrage Windows (Bootmgr) est ensuite lancé. Ce programme analyse le fichier Boot.ini en code binaire décimal, énumère les systèmes d'exploitation installés, puis affiche le menu de démarrage. Si une version antérieure du système d'exploitation Windows est installée dans une configuration en "Dual-boot" avec Windows Vista, le Gestionnaire de démarrage Windows transmet le contrôle au programme Ntldr pour la version antérieure du système d'exploitation Windows.

2. Multi-Boot Windows XP et Windows Vista ou Windows 7

Il y a plusieurs intérêts à installer plusieurs systèmes d'exploitation sur un même disque (mais toujours sur des partitions différentes !) :

- Si un fichier exécutable est endommagé, vous pouvez toujours vous servir de la version présente sur l'autre disque.
- Dans certains cas, vous gagnerez une place conséquente en évitant d'avoir à installer la même application sur les deux (ou plus...) systèmes d'exploitation (il y a beaucoup de programmes qui fonctionnent même à partir d'un système d'exploitation "déporté").
- Certains utilitaires ne s'installent que sur des versions de Windows XP mais restent opérationnels quand on les exécute à partir du système "frère".
- Cela évite d'avoir à installer des outils supplémentaires alors qu'ils sont déjà intégrés à Windows XP.
- Vous pouvez préférer les versions plus anciennes de certains composants Windows que celles qui sont disponibles sous Windows Vista ou Windows 7.

Bien évidemment, toutes les applications ne fonctionnent pas à partir d'un système d'exploitation "satellite" mais il y en a tout de même un nombre vraiment conséquent et non des moindres ! Rappelons enfin qu'un autre avantage des systèmes en Multi-Boot est qu'il vous offre des possibilités de dépannage et de récupération de fichiers qui n'existent pas sur les machines avec un seul système d'exploitation installé.

3. Installer Windows 7 en Dual-Boot avec Windows XP

Vous devez :

- disposer d'au moins deux partitions (peu importe leur type) ;
- avoir correctement paramétré la séquence de démarrage dans le Bios ;
- insérer votre disque d'installation Windows Vista dans le lecteur placé en maître.

→ Démarrez ou redémarrez votre machine.

→ À l'apparition du message **Press any key to boot from CD ou DVD...** (ou équivalent), appuyez sur n'importe quelle touche de votre clavier.

→ Windows va charger les fichiers nécessaires à l'installation ("Windows is loading files...").

Le mode d'interface graphique va apparaître (un "chenillard" de couleur verte)...

→ Sélectionnez votre langue d'installation, le format horaire et monétaire, et le type de clavier à utiliser. Cliquez sur le bouton **Suivant** puis sur le bouton **Installer maintenant**.

→ Acceptez l'accord de licence puis cliquez sur le bouton **Suivant**.

→ Cliquez sur le bouton **Personnalisée (options avancées)**.

→ Sélectionnez la partition de destination puis cliquez sur le bouton **Suivant**.

Attention de ne pas vous tromper ! Si vous avez le moindre doute, comparez les tailles des partitions ou les indications d'espace libre avec ceux disponibles en mode d'interface graphique. En effet, l'attribution des lettres de lecteur peut différer d'un mode à l'autre. L'installation va s'initier. Notez que vous pouvez maintenant retirer le disque d'installation du lecteur. Au premier redémarrage, le système que vous êtes en train d'installer sera automatiquement sélectionné par défaut. Une manière de vous signifier que le Gestionnaire de Boot propre à Windows XP est, à partir de là, remplacé par celui de Windows 7. Vous aurez donc le choix entre votre ancien système XP ("Version antérieure de Windows") et celui de 7. L'installation va continuer puis un second redémarrage sera proposé. Là encore, le système sur lequel se déroule le processus d'installation sera automatiquement sélectionné.

Au prochain démarrage, vous aurez donc normalement le choix entre chacun des systèmes d'exploitation installés sur votre machine. Notez qu'il arrive souvent que Windows vérifie une fois l'intégrité du lecteur sur lequel est installé Windows 7.

4. Réparer le secteur de Boot après avoir désinstallé Windows Vista

Le problème va se poser si vous avez installé une version de Vista en Dual-Boot avec Windows XP. Dans ce cas, le Gestionnaire de démarrage ("Bootmgr") propre à Windows Vista remplacera celui de XP afin de vous permettre d'avoir le choix au démarrage entre les deux systèmes. Si, maintenant, vous désinstallez cette version de Windows Vista, le gestionnaire de Boot vous proposera toujours le choix entre les deux systèmes d'exploitation. La solution est simple :

→ Démarrez à partir de la Console de récupération Windows XP.

Le maniement de ces fonctionnalités est expliqué au chapitre "Dépanner le système d'exploitation".

→ Saisissez ces deux commandes en appuyant à chaque fois sur la touche [Entrée] :

- **`Fixmbr`**
- **`Fixboot c:`**

→ Redémarrez votre ordinateur normalement.

5. Impossible d'accéder à Windows XP après avoir installé Windows 7

Vous pouvez avoir ce type d'erreur : "Le fichier suivant est manquant ou corrompu : C:\Windows\system32\ntoskrnl.exe".

- Dans Windows 7, activez l'affichage des fichiers et des dossiers cachés.
- Appropriez-vous le fichier *Boot.ini* en modifiant le jeu des permissions NTFS sur ce fichier.

  Reportez-vous au chapitre "Trois outils système" et à la partie sur les permissions NTFS pour savoir comment vous attribuer un contrôle total sur ce fichier.

Notez qu'il est placé sur le disque sur lequel est installé Windows XP.

- Éditez le fichier *Boot.ini* avec le Bloc-notes Windows.
- Modifiez l'indication du chemin ARC vers la partition sur laquelle est installé Windows XP.
- Enregistrez les changements puis fermez le Bloc-notes Windows.

Le chemin ARC (*Advanced RISC Computing*) est une convention permettant de définir le chemin d'une installation NT.

6. Installer Windows XP en Dual-Boot sur une version de Windows 7 déjà existante

Cela suppose que votre disque comporte au moins deux partitions.

- Procédez normalement à l'installation de Windows XP.
- Une fois le processus d'installation terminé, vous aurez perdu la capacité de démarrer sur le système Windows 7.
- Insérez alors votre disque d'installation de Windows 7 afin d'accéder aux fonctionnalités WinRE.

Cet ensemble de fonctionnalités est expliqué au chapitre "Dépanner le système d'exploitation".

- Lancez une fenêtre d'Invite de commandes.
- Saisissez la lettre de lecteur dans lequel est inséré votre disque d'installation. Par exemple : **G:**.

➔ Déplacez-vous dans un répertoire nommé Boot : **`cd boot`**

➔ Saisissez ces deux commandes :

- **`bootsect.exe /nt52 c:`**
- **`bootsect.exe /nt60 c:`**

Notez que la commande **`bootsect.exe /help`** affiche toutes les options qui sont disponibles.

Vous pouvez aussi redémarrer une nouvelle fois votre machine puis accéder de nouveau aux fonctionnalités WinRE.

➔ Lancez alors une réparation du système en sélectionnant l'option **Réparation du démarrage**.

7. Accéder à Windows XP à partir d'un disque Windows 7

Sur un disque sur lequel n'est pas installé Windows XP, vous n'avez pas accès à la Console de récupération propre à Windows XP. On peut imaginer que vous utilisiez un disque Windows 7 pour accéder à une partition sur laquelle est installée Windows XP.

➔ Entrez la langue et les préférences de votre choix puis cliquez sur le bouton **Suivant**.

➔ Acceptez l'accord de licence puis cliquez sur le bouton **Suivant**.

➔ Cliquez sur le lien **Réparer l'ordinateur**.

Aucun système d'exploitation ne va être trouvé.

➔ Cliquez simplement sur le bouton **Suivant**.

➔ Cliquez ensuite sur le lien **Invite de commandes**.

Vous serez sur le prompt **X:\sources>**.

À partir de là, toutes les commandes disponibles seront utilisables et vous aurez accès à l'intégralité des données présentes sur le disque.

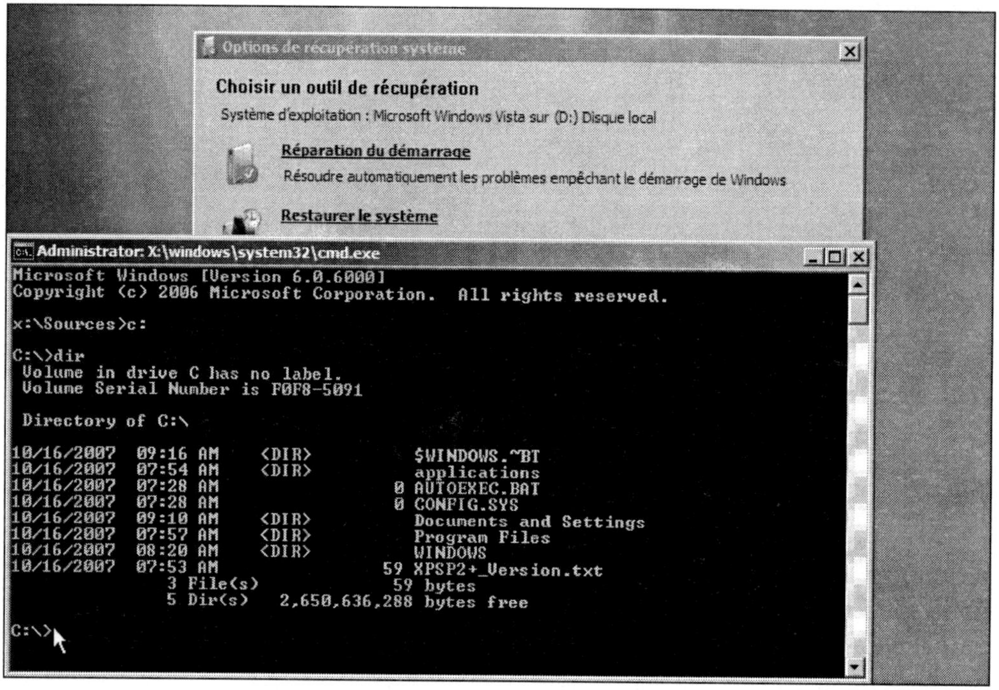

8. En Dual-Boot, je n'arrive pas à démarrer sur le disque sur lequel est installé Windows XP

Le problème se pose si vous avez des disques SATA et IDE. Voici la configuration et un exemple des paramètres modifiés dans le BIOS permettant de résoudre ce problème :

- un disque 250 Go SATA (Vista Home Premium) ;
- un disque 250 Go SATA (3 partitions) ;
- un disque 80 Go IDE (XP SP2 édition familiale).

➔ Dans le Bios, accédez au menu **Advanced Bios Features**.

➔ Paramétrez la séquence de démarrage sur ces valeurs :

  - 1st IDE-0 : Maxtor STM3250820AS (OS Vista) ;
  - 2nd IDE-1 : Maxtor STM3250820AS (partitions de données) ;
  - 3d IDE-2 : WDC WD800BB-000AA1 (OS XP SP2) ;

- Try Other boot Devices : Yes.

➔ Accédez au menu **Integrated Peripherals** puis au sous-menu **On Chip IDE Configuration**.

➔ Paramétrez ces options sur ces valeurs :

- **On-Chip ATA (s) Operate mode : LegacyMode ;**
- **ATA Configuration : S-ATA ONLY ;**
- **P-ATA Keep Enabled : Yes ;**
- **P-ATA Channel Section : Both ;**
- **S-ATA Ports Definition : P0-1 ST./P1-nd.**

Bien entendu, à vous d'adapter ces valeurs à votre propre configuration.

9. Utiliser la commande Bcdedit

Dans Windows Vista ou Windows 7, le magasin des données de configuration de démarrage (*Boot Configuration Data* ou "BCD") renferme tous les paramètres permettant de contrôler les paramètres de configuration du démarrage et le mode de démarrage du système d'exploitation.

L'outil d'Invite de commandes Bcedit (littéralement "l'éditeur de BCD") peut être utilisé pour ajouter, supprimer ou modifier les configurations de démarrage. Notez que cet outil est aussi disponible à partir des fonctionnalités WinRE. Chaque objet est identifié par un GUID (*Globally Unique IDentifier*). Chaque lecteur ou partition possède son propre GUID qui peut avoir trois identificateurs :

- **{legacy}** : permet de décrire les disques ou les partitions sur lesquels sont installés les systèmes antérieurs à Windows Vista (Chargeur de système d'exploitation Windows d'ancienne génération) ;
- **{default}** : désigne un disque ou une partition contenant le système d'exploitation par défaut (Chargeur de démarrage Windows) ;
- **{current}** : pointe vers le disque ou la partition sur lequel est installé l'OS (Operating System : système d'exploitation en français) qui a servit de gestionnaire d'amorçage.

Afin de lancer bcdedit, exécutez une fenêtre d'Invite de commandes en tant qu'administrateur.

Pour lister les commutateurs qui sont possibles, saisissez cette commande : **bcdedit /?**. Tapez ensuite la commande bcdedit afin de lister la structure du Gestionnaire de démarrage Windows.

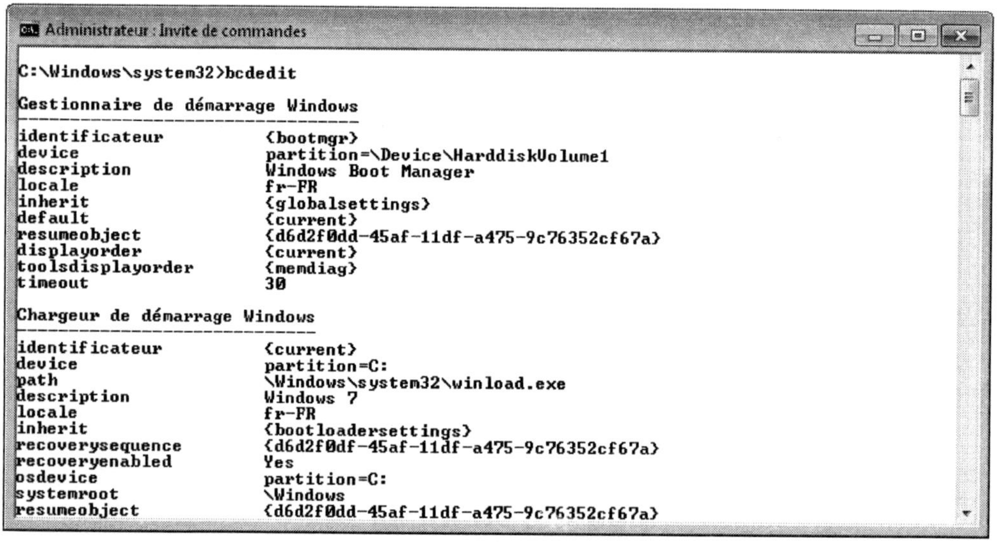

Afin de créer une sauvegarde de l'actuelle configuration, saisissez : **bcdedit /export "C:\BCDsauvegarde.bcd"**.

À l'inverse, vous pouvez restaurer ce même fichier en saisissant : **bcdedit /import "C:\BCDsauvegarde"**.

À chaque fois, la mention "Opération réussie" doit apparaître.

Imaginons maintenant que la commande bcdedit affiche ceci sur mon ordinateur :

```
Chargeur de système d'exploitation Windows d'ancienne génération
Identificateur   {ntldr}
device           partition=D:
path             \ntldr
description      Version antérieure de Windows
```

Nous voulons simplement changer la description par l'intitulé exact du système d'exploitation :

bcdedit /set {ntldr} description "Windows XP Edition Professionnelle".

Vous pouvez afficher la liste des types de données utilisables en saisissant cette commande : **bcdedit /? types**. Les formats de données qui sont utilisables s'affichent en saisissant cette commande : **bcdedit /? formats**.

Examinons les autres possibilités.

Afin de modifier la description du système actuel (“Microsoft Windows Vista”) :

bcdedit /set {current} description "Windows Vista Ultimate".

Le commutateur **/deletevalue** qui permet de supprimer certaines options définies dans les différentes entrées du magasin.

Afin de définir le système désigné par ce GUID comme le système d’exploitation par défaut : **bcdedit /default {b3e70961-4a0f-11dc-8e88-c214c35ec4ab}**.

Afin de définir l’ordre des systèmes d’exploitation tels qu’ils apparaissent dans le menu de démarrage : **bcdedit /displayorder {b3e70961-4a0f-11dc-8e88-c214c35ec4ab} {b3e70961-4a0f-11dc-8e88-c214c35ec4ab} {ntldr}**.

Afin de raccourcir le délai d’attente avant que la machine démarre sur le système d’exploitation qui est définit par défaut : **bcdedit /timeout 30**.

10.Utiliser la commande Bootrec.exe

Il y a souvent une confusion sur l’emploi de l’outil Bootrec.exe. Ce dernier ne modifie en aucun cas le Master Boot Record (“MBR”). Il répare ou modifie le Gestionnaire de démarrage de Windows. À partir des fonctionnalités WinRE, voici les commandes que vous pouvez utiliser :

- **`bootrec.exe /fixmbr`**
- **`bootrec.exe /fixboot`**
- **`bootrec.exe /rebuildbcd`**

La première commande écrit un enregistrement de démarrage principal sur la partition système.

La seconde commande écrit un nouveau secteur de démarrage sur la partition système et indique au secteur de Boot où se trouve le lanceur du Gestionnaire de démarrage (“Bootmgr”). Cette commande peut être utile quand un système d’exploitation Windows plus ancien a été installé après Windows Vista. L’ordinateur démarre alors en utilisant le chargeur NT (NTDLR) Windows NT au lieu du Gestionnaire de démarrage Windows (Bootmgr.exe).

La dernière commande recherche sur tous les disques des installations qui sont compatibles avec Windows Vista ou Windows 7 et permet de recréer le magasin des données de configuration de démarrage.

Lorsqu'il existe des installations qui ne sont pas listées dans le menu du Gestionnaire de démarrage, vous pouvez essayer d'utiliser cette commande :

bootrec.exe /ScanOs.

Si vous avez toujours un problème de démarrage, vous pouvez essayer de reconstruire complètement le magasin BCD en tapant cette série de commandes :

- **`bcdedit /export C:\BCD_Backup`**
- **`c:`**
- **`cd boot`**
- **`attrib bcd -s -h -r`**
- **`ren c:\boot\bcd bcd.old`**
- **`bootrec /RebuildBcd`**

Il peut aussi arriver que le secteur d'amorçage soit endommagé suite à la suppression d'une installation de Linux ou l'installation d'une version de Fedora (avec un message d'erreur de ce style "Grub error 21" ou "Crub error 22"). Le principe est identique :

→ Accédez aux fonctionnalités WinRE.

→ Cliquez sur le lien **Invite de commandes**.

→ Saisissez ces commandes :

  - **`bootrec /fixboot`**
  - **`bootrec /fixmbr`**

Vous n'avez plus qu'à redémarrer votre machine.

11. Supprimer un disque faisant partie d'un système en Dual-Boot Windows XP et Windows 7

Vous pouvez avoir ce type de configuration :

- DISK 0 : Windows XP (c'est sur ce disque que la séquence de démarrage est paramétrée dans le Bios) ;
- DISK 1 : Windows 7.

Vous devez :

- Enlever le "DISK 0".
- Démarrer à partir du disque d'installation Windows 7 et accéder aux fonctionnalités WinRE.
- Ouvrir une fenêtre d'Invite de commandes.
- Vous servir de la commande Diskpart pour marquer la partition comme étant une partition active en saisissant ces deux commandes :
  - Select partition étant la partition que vous voulez marquer comme étant active
  - active
- Saisir ensuite ces trois commandes :
  - **`bootrec /fixmbr`**
  - **`bootrec /fixboot`**
  - **`bootrec /fixrebuildbcd`**

Suivez enfin cette procédure :

→) Redémarrez une nouvelle fois votre machine puis accédez de nouveau aux fonctionnalités WinRE.

→) Lancez une réparation du système en sélectionnant l'option **Réparation du démarrage**.

G. Repartitionner Windows 7

Il peut être nécessaire pour des raisons de sécurité que vous soyez amené à rediriger certains dossiers sur une autre partition que celle sur laquelle est installé votre système d'exploitation. Par ailleurs, beaucoup d'ordinateurs sont vendus avec une seule partition installée. Cela pose donc à la fois des problèmes de sécurité de vos données, vous empêche d'installer d'autres systèmes d'exploitation et diminue les performances de votre disque dur. Vous serez alors dans l'obligation de réduire la partition existante afin de pouvoir créer une ou plusieurs partitions supplémentaires.

1. Utiliser le mode d'interface graphique

Windows 7 vous permet de redimensionner rapidement une partition existante afin de pouvoir, par la suite, créer une partition supplémentaire :

À partir du menu **Démarrer**, recherchez ou exécutez cette commande :

`diskmgmt.msc.`

Vos partitions vont toutes être affichées.

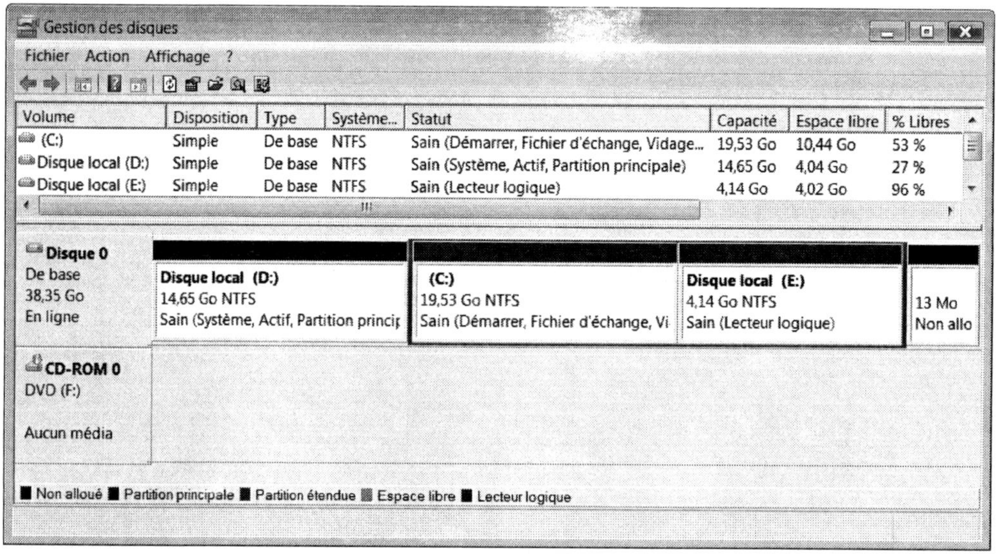

Il suffit de cliquer avec le bouton droit de la souris sur la partition voulue puis sur une de ces commandes :

- **Étendre le volume** : vous pouvez ainsi augmenter la taille de la partition sélectionnée ;
- **Réduire le volume** : il est possible de réduire la taille de la partition sélectionnée.

Dans ce cas, une boîte de dialogue va apparaître et vous demander de définir la taille en mégaoctets (Mo) que vous souhaitez ajouter ou soustraire.

La zone de texte **Taille totale en Mo après réduction** indiquera la taille que fera votre partition une fois le processus de repartitionnement terminé.

Je vous conseille d'effectuer une défragmentation du disque dur avant toute modification de la taille des partitions déclarées. Par ailleurs, c'est une précaution utile dans certains cas de redémarrer votre ordinateur une fois entre chaque modification apportée aux partitions.

Si vous devez étendre un volume, vous devez la plupart du temps réduire la taille d'une des partitions adjacentes.

Il est également possible de créer une partition :

→ Effectuez un clic droit dans la fenêtre affichant l'espace libre de votre partition puis sur le sous-menu **Nouveau volume simple**.

→ Cliquez sur le bouton **Suivant** puis sélectionnez la taille de votre nouvelle partition.

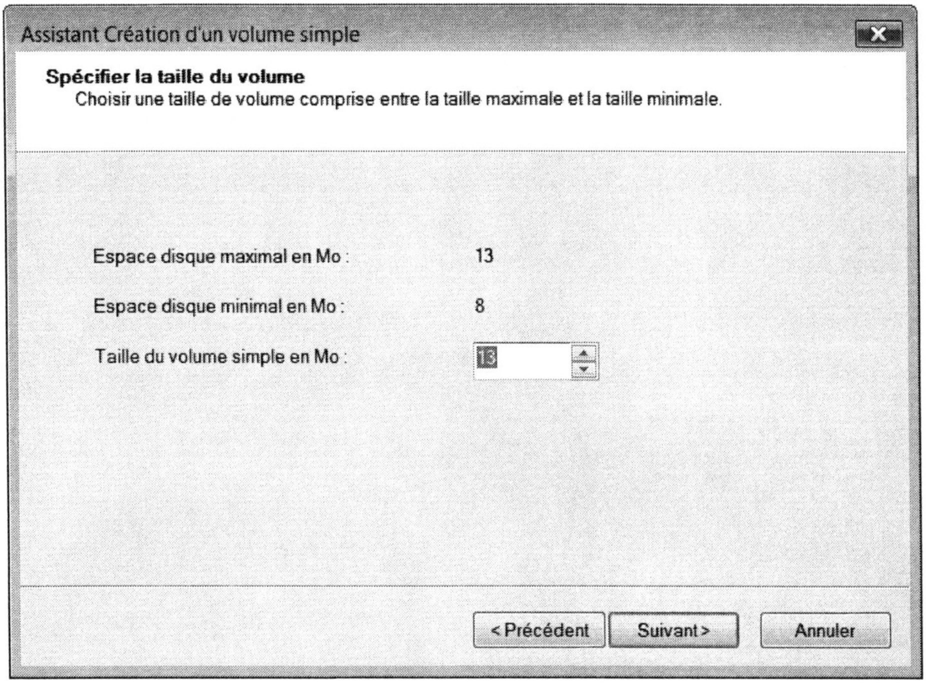

→ Cliquez deux fois sur le bouton **Suivant**.

→ Définissez éventuellement la taille d'unité d'allocations et le système de fichiers puis cliquez sur **Suivant**.

→ Saisissez un nom de volume.

→) Cliquez sur les boutons **Suivant** et **Terminer**.

Le système d'exploitation va procéder au formatage de la nouvelle partition.

2. Utiliser Diskpart

Diskpart vous permet de partitionner un disque à partir des fonctionnalités WinRE ou de l'Invite de commandes. Notez qu'il est toujours plus sûr de partitionner un disque à partir d'un support externe (les fonctionnalités WinRE) plutôt que directement en mode d'interface graphique : la présence en arrière-plan d'un programme antivirus ou d'une application tierce peut engendrer des problèmes de compatibilité.

→) Accédez aux fonctionnalités WinRE puis cliquez sur le lien **Invite de commandes**.

→) Tapez tout d'abord : **`diskpart`**.

Le prompt affichera alors ceci : **`Diskpart>`**.

→) Pour lister les disques présents, saisissez cette commande : **`list disk`**.

→) Repérez le numéro attaché au disque puis attribuez-lui le focus : **`select disk=0`**.

Un message va vous avertir que le disque 0 est maintenant sélectionné.

→) Listez maintenant les partitions présentes en utilisant cette commande : **`list partition`**.

De la même façon que précédemment, les partitions présentes sur votre disque dur vont être numérotées.

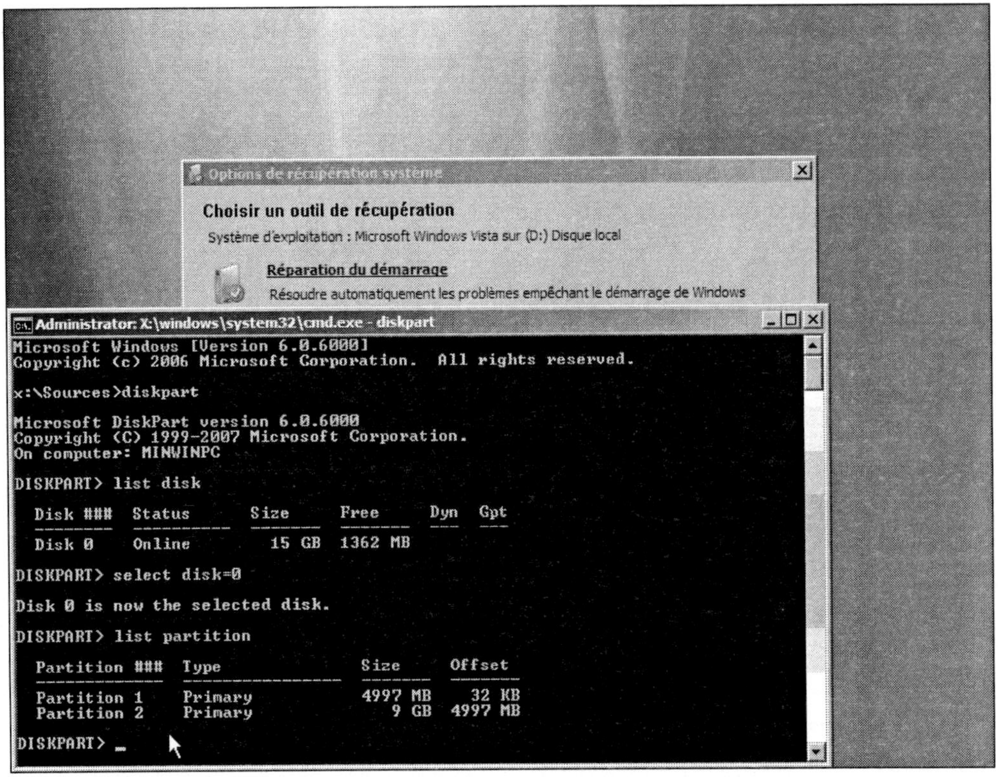

→ Afin de donner le focus à la partition, tapez : **select partition=1**.

Un message va vous avertir que la partition 1 est sélectionnée. Notez que, par la suite, la partition possédant le focus sera signalée par un astérisque.

→ Si vous souhaitez réduire la taille de la partition, utilisez cette syntaxe de commande : **shrink desired=N minimum=N**.

- **Desired=n** spécifie la quantité d'espace en mégaoctets nécessaire pour réduire la taille du volume. Si aucune taille n'est spécifiée, la partition sera réduite de la taille maximale d'espace disque qui est disponible sur le volume.
- **Minimum=n** spécifie la quantité minimale en mégaoctets d'espace à soustraire à la taille du volume. Si aucune quantité minimale n'est précisée, le volume sera réduit de la quantité désirée.

La commande **Shrink querymax** permet de connaître le nombre maximal d'octets dont le volume peut se trouver réduit. Vous pouvez avoir par exemple cette indication : Le nombre maximal d'octets récupérables est : 100 GB (pour Go). Voici un exemple : **shrink desired=100 minimum=50**.

Dès le processus terminé, un message vous annoncera que Diskpart a réduit la taille du volume de **n MB** (pour Mo).

Afin d'étendre un volume utilisez cette syntaxe : **extend size=n disk=n**.

- **Extend=n** : spécifie la quantité d'espace en Mo à ajouter au volume ou à la partition sélectionnée.
- **Disk=n** : spécifie le disque sur lequel le disque ou la partition est étendue. Si ce paramètre n'est pas défini, le volume ou la partition sera étendue sur le disque actuel.

Saisissez par exemple : `extend size=500`.

Afin de créer une partition, saisissez : `create partition`.

Vous avez principalement le choix entre ces valeurs :

- **Extended** : créé une partition étendue ;
- **Logical** : créé une partition logique ;
- **Primary** : créé une partition principale.

La syntaxe utilisée sera, par exemple, celle-ci : **create partition primary**.

Vous pouvez afficher maintenant toutes les partitions, en saisissant cette commande : **list partition**. A priori, toutes ces opérations peuvent s'effectuer correctement sans avoir, à chaque fois, à redémarrer l'ordinateur.

H. Activation du système

Nous allons voir dans ce paragraphe quelques astuces utiles.

1. Gérer votre licence Windows 7

Un utilitaire disponible à partir de l'Invite de commandes vous permet de gérer très facilement votre licence Windows 7.

➜ Exécutez l'Invite de commande en tant qu'administrateur.

➜ Saisissez cette commande : **`slmgr /?`**.

Il y a un temps d'attente assez long avant l'apparition de la fenêtre de résultat affiché par le script Windows Scripting Host mais l'outil de gestion de licence Windows va finalement apparaître.

Voici une explication des commutateurs valides :

- **/ipk <Clé du produit>** : installe la nouvelle clé de produit en remplacement de l'ancienne ; Ce script peut être utilisé pour activer une clé MAK ou KMS. "Multiple Activation Keys" (MAKs) et "Key Management Service" (KMS) sont deux technologies permettant une gestion facilitée des clés de produit pour un parc important d'ordinateurs.
- **/upk** : désinstalle l'actuelle clé de produit ;
- **/ato** : procède à l'activation via Internet de votre version de Windows 7 ;
- **/dli [ID d'activation | All]** : affiche les informations de licence et permet de savoir si votre version de Windows 7 est activée ; cela vous permet aussi de voir les autres versions de Windows 7 qu'il vous est possible d'essayer et d'installer.
- **/dlv [ID d'activation | All]** : affiche les informations détaillées (ID de l'application, ID de l'activation, ID de produit, PID étendu, statut de votre licence, date d'expiration de votre licence) ;
- **/xpr** : affiche la date d'expiration de la licence actuelle ;

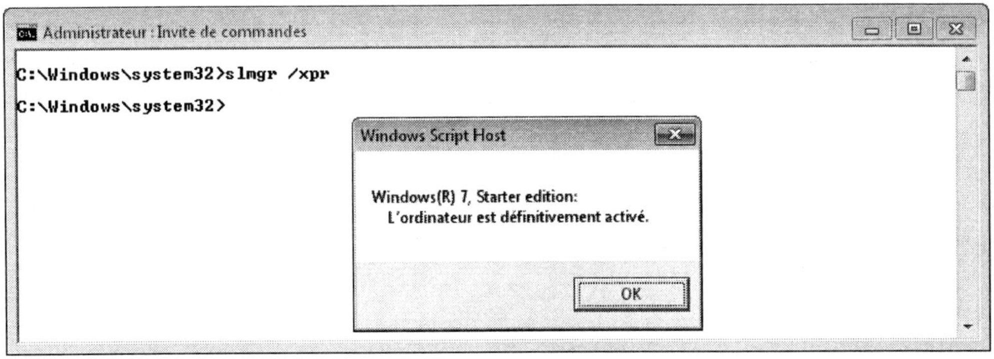

- **/cpky** : efface la clé de produit du Registre Windows ;
- **/ilc <Fichier de licence>** : installe une licence ;
- **/rilc** : procède à la réinstallation de vos fichiers de licence ;

- **/dti** : affiche l'ID de l'installation afin de procéder à une activation hors connexion ;
- **/atp <ID de confirmation>** : procède à l'activation du produit en indiquant l'ID de confirmation ;
- **/rearm** : réinitialise l'état de votre licence en repoussant de trente jours sa date d'expiration.

Vous devez redémarrer votre ordinateur pour que les changements soient effectifs. Il est possible d'exécuter cette commande trois fois de suite et ainsi de tester la version que vous avez installée pendant 120 jours. Bien entendu, vous devez exécuter cette commande la veille de la date d'expiration de votre licence. Dans le cas contraire, vous perdrez quelques jours puisque le décompte démarre à partir de la date d'installation de Windows 7.

2. Travailler en fonctionnalités réduites

Sous Windows 7, cette manipulation n'est pas nécessaire. Le bureau est accessible mais le système redémarrera au bout d'une heure.

Eh oui, cela arrive à tout le monde d'oublier d'activer sa version de Windows Vista ! Votre machine se trouve alors dans un état appelé RFM (*Reduced Functionality Mode*). Voici une manière de sauver les meubles :

- Dans l'écran d'ouverture de session, cliquez sur le bouton **Utiliser Windows Vista avec des fonctionnalités réduites**.
- Dans la fenêtre d'Internet Explorer, appuyez sur la touche [Alt] afin d'activer le menu puis cliquez sur **Fichier - Ouvrir**.
- Dans la zone de texte **Ouvrir**, saisissez cette commande : **`explorer`** puis cliquez sur **OK**.

Internet Explorer va vous demander la permission d'ouvrir une nouvelle fenêtre pour afficher cette page.

- Répondez par **Oui**.
- Cliquez ensuite sur le bouton **Exécuter**.

Vous allez avoir un message d'avertissement vous signalant que l'éditeur de ce programme n'a pas pu être vérifié.

➔ Validez deux fois en cliquant sur les boutons correspondants.

Au point où vous en êtes, vous avez recouvré les fonctionnalités complètes de Windows Vista et le Bureau Windows sera pleinement accessible. Notez qu'au bout d'une heure, le système va automatiquement se déconnecter et que vous devrez recommencer la procédure précédente depuis le début.

Chapitre 3 : Quatre outils Système

A. Introduction aux Quatre outils Système

Nous allons dans ce chapitre partir à la découverte du système d'exploitation afin d'en connaître ses principaux rouages. Une bonne façon d'aborder cet aspect de votre ordinateur est d'expliquer le fonctionnement de quatre outils indispensables à maîtriser : l'Invite de commandes, Windows PowerShell, les permissions NTFS et le Registre Windows.

B. L'Invite de commandes

Dans les environnements NT, toutes les applications Ms-Dos sont démarrées dans une machine virtuelle nommée VDM (*Virtual Dos Machine*). Une VDM est une application 32 bits qui permet de simuler un ordinateur fonctionnant en mode Ms-Dos. Des pilotes de périphériques et des programmes résidents (TSR ou *Terminate and Stay Resident*) peuvent donc être lancés à partir de cette machine virtuelle. Afin d'ouvrir une fenêtre d'Invite de commandes sous Windows 7, suivez cette procédure :

1. L'Invite de commandes

Il y a deux façons sous Windows de lancer l'Invite de commandes : soit normalement (avec un jeton d'utilisateur) soit en tant qu'administrateur :

- Dans la zone de recherche du menu **Démarrer**, saisissez cette commande : `cmd`.
- Effectuez un clic droit sur la mention qui va apparaître dans les résultats trouvés puis sur la commande **Exécuter en tant qu'administrateur**.

Dans la pratique, vous devrez toujours exécuter l'Invite de commandes en tant qu'administrateur.

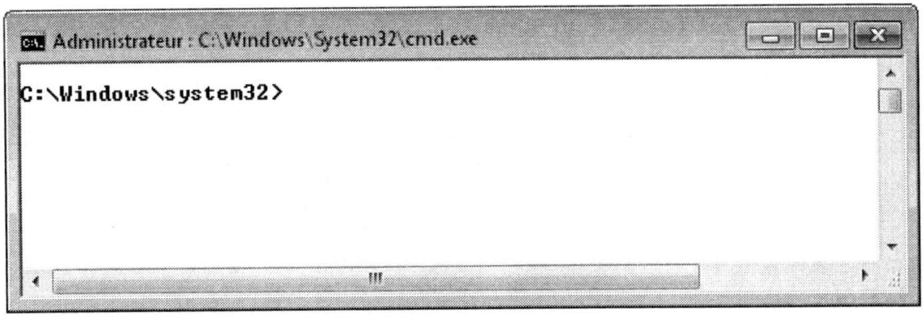

Il y a une remarque importante à faire : si vous voulez manipuler des fichiers systèmes à partir de l'Invite de commandes, vous devez activer l'affichage des fichiers et des dossiers cachés dans l'Explorateur Windows. Reportez-vous sur ce point au chapitre "Paramétrer l'Explorateur Windows".

2. Utiliser l'Invite de commandes

En Invite de commandes saisissez : **`help`** ou le nom de la commande suivie de ce commutateur : **`/?`**. Par exemple et si vous souhaitez obtenir la syntaxe complète de la commande "Clip", saisissez ceci : **`clip/?`**.

Si l'écran de sortie dépasse les dimensions de la fenêtre, saisissez :
`dir /?|more`.

Afin de vous déplacer dans les arborescences des répertoires, utilisez la commande **`cd`**. Vous pouvez directement accéder à une lettre de lecteur en saisissant sa lettre suivi par deux points : **`e:`**, **`f:`**, etc.

Nous retrouvons le dossier parent en utilisant cette commande : **`cd\`**.

Il vous est possible de laisser le système compléter les commandes que vous avez saisies. Tapez : **`cd d`** puis appuyez sur la touche [Tab] de votre clavier. Le système affichera tous les répertoires dont le nom commence par la lettre D (dont, sous Windows, le répertoire *Documents*). Il en va de même pour les fichiers quel que soit leur extension.

- le raccourci-clavier [Ctrl]+C vous permet à tout moment d'annuler une commande ;
- le raccourci-clavier [Ctrl]+S vous permet de stopper temporairement une commande.

Appuyez sur n'importe quelle touche pour relancer l'exécution de la commande en cours.

3. Utiliser les variables d'environnement

Quand vous saisissez une commande, ces trois opérations sont effectuées :

Si la commande comporte l'indication de l'emplacement du fichier exécutable, l'interpréteur de commande vérifie si le fichier exécutable existe bien dans le répertoire spécifié. Dans le cas contraire, vous aurez ce type de message d'erreur : "'Nom_Programme' n'est pas reconnu en tant que commande interne ou externe, un programme exécutable ou un fichier de commandes".

Si la commande ne contient pas l'emplacement exact du fichier exécutable qui est saisi, l'interpréteur de commande va vérifier si le fichier exécutable existe dans le répertoire courant. Si ce n'est pas le cas, il essaiera de détecter la présence du programme dans chaque emplacement défini par la variable d'environnement "Path" et dans l'ordre inscrit dans les données de cette valeur. Quand vous téléchargez un outil, vous avez donc le choix entre placer le fichier exécutable dans un des emplacements déjà définis par la variable d'environnement "Path" soit ajouter ce nouvel emplacement à cette même variable d'environnement. Il arrive que certains programmes le fassent automatiquement. Dans le cas contraire, la démarche à adopter est la suivante :

- À partir du **Panneau de configuration**, dans la section **Système et sécurité**, sélectionnez l'option **Informations système générales**.
- Cliquez sur le lien **Paramètres système avancés** puis sur le bouton **Variables d'environnement**.

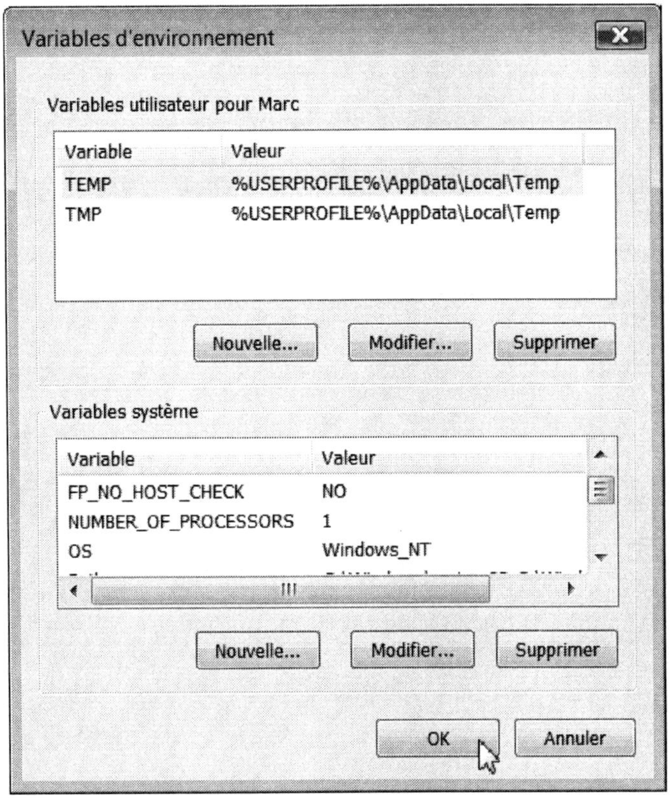

→ Dans la rubrique **Variables système** cliquez sur **Path** puis sur le bouton **Modifier**.

→ Inscrivez les différents emplacements de vos fichiers exécutables.

Notez qu'il est plus simple de créer un répertoire dédié. Chaque commande doit être séparée par un point virgule.

Par défaut, il existe des variables créées par le système d'exploitation. Il y a deux sortes de variables :

- les variables utilisateur qui ne concernent que le compte sur lequel vous avez ouvert une session ;
- les variables système qui s'appliquent à l'ensemble des utilisateurs de votre machine.

Afin d'atteindre directement un répertoire système, il est possible d'utiliser son nom de variable. Dans la zone de texte **Rechercher** placée au-dessus du menu **Démarrer** saisissez ce type de commande : `%windir%` ou `%userprofile%`.

Quel est l'intérêt des variables ? Une variable permet d'effectuer une opération quel que soit le contexte utilisateur ou machine dans laquelle elle s'exécutera. Prenons deux exemples : la variable %USERPROFILE% pointera vers le répertoire utilisateur quel que soit l'utilisateur qui s'est connecté : C:\Users\Jean ou C:\Users\Isabelle.

La variable %windir% renverra au répertoire Windows quel que soit la lettre de lecteur sur laquelle est installé votre système d'exploitation : C:\Windows, D:\Windows, etc.

C. Introduction à Windows PowerShell v2

PowerShell est la nouvelle interface en ligne de commande et le nouveau langage de scripts dédié à l'administration des systèmes Windows. PowerShell est orienté objet et utilise le Framework Microsoft .NET pour l'exécution d'outils de ligne de commande appelés cmdlets ou commandlets. Ces commandes permettent d'administrer les systèmes Windows locaux ou distants. Le format ouvert de PowerShell permet le développement et l'ajout de cmdlets par des tiers sous forme de modules portables afin d'enrichir l'environnement standard. Microsoft met à disposition à travers le kit de ressources techniques Windows 7 un pack PowerShell qui intègre des cmdlets supplémentaires. Ce pack est téléchargeable depuis la galerie de code MSDN disponible à l'adresse suivante http://code.msdn.microsoft.com/

Windows 7 et Windows Server 2008 R2 intègrent nativement la version 2.0 de PowerShell.

1. Windows Remote Management (WinRM)

Ce service implémente le protocole WS-Management utilisé par PowerShell pour l'administration distante des systèmes Windows dans un mode de connexion client-serveur. Le protocole WS-Management est un Web Service standard de type SOAP. Le service WinRM agit comme un listener (Service d'écoute) côté serveur. L'outil de ligne de commande Winrs.exe permet de lancer des commandes distantes côté client réceptionnées par le service WinRM. PowerShell utilise le service WinRM pour l'exécution de scripts distants.

Avant de pouvoir lancer des commandes distantes et utiliser le service WinRM, vous devez configurer ce service.

- À l'aide de la commande ***services.msc***, ouvrez le gestionnaire de services. Vérifiez la configuration du service **Windows Remote Management**. Démarrez ce service s'il n'est pas en cours de fonctionnement. Configurez le service pour qu'il démarre automatiquement à l'ouverture de session.
- Côté serveur, ouvrez une invite de commande en mode administrateur puis exécutez la commande **WinRM quickconfig** pour lancer la configuration du service **WinRM**.
- Tapez "**y**" pour confirmer la configuration du service en tant que listener (Service d'écoute).
- Tapez "**y**" pour confirmer la configuration du pare-feu Windows.

Le service WinRM est configuré pour l'exécution de commandes distantes.

- Côté client, ouvrez une invite de commande en mode administrateur.
- Exécutez une commande conforme à la syntaxe suivante ***winrs -r:%servername% remote command***, par exemple ***winrs -r:HC001 ipconfig/all*** dans l'exemple suivant.

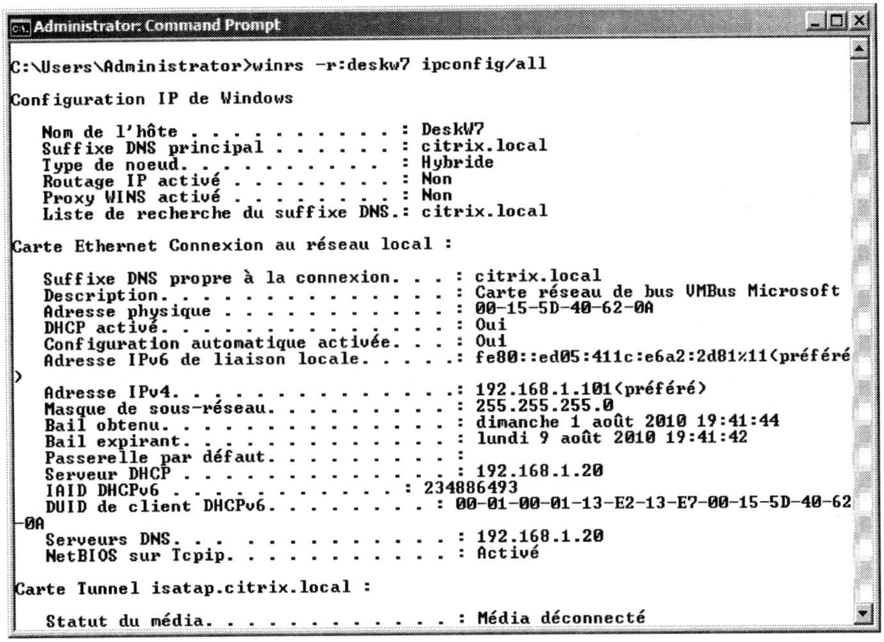

2. Lancement de PowerShell

Pour lancer l'hôte PowerShell, dans la zone **Rechercher** du menu Démarrer, saisissez cette commande : ***Windows PowerShell***

Dans les résultats trouvés, cliquez sur **Windows PowerShell**. Vous remarquez la présence de Windows PowerShell ISE ; cet environnement graphique, apparu avec Windows 7, permet l'écriture, l'exécution et le test de script PowerShell.

PowerShell assure la compatibilité avec les commandes DOS par l'intermédiaire des Alias, la liste des alias est disponible en exécutant la commande ***Get-Alias***. Vous pouvez donc vous servir de l'interface PowerShell pour l'exécution de commandes DOS standard, comme par exemple la commande ***DIR***.

3. Utilisation des cmdlets standards

Une cmdlet, à prononcer "Commande-let", est une commande batch spécialisée dans l'exécution d'une fonctionnalité unique pour le contexte de l'interface de commande active. L'exécution d'une cmdlet ne créé pas de nouveaux processus sur le système hôte.

La cmdlet ***get-command*** permet de retourner la liste des cmdlets standard. Il n'est pas conseillé, et de toute façon, vous ne pourrez pas retenir l'ensemble des cmdlets disponibles pour l'environnement d'exécution PowerShell. Par contre, vous devez pouvoir les retrouver et déterminer la syntaxe principale de celles-ci. Les principales cmdlets à connaître sont donc les suivantes :

- **Get-command** : cette commande liste l'ensemble des cmdlets disponibles dans l'environnement d'exécution de PowerShell. La commande ***get-command -noun*** process permet de lister les cmdlets relatives à la gestion des processus.
- **Get-help** : cette commande permet d'obtenir des informations détaillées sur l'utilisation des cmdlets, comme le nom et la description de la syntaxe de la cmdlet. La commande ***get-help ls*** permet de lister les informations détaillées sur la cmdlet qui fait référence à l'alias "ls".
- **Get-member** : cette commande permet d'obtenir des informations sur les objets et listes d'objets des cmdlets. La liste des commandes suivantes permet de lister les objets attachés à un objet du système d'exploitation, ici le répertoire Windows, et d'afficher le contenu d'un objet de type propriété.

Notez que l'historique des commandes est accessible depuis la touche [F7].

Exemple de l'utilisation de la commande **get-member** :

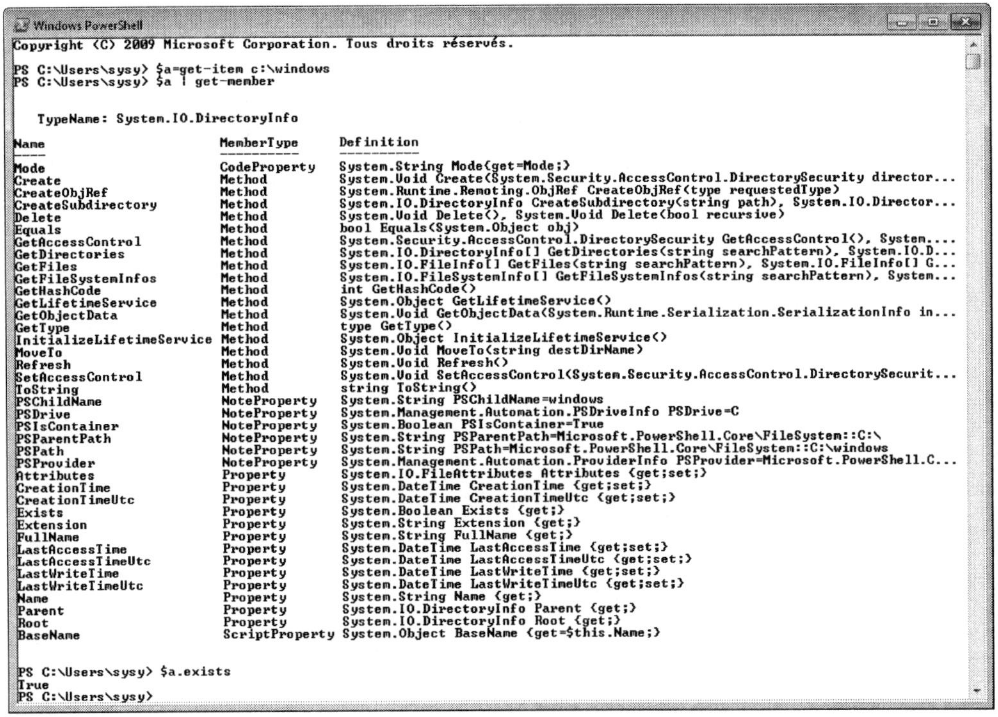

```
Windows PowerShell
Copyright (C) 2009 Microsoft Corporation. Tous droits réservés.

PS C:\Users\sysy> $a=get-item c:\windows
PS C:\Users\sysy> $a | get-member


   TypeName: System.IO.DirectoryInfo

Name                        MemberType     Definition
----                        ----------     ----------
Mode                        CodeProperty   System.String Mode{get=Mode;}
Create                      Method         System.Void Create(System.Security.AccessControl.DirectorySecurity director...
CreateObjRef                Method         System.Runtime.Remoting.ObjRef CreateObjRef(type requestedType)
CreateSubdirectory          Method         System.IO.DirectoryInfo CreateSubdirectory(string path), System.IO.Director...
Delete                      Method         System.Void Delete(), System.Void Delete(bool recursive)
Equals                      Method         bool Equals(System.Object obj)
GetAccessControl            Method         System.Security.AccessControl.DirectorySecurity GetAccessControl(), System....
GetDirectories              Method         System.IO.DirectoryInfo[] GetDirectories(string searchPattern), System.IO.D...
GetFiles                    Method         System.IO.FileInfo[] GetFiles(string searchPattern), System.IO.FileInfo[] G...
GetFileSystemInfos          Method         System.IO.FileSystemInfo[] GetFileSystemInfos(string searchPattern), System...
GetHashCode                 Method         int GetHashCode()
GetLifetimeService          Method         System.Object GetLifetimeService()
GetObjectData               Method         System.Void GetObjectData(System.Runtime.Serialization.SerializationInfo in...
GetType                     Method         type GetType()
InitializeLifetimeService   Method         System.Object InitializeLifetimeService()
MoveTo                      Method         System.Void MoveTo(string destDirName)
Refresh                     Method         System.Void Refresh()
SetAccessControl            Method         System.Void SetAccessControl(System.Security.AccessControl.DirectorySecurit...
ToString                    Method         string ToString()
PSChildName                 NoteProperty   System.String PSChildName=windows
PSDrive                     NoteProperty   System.Management.Automation.PSDriveInfo PSDrive=C
PSIsContainer               NoteProperty   System.Boolean PSIsContainer=True
PSParentPath                NoteProperty   System.String PSParentPath=Microsoft.PowerShell.Core\FileSystem::C:\
PSPath                      NoteProperty   System.String PSPath=Microsoft.PowerShell.Core\FileSystem::C:\windows
PSProvider                  NoteProperty   System.Management.Automation.ProviderInfo PSProvider=Microsoft.PowerShell.C...
Attributes                  Property       System.IO.FileAttributes Attributes {get;set;}
CreationTime                Property       System.DateTime CreationTime {get;set;}
CreationTimeUtc             Property       System.DateTime CreationTimeUtc {get;set;}
Exists                      Property       System.Boolean Exists {get;}
Extension                   Property       System.String Extension {get;}
FullName                    Property       System.String FullName {get;}
LastAccessTime              Property       System.DateTime LastAccessTime {get;set;}
LastAccessTimeUtc           Property       System.DateTime LastAccessTimeUtc {get;set;}
LastWriteTime               Property       System.DateTime LastWriteTime {get;set;}
LastWriteTimeUtc            Property       System.DateTime LastWriteTimeUtc {get;set;}
Name                        Property       System.String Name {get;}
Parent                      Property       System.IO.DirectoryInfo Parent {get;}
Root                        Property       System.IO.DirectoryInfo Root {get;}
BaseName                    ScriptProperty System.Object BaseName {get=$this.Name;}


PS C:\Users\sysy> $a.exists
True
PS C:\Users\sysy>
```

D. Les permissions NTFS

À chaque ouverture de session, les informations d'identification employées par l'utilisateur (nom d'utilisateur et mot de passe) sont transmises à un moniteur de sécurité locale qui accède au Gestionnaire de sécurité (SAM pour *Security Account Manager*). Ce dernier accorde un jeton d'accès ("Token") qui va déterminer les droits d'accès que possède cet utilisateur pour tout objet "sécurisable" (Clé du Registre, fichier, dossier, service, processus, etc.). Ce descripteur de sécurité vérifie deux informations :

- le SID de l'utilisateur ;
- la liste DACL de l'objet auquel tente d'accéder l'utilisateur.

Nous allons donc expliquer ces deux notions.

1. Les SID utilisateurs

Un SID (*Security identifier*) est une manière unique d'identifier un utilisateur ou un groupe d'utilisateurs. Nous retrouvons ces identifiants dans les jetons d'accès, dans les ACL et dans les bases de sécurité des comptes. Reportez-vous au paragraphe suivant pour une description complète du mécanisme des ACL "Access Control List".

Les SID sont des données de longueur variable formant une représentation hiérarchique de l'acteur désigné. La syntaxe est la suivante : S-R-I-XXX-XXX-XXX.

- S : la lettre S (pour rappeler qu'il s'agit d'un SID) ;
- R : numéro du format binaire du SID ;
- I : nombre entier identifiant l'autorité ayant émis le SID ;
- XXX-XXX-XXX : suite de longueur variable, formée d'identifiants de sous-autorités ou d'identifiants relatifs ("relative identifier" ou RID).

Vous pouvez afficher les SID de cette manière :

→ Dans la zone de texte **Rechercher** placée au-dessus du menu **Démarrer**, saisissez : **cmd**.

→ En Invite de commandes, tapez : **`whoami /all`**.

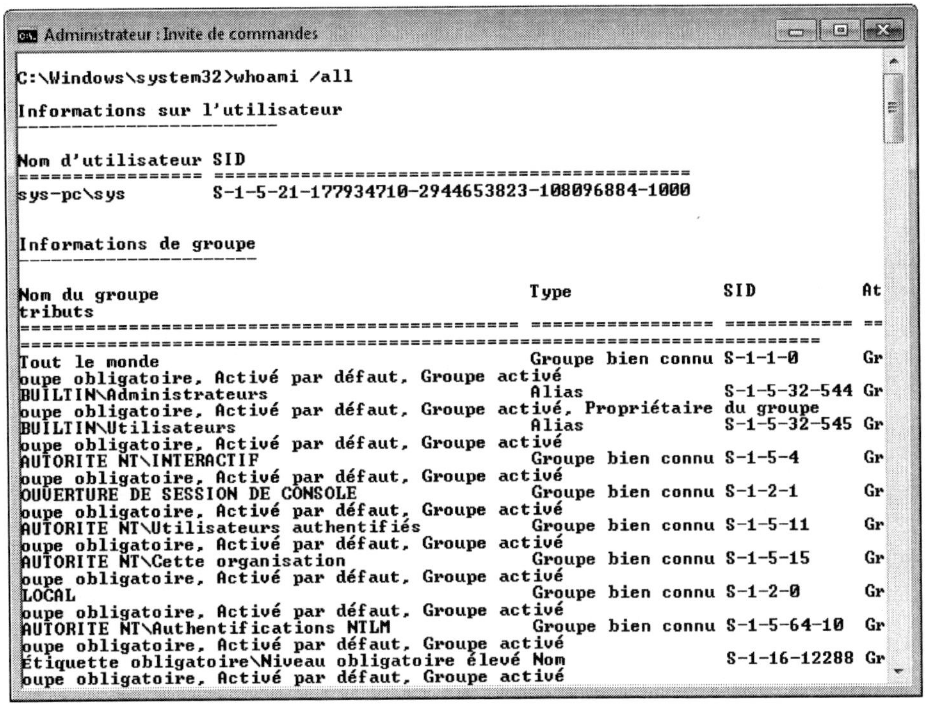

Les informations suivantes sont visibles :

- le SID correspondant au groupe Administrateurs est celui-ci : S-1-5-32-544 ;
- l'autorité ayant émis ce SID a pour identifiant le chiffre 5 ;
- la sous-autorité a pour identifiant le nombre 32 ;
- 544 est le RID du groupe Administrateurs.

Vous pouvez tester les résultats affichés par ces autres commandes :

- **`Whoami`**
- **`Whoami /user /priv`**
- **`Whoami /groups`**

Les privilèges de l'utilisateur actuellement connecté seront affichés. Vous pouvez obtenir certains SID des utilisateurs ou des entités de sécurité en ouvrant cette arborescence du Registre : *HKEY_LOCAL_MACHINE\SOFTWARE\Microsoft\ Windows NT\CurrentVersion\ProfileList*. Enfin, les SID de certaines entités intégrées sont visibles dans cette autre arborescence : HKEY_USERS.

2. Les listes de contrôle d'accès

Une liste de contrôle d'accès discrétionnaire (DACL ou *Discretionary Access Control Lists* ou encore ACL), est un mécanisme permettant de protéger des ressources telles que les fichiers et les clés du Registre. Les DACL contiennent des entrées de contrôles d'accès (ACE ou *Access Control Entry*) qui fonctionnent comme des enregistrements pour chaque utilisateur ou groupe d'utilisateurs désigné par son SID. Ces entrées associent une entité de sécurité (un compte d'utilisateur, un groupe de comptes, une entité système) à une règle définissant l'utilisation de la ressource. Les DACL et les ACE vous permettent d'accorder ou de refuser des droits aux ressources selon les autorisations que vous voulez associer aux comptes d'utilisateurs. Vous pouvez ainsi créer une ACE et l'appliquer à la DACL d'un fichier pour empêcher quiconque à l'exception d'un administrateur de modifier ce fichier.

Une liste de contrôle d'accès système (SACL ou "ACE d'audit") est un mécanisme qui contrôle les messages d'audit associés à une ressource. Les SACL contiennent des ACE qui définissent les règles d'audit pour une ressource donnée.

Vous pouvez donc utiliser les DACL, pour vous assurer que seul un administrateur peut modifier un fichier, et les SACL, pour vous assurer que toutes les tentatives d'ouverture d'un fichier qui aboutissent sont enregistrées. Il est courant de distinguer les ACE positives des ACE négatives :

- Dans l'Explorateur Windows, ouvrez votre répertoire d'utilisateur.
- Créez un nouveau dossier nommé *Test*.
- Effectuez un clic droit puis sur le sous-menu **Propriétés**.
- Cliquez sur l'onglet **Sécurité**.

Notez que les ACE ou autorisations qui sont visibles sont toutes grisées.

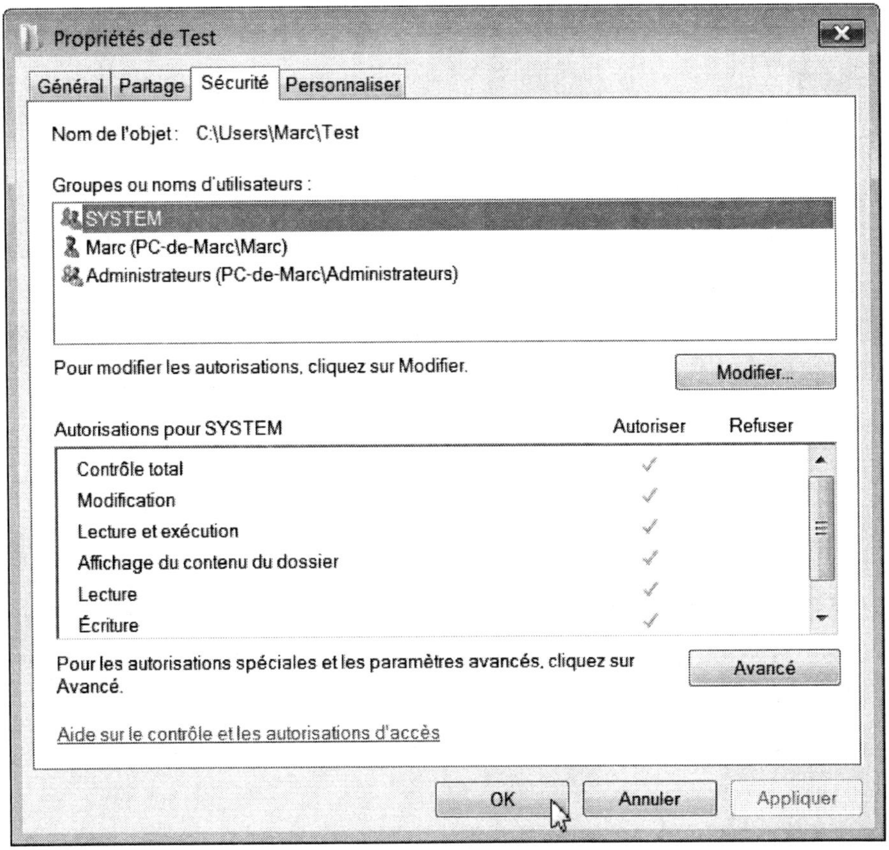

En fait le dossier que vous venez de créer a hérité des permissions en vigueur dans le dossier parent. Ce mécanisme de chaînage est appelé "Héritage". Nous allons tout d'abord le désactiver :

- Cliquez sur les boutons **Avancé** et **Modifier**.
- Décochez la case **Inclure les autorisations pouvant être héritées du parent de cet objet** puis cliquez sur le bouton **Copier**.

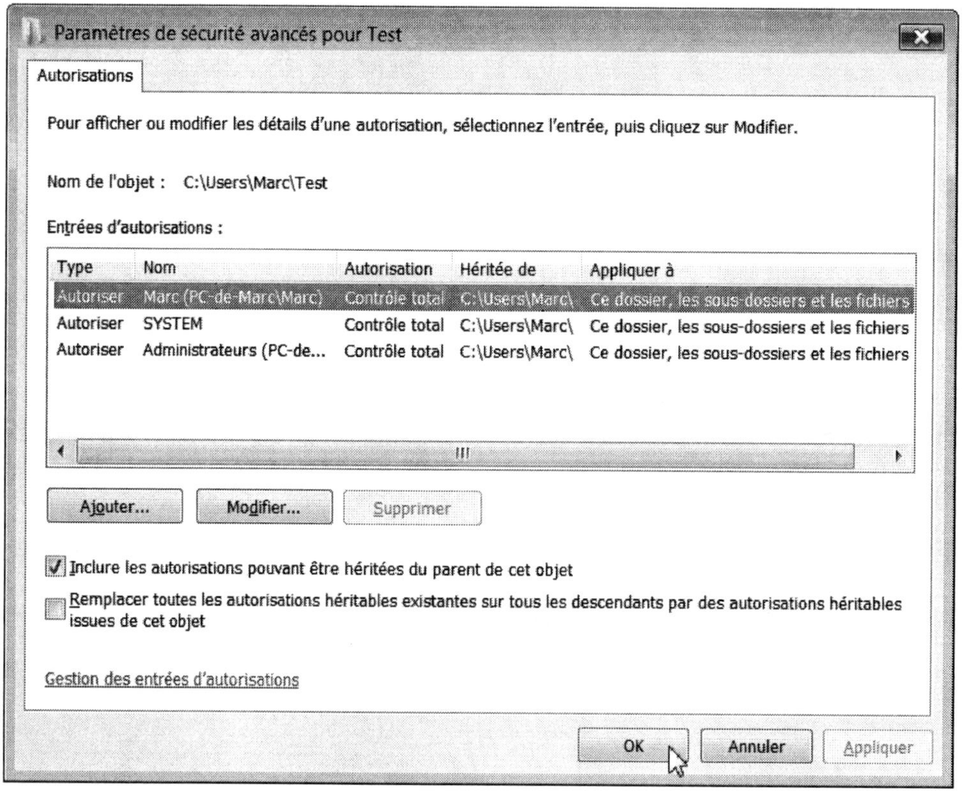

- Cliquez ensuite deux fois sur **OK**.
- Cliquez sur le bouton **Modifier**.
- Sélectionnez votre nom d'utilisateur.

Vous pouvez maintenant cocher la case **Refuser** afin de paramétrer une ACE négative.

Quand le système procède à une vérification des accès, il commence systématiquement par les ACE négatives. Ainsi, les permissions "Refuser" ont toujours la priorité sur les permissions "Autoriser".

Dernier point : nous avons vu que le principe de base repose sur un souci de "non dissémination de l'information". Il y a une particularité dans les systèmes d'exploitation NT : quand un utilisateur créé un fichier, il en est le propriétaire ("Owner"). Le SID du propriétaire est placé dans le descripteur de sécurité que le système de fichiers NTFS maintient pour l'objet correspondant. Le propriétaire a le pouvoir de lire le descripteur de sécurité et donc, par exemple, de modifier l'ACL d'un fichier. Afin de connaître le propriétaire du dossier que vous venez de créer, cliquez sur l'onglet **Sécurité** puis le bouton **Avancés** et l'onglet **Propriétaire**.

Le propriétaire d'un objet ayant toujours le droit de lire et de modifier la DACL des objets lui appartenant, c'est pour cette raison que le contrôle d'accès est qualifié de discrétionnaire (puisqu'à la discrétion du propriétaire).

3. S'approprier un objet

➔ Cliquez sur le bouton **Avancé** puis sur l'onglet **Propriétaire**.

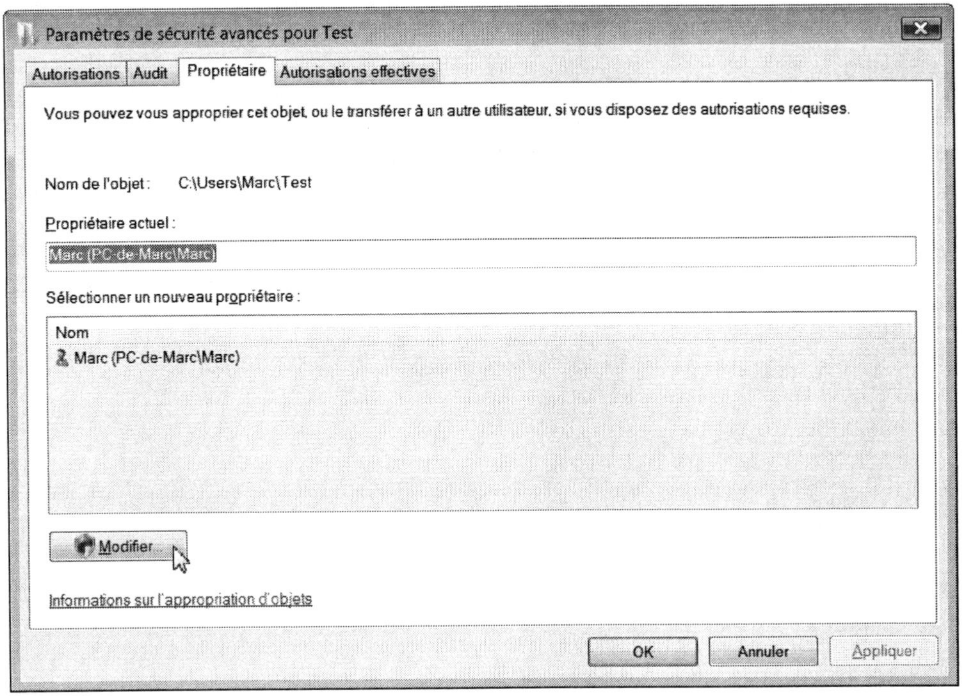

Par défaut, c'est votre compte d'utilisateur qui sera mentionné comme étant le propriétaire de la ressource. Vous pouvez le changer rapidement de cette façon :

- Cliquez sur le bouton **Modifier**.

Le groupe des administrateurs va être automatiquement listé. Vous pouvez ajouter d'autres groupes d'utilisateurs en cliquant sur le bouton correspondant.

- Sélectionnez le groupe des administrateurs puis cliquez sur le bouton **Appliquer**.
- Si vous désirez que cette opération s'applique à tous les objets enfants cochez la case **Remplacer le propriétaire des sous-conteneurs et des objets**.

Une boîte de dialogue vous avertit que vous devrez fermer les propriétés de l'objet afin que la modification d'appropriation soit visible.

4. Utiliser les permissions NTFS

Prenons maintenant l'exemple d'un administrateur nommé Jean souhaitant partager un dossier en "Écriture" pour un utilisateur nommé Marc et seulement en "Lecture" pour un autre utilisateur nommé Anne.

- Créez tout d'abord un dossier dans le dossier *Users/Public/Documents publics* nommé *Test*.
- À l'intérieur, créez le fichier qui doit être visible. Il peut s'appeler *Fichier.txt*.

N'importe quel utilisateur aura accès à votre dossier et pourra modifier le document puisque l'entité système INTERACTIF possède des autorisations spéciales sur le contenu de ce dossier. Cette entité regroupe tous les utilisateurs qui ont ouvert une session interactive sur Windows.

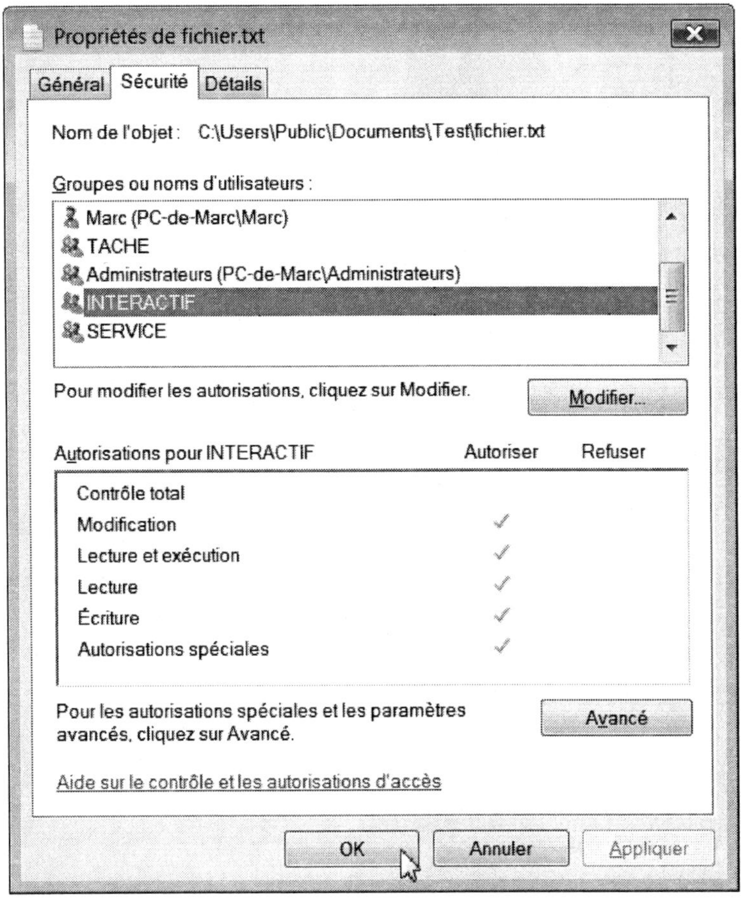

→ Commencez tout d'abord par désactiver le mécanisme d'héritage, copier les permissions puis supprimer le groupe INTERACTIF.

Le dossier ne sera alors plus accessible pour les utilisateurs Marc et Anne.

Signalons que puisque vous faites partie du groupe des administrateurs vous n'avez pas de problème d'accès sur ce dossier.

→ Une fois ce préalable effectué, ajoutez l'utilisateur nommé Anne.

Anne pourra visualiser le contenu du fichier sans pouvoir le supprimer ou le modifier, ni créer d'autres documents.

Par défaut les trois autorisations génériques qui ont été ajoutées sont celles-ci : **Lecture et exécution - Affichage du contenu du dossier - Lecture**.

➔ Ajoutez maintenant un utilisateur nommé Marc.

En cliquant sur le bouton **Avancé**, accédez aux autorisations spéciales puis cochez ces quatre cases :

- **Création de fichier/écriture de données**
- **Création de dossier/ajout de données**
- **Attribut d'écriture**
- **Écriture d'attributs étendus**

L'utilisateur peut quant à lui modifier le contenu du fichier, ajoutez d'autres documents mais en aucun cas :

- changer le jeu des permissions NTFS ;
- s'approprier le dossier ;
- supprimer le dossier ou le fichier.

5. S'approprier un répertoire

La commande TakeOwn permet à un administrateur (sous Windows Vista) de récupérer l'accès à un fichier qui avait été refusé en modifiant le propriétaire du fichier.

La syntaxe est la suivante :

```
TAKEOWN [/S système] [/U utilisateur [/P mot_de_passe]]] /F nom_fichier
[/A] [/R [/D invite_de_commandes]]
```

Les commutateurs sont :

- **/s** : spécifie le système distant auquel se connecter.
- **/u : [domaine\]utilisateur** : spécifie le contexte utilisateur dans lequel la commande doit s'exécuter. Ce commutateur ne peut pas être employé sans /s.
- **/p : [mot_de_passe]** : définit le mot de passe du contexte utilisateur donné.
- **/f : nom_fichier** : spécifie le nom de fichier ou de répertoire. Vous pouvez utiliser le caractère générique * pour englober plusieurs fichiers.
- **/a** : attribue l'appartenance au groupe des administrateurs et non à l'utilisateur actuel. Si ce commutateur n'est pas spécifié, l'appartenance de fichier sera attribuée à l'utilisateur actuellement connecté.

- **/r** : traite la commande en mode récursif. L'opération portera donc sur l'ensemble des répertoires et des sous-répertoires.
- **/d : invite_commandes** : permet de définir une réponse par défaut qui sera utilisée lorsque l'utilisateur actuel ne possède pas l'autorisation "lister le dossier" sur un répertoire. Ceci se produit lors du traitement récursif (/R) sur les sous-répertoires. Utilisez les valeurs "O" pour prendre possession ou "N" pour ignorer.

Voici un exemple d'utilisation. Après une installation de Windows Vista, certains répertoires placés sur une autre partition ne sont plus accessibles même à partir d'un compte d'utilisateur possédant des privilèges d'administrateur. L'explication est simple : les ACLs sont paramétrées en fonction de SID qui n'existe plus sur votre système. Vous pouvez dans ce cas utiliser ces deux commandes :

- **takeown /f Nom_Répertoire /r /d o**. Un message va vous avertir que : "Opération réussie : le fichier (ou dossier) : Emplacement et Nom_Fichier" appartient désormais à l'utilisateur "Ordinateur1\Nom_Utilisateur".
- **icacls Nom_Répertoire /grant administrateurs:f /t**.

L'accès au répertoire sera désormais possible ! Notez que vous devez exécuter l'Invite de commandes en tant qu'administrateur sinon vous aurez un message indiquant que l'accès sera refusé. Voici un autre exemple de commandes permettant de vous approprier le fichier Hosts :

- **takeown /f c:\windows\system32\drivers\etc\hosts**
- **icacls c:\windows\system32\drivers\etc\hosts /grant marc:f**

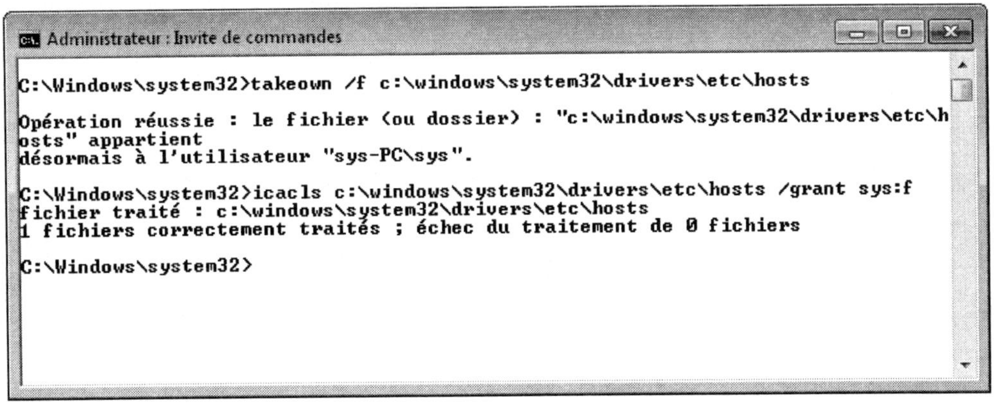

La syntaxe de icacls est expliquée par la suite.

6. Modifier les listes de contrôle d'accès

À partir de l'Invite de commandes, vous pouvez modifier les ACL des fichiers en vous servant d'un outil nommé icacls. Voici les différentes syntaxes possibles :

```
Icacls Objets /save Nom_Fichier [/T] [/C] [/L]
```

Stocke les listes de contrôle d'accès pour tous les fichiers correspondants dans Nom_Fichier. Cette commande permet par la suite d'utiliser le paramètre /restore.

```
Icacls Nom_R pertoire [/substitute Ancien_SID Nouveau_SID [...]]
/restore Nom_Fichier [/C] [/L]
```

Applique les listes de contrôle d'accès stockées aux fichiers présents dans le répertoire.

```
Icacls Objets /setowner utilisateur [/T] [/C] [/L]
```

Modifie le nom du propriétaire pour tous les fichiers correspondants.

```
Icacls Objets /findsid SID [/T] [/C] [/L]
```

Recherche tous les fichiers correspondants qui contiennent une liste de contrôle d'accès mentionnant de façon explicite le SID.

```
icacls Objets /verify [/T] [/C] [/L]
```

Recherche tous les fichiers dont la liste de contrôle d'accès n'est pas canonique ou dont les longueurs ne sont pas cohérentes avec les nombres d'entrées de contrôle d'accès.

```
icacls Objets /reset [/T] [/C] [/L]
```

Remplace les listes de contrôle d'accès par les listes héritées par défaut pour tous les fichiers correspondants.

```
Icacls Objets [/grant[:r] SID:autorisation[...]]
```

Octroie les droits d'accès utilisateur spécifiés.

- Avec le commutateur :r, les autorisations remplacent toute autorisation explicite précédemment accordée ;
- Sans le commutateur :r, les autorisations sont ajoutées aux autorisations explicites précédemment accordées.

```
Icacls Objets /deny ISD:autorisation
```

Refuse de manière explicite les droits d'accès aux utilisateurs spécifiés. Une entrée de contrôle d'accès de refus explicite est ajoutée aux autorisations mentionnées et les mêmes autorisations dans tout accord explicite sont supprimées.

```
Icacls Objets /remove[:[g|d]] SID
```

Supprime toutes les occurrences de SID dans la liste de contrôle d'accès.

- Avec le commutateur :g, toutes les occurrences de droits accordés à ce SID sont supprimées ;
- Avec le commutateur :d, toutes les occurrences de droits refusés à ce SID sont supprimées.

```
Icacls Objets /setintegritylevel [(CI)(OI)]
```

Ce niveau ajoute explicitement une ACE d'intégrité (un niveau d'intégrité) au dossier correspondant. Le niveau peut être :

- **L[ow]**
- **M[edium]**
- **H[igh]**.

Les options d'héritage de l'ACE d'intégrité peuvent précéder le niveau et ne sont appliquées qu'aux répertoires.

Les SID peuvent être spécifiés au format numérique ou sous forme de nom convivial. Si le format numérique est utilisé, ajoutez un astérisque avant l'indication du SID.

- **/T** indique que cette opération est effectuée sur tous les fichiers/répertoires correspondants qui se trouvent sous les répertoires spécifiés dans le nom. ;
- **/C** indique que cette opération se poursuivra sur toutes les erreurs de fichiers. Les messages d'erreurs continueront à s'afficher ;
- **/L** indique que cette opération est effectuée directement sur un lien symbolique plutôt que sur sa cible.

N'hésitez pas à consulter le fichier d'aide de cette commande pour obtenir plus d'informations.

7. Utiliser iCacls

→ De la même façon que précédemment, créez un répertoire nommé *Test* dans votre répertoire d'utilisateur.

→ Visualisez la liste des ACLs en utilisant cette commande : **icacls test**.

Trois utilisateurs ou groupes d'utilisateurs seront donc listés : vous, le groupe SYSTEM et le groupe des Administrateurs.

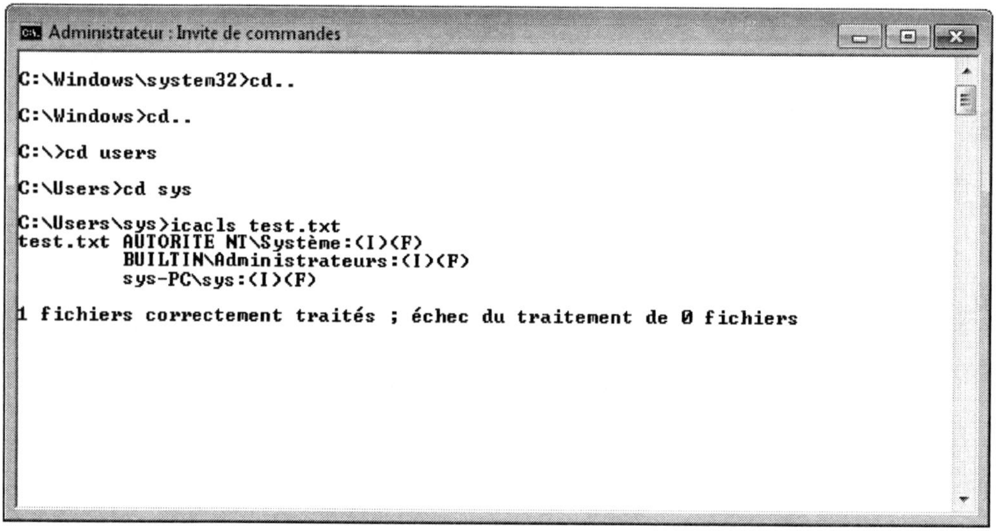

- Ils possèdent tous le contrôle total sur ce répertoire : (F) ;
- L'ACL est héritée : (IO) ;
- L'héritage s'applique au conteneur (le dossier) : (CI) ;
- Il s'applique également aux objets (sous-dossiers et fichiers) : (OI).

Afin de sauvegarder le masque des permissions, tapez :

icacls test /save "Permissions du dossier Test".

Le fichier peut s'ouvrir avec le Bloc-notes Windows. Il énumère les SID des utilisateurs ainsi que la liste des permissions en utilisant la syntaxe SDDL.

Afin de supprimer les groupes des administrateurs, utilisez cette commande :

icacls test /remove:g administrateurs.

Pour activer le mécanisme d'héritage tapez :

icacls test /reset.

Afin de vous accorder un accès en écriture à la liste de contrôle d'accès du dossier Test, saisissez :

icacls fichier /grant jean:(WDAC).

Cette permission sera mentionnée dans les "Autorisations spéciales".

E. Le Registre Windows

Le Registre joue un rôle clé dans la configuration de votre système d'exploitation. C'est non seulement un ensemble de données statiques présent sur le disque dur mais aussi, au travers d'une architecture complexe d'informations dynamiques, une fenêtre ouverte sur le cœur de votre système.

L'Éditeur du registre est un outil permettant de visualiser et d'éditer l'ensemble des informations contenues dans les fichiers de ruche. Les fichiers de ruche sont les fichiers qui contiennent les paramètres de votre système d'exploitation et de vos applications. Ils constituent ce que l'on appelle le Registre.

1. Lancer le Registre

Dans la zone de texte **Rechercher** placée au dessus du menu **Démarrer**, saisissez : **`regedit`**. Afin de lancer plusieurs instances du Registre, servez-vous du commutateur **-m** : **`regedit -m`**. Vous pouvez le faire autant de fois que vous voulez. Rappelez-vous simplement que les modifications apportées dans une des instances ne seront pas répercutées dans l'autre, à moins de donner le focus à la fenêtre et d'actualiser l'affichage en appuyant sur la touche [F5].

2. Actualiser le Registre

Sous Windows Vista et Windows 7, que vous procédiez à une modification dans le Registre ou dans l'Éditeur d'objets de stratégie de groupe, les modifications sont immédiatement répercutées (à quelques exceptions près).

3. Les valeurs et les données de la valeur

Il y a cinq branches visibles que vous pouvez développer en :

- cliquant sur la petite flèche placée sur la gauche ;
- double cliquant sur une des branches ;
- cliquant avec le bouton droit de la souris sur une des branches puis en sélectionnant la commande **Développer**.

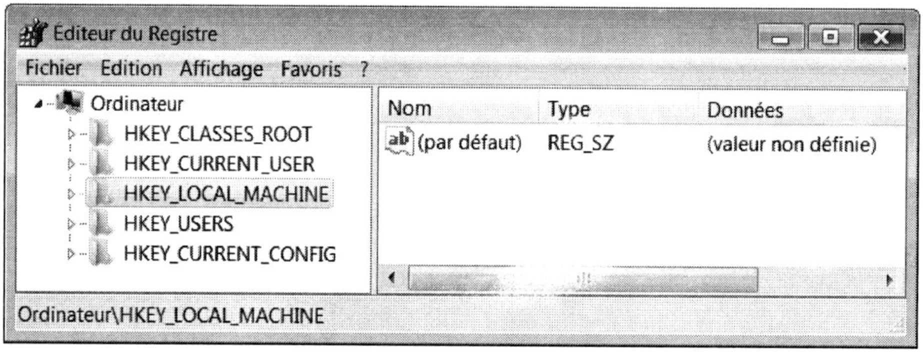

Vous allez voir qu'à l'intérieur de chacune des branches, il y a une arborescence de clés et de sous-clés. Les clés sont une manière d'organiser les données présentes en les classant par thématique.

Si vous sélectionnez une des clés, un certain nombre de données apparaît dans le volet de droite. Ce sont les valeurs. Une valeur est constituée de trois informations :

- nom de la valeur ;
- type de la valeur ;
- données inscrites dans la valeur appelées "Données de la valeur".

Chacune des clés peut contenir une ou plusieurs valeurs.

S'il n'est pas possible de modifier les branches principales, vous pouvez effectuer toutes sortes d'opérations dans les clés, les valeurs et les données de la valeur.

4. Structure du Registre

Les clés racine sont au nombre de six.

- **HKEY_CLASSES_ROOT** : contient principalement les informations d'association de fichiers, les composants COM et les informations d'enregistrement des objets ;
- **HKEY_CURRENT_USER** : contient les données concernant l'utilisateur actuellement connecté ;
- **HKEY_LOCAL_MACHINE** : contient les données relatives au système ;

- **HKEY_USERS** : contient les données concernant l'ensemble des utilisateurs de votre machine ;
- **HKEY_CURRENT_CONFIG** : contient les informations concernant le profil matériel actuel ;
- **HKEY_PERFORMANCE_DATA** : contient les informations sur les performances de votre système.

Notez que cette dernière clé n'est pas visible. Il est courant de noter certaines clés en utilisant les abréviations suivantes :

- HKEY_CLASSES_ROOT : HKCR ;
- HKEY_CURRENT_USER : HKCU ;
- HKEY_LOCAL_MACHINE : HKLM ;
- HKEY_USERS : HKU ;
- HKEY_CURRENT_CONFIG : HKCC ;
- HKEY_PERFORMANCE_DATA : HKPD.

La lettre H représente le Handle Windows vers les clés (KEY).

Certaines clés fonctionnent comme des liens miroir pointant vers d'autres arborescences :

- La clé HKEY_CURRENT_CONFIG est le miroir de cette branche : HKEY_LOCAL_MACHINE\SYSTEM\CurrentControlSet\Hardware Profiles\Current ;
- La clé HKEY_CLASSES_ROOT est le miroir de celle-ci : HKEY_LOCAL_MACHINE\SOFTWARE\Classes ;
- La clé HKEY_CURRENT_USER correspond à celle-ci : HKEY_USERS\Utilisateur actuellement connecté.

En conclusion, seules les clés HKEY_USERS et HKEY_LOCAL_MACHINE possèdent une existence propre.

5. Les fichiers de ruche

Toutes ces informations sont directement extraites des fichiers de ruche qui sont principalement placés dans *\Windows\system32\config*. Voici la liste des correspondances :

- HKEY_LOCAL_MACHINE\BCD00000000 : *\Boot\BCD* ;
- HKEY_LOCAL_MACHINE\COMPONENTS : *\Windows\system32\config\COMPONENTS* ;
- HKEY_LOCAL_MACHINE\SAM : *\windows\system32\config\SAM* ;
- HKEY_LOCAL_MACHINE\SECURITY : *\Windows\system32\config\SECURITY* ;
- HKEY_LOCAL_MACHINE\SOFTWARE : *\Windows\system32\config\SOFTWARE* ;
- HKEY_LOCAL_MACHINE\SYSTEM : *\Windows\system32\config\SYSTEM* ;
- HKEY_USERS\SID : *\Users\"Nom_Utilisateur"\ntuser.dat* ;
- HKEY_USERS\SID de l'utilisateur_Classes : *\Users\Jean\AppData\Local\ Microsoft\Windows\UsrClass.dat*
- HKEY_USERS\.DEFAULT : *\Windows\system32\config\DEFAULT*.
- HKEY_LOCAL_MACHINE\HARDWARE : ruche volatile.

Cette dernière ruche est entièrement placée en mémoire et ne correspond donc pas à un emplacement précis de l'Explorateur Windows. Il y a deux fichiers de ruches un peu particuliers créés par NTDETECT.COM à chaque démarrage :

- Service local : `\Windows\ServiceProfiles\LocalService\NTUSER.DAT` ;
- Service réseau : `\Windows\ServiceProfiles\NetworkService\NTUSER.DAT`.

Il y a différents types de fichiers :

- Sans extension : ces fichiers sont les fichiers de ruche proprement dits ;
- SAV : ces fichiers sont des copies des fichiers de ruche mais qui ne doivent pas être opérationnels ;

- LOG : ces fichiers sont des fichiers journaux retraçant les modifications intervenues dans telle clé ou telle valeur.

Nom	Date de modificati...	Type	Taille
Journal	02/11/2006 12:23	Dossier de fichiers	
RegBack	15/10/2007 10:08	Dossier de fichiers	
systemprofile	10/10/2007 15:59	Dossier de fichiers	
TxR	02/11/2006 14:47	Dossier de fichiers	
BCD-Template	11/10/2007 01:48	Fichier	256 Ko
BCD-Template.LOG	11/10/2007 01:48	Document texte	37 Ko
BCD-Template.LOG1	02/11/2006 14:43	Fichier LOG1	0 Ko
BCD-Template.LOG2	02/11/2006 14:43	Fichier LOG2	0 Ko
COMPONENTS	15/10/2007 10:03	Fichier	8 704 Ko
COMPONENTS.LOG	05/02/2007 13:24	Document texte	1 Ko
COMPONENTS.LOG1	15/10/2007 10:03	Fichier LOG1	256 Ko
COMPONENTS.LOG2	02/11/2006 14:33	Fichier LOG2	0 Ko
COMPONENTS.SAV	02/11/2006 12:34	Fichier SAV	8 Ko
DEFAULT	15/10/2007 10:19	Fichier	256 Ko
DEFAULT.LOG	05/02/2007 13:24	Document texte	1 Ko
DEFAULT.LOG1	15/10/2007 10:19	Fichier LOG1	256 Ko
DEFAULT.LOG2	02/11/2006 14:33	Fichier LOG2	0 Ko
DEFAULT.SAV	02/11/2006 12:34	Fichier SAV	20 Ko
SAM	15/10/2007 10:02	Fichier	256 Ko
SAM.LOG	05/02/2007 13:24	Document texte	1 Ko
SAM.LOG1	15/10/2007 10:02	Fichier LOG1	256 Ko

Par ailleurs, un certain nombre de copies des ruches est nommé en accolant la chaîne de caractères *_previous*.

Les versions de sauvegarde sont placées dans le répertoire `RegBack`. C'est, a priori, le meilleur choix si vous voulez restaurer manuellement un fichier de ruche en le remplaçant par une autre version.

La liste des fichiers de ruche peut s'obtenir en affichant le contenu de cette clé du Registre : HKEY_LOCAL_MACHINE\SYSTEM\CurrentControlSet\Control\hivelist.

6. Manipuler le Registre

Il existe plusieurs manières de créer une nouvelle clé :

- Sélectionnez la clé parente.
- Cliquez sur **Edition - Nouveau - Clé**.

Une mention *Nouvelle clé #1* va apparaître.

Puisque vous êtes par défaut en mode Édition, vous pouvez directement saisir le nom de votre clé.

Afin de passer une nouvelle fois en mode Édition, appuyez sur la touche [F2].

Vous pouvez également vous servir du menu contextuel accessible à partir de la clé qui jouera le rôle de conteneur ou, tout en ayant soin que cette dernière soit sélectionnée, vous servir du menu contextuel accessible dans le volet de droite.

Il est possible de la même manière de supprimer ([Suppr]) ou de renommer une clé.

Vous ne pouvez pas supprimer ou sélectionner différentes clés en gardant la touche [Ctrl] ou [Shift] enfoncée. Ce n'est pas le cas pour les valeurs.

Notez qu'à chaque fois que vous allez créer une clé, une valeur (par défaut) sera automatiquement créée.

7. Modifier les valeurs

De la même manière que précédemment, vous pouvez créer de nouvelles valeurs DWORD, chaîne, binaire, etc. Le nom par défaut sera celui-ci : Nouvelle valeur #1.

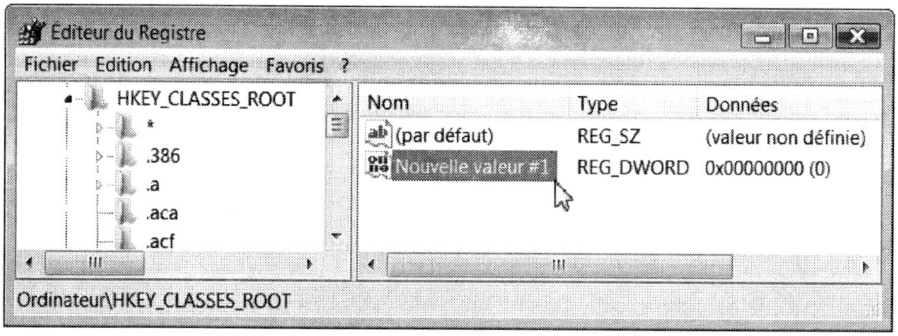

Afin d'inscrire des données dans l'entrée que vous venez de créer, double cliquez dessus puis saisissez votre chaîne de caractères dans la zone de texte **Données de la valeur**.

Vous pouvez aussi cliquer avec le bouton droit de la souris sur cette entrée puis cliquez sur la commande **Modifier**. La même commande est accessible à partir du menu **Edition**.

Il existe deux commandes : **Modifier** et **Modifier données binaires**. Cette dernière vous permet d'afficher les données dans leur représentation hexadécimale.

Vous pouvez directement afficher ce type de données si vous avez sélectionné une valeur DWORD ou binaire en cliquant sur **Affichage - Affichage des données binaires**.

Par ailleurs, quand vous saisissez les données de valeur dans une entrée DWORD, vous avez le choix entre utiliser la base décimale ou hexadécimale. Il vous suffit, dans le premier cas, de cocher le bouton radio **Décimale**. De toute façon, le chiffre ou le nombre que vous aurez saisi s'affichera en base hexadécimale.

Quand vous créez une nouvelle valeur chaîne, les données de la valeur sont vides.

Dans le cas d'une valeur DWORD ou binaire, les données seront automatiquement égales à zéro ou la valeur binaire sera de longueur zéro.

Quand vous créez une nouvelle clé, la valeur (par défaut) indique que les données ne sont pas définies (valeur non définie).

8. Rechercher dans le Registre

→ Afin de lancer une recherche sélectionnez l'arborescence de départ puis cliquez sur **Edition - Rechercher** ([Ctrl]+F).

→ Dans la zone de texte **Rechercher**, saisissez l'expression recherchée.

→ Dans la rubrique **Regarder dans** indiquez si votre recherche portera sur les :

- Clés ;
- Valeurs ;
- Données de la valeur.

Vous pouvez cocher la case **Mot entier seulement** si vous préférez ne retrouver que les occurrences qui correspondent exactement à l'expression recherchée (et non partiellement).

Afin de relancer une recherche cliquez sur **Edition - Rechercher le suivant** ou appuyez sur la touche [F3].

À chaque fois l'entrée ou la clé correspondante sera mise en surbrillance.

Notez que si votre recherche porte sur l'ensemble du Registre vous ne devez pas sélectionner la branche parente Ordinateur mais la première clé : HKEY_CLASSES_ROOT. Dans le cas contraire, votre recherche ne renverra aucun résultat.

Par ailleurs, une recherche démarre toujours à partir de la clé sélectionnée. Afin de réinitialiser rapidement votre point de départ de la recherche appuyez sur la touche [Home]. La branche Ordinateur sera automatiquement mise en surbrillance. De là, il ne vous reste plus qu'à sélectionner la clé HKEY_CLASSES_ROOT.

9. Importer ou exporter une clé

Cette opération vous permet de copier l'ensemble des valeurs contenues dans une clé ainsi que la clé elle-même. Son intérêt est que vous pouvez exporter une portion du Registre en provenance d'un ordinateur "sain" puis l'importer sur le système "malade". C'est une manière rapide et sûre de réparer un problème dû à des entrées défectueuses dans le Registre.

- Sélectionnez une des clés du registre.
- Cliquez sur **Fichier - Exporter**.

Vous pouvez aussi bien vous servir de la commande **Exporter** présente dans le menu contextuel de la clé.

➔ Dans la liste déroulante **Enregistrer dans**, sélectionnez le répertoire de destination.

➔ Dans la zone de texte **Nom du fichier**, saisissez un nom pour le fichier.

Rappelons que le nom que vous choisissez n'a strictement aucune importance !

➔ Dans la liste déroulante **Type**, sélectionnez le format que portera votre fichier d'enregistrement.

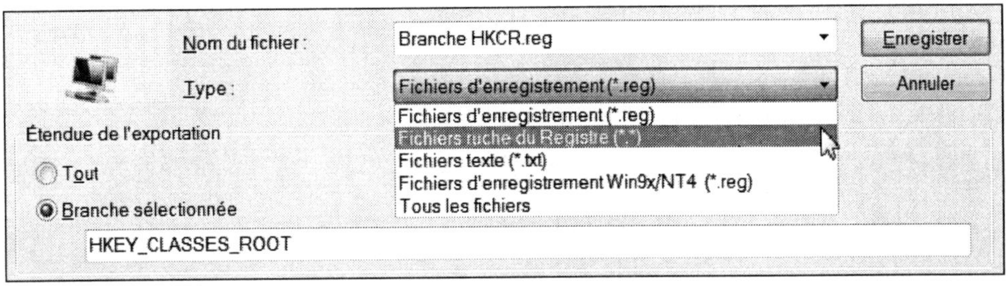

Vous avez le choix entre :

- **Fichier d'enregistrement (*.reg)** : le fichier aura une extension en REG et comportera comme en-tête ceci : Windows Registry Editor Version 5.00. Ce format est compatible avec les versions Windows XP et ultérieur.
- **Fichier ruche du Registre** : ce fichier ne portera pas d'extension visible. Nous verrons un peu plus loin son utilité pratique.
- **Fichiers texte (*.txt)** : le fichier portera une extension TXT. Vous remarquerez qu'il affiche le nom de la classe ainsi que l'heure de dernière écriture pour chaque clé ou valeur listée.
- **Fichiers d'enregistrement Win9x/NT4 (*.reg)** : ce format d'enregistrement est compatible avec les anciennes versions de Regedit que l'on peut trouver dans Windows 9X, ME et Windows NT. L'en-tête du fichier sera celui-ci : REGEDIT4. Vous pouvez aussi utiliser ce format d'enregistrement sur les systèmes plus récents de Windows.
- **Tous les fichiers** : cette possibilité permet simplement de changer l'extension de votre fichier d'enregistrement.

Cette option mérite quelques éclaircissements : il n'est pas nécessaire qu'un fichier d'enregistrement comporte une extension REG. Cela fonctionne aussi bien avec un fichier sans extension portant une extension que vous avez inventée.

Afin d'éditer un fichier d'enregistrement REG ou au format Texte, effectuez un clic droit sur le fichier puis sélectionnez la commande **Modifier**.

Le fichier d'enregistrement s'ouvrira dans le Bloc-notes Windows.

Vous pouvez aussi définir un autre programme en cliquant sur le sous-menu **Ouvrir avec**.

Concernant les fichiers de ruche, voici la procédure :

- Effectuez un clic droit sur le fichier puis sélectionnez la commande **Ouvrir**.
- Dans la rubrique **Choisissez le programme à utiliser** pour ouvrir le fichier sélectionné, par exemple, le Bloc-notes Windows.

Comme vous pourrez le constater c'est illisible !

- Dans la rubrique **Étendue de l'exportation**, précisez si vous souhaitez exporter le Registre complet ou simplement l'arborescence que vous avez sélectionnée. Cette dernière possibilité est beaucoup plus raisonnable !
- Cliquez sur le bouton **Enregistrer**.

Voyons maintenant les avantages et les inconvénients des deux méthodes :

Un fichier de ruche fera le double de la taille d'un fichier REG. C'est une image au format binaire de l'arborescence que vous avez sauvegardée. Vous ne pouvez pas exporter un tel fichier en vous servant de la commande Regedit ou en double cliquant sur le fichier de ruche. Vous devez cliquer sur **Fichier - Importer** puis sélectionner le fichier de ruche. À l'inverse d'un fichier *.reg*, l'arborescence existante sera écrasée et son contenu entièrement remplacé par celui du fichier *.hiv*. Dans le cas d'un fichier REG, les anciennes valeurs sont conservées. Si deux valeurs portent le même nom, seules les données de la valeur sont éventuellement modifiées. Examinons un exemple d'application pratique :

- Dans le Registre, ouvrez cette branche : HKEY_CURRENT_USER.
- Créez une nouvelle clé nommée **Test**.
- Sélectionnez cette dernière clé puis créez une valeur chaîne nommée **test1**.
- Éditez cette valeur puis saisissez un texte quelconque : C'est juste un test.
- Exportez la clé **Test** comme un fichier de ruche puis au format REG.
- Éditez de nouveau la valeur **test1** puis modifiez son contenu.
- Créez alors une seconde valeur chaîne nommée **test2**.

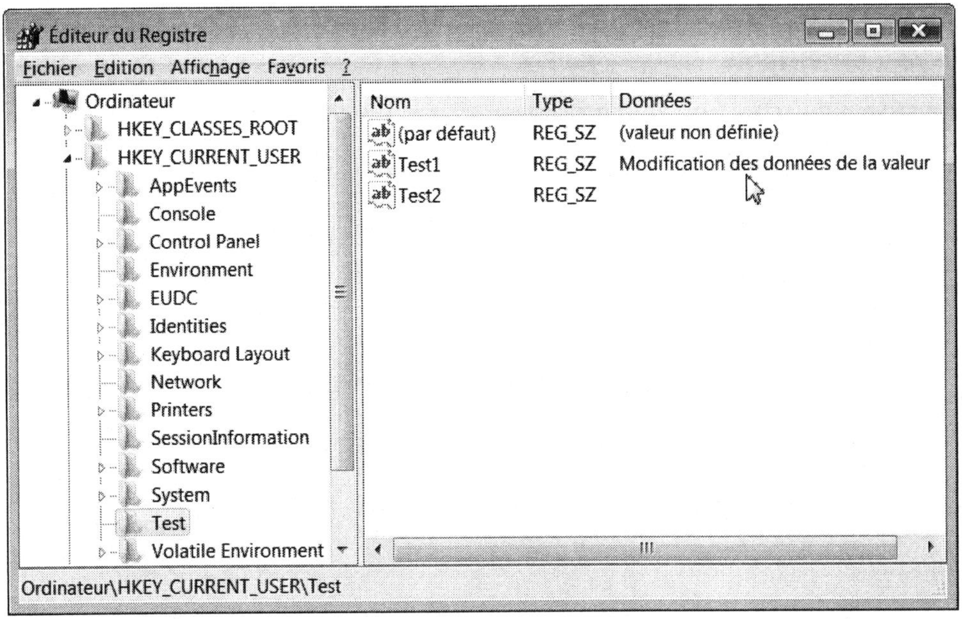

→ Ouvrez l'Explorateur Windows dans l'emplacement où vous avez sauvegardé vos fichiers REG et de ruche.

→ Effectuez un clic droit sur le fichier REG puis sur la commande **Fusionner**.

→ Confirmez la fusion des données avec le Registre Windows.

Après avoir actualisé l'affichage du Registre en appuyant sur la touche [F5], vous pourrez constater que :

- les données de la valeur test1 ont bien été modifiées ;
- la valeur test2 est toujours présente.

→ Dans le Registre, cliquez sur **Fichier - Importer** puis sélectionnez le fichier de ruche.

→ Dans la liste déroulante placée en bas de la fenêtre, sélectionnez l'option **Fichiers ruche du registre (*.*)** puis sélectionnez le fichier de ruche.

→ Cliquez sur le bouton **Ouvrir**.

→ Confirmez le remplacement de la clé.

Le Registre Windows s'actualise immédiatement et la clé test2 a bien été supprimée.

Tout ceci pour dire que, si vous devez sauvegarder des clés du Registre avant de faire une opération qui vous semble périlleuse, il vaut mieux les exporter au format de ruche et non au format REG.

Il y a une autre question qui vient à l'esprit (bien qu'un peu tôt dans ce chapitre) : si j'opère une modification dans les autorisations d'une clé du Registre, est-ce qu'il est possible de restaurer le jeu des permissions NTFS ? Là encore, nous allons refaire le même type de manipulation :

- Effectuez un clic droit sur la clé nommée **Test** puis sélectionnez le sous-menu **Autorisations...**
- Cliquez sur le bouton **Avancé** et décochez la case **Inclure les autorisations pouvant être héritées du parent de cet objet**.
- Cliquez sur les boutons **Copier** et **OK**.

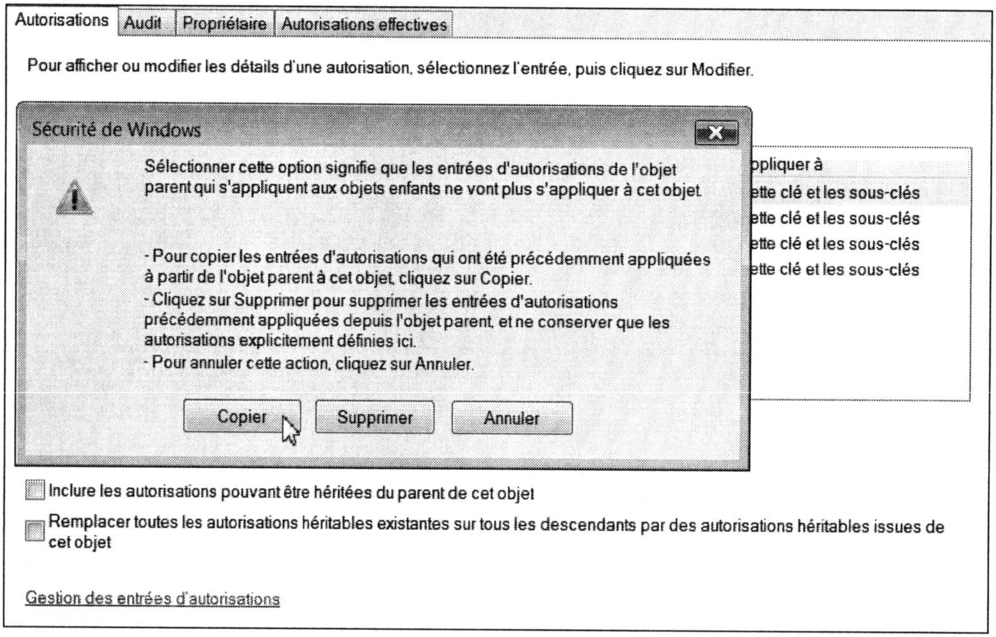

- Sélectionnez votre nom d'utilisateur qui apparaît dans la rubrique **Groupe ou noms d'utilisateur** puis cliquez sur les boutons **Supprimer** et **OK**.

Nous avons donc :

- désactivé le mécanisme d'héritage des permissions NTFS ;

- supprimé votre compte d'utilisateur de la liste des utilisateurs pour lesquels une ACE a été définie.

→ Avec le bouton droit de la souris cliquez sur votre fichier d'enregistrement puis sur la commande **Fusionner**.

Notez que vous pouvez aussi double cliquer sur le fichier d'enregistrement.

Si vous accédez de nouveau au jeu des permissions NTFS de la clé Test vous verrez que la situation est toujours la même.

→ Procédez à la même manipulation mais en important cette fois-ci le fichier de ruche.

→ Ouvrez de nouveau la fenêtre des autorisations de la clé **Test**. Le mécanisme d'héritage et le jeu des permissions ont cette fois-ci été rétablis.

La conclusion est là encore sans appel : si vous devez procéder à des modifications dans le jeu des permissions d'une clé, choisissez comme système de sauvegarde un fichier de ruche.

10.Éditer le Registre Windows XP à partir de Windows Vista

Si vous êtes en Dual-Boot, voici une manière simple de réparer le Registre de votre système d'exploitation Windows XP en ouvrant l'Éditeur du Registre Windows Vista. Vous pouvez également éditer un Registre XP à partir du même type de système d'exploitation installé sur une autre partition. La même remarque s'applique si vous avez plusieurs systèmes Windows Vista.

→ Activez, tout d'abord, l'affichage des fichiers et des dossiers cachés dans l'Explorateur Windows.

→ Lancez l'Éditeur du Registre.

→ Sélectionnez la clé HKEY_USERS.

→ Cliquez sur **Fichier - Charger la ruche...**

→ Ouvrez ce répertoire : \WINDOWS\system32\config.

→ Sélectionnez le fichier de ruche voulu.

Par exemple *Software*. Ces fichiers n'ont pas d'extension visible.

➔ Dans la zone de texte **Nom de la clé:**, saisissez un nom temporaire pour votre fichier de ruche.

➔ Dans notre exemple, **Test**.

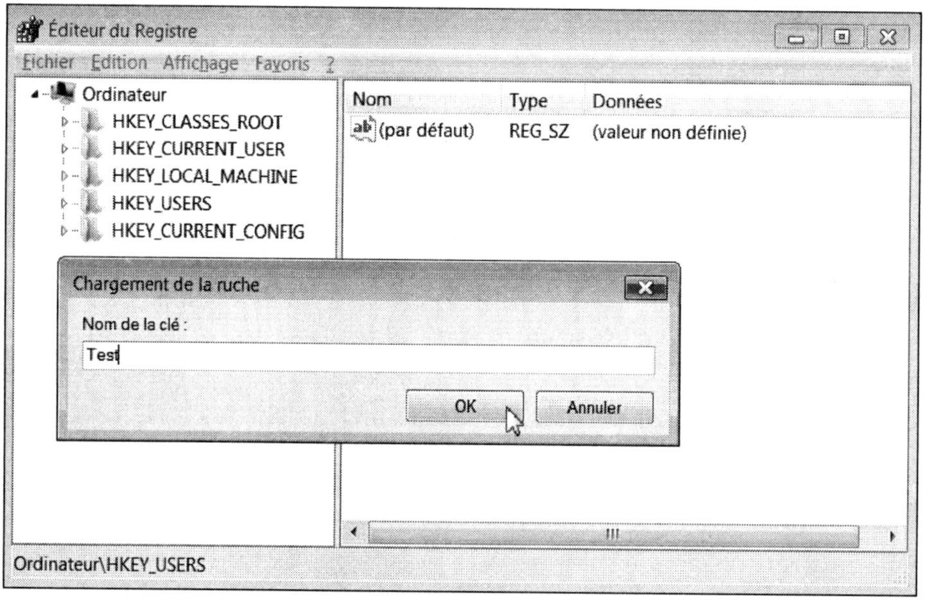

➔ Ouvrez HKEY_USERS\test.

Continuez en déroulant, par exemple, cette arborescence : \Microsoft\Windows\CurrentVersion\policies\system.

➔ Procédez aux modifications voulues.

➔ Sélectionnez ensuite la clé HKEY_USERS\test.

➔ Cliquez sur **Fichier - Décharger la ruche**.

➔ Confirmez le déchargement de la ruche.

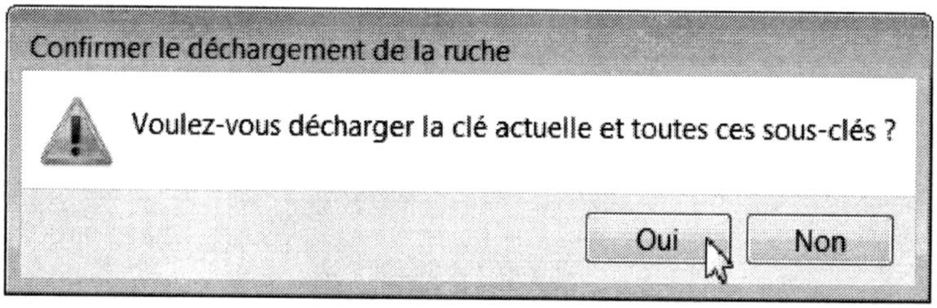

➔ Démarrez sur Windows XP afin de vérifier que les changements ont bien été répercutés.

Si, par exemple, vous chargez le fichier de ruche SAM, il vous suffira d'attribuer temporairement l'autorisation Contrôle total au groupe des administrateurs afin d'avoir un accès complet aux sous-arborescences de la clé SAM.

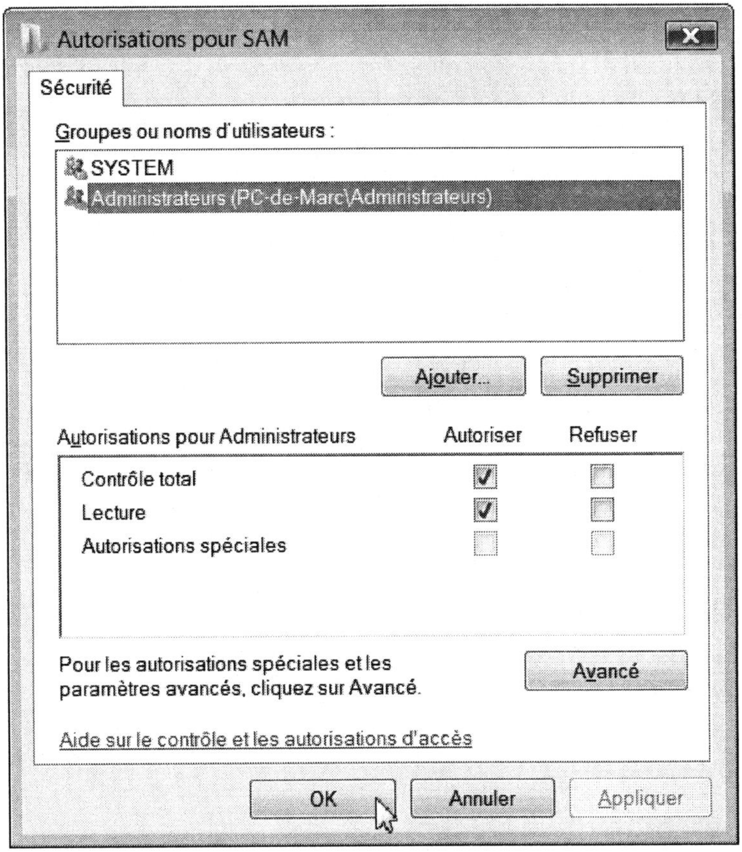

Ce n'est pas toujours nécessaire mais attention de ne pas oublier de reproduire à l'identique les autorisations spéciales que possèdent le groupe des administrateurs sur cette clé.

Bien entendu, l'inverse est également possible ! Et la procédure identique... C'est évidemment utile en cas de problème vous empêchant tout accès au Bureau de Windows XP (ou inversement).

11. Réparer un service en utilisant les fonctionnalités WinRE

Nous allons utiliser la même astuce afin d'éditer le Registre Vista. Cela suppose que la commande **Dernière bonne configuration connue** n'a pas fonctionné et que vous ne pouvez pas restaurer votre ordinateur dans un état antérieur.

- Ouvrez une fenêtre d'Invite de commandes.
- Saisissez ces deux commandes en validant à chaque fois par la touche [Entrée] :
  - `\windows\inf\`
  - `notepad setupapi.app.log`

Chaque service et pilote de périphérique est classé par date.

- Identifiez donc le dernier pilote ou service qui a été installé.
- Saisissez ensuite cette commande : `regedit`.
- Chargez la ruche SYSTEM qui est accessible à cet emplacement : \Windows\System32\Config.
- Attribuez-lui un nom temporaire puis ouvrez cette arborescence : Current\ControlSetxxx_Services.
- Localisez ensuite la clé qui a été installée par le service ou le pilote.
- Éditez une valeur DWORD nommée **Start** puis saisissez comme données de la valeur le chiffre 4.

Ceci afin de le désactiver.

- Déchargez la ruche temporaire puis redémarrez votre ordinateur.

Chapitre 4 : Les comptes d'utilisateurs

A. Introduction aux comptes d'utilisateurs

Dans ce chapitre nous allons voir comment paramétrer de manière approfondie la gestion des comptes d'utilisateurs et découvrir l'Éditeur d'objets de stratégie de groupe qui vous permet de mettre en place toute une politique de privilèges et de restrictions pour les utilisateurs de votre réseau.

B. Les comptes d'utilisateurs

Nous distinguons les comptes prédéfinis des comptes interactifs, qui permettent aux utilisateurs d'ouvrir une session sur la machine. Les comptes prédéfinis de type Administrateur ou Invité vous permettent de tirer profit de certaines fonctionnalités du système d'exploitation. Ce type de compte ne correspond donc pas directement à un utilisateur réel. À l'inverse, un compte d'utilisateur interactif correspond à une personne physique. Le système lui renvoie donc une image, appelée profil, qui est stockée sur un poste Windows 7 à cet emplacement : C:\Utilisateurs\<Nom Utilisateurs>.

Chaque utilisateur appartient à un groupe générique (prédéfini). Comme il est possible de créer des utilisateurs, vous pouvez également définir de nouveaux groupes.

À chaque groupe correspond un jeu de privilèges et de restrictions. En termes clairs, si le groupe des administrateurs dispose des pleins pouvoirs, celui des invités évolue dans une sorte de liberté surveillée.

Sous Windows 7 Edition Professionnel, la gestion des comptes d'utilisateurs est accessible depuis le **Panneau de configuration**, section **Comptes et protection des utilisateurs**. Vous pouvez aussi utiliser la console de gestion avancée des utilisateurs en saisissant la commande **netplwiz** depuis la zone de recherche du menu **Démarrer**.

Si vous désirez réinitialiser le mot de passe d'un compte, depuis la console de gestion avancée des utilisateurs, cliquez sur le bouton **Réinitialiser le mot de passe**. Pour accéder aux propriétés d'un utilisateur et visualiser son groupe d'appartenance, cliquez sur le bouton **Propriétés**.

Sélectionnez l'onglet **Options avancées**, dans la section **Gestion avancée des utilisateurs**, cliquez sur le bouton **Avancé**. La console de gestion des comptes d'utilisateurs s'affiche. Cette console est également accessible en saisissant la commande **lusrmgr.msc** depuis la zone de recherche du menu **Démarrer**.

1. Fonctionnement des profils d'utilisateur

Au démarrage de l'ordinateur, il vous est demandé de vous connecter sur votre session. À chaque nom de session correspond un utilisateur. Lors de la première ouverture de session sur un système fraîchement installé, un profil d'utilisateur par défaut est utilisé. Ce profil est décrit dans cette arborescence du Registre : HKEY_USERS. Par la suite, et au fur et à mesure des retouches que vous apporterez à votre environnement de travail, chacune de vos préférences sera mémorisée. De fait, votre profil d'utilisateur va se peaufiner au fil du temps.

Sous les systèmes NT, on utilise aussi des profils itinérants (on parle plutôt de profils "errants") : dans un environnement où un utilisateur se sert de différents ordinateurs, il pourra retrouver son même environnement de travail quel que soit l'ordinateur sur lequel il a ouvert une session.

Par ailleurs, il est possible d'assigner un profil obligatoire pour un utilisateur ou un groupe d'utilisateurs, ou de modifier le profil par défaut qui sera affecté à chaque nouvel utilisateur. En d'autres termes, il vous est possible de copier un profil d'utilisateur d'un compte à l'autre de la même manière qu'on fabrique plusieurs petites figurines à partir d'un même moule.

2. Les groupes prédéfinis

Il y a un certain nombre de groupes d'utilisateur qui sont paramétrés par défaut sur le système. Nous nous sommes limités aux plus répandus.

a. Les entités de sécurité intégrées

ANONYMOUS LOGON : représente les utilisateurs et les services qui accèdent à un ordinateur sans utiliser un nom de compte, un mot de passe ou un nom de domaine.

CREATEUR PROPRIETAIRE : représente l'utilisateur ayant créé ou pris possession d'un objet.

INTERACTIF : représente tous les utilisateurs connectés actuellement à un ordinateur et qui accèdent à une ressource donnée sur cet ordinateur (par opposition aux utilisateurs qui accèdent à la ressource sur le réseau). Chaque fois qu'un utilisateur accède à une ressource spécifique sur l'ordinateur auquel il est actuellement connecté, il est ajouté automatiquement au groupe Interactif.

LIGNE : représente n'importe quel utilisateur qui s'est connecté à l'ordinateur en utilisant une connexion d'accès à distance.

REMOTE INTERACTIVE LOGON : représente n'importe quel utilisateur qui s'est connecté à l'ordinateur en utilisant une connexion Bureau à distance.

RESEAU : représente les utilisateurs qui accèdent actuellement à une ressource spécifique sur le réseau (par opposition aux utilisateurs qui accèdent à une ressource en ouvrant une session locale sur l'ordinateur qui contient cette ressource). Chaque fois qu'un utilisateur accède à une ressource spécifique sur le réseau, il est ajouté automatiquement au groupe Réseau.

Tout le monde : représente tous les utilisateurs du réseau actuel, y compris les invités et les utilisateurs d'autres domaines. Chaque fois qu'un utilisateur ouvre une session sur le réseau, il est ajouté automatiquement au groupe Tout le monde.

UTILISATEUR TERMINAL SERVER : représente n'importe quel utilisateur qui accède à l'ordinateur en utilisant une connexion Terminal Server.

Utilisateurs authentifiés : ce groupe comprend tous les utilisateurs possédant un compte et un mot de passe sur la machine locale ou Active Directory.

SYSTEM : c'est avec cette identité que le cœur système d'exploitation gère l'ensemble des composants essentiels au fonctionnement du noyau dont :

- le processus csrss.exe (*Client/Server Runtime Subsystem*) qui gère les fenêtres et les éléments graphiques de Windows ;
- le processus Lsass.exe (*Local Security Authority Subsystem Service*) qui gère les mécanismes de sécurité locale et d'authentification des utilisateurs via le service WinLogon ;
- le processus Lsm.exe (*Local Session Manager*) qui gère l'ouverture de session locale ;
- le processus wmiprvse.exe (*Windows Management Instrumentation*) qui gère les fonctionnalités WMI ;
- le processus Wininit.exe qui gère le démarrage de Windows ;
- le processus Winlogon.exe (*Windows Logon Process*) qui gère l'ouverture et la fermeture des sessions ;
- le processus SearchIndexer qui gère l'indexation des fichiers pour les fonctionnalités de recherche.

SERVICE RESEAU : ce compte est utilisé par les services qui ont besoin de s'authentifier auprès des autres machines présentes sur le réseau sans avoir besoin de privilèges particulièrement étendus.

SERVICE LOCAL : c'est le même type de compte à la différence près qu'il ne peut accéder qu'aux ressources réseau qui autorisent un accès anonyme. Il permet notamment le lancement de processus liés à la gestion des périphériques et de certains services liés au réseau comme, par exemple, la résolution des noms NetBIOS (LmHosts).

Restricted : il permet de définir une ACE dans une ACL impliquant une permission de type Refuser pour tous les jetons d'accès restreints. Soit cette entité se voit attribuer une permission de type "Refuser", soit l'autorisation accordée est de type "Lecture". Dans les deux cas, les groupes ou les utilisateurs restreints n'ont pas d'accès à la ressource puisque les ACE négatives prennent le pas sur les ACE positives. Pour d'autres entrées, ils ne posséderont qu'un accès en lecture seule.

Trusted Installer : la technologie "Windows Resource Protection" (WRP) agit comme une sorte d'autorité suprême empêchant tout changement dans les fichiers, répertoires et clés du Registre considérés comme étant nécessaires au bon fonctionnement de votre système. Seul, dans ce cas, le service Trusted Installer peut opérer des changements dans les ressources qui sont protégées par ce service.

b. Les groupes d'utilisateurs

Administrateurs : regroupe les membres possédant des privilèges d'administrateur.

Invités : les membres du groupe Invités disposent par défaut du même accès que les membres du groupe Utilisateurs, à l'exception du compte Invité qui dispose d'autorisations restreintes.

Opérateurs de configuration réseau : regroupe les membres possédant un certain nombre de privilèges concernant la configuration des interfaces réseau.

Opérateurs de sauvegarde : regroupe les membres ayant le pouvoir de sauvegarder et de restaurer tous les fichiers d'un ordinateur.

Utilisateurs : les membres de ce groupe ont un accès limité aux ressources et disposent d'un nombre restreint de privilèges.

Utilisateurs avec pouvoir : les membres de ce groupe peuvent effectuer un certain nombre de tâches administratives sans pour autant avoir un contrôle total sur la machine. Ce groupe est présent pour des raisons de compatibilité avec les systèmes antérieurs.

- Utilisateurs du bureau à distance : regroupe les membres possédant les privilèges d'ouverture de session distante.
- Utilisateurs de l'analyseur de performance : regroupe les membres qui peuvent afficher les données de performance en temps réel dans l'Analyseur de performances.
- Utilisateurs du journal de performance : regroupe les membres qui peuvent, en plus de l'affichage des données de performance en temps réel, créer et modifier des ensembles de collecteurs de données dans l'Analyseur de performances.

c. Les utilisateurs prédéfinis

Administrateur : ce compte spécial vous permet de vous affranchir du Contrôle du compte d'utilisateur. Le jeton d'accès qui lui est accordé est unique. Il est par défaut désactivé dans Windows Vista.

Invité : ce compte est aussi désactivé par défaut dans Windows Vista. Il est utile dans le cas où l'on veut accorder un accès occasionnel pour un utilisateur qui ne disposera de presque aucun privilège ni droit sur les ressources.

Vous pouvez réactiver ces deux comptes en suivant cette procédure :

→ Dans la zone de texte **Rechercher** du menu **Démarrer**, saisissez cette commande : `netplwiz`.

→ Cliquez sur l'onglet **Options avancées** puis le bouton **Avancé**.

→ Ouvrez la branche **Utilisateurs** puis le compte que vous souhaitez modifier.

→ Décochez la case **Le compte est désactivé**.

C. Le Contrôle de compte d'utilisateur

Windows Vista a introduit un nouveau concept de sécurité appelé UAP ou User Account Protection (en français, contrôle de compte d'utilisateur). D'autres termes sont utilisés : Least-PrivilegeUser Accounts ou Limited User Accounts (LUA). Ce concept a été conservé et amélioré dans Windows 7 pour qu'il apparaisse moins contraignant pour l'utilisateur.

Les utilisateurs créés par Windows 7 ont le statut d'administrateur protégé, c'est-à-dire que la fonctionnalité UAC est activée pour ces comptes. Ce n'est pas le cas du compte Administrateur qui désigne le compte intégré au système d'exploitation mais qui, par défaut, est désactivé.

Quand un utilisateur a le droit d'interagir sans restriction avec le système, il peut installer une application, écrire dans la branche du registre HKEY_LOCAL_MACHINE, installer des périphériques, démarrer des services, etc...

En mode protégé, tous les processus initiés par un administrateur sont lancés avec un minimum de privilèges. Si, par exemple, vous ouvrez un programme à partir du menu **Démarrer**, l'application va s'exécuter dans un contexte restreint avec les mêmes privilèges que ceux qui vous ont déjà été accordés.

Si l'application requiert pour pouvoir s'exécuter convenablement des privilèges élevés, il faudra, dans ce cas, que le compte d'administrateur puisse exécuter le processus de manière non restrictive. Le processus hérite alors des nombreux avantages accordés par cette élévation de privilèges (*Over The Shoulder* (OTS) elevation). Quand un programme s'exécute en mode d'élévation de privilèges, une boîte de dialogue vous en avertit. Il n'y a donc pas, par défaut, de possibilité d'élever les privilèges accordés à une application sans le consentement éclairé de l'utilisateur. Nous allons voir dans la suite de ce paragraphe qu'il est désormais possible, dans Windows 7, de désactiver la demande de confirmation du processus d'élévation de privilèges.

1. Les comptes d'utilisateur

À chaque fois que vous ouvrez une session d'utilisateur, un jeton d'accès ("Token") vous est attribué. Ce jeton d'accès dresse la liste des privilèges dont vous disposez et énumère les ressources auxquelles vous accédez ou tentez d'accéder. Chaque ressource disponible sur le système possède une liste de contrôle d'accès (DACL) qui tient la liste des utilisateurs et des services pouvant l'atteindre, ainsi que le niveau de permission qu'ils possèdent. Par défaut, les administrateurs reçoivent deux jetons d'accès :

- un jeton en tant qu'administrateur ;
- un jeton en tant qu'utilisateur standard et c'est ce dernier qui est attribué par défaut.

Lors de l'élévation d'un processus, un utilisateur reçoit les mêmes privilèges que ceux de l'administrateur. En d'autres termes, il obtient le même jeton d'accès. Le mécanisme qui vous permet de passer d'une identité à l'autre est appelé "Admin Approval Mode" (AAM).

2. Les niveaux d'intégrité

Le Contrôle d'intégrité (MIC ou "Mandatory Integrity Control") est un autre mécanisme apparu sous Vista. Il est contrôlé par une liste de contrôle d'accès ACE dans la liste système de contrôle d'accès (SACL) de tout objet "sécurisable" (clé du Registre, fichier, processus, etc.).

Chaque processus possède un niveau d'intégrité mais aussi le processus enfant qui hérite du niveau d'intégrité du processus l'ayant "enfanté". Ces niveaux d'intégrité sont appelés "Integrity access levels" ou "IL".

Signalons que le niveau d'intégrité est associé à la SACL et non à la DACL.

Un processus ne peut interagir avec un niveau d'intégrité possédant des privilèges plus élevés. Les API ("Application programming Interface") échoueront à partir d'un processus possédant un niveau d'intégrité faible quand il sera utilisé contre un processus d'un niveau d'intégrité plus élevé. Ceci étant fait pour éviter les risques d'attaques ou d'intrusions malveillantes.

Les entrées du Registre peuvent seulement être écrites à partir d'un processus possédant un fort niveau d'intégrité. C'est pourquoi Internet Explorer (processus d'intégrité faible) ne vous permet d'écrire que dans des portions congrues de l'Explorateur ou du Registre Windows.

Les niveaux d'intégrité sont les suivants :

- **High (haut)** : correspond aux privilèges systèmes d'administrateur. Ce niveau de privilèges vous donne le droit d'écrire dans le répertoire \Program Files et la branche du Registre HKEY_LOCAL_MACHINE.
- **Medium (moyen)** : correspond au niveau Utilisateur. Ce niveau de privilèges vous donne le droit d'écrire dans votre répertoire d'utilisateur et la branche du Registre HKEY_CURRENT_USER.
- **Low (faible)** : ce niveau ne vous permet que d'écrire dans les zones sans niveau de privilèges comme la clé HKEY_CURRENT_USER\Software\LowRegistry ou les répertoires nommés LOW et qui sont présents dans l'Explorateur Windows. Par ailleurs, une fonctionnalité appelée "Interface utilisateur d'isolation des privilèges" (UI "*User Interface*" *Privilege Isolation* ou UIPI) vient renforcer ce dispositif et ce afin de prévenir les attaques de type "Escalade des privilèges".

3. L'élévation de privilèges

Certaines opérations ne sont pas adaptées à l'utilisation des listes de contrôle d'accès. Imaginons qu'un utilisateur ait besoin de sauvegarder un ensemble de fichiers, il est beaucoup plus simple de lui accorder le privilège de sauvegarde quel que soit les permissions NTFS attachées aux fichiers plutôt que de modifier un à un le masque des permissions de chacune des ressources auxquelles il peut accéder. Un processus peut recevoir une élévation de privilèges dans les circonstances suivantes :

- si l'application est une plate-forme d'installation comme Windows Installer ou Install Shield ;
- si l'application possède une entrée dans la couche de compatibilité des applications ou la base de données de compatibilité des applications.

Dans le premier cas, une entrée sera présente dans cette arborescence du Registre : HKEY_CURRENT_USER\Software\Microsoft\Windows NT\CurrentVersion\AppCompatFlags\Compatibility Assistant\Persisted.

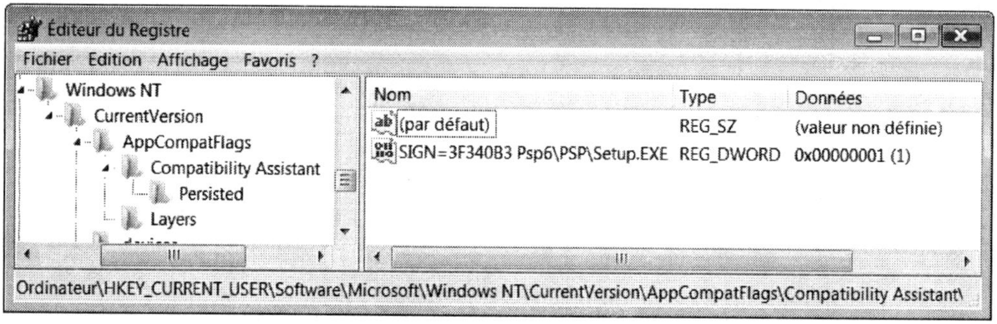

Dans le second cas, un fichier portant l'extension *.sdb* aura été créé par l'exécutable CompatAdmin.exe.

- si le fichier manifeste de l'application contient une requête de niveau d'exécution précisant que l'application requiert un niveau de privilèges élevés.

Vous pouvez aussi invoquer cette élévation de privilèges en cochant la case **Exécuter en tant qu'administrateur** dans le menu contextuel de l'application ou du raccourci. Voyons comment procéder :

→ Avec le bouton droit de la souris cliquez sur un des programmes présents à partir du menu **Démarrer**.

→ Sélectionnez la commande **Exécuter en tant qu'administrateur**.

Afin d'automatiser ce processus, suivrez cette procédure :

→ Effectuez un clic droit sur un programme listé dans le menu **Démarrer** puis sur le sous-menu **Propriétés**.

→ Cliquez sur l'onglet **Propriétés** puis cochez la case **Exécuter ce programme en tant qu'administrateur**.

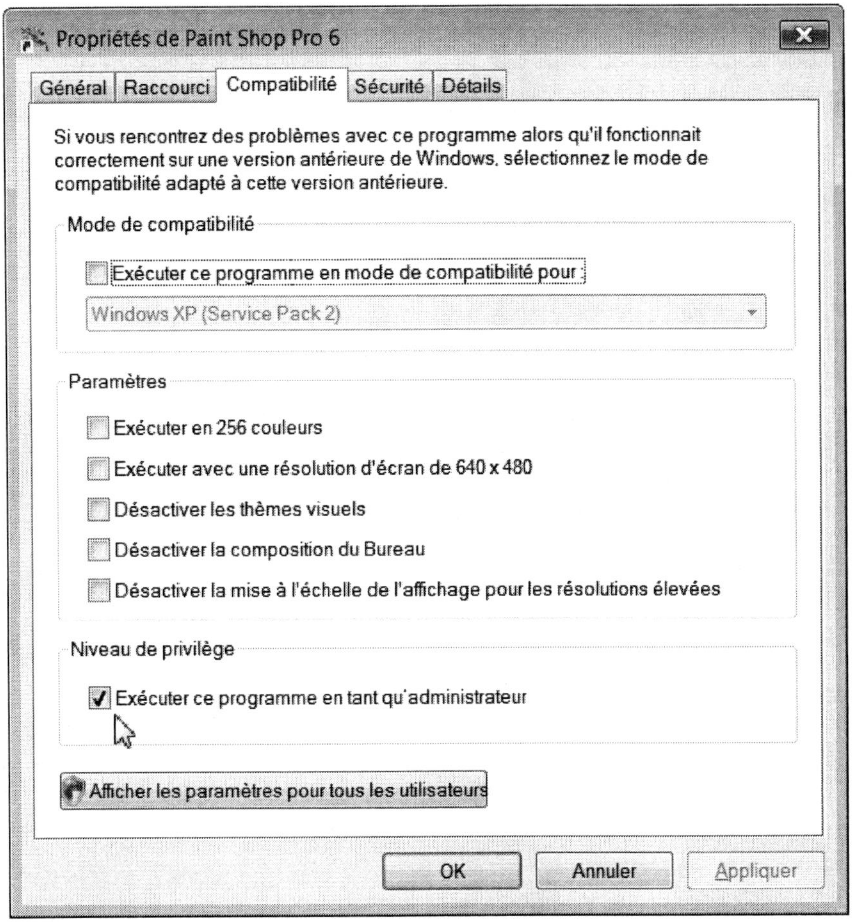

À partir d'un raccourci la procédure est un peu différente :

- Effectuez un clic droit sur le raccourci puis sur le sous-menu **Propriétés**.
- Cliquez sur l'onglet **Raccourci** puis le bouton **Avancé...**
- Cochez la case **Exécuter en tant qu'administrateur**.

Voici un dernier cas de figure !

- Dans la zone de texte **Rechercher** placé au dessus du menu **Démarrer**, saisissez : `cmd`.
- Effectuez un clic droit sur la mention **cmd.exe** puis sur la commande **Exécuter en tant qu'administrateur**.

À partir de là, toutes les commandes que vous exécuterez à partir de l'Invite de commandes seront lancées avec des autorisations d'administrateur.

Il y a deux autres scénarios permettant une élévation de privilèges :

- Quand un programme est initié à partir d'un processus ayant déjà reçu cette élévation de privilèges. Un bon exemple est le fait que beaucoup d'outils doivent être lancés à partir d'une fenêtre d'Invite de commandes exécutée en tant qu'administrateur.
- Quand un programme est lancé à partir du Gestionnaire de tâches :

→ Cliquez sur **Démarrer - Exécuter** puis saisissez : `taskmgr`.

→ Cliquez sur le bouton **Afficher les processus de tous les utilisateurs**.

→ Cliquez sur **Fichier - Nouvelle tâche (exécuter...)**.

Notez que vous pouvez aussi cliquer avec le bouton droit de la souris sur la barre des tâches puis sur la commande correspondante.

Une mention vous signalera que cette tâche sera créée avec des autorisations d'administrateur.

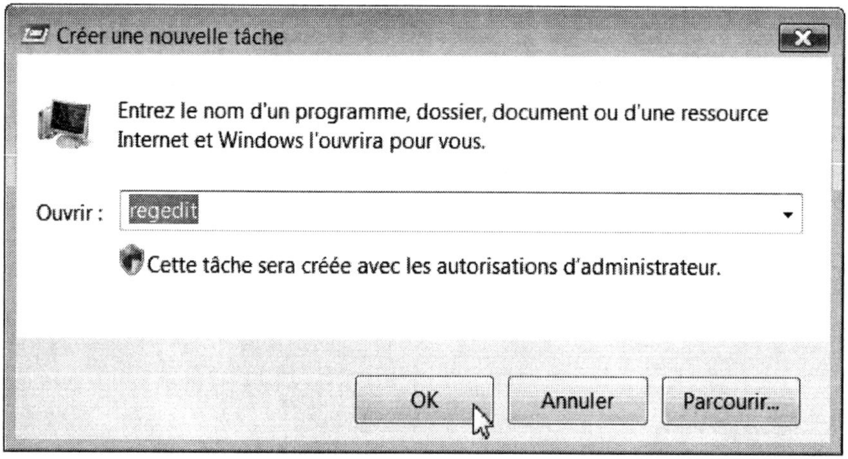

Dans ce cas, le Gestionnaire de tâches lance les processus en utilisant l'API "CreateProcess" et non "CreateRestrictedProcess".

4. Le processus de virtualisation

Un processus initié par un compte d'utilisateur standard ne peut écrire dans la branche du Registre HKEY_LOCAL_MACHINE. Cette particularité va, bien évidemment, provoquer des problèmes puisque, dans beaucoup de cas, l'application ne pourra fonctionner normalement. Afin de contourner cette difficulté, Vista a mis en place un mécanisme appelé Virtualisation. Quand un processus possédant des privilèges faibles doit écrire dans une zone protégée du Registre ou de l'Explorateur, les données sont instantanément transférées dans une zone dédiée à l'utilisateur. Ces zones "Utilisateur" prennent alors le pas sur les zones "Ordinateur".

Quand un processus ne peut écrire dans la branche HKEY_LOCAL_MACHINE\ Software les écritures manquées sont inscrites dans HKEY_CURRENT_USER\ Software\Classes\VirtualStore\MACHINE\Software.

Le processus de virtualisation des fichiers opère, quant à lui, ce type de substitution : %Profil d'utilisateur%\AppData\Local\VirtualStore\Program Files pour %Program Files%, %Profil d'utilisateur%\AppData\Local\VirtualStore\Windows pour %Windir%, etc.

Les processus sont virtualisés sauf, dans les cas suivants :

- ils sont initiés avec des privilèges d'administrateur ;
- le fichier exécutable contient un manifeste appelé requestedExecutionLevel ;
- ils concernent des opérations qui ne sont pas initialisées à partir d'une session interactive.

5. Le contrôle de compte d'utilisateur en action

Quand une application ne vous propose pas automatiquement d'être initiée en tant qu'administrateur il est possible :

- d'accéder au menu contextuel du raccourci ou du fichier exécutable puis de cliquer sur la commande **Exécuter en tant qu'administrateur** ;
- de lancer l'application à partir d'une autre application qui, elle, a été exécutée en tant qu'administrateur.

Quand à partir d'un compte d'administrateur vous lancez une application nécessitant une élévation de privilèges, vous aurez ce type de boîte de dialogue : "Windows a besoin de votre autorisation pour continuer".

À partir d'un compte d'utilisateur standard il vous sera demandé, pour continuer, le mot de passe d'un compte possédant des privilèges d'administrateur.

Le schéma suivant :

- l'application est analysée par le système d'exploitation ;
- si l'éditeur est Windows, il vous sera signifié que Windows a besoin de votre autorisation pour continuer (bandeau bleu) ;
- si l'éditeur n'est pas Windows mais que l'application a été signée numériquement il vous sera signifié que Windows a besoin de votre autorisation pour continuer (bandeau gris) ;
- si l'application n'a pas été signée numériquement il vous sera signalé qu'un programme non identifié veut accéder à votre ordinateur (bandeau orange).

De plus, il existe dans l'interface graphique un certain nombre d'indications signalant qu'une action nécessite une élévation de privilèges :

➔ Cliquez sur l'horloge placée dans la zone de notification.

➔ Cliquez sur le lien **Modifier les paramètres de la date et de l'heure**.

Le bouton **Changer la date et l'heure** est rehaussé du blason représentant le bouclier du Centre de sécurité.

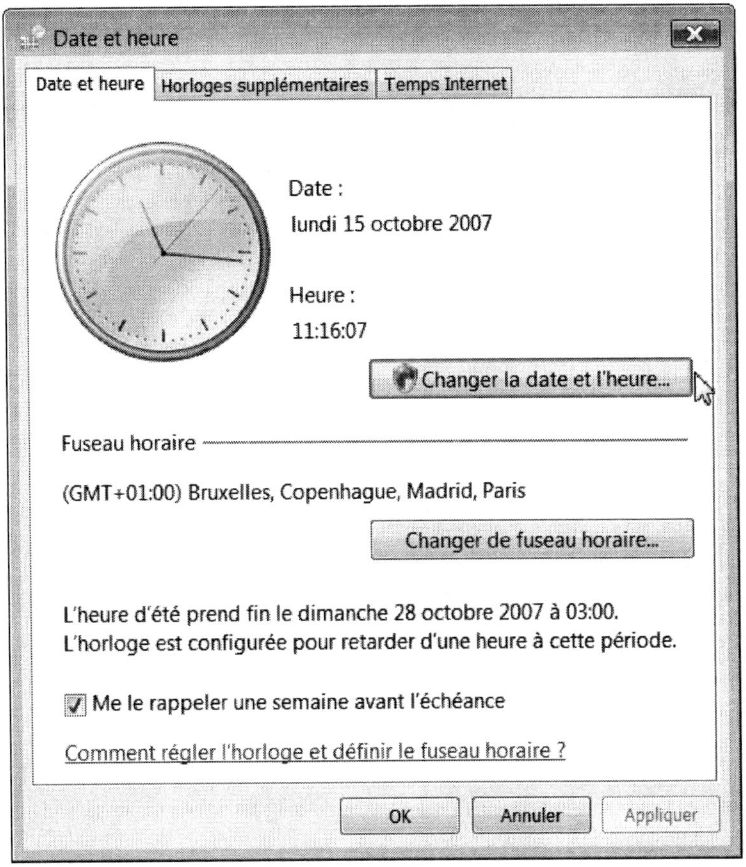

→ Cliquez sur ce bouton.

Vous pouvez cliquer sur le bouton **Détails** afin de savoir quels sont les fichiers systèmes qui seront exécutés.

6. Désactiver le Contrôle de compte d'utilisateur

→ Cliquez sur **Démarrer - Panneau de configuration** puis ouvrez le module **Comptes d'utilisateurs**.

Vous devez être en affichage classique.

→ Cliquez sur le lien **Activer ou désactiver le contrôle des comptes d'utilisateurs**.

→ Décochez la case **Utiliser le contrôle de comptes d'utilisateurs pour vous aider à protéger votre ordinateur**.

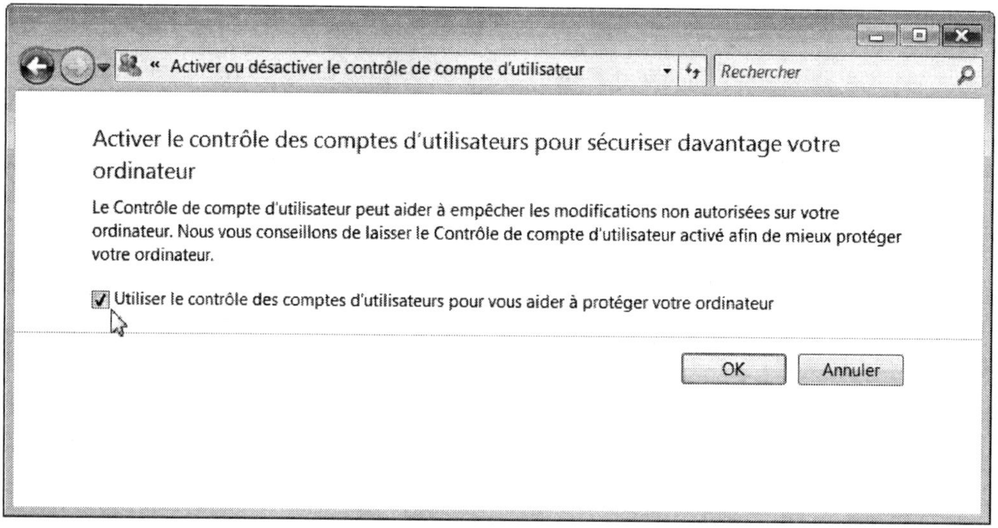

Vous devez redémarrer votre machine pour que les modifications apportées soient appliquées.

- Sous Windows 7, à partir du **Panneau de configuration**, dans la section **Comptes et protection des utilisateurs - Comptes d'utilisateurs**, sélectionnez l'option **Modifier les paramètres de contrôle de compte d'utilisateur**.
- Configurez la fonctionnalité en déplaçant le curseur sur l'option **Ne jamais m'avertir**. Cliquez sur le bouton **OK** pour valider le nouveau paramétrage.

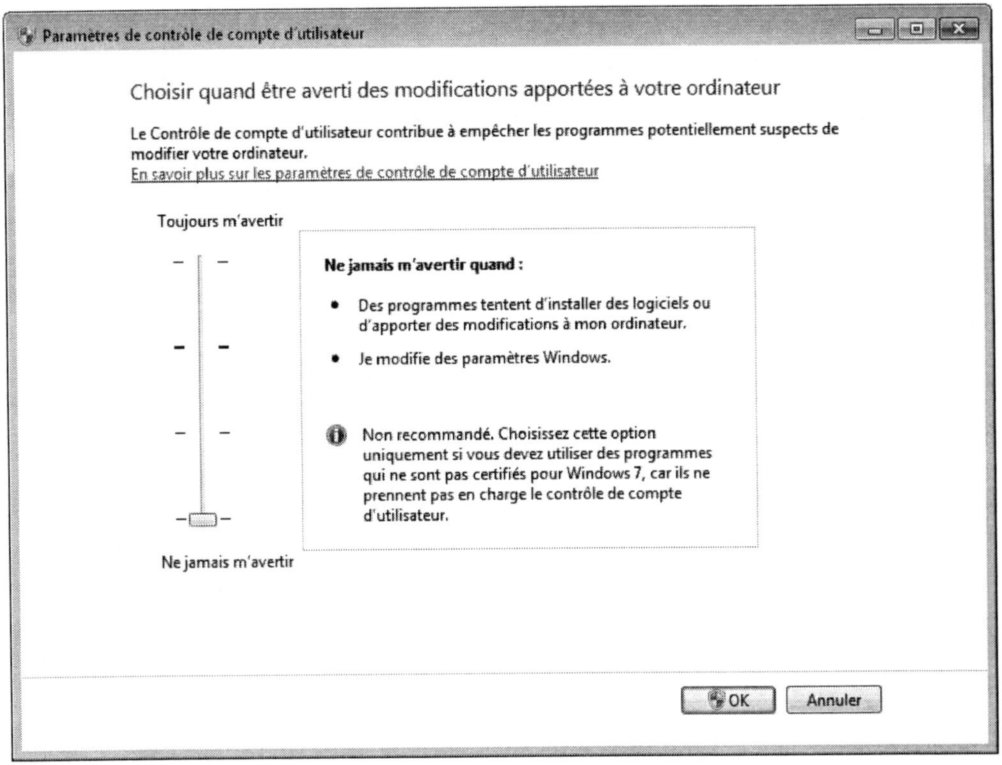

Vous pouvez aussi utiliser l'utilitaire de configuration système sous Windows Vista ou Windows 7 :

- Dans la zone de texte **Rechercher** placée au-dessus du menu **Démarrer**, saisissez : **`msconfig`**.
- Cliquez sur l'onglet **Outils**.
- Sélectionnez **Désactiver le contrôle de compte d'utilisateur** puis cliquez sur le bouton **Exécuter**.

7. Paramétrer le Contrôle du compte d'utilisateur

Examinons maintenant les différents paramètres qui sont à notre disposition en utilisant l'Éditeur d'objets de stratégie de groupe. Vous devez ouvrir cette arborescence : *Configuration ordinateur/Paramètres Windows/Paramètres de sécurité/ Stratégies locales/Options de sécurité*. Nous avons indiqué à chaque fois les manipulations correspondantes dans le Registre puisque l'Éditeur d'objets de stratégie de groupe n'est pas installé dans beaucoup de versions de Windows.

Exécuter tous les administrateurs en mode d'approbation d'administrateur

Si cette stratégie est désactivée, le type d'utilisateur du mode Approbation administrateur et toutes les autres stratégies UAC relatives seront désactivés. En clair, cela revient à supprimer le Contrôle du compte d'utilisateur. Une fois que vous avez désactivé cette stratégie, redémarrez votre machine.

- Si vous utilisez la commande **Exécuter**, une mention va vous prévenir que cette tâche sera créée avec les autorisations d'administrateur.
- Si vous ouvrez le Centre de sécurité de Windows, une mention vous avertira que le Contrôle du compte utilisateur est désactivé.

Cela correspond à cette manipulation dans le Registre Windows :

- Clé : HKEY_LOCAL_MACHINE\SOFTWARE\Microsoft\Windows\CurrentVersion\Policies\System
- Valeur DWORD : EnableLUA
- Données de la valeur : 0.

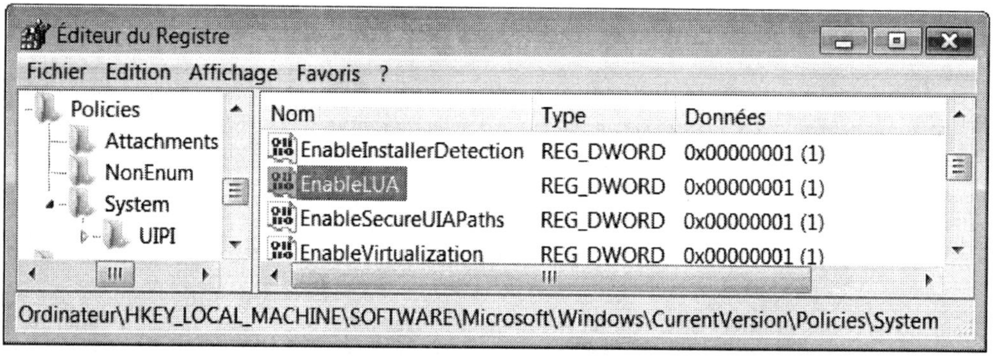

Comportement de l'invite d'élévation pour les administrateurs en mode d'approbation Administrateur

Cette stratégie vous permet de paramétrer le comportement de la boîte de dialogue lors d'une demande d'élévation de privilèges initiée à partir d'un compte possédant des privilèges d'administrateur. Il y a trois choix sous Windows Vista :

- **Demande de consentement** : l'administrateur sera invité à choisir entre **Autoriser** et **Refuser**. C'est la valeur par défaut.
- **Demande d'informations d'identification** : l'administrateur sera invité à choisir entre son nom d'utilisateur et son mot de passe.
- **Élever les privilèges sans demander confirmation** : il n'y aura pas de demande de consentement ni d'informations d'identification.

Dans ce dernier cas, le Contrôle de compte d'utilisateurs reste actif mais aucune boîte de dialogue ne vient interrompre vos tâches de maintenance.

- Clé : HKEY_LOCAL_MACHINE\SOFTWARE\Microsoft\Windows\CurrentVersion\Policies\System ;
- Valeur DWORD : ConsentPromptBehaviorAdmin.

Les valeurs possibles sont :

- 2 : Demande de consentement ;
- 1 : Demande d'informations d'identification ;
- 0 : Élever les privilèges sans demander confirmation.

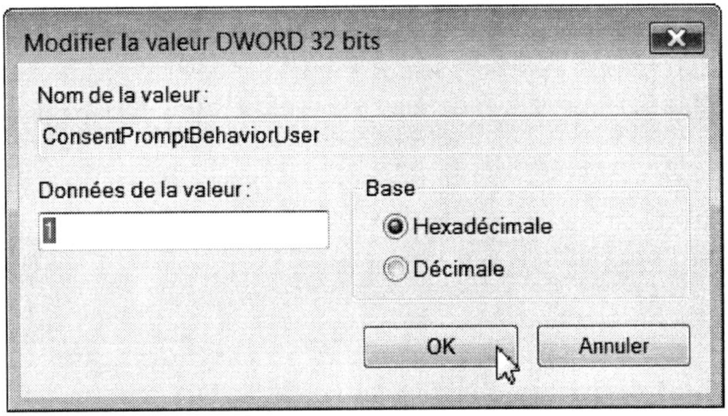

Sous Windows 7, vous avez comme choix :

- **Elever les privilèges sans invite utilisateur** : pas de demande de consentement. (Valeur de registre 0).
- **Demande d'informations d'identification sur le bureau sécurisé** : l'administrateur sera invité à renseigner ses informations d'identification (Nom d'utilisateur et mot de passe) sur le bureau dit sécurisé, c'est-à-dire bureau avec effet "nuit qui tombe". (Valeur de registre 1).
- **Demande de consentement sur le bureau sécurisé** : l'administrateur sera invité à choisir entre **Autoriser** et **Refuser** sur le bureau dit sécurisé. (Valeur de registre 2).
- **Demande d'informations d'identification** : l'administrateur sera invité à renseigner ses informations d'identification (Nom d'utilisateur et mot de passe). (Valeur de registre 3).
- **Demande de consentement** : l'administrateur sera invité à choisir entre **Autoriser** et **Refuser**. (Valeur de registre 4).
- **Demande de consentement pour les binaires non Windows** : l'administrateur sera invité à choisir entre **Autoriser** et **Refuser** pour les applications non Microsoft. C'est la valeur par défaut. (Valeur de registre 5).

Passer au Bureau sécurisé lors d'une demande d'élévation

Cette stratégie détermine si la demande d'élévation effectuera la demande sur le Bureau des utilisateurs interactifs ou sur le Bureau sécurisé. Ce paramètre évite l'effet "nuit qui tombe" dès qu'une élévation de privilèges est demandée.

- Clé : HKEY_LOCAL_MACHINE\SOFTWARE\Microsoft\Windows\CurrentVersion\Policies\System ;
- Valeur DWORD : PromptOnSecureDesktop.

Mode Approbation administrateur pour le compte Administrateur intégré

Cette stratégie détermine le comportement du mode Approbation administrateur pour le compte Administrateur intégré. L'Administrateur intégré ouvrira une session en mode Approbation administrateur et devra donner son approbation pour toutes les opérations qui requièrent une élévation de privilège. Si cette stratégie est désactivée, l'Administrateur intégré ouvrira une session en mode Compatible XP et pourra exécuter toutes les applications avec des privilèges d'administration complets. Si vous utilisez souvent le compte Administrateur, cette stratégie est intéressante à utiliser.

- Clé : HKEY_LOCAL_MACHINE\SOFTWARE\Microsoft\Windows\CurrentVersion\Policies\System ;
- Valeur DWORD : FilterAdministratorToken.

D. Astuces sur les comptes d'utilisateurs

Voici deux astuces utiles !

1. Ouverture de session automatique dans Windows

→ Cliquez sur **Démarrer - Exécuter** puis saisissez : `netplwiz`.

→ Décochez la case **Les utilisateurs doivent entrer un nom d'utilisateur et un mot de passe pour utiliser cet ordinateur**.

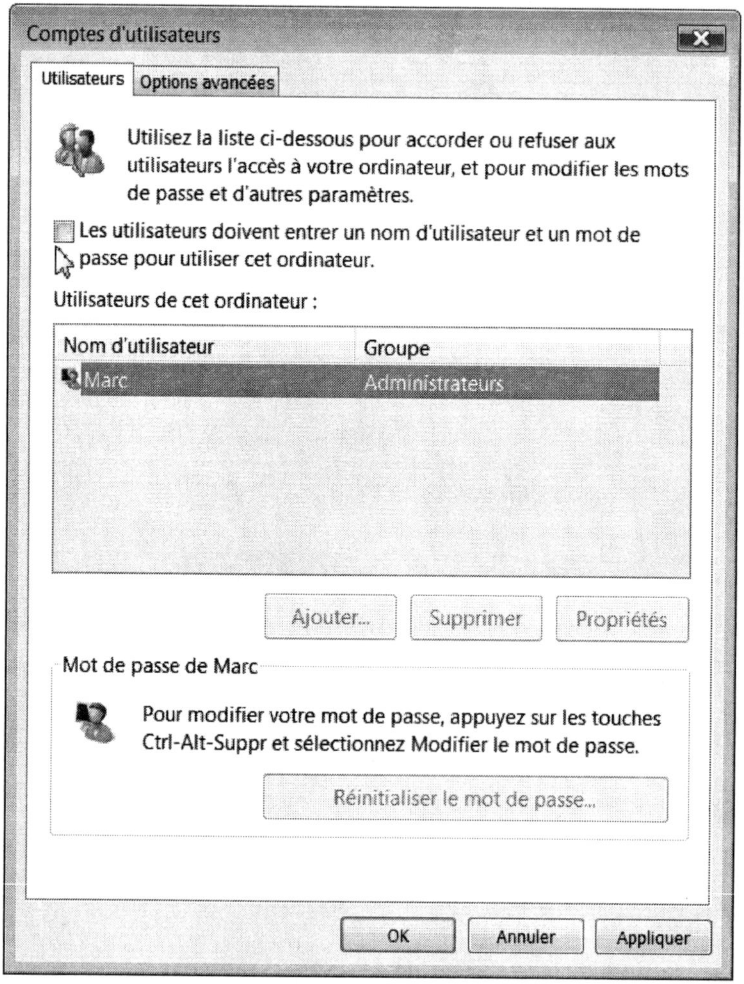

- Cliquez sur **OK**.
- Modifiez éventuellement le nom d'utilisateur.
- Saisissez votre mot de passe puis confirmez-le.
- Cliquez de nouveau sur **OK**.

Cette parenthèse expliquée, vous devez avoir à l'esprit deux choses :

- un mot de passe est nécessaire afin de prévenir toute tentative de connexion distante ;

- si votre ordinateur est physiquement accessible à d'autres personnes, l'ensemble de vos données l'est aussi.

Cette astuce est aussi valable pour Windows XP.

2. Restaurer un mot de passe oublié

Cela peut paraître curieux mais cet outil fonctionne avec un disque USB externe, une carte mémoire et même un iPOD (en l'absence de lecteur de disquette). Voici comment créer un disque de secours :

→ Cliquez sur **Démarrer - Panneau de configuration** puis ouvrez le module **Comptes d'utilisateurs**.

→ Dans le volet **Tâches**, cliquez sur le lien **Créer un disque de réinitialisation de mot de passe**.

→ Cliquez sur **Suivant**.

→ Sélectionnez le disque amovible de votre choix puis cliquez sur **Suivant**.

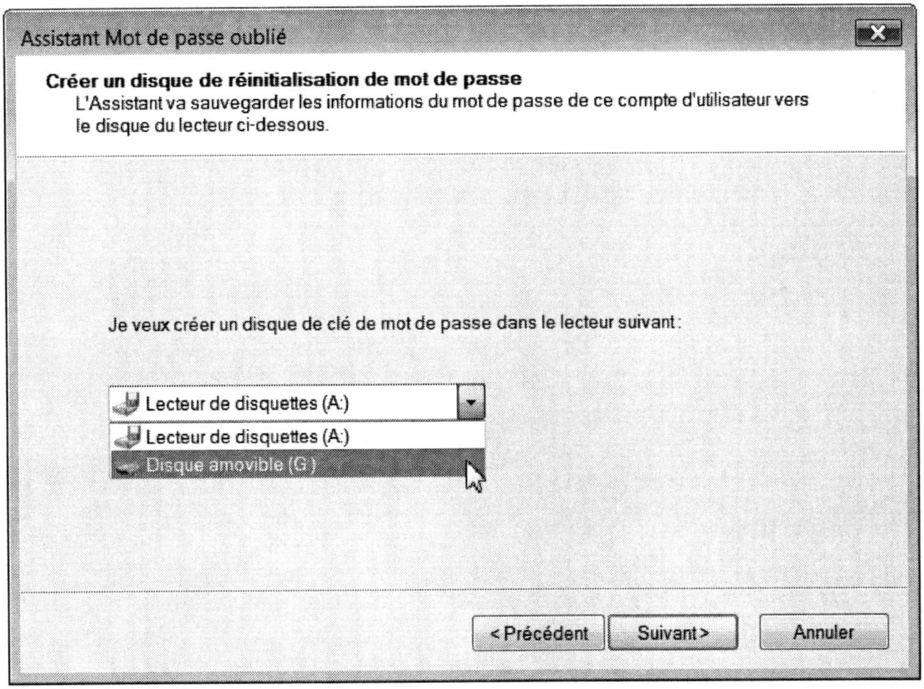

Il y a des versions de Windows où la lettre de lecteur n'apparaît pas et donc, vous devez procéder par essai successif avant de trouver le bon emplacement.

→ Entrez le mot de passe actuel puis cliquez sur **Suivant**.

Le processus de création du fichier va s'initier.

→ Cliquez sur les boutons **Suivant** et **Terminer**.

Le fichier généré portera ce nom : *userkey.psw*.

Vous pouvez ensuite le copier sur un autre disque de sauvegarde.

3. Impossible de se connecter sur votre compte en tant qu'administrateur

Il se peut que vous ayez accidentellement endommagé votre compte, que vous l'ayez changé en compte d'utilisateur standard ou qu'il n'apparaisse plus dans l'écran d'ouverture de session. La seule solution consiste alors à ouvrir une session en vous servant du compte Administrateur puis, à partir de là, de réparer votre compte d'utilisateur.

Une manière simple est d'utiliser les fonctionnalités WinRE puis d'ouvrir une fenêtre d'Invite de commandes. Lancez ensuite l'Éditeur du Registre puis chargez la ruche SAM. Il ne vous reste plus ensuite qu'à parcourir cette arborescence \Domains\Users\000001F4. Éditez une valeur binaire nommée F puis modifiez le 57e digit. Inscrivez le nombre 10 à la place du 11.

E. Les fichiers de console

Le principe consiste à créer une console dans laquelle vous allez rajouter des composants logiciels enfichables comme, par exemple, l'Éditeur d'objets de stratégie de groupe.

1. Créer un fichier de Console

→ Appuyez sur les touches ⊞ + R.

→ Saisissez cette commande : **mmc**.

→ Cliquez sur **Fichier** - **Enregistrer**.

Par défaut, le répertoire de stockage des fichiers de console est celui-ci : *Outils d'administration*.

- Cliquez sur **Affichage - Personnaliser** afin d'activer ou de désactiver certains éléments de votre Console.

Voyons maintenant comment ajouter différents composants.

2. Ajouter un composant logiciel enfichable

- Cliquez sur **Fichier - Ajouter/Supprimer un composant logiciel enfichable**.
- Sélectionnez le composant **Éditeur d'objets de stratégie de groupe** puis cliquez sur le bouton **Ajouter>**.

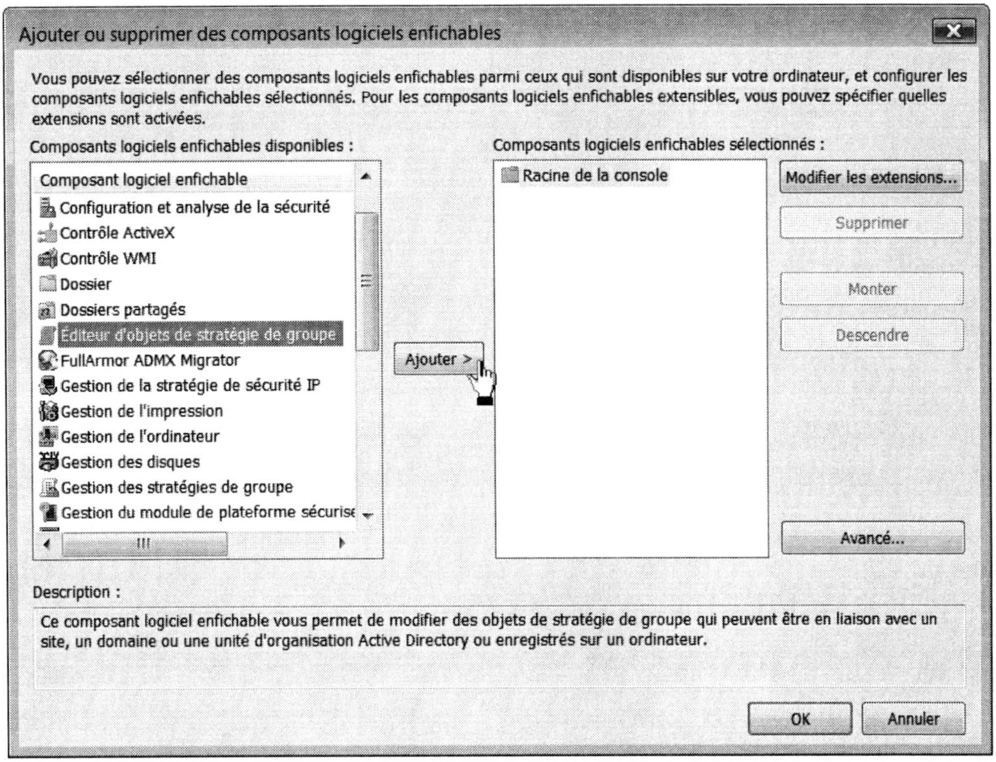

- Cliquez sur le bouton **Parcourir**.

Vous avez le choix entre :

- choisir un autre ordinateur ;
- choisir un type d'utilisateurs.

→ Cliquez sur l'onglet **Utilisateurs**.

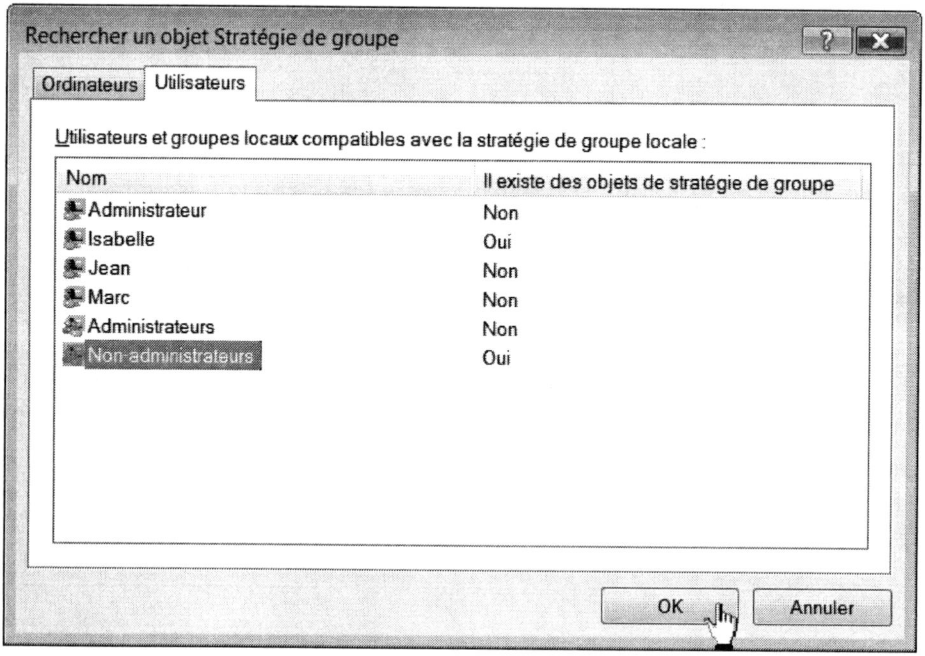

Vous avez la possibilité de :

- choisir un utilisateur en particulier ;
- choisir entre le groupe des administrateurs ou des non-administrateurs.

→ Cliquez sur **OK**, **Terminer** et **OK**.

Notez que vous pouvez cocher la case située en dessous si vous souhaitez pouvoir modifier les stratégies qui seront définies à partir de l'Invite de commandes. Dans notre exemple, nous avons choisi l'ordinateur local et le groupe des non-administrateurs. La mention **Stratégie Ordinateur local/Non-administrateurs** sera visible.

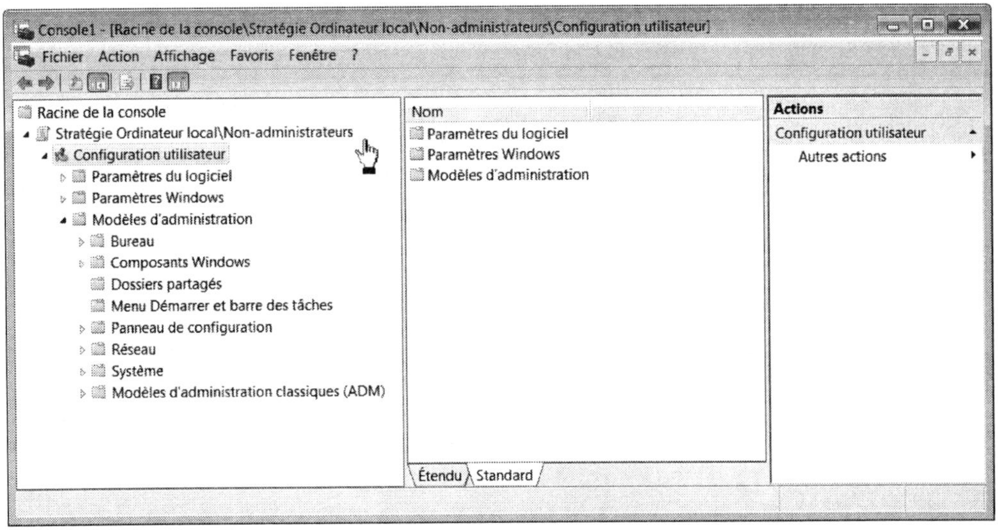

➔ Ouvrez cette branche.

Seule l'arborescence **Configuration utilisateur** sera accessible.

➔ Refaites la même manipulation en sélectionnant simplement l'option **Ordinateur local** vous avez accès maintenant aux paramètres machines et utilisateurs.

Vous pouvez enregistrer les changements apportés à vos deux fichiers de Console en les enregistrant sous ces noms : **ConsoleMachine** et **ConsoleNon-Administrateurs**.

F. L'Éditeur d'objets de stratégie de groupe

Ce composant vous permet notamment de manipuler un nombre considérable de paramètres du Registre. Voyons comment l'utiliser.

1. Utiliser l'Éditeur d'objets de stratégie de groupe

Nous allons prendre un exemple simple :

➔ Ouvrez cette arborescence : **Stratégie Ordinateur local/Configuration ordinateur/Modèles d'administration/Composants Windows/Calendrier Windows**.

➔ Ouvrez cette stratégie : **Désactiver le calendrier Windows**.

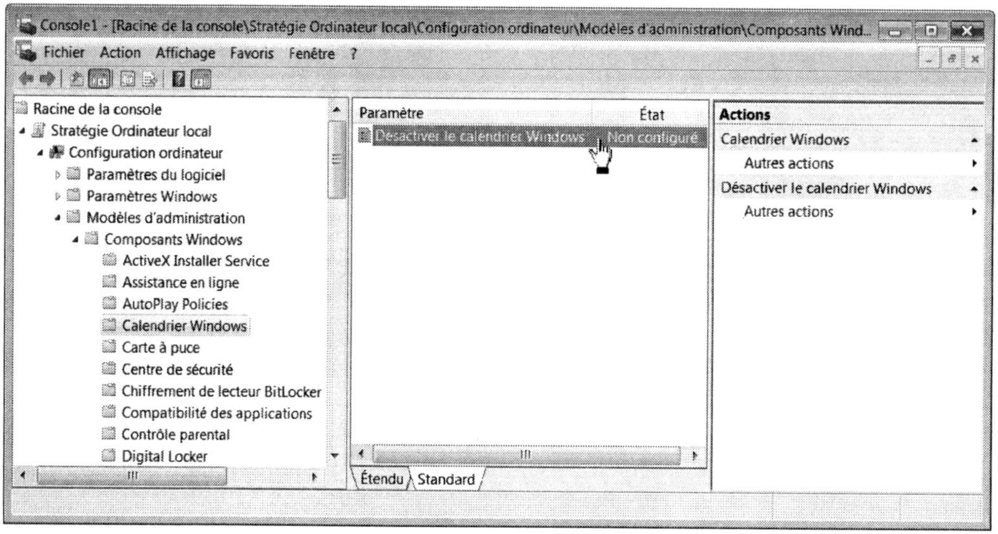

➔ Cochez le bouton radio **Activé** puis cliquez sur **OK**.

➔ Essayez de lancer le Calendrier Windows en exécutant cette commande : **`wincal`**.

Un message vous avertira qu'il est impossible d'ouvrir ce programme car il est protégé par une stratégie de restriction logicielle.

Il est possible de désactiver cette stratégie ou de la supprimer en cochant le bouton radio **Non configuré**.

➔ Refaites maintenant la même manipulation dans l'arborescence **Ordinateur local/Non-administrateurs**.

Vous pourrez ouvrir le Calendrier Windows mais, si vous essayez cette même commande à partir d'un compte d'utilisateur ne disposant pas de privilèges d'administrateur, vous obtiendrez le même message d'erreur que précédemment.

➔ Désactivez de nouveau cette stratégie.

➔ Ouvrez l'arborescence **Stratégie ordinateur local/Configuration utilisateur/Modèles d'administration/Composants Windows/Calendrier Windows**.

➔ Activez la même stratégie puis essayez de lancer le Calendrier Windows.

Vous obtiendrez le même message d'erreur. Il en sera de même à partir d'un compte d'utilisateur.

Nous pouvons donc en conclure que vous ne pourrez pas appliquer des stratégies "machine" en distinguant les utilisateurs qui ouvriront une session localement. Il est possible de filtrer les stratégies de cette façon :

→ Ouvrez une des branches présentes.

→ Effectuez un clic droit dessus puis sur les sous-menus **Affichage** et **Filtrage...**

Vous pouvez :

- **Filtrer sur l'information "Configuration requise"** : permet de ne lister que les stratégies qui ne s'appliquent qu'avec tel ou tel système d'exploitation ;
- **Afficher uniquement les paramètres de stratégie configurés** : permet de ne lister que les stratégies qui sont activées ;
- **Afficher uniquement les paramètres de stratégie pouvant être entièrement gérés** : quand cette option est désactivée, elle permet de lister toutes les stratégies, y compris celles qui modifient des branches du Registre différentes de celles qui sont prédéfinies.

A priori, cette option ne concerne que les stratégies que vous pourrez configurer en créant des fichiers ADMX personnalisés.

Les fichiers ADMX sont la nouvelle version des modèles d'administration (*.adm) en vigueur sous Windows XP. Ce sont des fichiers de modèles au format XML qui contiennent les informations et les paramètres de Registre propres à chacune des stratégies listées dans l'Éditeur d'objets de stratégie de groupe.

Notez que les branches du Registre qui sont modifiées sont principalement au nombre de quatre :

- HKEY_LOCAL_MACHINE\SOFTWARE\Policies
- HKEY_LOCAL_MACHINE\SOFTWARE\Microsoft\Windows\CurrentVersion\Policies
- HKEY_CURRENT_USER\Software\Policies
- HKEY_CURRENT_USER\Software\Microsoft\Windows\CurrentVersion\Policies

Afin de désactiver l'ensemble des stratégies que vous aurez configuré, effectuez un clic droit sur le nœud **Stratégie Ordinateur local** puis sur le sous-menu **Propriétés**.

Cochez l'une ou l'autre, ou même les deux cases suivantes :

- **Désactiver les paramètres de configuration de l'ordinateur**
- **Désactiver les paramètres de configuration de l'utilisateur.**

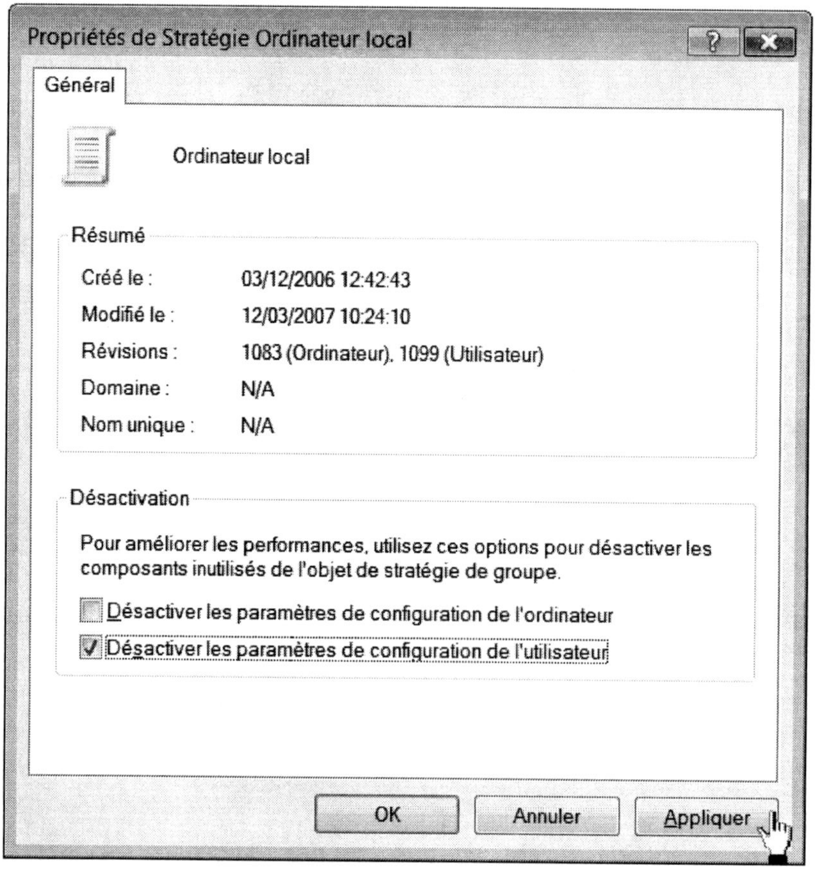

2. Appliquer une stratégie pour tous les autres utilisateurs de votre machine

- Ouvrez une session sur votre compte.
- Activez les stratégies dans l'arborescence **Configuration utilisateur**.
- Fermez puis ouvrez de nouveau votre session interactive.
- Vérifiez que les stratégies que vous avez configurées s'appliquent bien à vous.

Vous pouvez également tester leur efficacité à partir des autres comptes d'utilisateurs.

- Copiez le fichier \Windows\System32\GroupPolicy\User\Registry.pol dans votre dossier d'utilisateur.
- Ouvrez de nouveau l'Éditeur d'objets de stratégie de groupe puis désactivez toutes les stratégies que vous avez au préalable activées.

Il peut être plus simple d'activer le filtre permettant de n'afficher que les stratégies configurées.

- Fermez l'Éditeur d'objets de stratégie de groupe.
- Copiez le fichier que vous avez sauvegardé dans son répertoire d'origine en confirmant le remplacement du fichier existant.
- Fermez puis ouvrez de nouveau votre session d'utilisateur.

Vous pourrez constater que les stratégies activées ne s'appliquent plus à votre compte.

- Ouvrez une session sur les autres comptes d'utilisateurs afin de vérifier que les stratégies continuent bien à s'appliquer aux autres comptes.

3. Restaurer les stratégies locales d'origine

- Supprimez le même fichier *Registry.pol*.
- Ouvrez l'Éditeur d'objets de stratégies de groupe et paramétrez toutes les stratégies sur le mode **Non configuré**.
- Fermez puis ouvrez de nouveau les sessions des utilisateurs.

Les stratégies auront toutes été désactivées.

4. Afficher les stratégies résultantes

Cet outil vous permet d'afficher rapidement les stratégies qui peuvent résulter d'une GPO (*Group Policy Object*) propre à un domaine, un réseau local, un groupe d'utilisateurs, un utilisateur et à vous aider à détecter d'éventuels problèmes ou planifier de nouveaux paramètres.

- Ajoutez ce composant logiciel suivant : **Jeu de stratégie résultant**.
- Effectuez un clic droit sur ce composant puis sur le sous-menu **Générer les données RSoP**.

→ Cliquez deux fois sur **Suivant**.

Vous avez le choix entre :

- **Afficher les stratégies de cet ordinateur ou d'un autre ordinateur**
- **Afficher uniquement les paramètres de la stratégie de l'utilisateur.**

Dans ce dernier cas, laissez cocher le bouton radio **Utilisateur actuel** ou sélectionnez un des utilisateurs listés en dessous.

→ Validez pour le reste.

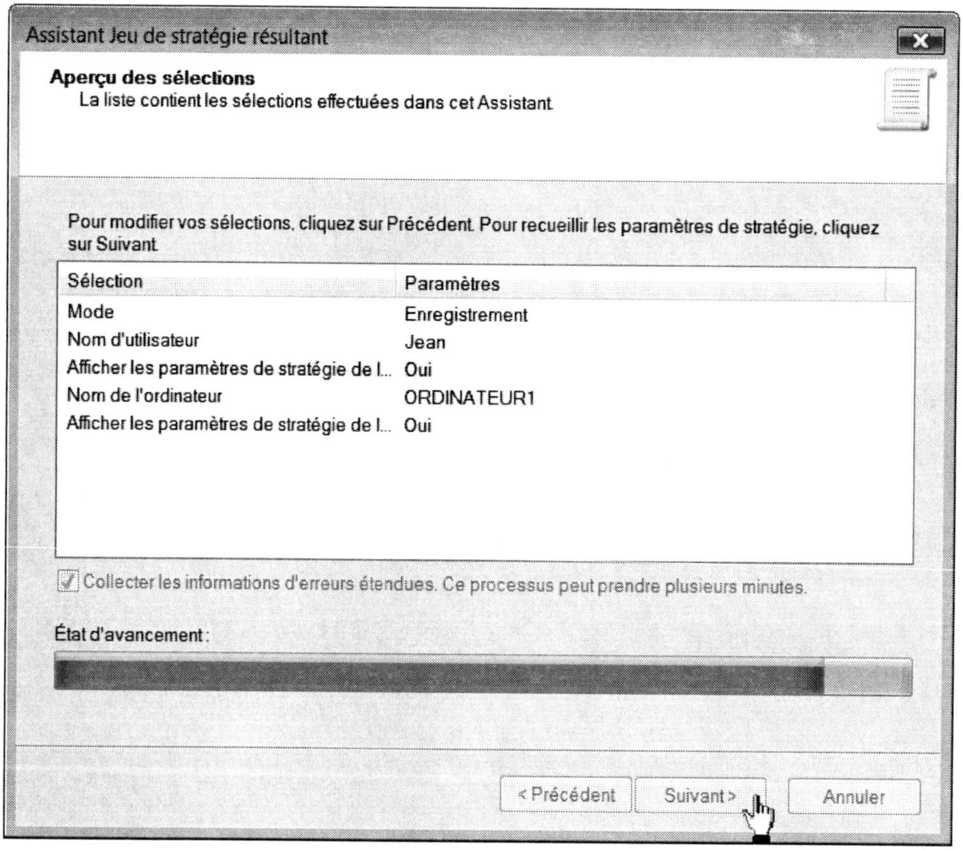

Les stratégies qui s'appliquent à l'utilisateur que vous aurez sélectionné seront affichées.

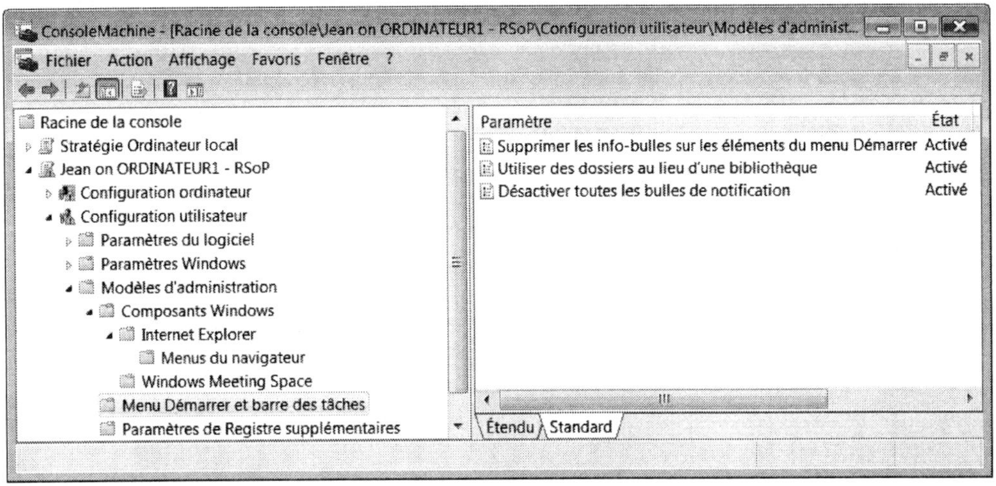

Chapitre 5 : Maintenance du système

A. L'Explorateur Windows

On accède à l'Explorateur de fichiers de multiples façons :

- Effectuez un clic droit sur le bouton **Démarrer** (ou à partir de presque n'importe quel objet présent sur le Bureau Windows) puis sur les commandes **Explorer** ou **Ouvrir**.
- Servez-vous de la combinaison de touches ⊞ + E.
- Cliquez sur **Démarrer** - **Tous les programmes** - **Accessoires** - **Explorateur Windows**.

1. Paramétrer l'Explorateur Windows

Il y a deux manipulations à faire obligatoirement avant de pouvoir résoudre un problème logiciel sur votre ordinateur :

- vous devez activer l'affichage des fichiers et des dossiers cachés ;
- vous devez activer l'affichage des extensions dont le type est connu.

→ Appuyez sur la touche [Alt] pour afficher la barre de menus de l'Explorateur Windows.

→ Cliquez sur **Outils** - **Options des dossiers**.

→ Cliquez sur l'onglet **Affichage**.

→ Double cliquez éventuellement sur la branche **Fichiers et dossiers cachés**.

→ Cochez le bouton radio **Afficher les fichiers et dossiers cachés**.

→ Un peu plus bas, décochez la case **Masquer les fichiers protégés du système d'exploitation (recommandé)**.

Il n'y a pas de différence entre ces deux options sauf qu'elles s'annulent mutuellement.

→ Validez le message d'avertissement qui apparaît puis cliquez sur **OK**.

→ De la même manière, décochez la case **Masquer les extensions des fichiers dont le type est connu**.

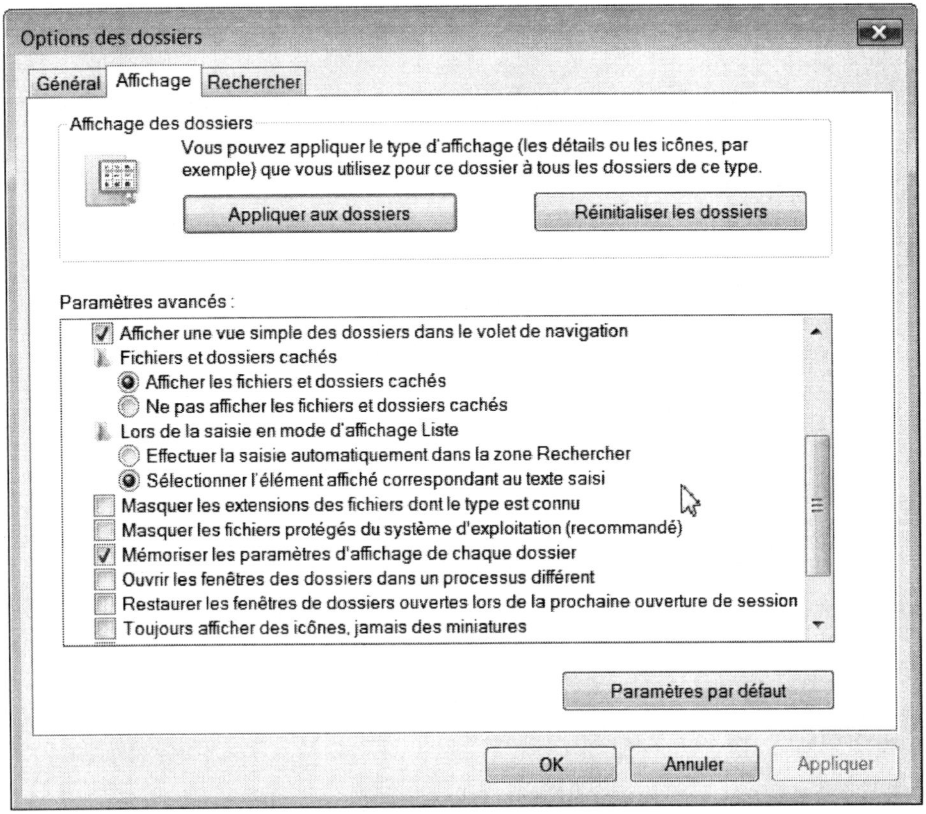

Si vous ne faites pas, avant toute tentative de dépannage, la première manipulation, vous ne pourrez pas localiser dans l'Explorateur Windows, les fichiers qu'il vous faudra modifier.

La seconde astuce vous permet de plus facilement renommer des fichiers ou changer leurs extensions.

2. Rechercher des fichiers et des dossiers

Windows 7 utilise le moteur Windows Search 4.0 pour la recherche et l'indexation de fichiers. Windows Search est démarré en tant que service et accessible via la console de gestion des services Windows. Les processus utilisés par Windows Search sont les suivants :

SearchIndexer.exe, **SearchFilterHost.exe**, **SearchProtocolHost.exe** et **UserSearch-ProtocolHost.exe**.

L'indexation des fichiers et dossiers est nécessaire si vous désirez des résultats rapides et précis pour votre recherche. Dans Windows 7, les éléments indexés par défaut sont les bibliothèques, le courrier électronique et les fichiers hors connexion.

- Pour ouvrir les options d'indexation, à partir du menu **Démarrer**, tapez le texte **options d'indexation** dans la zone de recherche, appuyez sur la touche [Entrée].

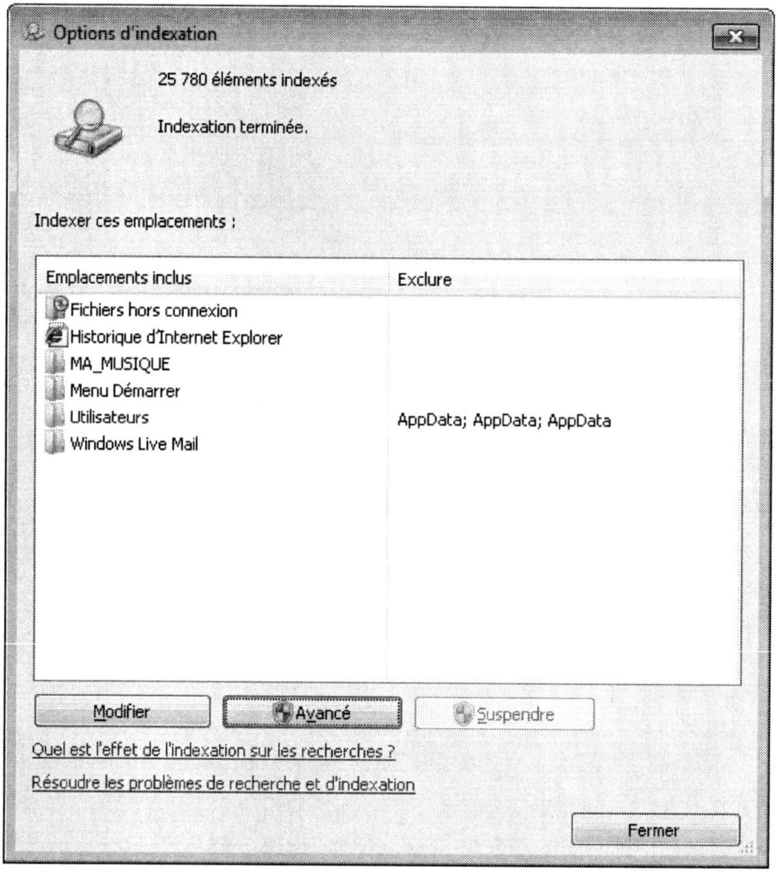

- Cliquez sur le bouton **Modifier** si vous désirez ajouter de nouveaux dossiers aux éléments indexés par défaut.
- Cliquez sur le bouton **Avancé** pour visualiser les types de fichier indexés.

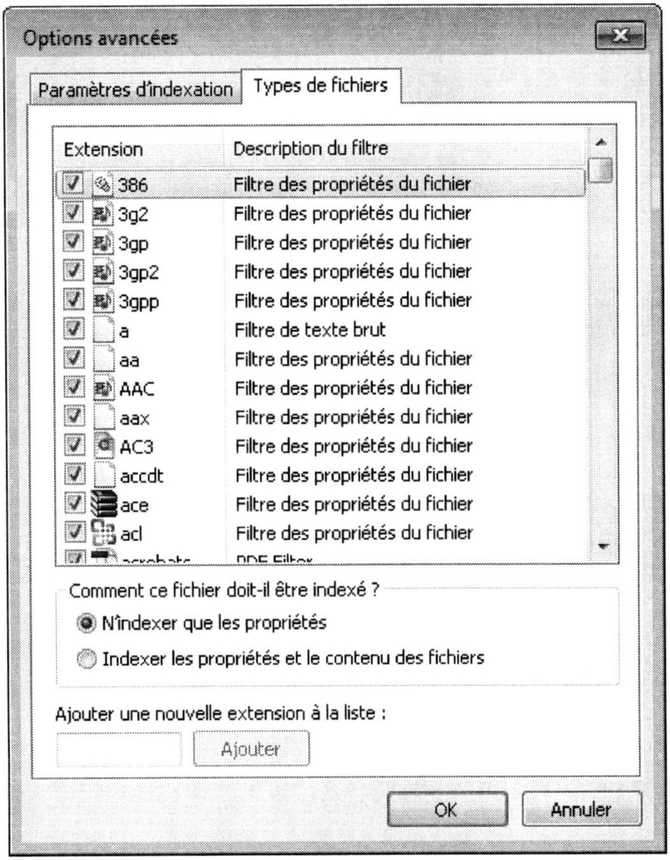

- Pour lancer une recherche sur le disque système, depuis l'Explorateur Windows, dans la vue **Ordinateur**, sélectionnez le disque système **C:**\. Dans la zone de recherche, renseignez les éléments à rechercher. La recherche démarre automatiquement. Vous visualisez le résultat de votre recherche dans le volet central.

- Pour utiliser des filtres de recherche, cliquez dans la **zone de recherche** puis sélectionnez le filtre que vous désirez utiliser.

- Pour effectuer une recherche sur un ensemble de dossiers distincts, vous devez passer par la création d'une bibliothèque (Windows 7). Une bibliothèque représente un dossier virtuel relié à un ou plusieurs emplacements cibles.

Sous Windows Vista, cliquez sur le bouton fléché **Recherche avancée** et cochez la case **Inclure les fichiers non indexés, masqués et système (plus lent)**.

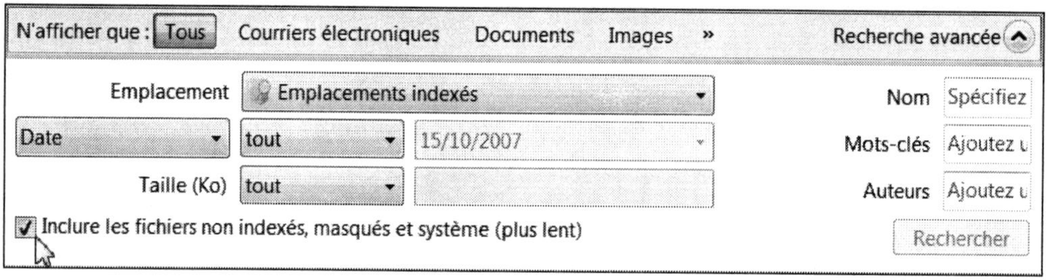

3. Changer l'extension d'un fichier

Nous avons déjà vu que vous devez activer l'affichage des extensions dont le type est connu. Si vous souhaitez enregistrer un fichier sous une autre extension que celle qui est définie par défaut, il vous suffit de sélectionner dans la liste déroulante **Type** cette option : **Tous les fichiers**. Vous pourrez ainsi adjoindre une extension supplémentaire (*.bak, .sauvegarde,* etc.) ou changer l'extension existante et ce, par exemple, afin de désactiver un fichier exécutable : le système ne le reconnaîtra plus comme étant un type de fichier valide. Il vous suffit dans ce cas de remplacer l'extension *.exe* en *.bak* ou en toute autre expression à caractère mnémotechnique.

B. Les tâches de maintenance courantes

Nous allons voir dans cette partie deux outils vous permettant de libérer de l'espace sur le disque dur et optimiser la place qu'occupent vos données.

1. Nettoyage de disque

Cet utilitaire se lance en cliquant sur **Démarrer - Tous les programmes - Accessoires - Outils systèmes - Nettoyage de disques**. C'est une étape indispensable avant de procéder à une défragmentation du disque. Son maniement ne présente aucune difficulté. Vous pouvez toutefois rencontrer ce type de message d'erreur : "Cleanmgr.exe a rencontré un problème et doit fermer".

→ Dans l'Explorateur Windows ouvrez cette arborescence : \Utilisateurs\Nom_Utilisateur\AppData\local\Temp.

➜ À l'aide du raccourci-clavier [Ctrl]+A, sélectionnez l'ensemble des fichiers et des dossiers présents puis supprimez-les.

➜ Supprimez également l'ensemble des fichiers temporaires d'Internet Explorer en cliquant sur **Outils - Options Internet** puis le bouton **Supprimer**.

Sous Windows Vista, vous avez le choix entre nettoyer vos fichiers uniquement ou ceux de tous les utilisateurs. L'outil **Nettoyage de disque** va calculer l'espace pouvant être libéré sur votre disque dur puis afficher les fichiers à supprimer.

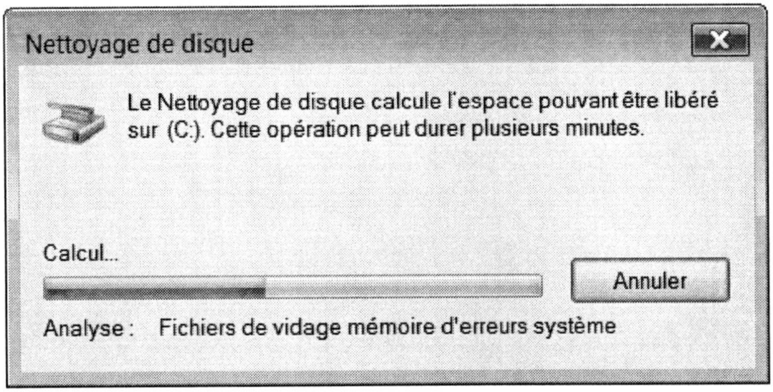

Vous noterez simplement qu'en fonction des programmes que vous avez installés, les possibilités sont beaucoup plus importantes que sous Windows XP.

Paramétrer correctement le raccourci vers l'outil de Nettoyage de disque dans une version 64 bits de Windows Vista

Bien que la version 32 bits fonctionne sans problème apparent, vous ne pourrez pas procéder de manière correcte au nettoyage des points de restauration et des versions précédentes de fichiers. Le raccourci par défaut va pointer vers la version 32 bits de cet utilitaire. Voici la commande salvatrice : **`SystemRoot%\SysWOW64\cleanmgr.exe`**.

2. Défragmenter son disque dur

Sous Windows Vista et Windows 7, l'interface est faite pour que rien (ou pratiquement rien) ne soit visible. Le processus de défragmentation se déclenche automatiquement à période donnée (quand le planificateur de tâches détecte que votre système est inactif) tout en gardant votre système à un niveau de fragmentation acceptable.

Afin de vous en rendre compte, suivez cette procédure :

→ Cliquez sur **Démarrer - Tous les programmes - Accessoires - Outils système - Planificateur de tâches**.

→ Ouvrez les branches **Bibliothèque du planificateur de tâches - Microsoft - Windows et Defrag**. La tâche ScheduleDefrag lance chaque semaine la defragmentation des disques de votre machine.

Le processus de défragmentation sous Windows Vista utilise les ressources du disque et du microprocesseur en mode "Basse priorité". De ce fait, vous n'êtes pas gêné dans votre travail lors du processus de défragmentation.

Notez enfin que ce programme défragmente tous les volumes présents sur le disque.

Il y a une autre manière de lancer ce programme :

→ Exécutez l'Invite de commandes en tant qu'administrateur.

Dans le cas contraire, vous obtiendrez ce message d'erreur : "Ce programme doit être exécuté avec des autorisations administratives. Utilisez une invite de commandes administrateur et relancez le programme".

→ Saisissez la commande **`defrag`** afin de lister l'ensemble des commutateurs valides.

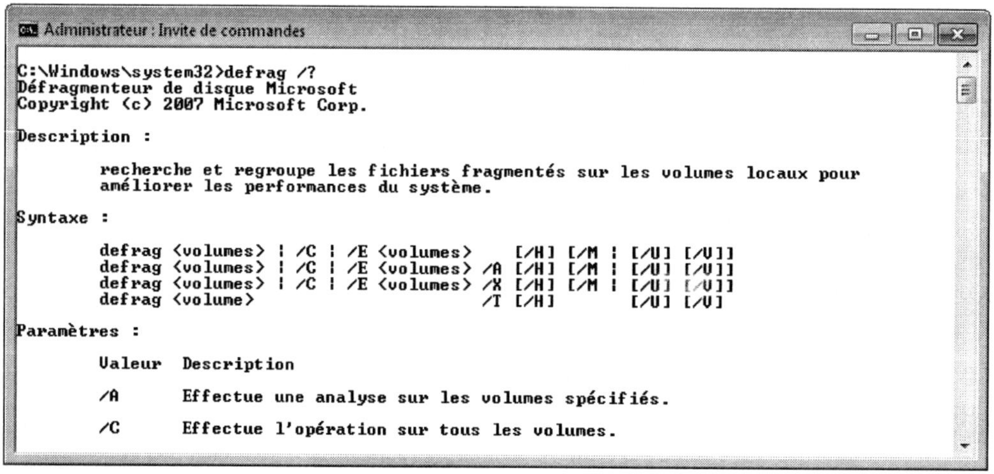

→ Exécutez par exemple cette commande : **`defrag c: /A /U`**.

Vous allez au bout de quelques secondes afficher le résultat de l'analyse puis du processus de défragmentation proprement dit.

3. L'Utilitaire de configuration système

Sous Windows, l'Utilitaire de configuration système peut se définir comme étant une sorte de couteau suisse vous offrant un accès rapide à un grand nombre d'outils et d'informations. Vous y accéder en exécutant cette commande : `msconfig`.

Deux onglets sont particulièrement importants.

L'onglet **Services** vous permet de visualiser l'ensemble des services qui sont installés sur votre système. Vous ne devez en aucun cas paramétrer les services Windows à partir de là mais toujours en vous servant du Gestionnaire de services (accessible par la commande "services.msc"). Il est, par contre, possible d'afficher rapidement les services qui ont été installés par des applications tierces en cochant la case **Masquer tous les services Microsoft**.

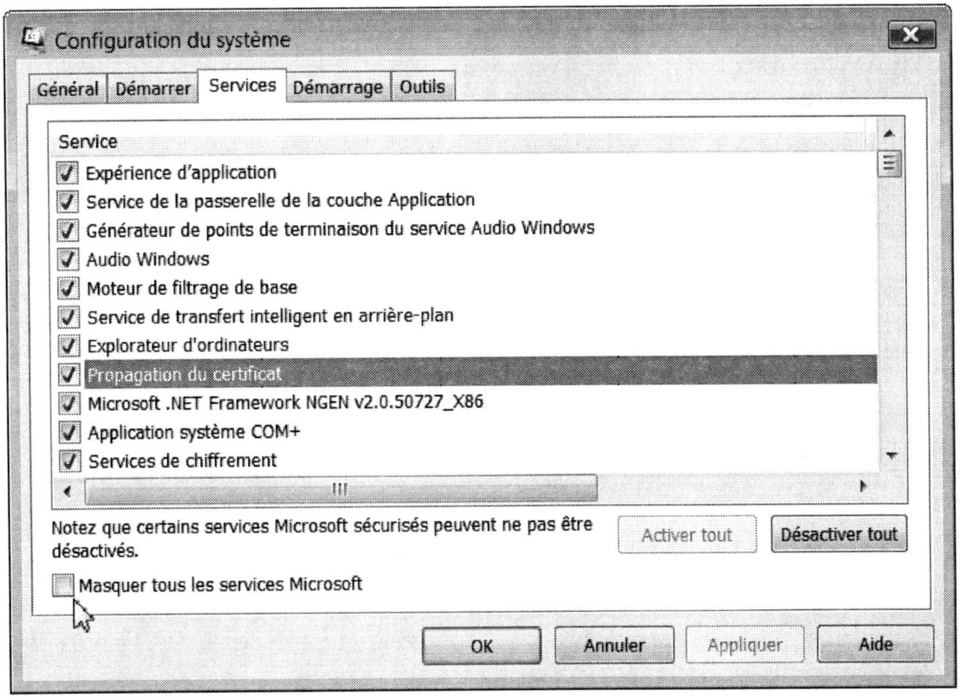

Rien ne vous empêche à partir de là d'alléger le processus de démarrage de votre système en décochant les cases placées en face des noms de services que vous ne souhaitez pas démarrer automatiquement à chaque ouverture de session.

De manière similaire, l'onglet **Démarrage** liste toutes les applications qui se chargent automatiquement en mémoire. Son intérêt est que vous pouvez également utiliser cet onglet pour désactiver le chargement automatique d'une application endommagée ou introuvable et qui provoque un message d'erreur à chaque ouverture du Bureau Windows. Il suffit de procéder avec un peu de méthode afin de localiser la ligne de commande coupable :

- Sélectionnez l'onglet **Démarrage** puis cliquez sur le bouton **Désactiver tout**.
- Redémarrez votre ordinateur et vérifiez si la même erreur se reproduit.

Dans le cas contraire, vous avez la preuve que l'une des applications listées dans cet onglet est en cause.

- Toujours dans l'onglet **Démarrage**, cochez les cinq premières cases.
- Procédez à un nouveau test en redémarrant votre ordinateur.
- Recommencez la même manipulation jusqu'à ce que vous ayez localisé le groupe d'applications en cause puis le programme coupable.

Vous remarquerez que l'onglet **Général** vous permet de choisir entre un démarrage sélectif et un démarrage en mode Diagnostic. Cette dernière option correspond au démarrage en mode Sans échec.

C. Gestion des processus

La compréhension du fonctionnement des processus est indispensable avant de pouvoir résoudre un grand nombre de problèmes qui se poseront à vous.

1. Qu'est-ce qu'un processus ?

L'utilisateur exécute le plus souvent plusieurs programmes simultanément, mais vous devez savoir qu'un processeur ne peut exécuter qu'une instruction à la fois. Les programmes sont donc gérés de manière séquentielle et discontinue. Il est possible de définir la priorité d'un processus comme étant l'"attention" que va accorder le processeur au programme correspondant. C'est une manière de dire que le processeur ne voit de l'application que son processus correspondant. Les threads (au féminin) sont des sortes de processus légers utilisés pour effectuer des tâches en parallèle.

Afin de vous en rendre compte, suivre cette procédure :

- Accédez au Gestionnaire des tâches de Windows en cliquant avec le bouton droit de la souris sur la barre des tâches puis en sélectionnant la commande correspondante.
- Cliquez sur l'onglet **Applications**.
- Effectuez un clic droit sur une des applications listées puis cliquez sur la commande **Aller dans le processus**.

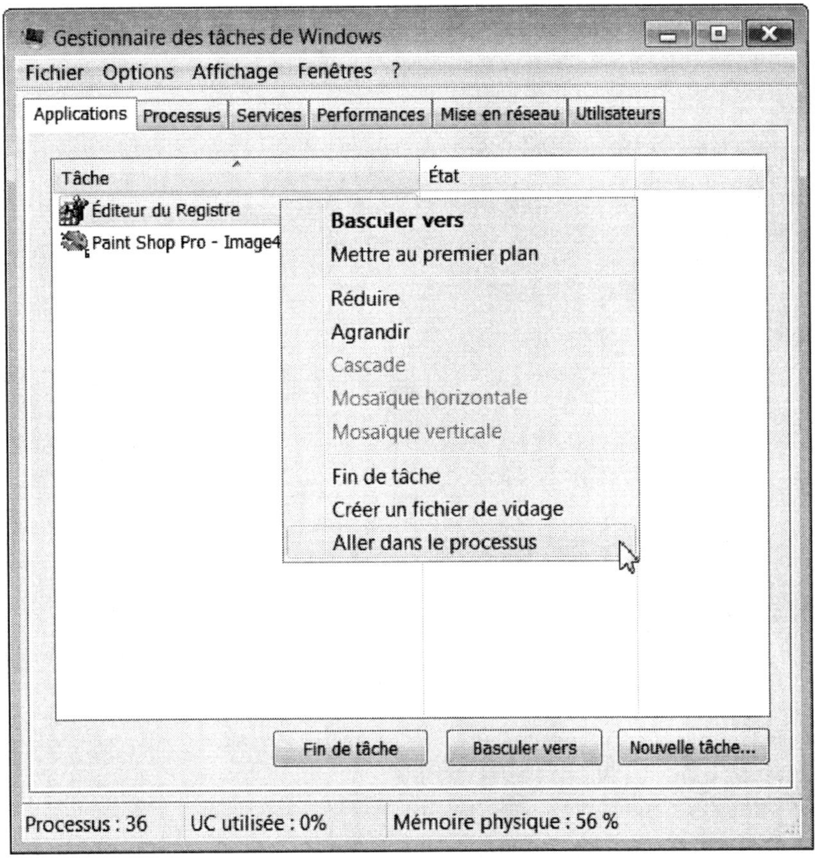

Le processus correspondant sera automatiquement mis en surbrillance. D'autres noms de processus sont présents dans cette liste, mais sont, quant à eux, chargés d'autres fonctionnalités de votre système (Explorateur de fichiers, accès réseau à distance, etc.). Pour certains processus correspondent aussi des applications invisibles appelées "Services".

2. Le processus Svchost.exe

Les processus nommés Svchost.exe ("Service Host Process") sont des processus génériques permettant le chargement d'applications dont le fonctionnement repose sur des bibliothèques de liaison dynamique (DLL). Ils sont tous listés dans cette branche du Registre : HKEY_LOCAL_MACHINE\Software\Microsoft\WindowsNT\CurrentVersion\ Svchost.

Chaque valeur de chaînes multiples contient une liste des services extraite à partir de la clé HKEY_LOCAL_MACHINE\System\CurrentControlSet\Services\<Nom du raccourci pour ce service>.

Vous pouvez en avoir une idée plus précise en suivant cette procédure :

- Lancez le Gestionnaire de tâches puis cliquez sur l'onglet **Processus**.
- Cliquez sur le bouton **Afficher les processus de tous les utilisateurs**.
- Cliquez sur l'en-tête de colonne **Nom d'utilisateur** afin de classer les processus en fonction de l'entité qui les a initiée.

Nous pouvons pousser notre avantage un peu plus loin :

- Dans le Gestionnaire de tâches, cliquez sur **Affichage - Sélectionner les colonnes...**
- Cochez la case **PID** (identificateur de processus) puis cliquez sur **OK**.

Le PID de chacun des processus listés va apparaître.

- Ouvrez une fenêtre d'Invite de commande.
- En admettant que le PID d'un des processus Svchost.exe soit celui-ci : 1028, tapez ce type de commande : **`tasklist /svc /fi "pid eq 1028"`**.

En face du nom de l'image sera indiqué le ou les services qui en dépendent.

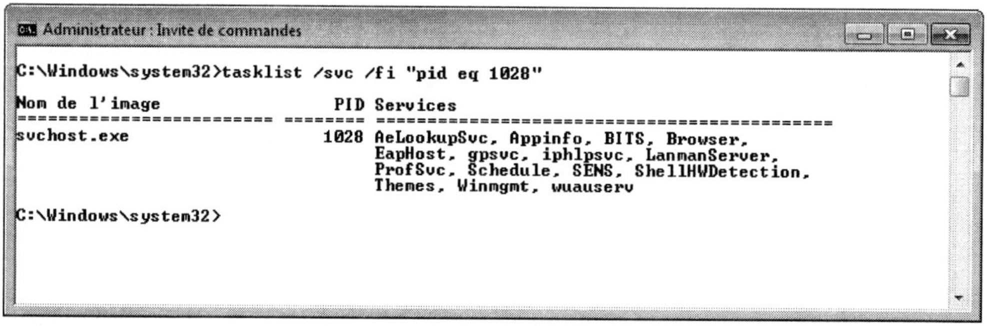

D. Les services Windows

Dans la zone de recherche du menu **Démarrer**, saisissez : **services.msc**. Sélectionnez ce programme afin d'accéder au Gestionnaire de services.

Un service est une couche logicielle du système d'exploitation ou d'une application qui s'exécute en tâche de fond et permet aux programmes, à certains pilotes ou aux composants Windows de fonctionner.

Double cliquez sur un service nommé "Explorateur d'ordinateurs". Le nom du service est : "Browser". C'est le nom réel du service qui vous permettra de l'identifier si vous effectuez des tâches de maintenance à partir de l'invite de commandes, de la Console de récupération ou des fonctionnalités WinRE.

La colonne **Statut** vous indique si le service est actuellement démarré. Un service est arrêté quand aucune mention n'est visible en face de son nom. La colonne **Type de démarrage** affiche sous Windows une de ces quatre possibilités :

- **Automatique** : le service sera automatiquement activé dès le démarrage du système. Si ce service n'est pas nécessaire, il sera stoppé.
- **Automatique différé** : cette option est similaire à la précédente à la différence près qu'il ne sera pas démarré en même temps que le système (mais après l'apparition du Bureau Windows). Cela permet de cette façon de ne pas utiliser toute la mémoire disponible au lancement du système.
- **Manuel** : le service sera démarré ou arrêté à la demande de l'utilisateur.
- **Désactivé** : le service ne peut être démarré à moins de le réactiver.

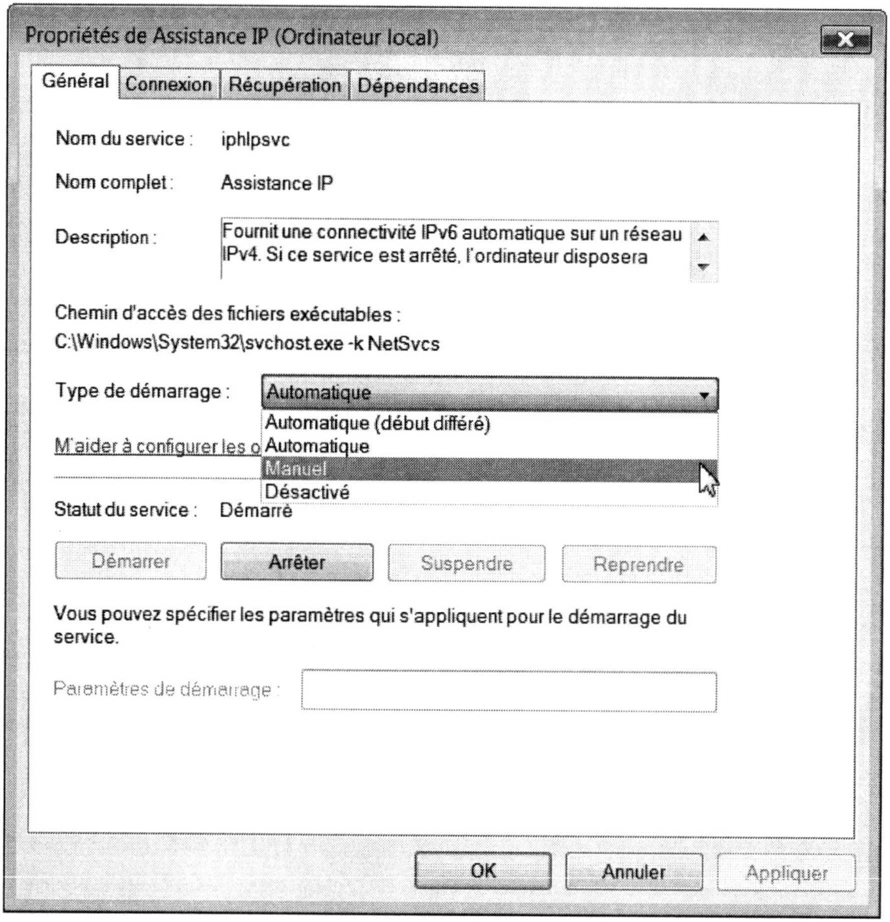

Le statut du service peut être fixé sur deux modes : **Arrêté** ou **Démarré**. Bien entendu, il vous est possible de démarrer un service en cliquant sur le bouton **Démarrer**.

→ Cliquez maintenant sur l'onglet **Connexion**.

Le service sera indiqué comme étant activé ou désactivé dans le profil matériel dans lequel vous avez démarré. Un profil matériel détermine la liste des composants que vous avez choisi d'activer pour une configuration donnée.

→ Cliquez enfin sur l'onglet **Dépendances**.

Vous pouvez afficher les jeux des dépendances qui existent entre les différents services. Par exemple, il ne vous sera pas possible de démarrer tel service si les services dont il dépend ne sont pas lancés. Une stricte équivalence existe dans le Registre :

1. Les services Windows Vista

Nous avons dressé la liste des principaux services existant sous Windows Vista avec, à chaque fois :

- le nom complet du service ;
- le nom court du service ;
- le processus qui permet son exécution ;
- un rapide descriptif de son rôle dans le système ;
- les conséquences possibles si vous choisissez de le désactiver.

Il y a plusieurs intérêts à vouloir désactiver un service Windows :

- moins il y aura de services à s'exécuter au démarrage de l'ordinateur, plus le temps de réaction de votre machine sera court ;
- vous pouvez choisir de désactiver un service pour des questions de sécurité ;
- certains administrateurs n'hésitent pas à désactiver certains services afin d'empêcher les utilisateurs d'accéder aux fonctionnalités correspondantes.

Vous pouvez donc choisir de :

- paramétrer sur le mode Manuel un service définit sur le mode de démarrage Automatique ou Automatique différé ;
- désactiver un service paramétré sur Manuel, Automatique ou Automatique différé.

Dans tous les cas procédez avec prudence !

Accès du périphérique d'interface utilisateur - hidserv - svchost.exe

Permet l'accès entrant générique aux périphériques d'interface utilisateur. Ce service est utilisé par certains pilotes de clavier afin de faire fonctionner les touches spéciales. Il est assez rare d'utiliser ce type de périphériques.

Acquisition d'image Windows(WIA) - stisvc - svchost.exe

Fournit des services d'acquisition d'images pour les scanneurs et appareils-photos. Beaucoup de périphériques et d'applications ne fonctionneront pas si vous désactivez ce service (Windows Movie Maker, par exemple).

Agent de protection d'accès réseau - napagent - svchost.exe

Active la fonctionnalité NAP (*Network Access Protection*) sur les ordinateurs clients. La désactivation de ce service pose un problème en termes de sécurité.

Agent de stratégie IPsec - PolicyAgent - svchost.exe

Prend en charge l'intégralité de la sécurité du protocole IPsec. Il ne sera pas possible de vous connecter si votre réseau a été paramétré pour demander une authentification IPsec. Par ailleurs, la gestion distante du pare-feu de connexion Internet intégré à Windows ne sera plus possible. Si vous utilisez un modem/routeur, ce service peut être désactivé.

Appel de procédure distante - RpcSs - svchost.exe

Sert de mappeur de terminaison et de gestionnaire de contrôle des services. Si vous désactivez ce service, vous ne pourrez plus démarrer Windows... À ne faire sous aucun prétexte !

Application système COM+ - COMSysApp - dllhost.exe

Gère la configuration et le suivi des composants de base COM+. Un nombre conséquent de services comme RPC ne vont plus fonctionner. Ce service ne doit pas être désactivé !

Assistance IP - iphlpsvc - svchost.exe

Fournit une connectivité IPv6 automatique sur un réseau IPv4. La remarque qui s'impose à l'esprit est que la plupart des réseaux n'utilise pas l'adressage en IPv6 et que ce service peut donc être désactivé sans craindre d'éventuels "effets secondaires".

Assistance NetBIOS sur TCP/IP - lmhosts - svchost.exe

Prend en charge le service NetBIOS sur TCP/IP et la résolution des noms NetBIOS. Ce service est indispensable aux réseaux de petite taille dans lesquels les paramètres NetBIOS over TCP/IP sont nécessaires. Si vous avez installé un ou plusieurs serveurs qui assurent cette fonctionnalité, vous pouvez désactiver ce service.

Audio Windows - AudioSrv - svchost.exe

Gère les périphériques audio. Si vous désactivez ce service, les périphériques multimédias ne fonctionneront plus ! Signalons que sous Windows XP, c'est une des causes principales de problèmes sur la carte son.

Carte à puce - ScardSvr - svchost.exe

Gère l'accès aux cartes à puce lues par cet ordinateur. A priori, vous pouvez désactiver ce service sauf si vous utilisez ce type de périphériques.

Carte de performance WMI - wmiApSrv - WmiApSrv.exe

Fournit des informations concernant la bibliothèque de performances à partir des fournisseurs Hperf et WMI. Les statistiques sur les performances de votre ordinateur ne seront plus collectées.

Centre de sécurité - wscsvc - svchost.exe

Analyse les paramètres de sécurité et les configurations du système. Les messages du Centre de sécurité ne seront plus visibles mais sans que cela affecte le fonctionnement des services correspondants.

Cliché instantané de volume - VSS - vssvc.exe

Gère et implémente les clichés instantanés de volumes pour les sauvegardes et autres utilisations. Il ne sera plus possible d'utiliser cet ensemble de fonctionnalités.

Client de stratégie de groupe - gpsvc - svchost.exe

Responsable de l'application des paramètres configurés pour l'ordinateur et pour les utilisateurs via le composant de stratégie de groupe. Il n'est pas possible de désactiver ce service quel que soit la version de Windows Vista qui est installée.

Client de suivi de lien distribué - TrkWks - svchost.exe

Conserve les liens entre les fichiers NTFS au sein d'un ordinateur ou d'un ensemble d'ordinateurs en réseau. Les utilisateurs ne pourront plus suivre les liens sur l'ordinateur à partir duquel ce service est désactivé. Prenons un exemple : sur l'ordinateur A est créé un fichier. Il est possible de créer un raccourci de l'ordinateur B vers le fichier présent sur l'ordinateur A. Si le fichier est déplacé sur l'ordinateur A, il sera toujours accessible à partir de l'ordinateur B. De manière plus concrète, ce type de service n'est pas utilisé dans un réseau de petite taille !

Client DHCP - Dhcp - svchost.exe

Inscrit et met à jour les adresses IP et les enregistrements pour votre ordinateur. Votre système sera dans l'incapacité d'obtenir une adresse IP automatique. Ce service peut donc être désactivé si vous utilisez un adressage IP en mode manuel.

Client DNS - Dnscache - svchost.exe

Met en cache les noms DNS et inscrit le nom complet de l'ordinateur. La machine ne sera plus capable de résoudre les noms DNS en adresses IP. A priori, il est donc difficile d'envisager de désactiver ce service !

Collecteur d'événements Windows - Wecsvc - svchost.exe

Gère les abonnements persistants à des événements de sources distantes prenant en charge le protocole Gestion de services Web. Je n'ai pas trouvé d'utilité directe à ce service qu'il est donc possible de désactiver.

Configuration automatique de réseau câblé - dot3svc - svchost.exe

Effectue l'authentification IEEE 802.1X sur des interfaces Ethernet. Le processus d'authentification IEEE 802.1X ne fonctionnera plus. En bref, ce service est nécessaire si vous êtes connecté à un réseau sans fil.

Configuration des services Terminal Server - SessionEnv - svchost.exe

Ce service est responsable du bon fonctionnement du Bureau à distance et des services Terminal Server. Si vous n'utilisez pas ces outils, vous pouvez désactiver ce service.

Connaissance des emplacements réseau - NlaSvc - svchost.exe

Collecte et stocke les informations de configuration de réseau. Des services comme le partage de connexion Internet ou le Pare-feu Windows ne fonctionneront pas.

Connexions réseau - Netman - svchost.exe

Prend en charge les objets présents dans le dossier *Connexions réseau et accès à distance*. En cas de désactivation de ce service, la configuration d'une connexion réseau sera rendue impossible. De même, les notifications réseau présentes dans la barre des tâches ne seront plus affichées.

Contrôle parental - WPCSVC - svchost.exe

Active le Contrôle parental Windows sur le système. Cette fonctionnalité ne sera plus disponible.

Coordinateur de transactions distribuées - MSDTC - msdtc.exe

Coordonne les transactions qui comportent plusieurs gestionnaires de ressources, tels que les bases de données, des files d'attente des messages et des systèmes de fichiers. La désactivation de ce service va affecter les serveurs Web et les serveurs SQL. Étant donné que ce type de fonctionnalités n'est pas souvent utilisé, vous pouvez désactiver ce service en toute quiétude ! Notez tout de même que ce service sera requis dans un futur proche pour certaines applications .NET.

Découverte SDDP - SSDPSRV - svchost.exe

Découvre les périphériques qui utilisent le protocole de découverte SSDP. Votre ordinateur sera dans l'incapacité de détecter des périphériques uPnP présents sur le réseau.

Détection de services interactifs - UI0Detect - UI0Detect.exe

Active la notification des entrées utilisateur pour les services interactifs. En cas de désactivation, vous n'aurez plus accès aux boîtes de dialogue initiées par les services interactifs. Je n'ai constaté aucun problème apparent à désactiver ce service et la documentation de Microsoft à ce sujet n'en dit pas plus.

Détection matérielle noyau - ShellHwDetection - svchost.exe

Fournit des notifications à des événements matériels de lecture automatique. C'est une manière comme une autre de désactiver toute notification d'insertion automatique. Il y a tout de même des effets gênants : dans le Poste de travail, vous ne verrez plus les lecteurs et quand, à partir de l'Explorateur Windows, vous accèderez aux propriétés d'un des lecteurs, l'onglet Exécution automatique ne sera plus visible.

Disque virtuel - vds - vds.exe

Fournit des services de gestion des disques, des volumes, des systèmes de fichiers et des objets. Le composant logiciel enfichable "Gestion de disques" ne sera plus accessible.

Emplacement protégé - Protected storage - lsass.exe

Fournit un stockage protégé pour les données sensibles tels que les mots de passe. A priori, vous ne devez pas désactiver ce service.

Énumérateur de bus IP PnP-X - IPBusEnum - svchost.exe

Gère le bus de réseau virtuel. Il ne vous sera plus possible d'utiliser des scénarios dans lesquels des périphériques connectés virtuellement (ceux connectés à un ordinateur via un réseau) pourront apparaître et agir comme s'ils étaient physiquement connectés.

Expérience audio-vidéo haute qualité Windows - QSWAVE - svchost.exe

qWave est une plate-forme réseau destinée aux applications multimédias. Certaines applications en streaming ne fonctionneront plus.

Expérience d'application - AeLookupSvc - svchost.exe

Traite les demandes de cache de compatibilité d'application pour les applications, au moment où elles sont lancées. Ce service est nécessaire au lancement de certaines applications qui n'ont pas été écrites pour Windows Vista.

Explorateur d'ordinateurs - browser - svchost.exe

Tient à jour la liste des ordinateurs présents sur le réseau. Ce service doit être activé si vous partagez des ressources avec d'autres ordinateurs sur le réseau.

Fichiers hors connexion - CscService - svchost.exe

Effectue des activités de maintenance sur le cache Fichiers hors connexion. Les fichiers hors connexion ne seront plus accessibles.

Fournisseur de cliché instantané de logiciel Microsoft - swprv - svchost.exe

Gère les copies logicielles de clichés instantanés de volumes. A priori, ce service peut être laissé sur le mode Manuel si vous utilisez les fonctionnalités de sauvegarde intégrées à Windows Vista. Notez que ce service est souvent nécessaire à l'exécution d'applications tierces permettant de créer des images de sauvegarde du disque.

Gestion à distance de Windows (Gestion WSM) - WinRM - svchost.exe

Implémente le protocole Gestion des services Web pour la gestion à distance. Certaines des fonctionnalités de prise en main à distance ne fonctionneront plus.

Gestion d'applications - AppMgmt - svchost.exe

Traite les demandes d'installation de suppression et d'énumération pour le logiciel déployé au moyen de la stratégie de groupe. Les utilisateurs ne pourront plus gérer une application déployée dans un environnement IntelliMirror.

Gestion des clés et des certificats de santé - hkmsvc - svchost.exe

Fournit des services de gestion des clés et des certificats X.509 pour l'agent de protection d'accès réseau (NAPAgent). Les applications utilisant ce standard de cryptographie ne pourront fonctionner. A priori, ce type de programmes a l'air rarissime !

Gestionnaire de comptes de sécurité - SamSs - lsass.exe

Permet de signaler aux autres services que le Gestionnaire de comptes de sécurité est prêt à accepter des demandes. Tout service effectuant une requête vers la base de sécurité SAM ne pourra plus fonctionner. Par ailleurs, les stratégies de groupe ne seront plus accessibles. Ne désactivez pas ce service.

Gestionnaire de connexion automatique d'accès distant - RasAuto - svchost.exe

Crée une connexion vers un réseau distant à chaque fois qu'un programme référence un nom ou une adresse DNS ou NETBIOS distant. Les utilisateurs devront se connecter manuellement sur d'autres systèmes. Si vous utilisez un routeur ou une passerelle matérielle, ce service est inutile.

Gestionnaire de connexion d'accès distant - RasMan - svchost.exe

Gère les connexions d'accès à distance. Il est possible de désactiver ce service si vous n'utilisez pas de connexions d'accès distant.

Gestionnaire de sessions du Gestionnaire de fenêtrage - UxSms - svchost.exe

Fournit les services de démarrage et de maintenance du Gestionnaire de fenêtrage. En termes clairs, il ne vous sera plus possible d'activer les transparences des interfaces "Aero".

Groupement de mise en réseau de pairs - p2psvc - svchost.exe

Fournit des services de groupement de mise en réseau de pairs. Ce service n'est utilisé que si vous utilisez des applications de Peer-To-Peer.

Horloge Windows - W32Time - svchost.exe

Gère la synchronisation de la date et heure. La synchronisation avec les serveurs de temps Internet ne fonctionnera plus.

Hôte de périphérique UPnP - upnphost - svchost.exe

Autorise l'hébergement des périphériques UPnP sur cet ordinateur. Votre ordinateur sera dans l'incapacité de détecter des périphériques UPnP présents sur le réseau.

Hôte du fournisseur de découverte de fonctions - fdPHost - svchost.exe

Sert de processus hôte pour les fournisseurs de découverte de fonctions. Votre machine ne pourra plus détecter des imprimantes partagées ainsi que les ressources réseaux.

Hôte système de diagnostic - WdiSystemHost - svchost.exe

Active la détection de problèmes ainsi que les fonctions de réparation de problèmes pour les composants Windows. Ce service peut être désactivé en toute quiétude.

Informations concernant l'application - Appinfo - svchost.exe

Permet le lancement de certaines applications qui requièrent des privilèges d'administrateur. Si vous désactivez ce service, les utilisateurs ne pourront plus faire appel à une quelconque demande d'élévation de privilèges.

Infrastructure de gestion Windows - Winmgmt - svchost.exe

Fournit une interface commune et un modèle pour accéder aux informations de gestion du système d'exploitation. Vous ne pouvez pas désactiver ce service qui est essentiel au fonctionnement normal des systèmes Windows NT.

Interruption SNMP - SNMPTrap - snmptrap.exe

Reçoit les messages d'interception générés par les agents SNMP. Si vous n'utilisez pas d'application utilisant ce protocole, vous pouvez désactiver ce service.

Isolation de clé CNG - KeyIso - lsass.exe

Ce service est hébergé dans le processus LSA. Les services qui en dépendent comme le chiffrement des fichiers, le protocole EAP ("*Extensible Authentification Protocol*" permet d'authentifier une connexion d'accès distant) et la configuration automatique de réseau câblé ne fonctionneront pas. Si votre ordinateur ne possède pas de carte réseau sans-fil, ce service peut être désactivé.

Journal d'événements Windows - Eventlog - svchost.exe

Gère les événements et les journaux d'événements. Vous ne pourrez plus accéder à cette fonctionnalité qui est parfois utile pour établir un diagnostic sur un problème rencontré par l'utilisateur.

Journaux & alertes de performance - pla - svchost.exe

Collecte des données de performance sur les ordinateurs locaux et distants. Les informations correspondantes ne seront plus collectées ni accessibles.

Lanceur de processus serveur Dcom - DcomLaunch - svchost.exe

Fournit la fonctionnalité de lancement des services DCOM. Beaucoup de composants systèmes dépendent de ce service. Vous ne devez donc pas le désactiver.

Licence du logiciel - slsvc - SLsvc.exe

Permet le téléchargement, l'installation et l'application de licences numériques pour Windows. Si, par mégarde, ce service est désactivé, la machine fonctionnera en mode de fonctionnalités réduites.

Localisateur d'appel de procédure distante(RPC) - RpcLocator - locator.exe

Gère la base de données des noms RPC. Les composants systèmes n'utilisent pas ce service mais des applications comme Microsoft Exchange ne fonctionneront plus.

Mappage de découverte de topologie de la couche de liaison - lltdsvc - svchost.exe

Permet de créer un mappage réseau. La fonctionnalité correspondante ne fonctionnera plus.

Microsoft .NET Framework NGEN v2.050727_x64 -clr_optimization_v2.0.50727_X64 - mscorsvw.exe

Le système ne pourra plus lancer des applications basées sur le .NET 64 bits. Notez que vous avez le même service dans la version 32 bits de Windows Vista.

Modules de génération de clés IKE et AuthIP - IKEEXT - svchost.exe

Héberge les modules de clés IKE ("*Internet Key Exchange*") et AuthIP ("*Authentification Internet Protocol*") qui sont utilisés pour sécuriser les connexions basées sur IPSec ("*Internet Protocol Security*") comme les VPN. En cas de désactivation de ces services, il en résultera une faille de sécurité.

Moteur de filtrage de base - BFE - svchost.exe

Service qui gère les stratégies de pare-feu et de sécurité IP (IPsec). En désactivant ce service, vous allez réduire considérablement la sécurité de votre système. Par ailleurs, beaucoup de services dépendent de celui-ci. Mais, en toute logique si vous utilisez un périphérique externe comme un routeur et que vous n'utilisez pas les fonctionnalités IPsec, ce service peut être désactivé de même que ceux-ci : Agent de stratégie IPsec, Modules de génération de clés IKE et AuthIP, Partage de connexion Internet, Pare-feu de connexion Internet, Routage et accès distant.

Netlogon - Netlogon - lsass.exe

Maintient un canal sécurisé entre cet ordinateur et le contrôleur de domaine pour authentifier les utilisateurs et les services. Les utilisateurs d'une station Vista ne pourront plus se connecter à un domaine. Ce service ne doit pas être désactivé sauf si la machine cible fait partie d'un réseau organisé en groupe de travail.

NetTcpPortSharing - NetTcpPortSharing - SMSSvcHost.exe

Fournit la capacité de partager des ports TCP en utilisant le protocole net.tcp. Les applications écrites en VB.net et utilisant ce protocole ne fonctionneront pas.

Ouverture de session secondaire - seclogon - svchost.exe

Permet le démarrage des processus sous d'autres informations d'identification. Il ne sera plus possible aux utilisateurs d'évoquer une élévation de privilèges en utilisant la commande **Exécuter en tant que**.

Pare-feu Windows - MpsSvc - svchost.exe

Aide à protéger votre ordinateur. Si vous avez opté pour une solution tierce ou possédez un modem/routeur, vous pouvez (devez !) désactiver ce service.

Partage de connexion Internet(ICS) - SharedAccess - svchost.exe

Assure la traduction d'adresses de réseau, l'adressage et les services de résolution de noms pour un réseau. En bref, vous ne pourrez plus partager votre connexion Internet à moins d'utiliser un périphérique externe comme un routeur.

Planificateur de classes multimédias - MMCSS - svchost.exe

Active la définition relative des priorités du travail sur la base des priorités des tâches de niveau système. L'ensemble des applications multimédia ne fonctionneront plus (dont le service Audio Windows).

Planificateur de tâches - Schedule - svchost.exe

Permet à l'utilisateur de configurer et de planifier des tâches automatisées. Ce service ne peut pas être désactivé en utilisant le Gestionnaire de services.

Plug-and-Play - PlugPlay - svchost.exe

Permet à l'ordinateur de reconnaître et d'adapter les modifications matérielles. Aucune reconnaissance matérielle ne sera effectuée et le Gestionnaire de périphériques restera désespérément vide de toute mention ! Notez que sous Windows Vista, vous ne pouvez désactiver ce service. Sous Windows XP, ce problème est très courant. Il suffit de redémarrer ce même service pour que tout rendre dans l'ordre.

Prise en charge de l'application Rapports et solutions aux problèmes du Panneau de configuration - wercplsupport - svchost.exe

Prend en charge l'affichage, l'envoi et la suppression des rapports au niveau du système pour l'application Rapports et solutions aux problèmes du Panneau de configuration. Les fonctionnalités permettant d'envoyer un rapport d'erreur à Windows ne fonctionneront plus. Bien entendu, aucun événement ne sera enregistré dans le module correspondant.

Programme d'installation de modules Windows - TrustedInstaller - TrustedInstaller.exe

Permet l'installation, la modification et la suppression de composants facultatifs et de mises à jour Windows. Il y a beaucoup de processus comme Windows Update qui ne fonctionneront plus. Par ailleurs, la désactivation de ce service pose un problème en termes de sécurité puisque toute l'architecture de Windows Vista est bâtie autour de cette fonctionnalité.

Propagation du certificat - CertPropSvc - svchost.exe

Propage les certificats de cartes à puce. Les services et les applications qui utilisent des cartes à puce ne fonctionneront pas.

Protocole de résolution de noms d'homologues - PNRPsvc - svchost.exe

Permet la résolution de noms paire à paire sans serveur via Internet. Certaines applications de Peer-to-Peer et des applications collaboratives comme NetMeeting ne pourront plus fonctionner.

Protocole EAP - EapHost - svchost.exe

Permet d'authentifier le réseau dans des scénarios tels que des réseaux câblés et sans fil 802.1x, des réseaux privés virtuels et NAP. Si vous ne vous servez pas de connexions sans fil ou de cette norme de sécurité, vous pouvez désactiver ce service.

Recherche Windows - Wsearch - SearchIndexer.exe

Fournit des fonctionnalités d'indexation de contenus et de mise en cache des propriétés pour les fichiers. L'Explorateur Windows n'affichera plus les emplacements virtuels des dossiers et vos recherches s'en trouveront ralenties.

Registre à distance - RemoteRegistry - svchost.exe

Permet aux utilisateurs distants de modifier le Registre. Ce service doit être désactivé pour des raisons de sécurité.

Réplication DFS - DFSR - DFSR.exe

Réplique des fichiers sur plusieurs ordinateurs afin qu'ils soient synchronisés. Bien entendu, si vous ne vous servez pas de cette fonctionnalité ou si votre ordinateur ne fait pas partie d'un réseau, vous pouvez désactiver ce service.

Routage et accès distant - RemoteAccess - svchost.exe

Offre aux entreprises des services de routage dans les environnements de réseau local ou étendu. Les fonctionnalités de routage et d'accès à distance ne seront plus accessibles. Pour des raisons de sécurité, vous devez désactiver ce service.

Sauvegarde Windows - SDRSVC - svchost.exe

Offre des capacités de sauvegarde et de restauration Windows. La Sauvegarde Windows ne pourra plus démarrer.

Serveur - LanmanServer - svchost.exe

Prend en charge le partage des fichiers, d'impression et des canaux via le réseau. Vos ressources réseau ne pourront plus être partagées.

Service de configuration automatique WLAN - Wlansvc - svchost.exe

Énumère les réseaux locaux sans fil (WLAN). Activez ce service si vous utilisez un réseau sans fil.

Service de découverte automatique de proxy Web pour les services HTTP Windows - WinHttpAutoProxySvc - svchost.exe

Fournit les composants logiciels nécessaires à l'envoi des demandes HTTP et la réception des réponses. Les serveurs PROXY ne seront pas automatiquement détectés.

Service de la passerelle de la couche d'application - ALG - alg.exe

Fournit la prise en charge de plug-ins de protocole tiers pour le partage de connexion Internet. Les programmes qui utilisent ce service comme MSN et Windows Messenger ne fonctionneront plus. Vous pouvez désactiver ce service si vous n'utilisez pas le partage de connexion Internet.

Service de l'Assistant Compatibilité des programmes - PcaSvc - svchost.exe

Fournit une prise en charge de l'Assistant Compatibilité des programmes. A priori, ce service ne doit pas être désactivé sauf si vous n'utilisez que des applications pleinement compatibles avec Windows Vista.

Service de moteur de sauvegarde en mode bloc - wbengine - wbengine.exe

Moteur permettant d'effectuer des récupérations de données et des sauvegardes en mode "Bloc". La sauvegarde des fichiers en mode “Bloc” ne fonctionnera plus mais sans que cela affecte les sauvegardes classiques de fichiers.

Service de notification de l'interface utilisateur SL - SLUINotify svchost.exe

Fournit l'activation et la notification de la gestion de licences du logiciel. A priori, vous pouvez désactiver ce service dès que vous avez validé votre licence Windows Vista.

Service de notifications d'événements système - SENS - svchost.exe

Analyse les événements système et notifie leur existence aux abonnés du système d'événements. L'ensemble des notifications réseau ne fonctionnera plus.

Service de profil utilisateur - ProfSvc - svchost.exe

Ce service est responsable du chargement et du déchargement des profils utilisateurs. Les utilisateurs ne pourront plus ni se connecter ni se déconnecter. Ne désactivez pas ce service !

Service de publication des noms d'ordinateurs PNRP - PNRPAutoReg - svchost.exe

Publie un nom d'ordinateur à l'aide du protocole PNRP. Certaines applications de Peer-To-Peer utilisant ce protocole créé par Microsoft et des applications collaboratives comme NetMeeting ne pourront plus fonctionner.

Service de réception Windows Media Center - ehRecvr - ehRecvr.exe

Permet, dans Windows Media Center, la réception TV et FM. Comme tous les autres services Windows Media Center (Service de planification Windows Media Center, Service Windows Media Center Extender, Lanceur des services Windows Media Center), il peut être désactivé si vous n'utilisez pas cette application ou la fonctionnalité correspondante.

Service de stratégie de diagnostic - DPS - svchost.exe

Permet le dépannage, la détection et la résolution de problèmes pour les composants Windows. Je n'ai pas rencontré de problèmes sur les composants Windows après avoir désactivé ce service. À tester !

Service de transfert intelligent en arrière-plan - BITS - svchost.exe

Transfère des fichiers en arrière-plan en utilisant la bande passante réseau inactive. Des applications comme Windows Update, MSN Explorer, Windows Media Player et certaines applications .NET ne pourront plus fonctionner.

Service Énumérateur d'appareil mobile - WPDBusEnum - svchost.exe

Met en place une stratégie de groupe pour les périphériques de stockage de masse amovibles. Il ne vous sera plus possible d'utiliser les stratégies de groupe afin de désactiver l'accès à certains périphériques amovibles.

Service Initiateur iSCSI de Microsoft - MSiSCSI - svchost.exe

Gère les sessions Internet SCSI. N'activer ce service que si vous utilisez ce protocole de la couche application permettant le transport de commandes SCSI sur un réseau TCP/IP.

Service Interface du magasin réseau - nsi - svchost.exe

Fournit des notifications réseau aux clients en mode utilisateur. Il sera impossible de vous connecter à un quelconque réseau.

Service Liste des réseaux - Netprofm - svchost.exe

Identifie les réseaux auxquels l'ordinateur s'est connecté. Apparemment, les notifications de connexion réseau ne seront plus visibles dans la zone de notification système de la Barre des tâches.

Service Panneau de saisie Tablet PC - TableInoutService - svchost.exe

Active les fonctionnalités de stylet et d'entrées manuscrites du Tableau de saisie Tablet PC. Si vous ne possédez pas de Tablet PC, ce service peut être désactivé.

Service Partage réseau du Lecteur Windows Media - WMPNetworkSvc - wmpnetwk.exe

Partage les bibliothèques du Lecteur Windows Media avec des lecteurs réseaux. La désactivation de ce service fera que vous ne pourrez plus partager des ressources inscrites dans Windows Media Player.

Service Ready Boost - EMDMgmt - svchost.exe

Fournit l'assistance pour améliorer les performances du système à l'aide de ReadyBoost. Les performances offertes par la technologie ReadyBoost ne seront plus disponibles.

Services de cryptographie - CryptAvc - svchost.exe

Fournit des services de gestion des certificats racines qui sont installés sur votre ordinateur. Ce service doit être actif si vous utilisez le service de mise à jour automatique ou le Gestionnaire de tâches Windows.

Services Terminal Server - TermService - svchost.exe

Autorise les utilisateurs à se connecter de manière interactive à un ordinateur distant. À moins d'utiliser des connexions Terminal Server, ce service doit être désactivé pour des raisons de sécurité.

Spouleur d'impression - Spooler - spoolsv.exe

Charge les fichiers en mémoire pour une impression ultérieure. Ce service peut être désactivé si vous ne possédez pas d'imprimante.

Station de travail - LanmanWorkstation - svchost.exe

Crée et maintient des connexions de réseau client à des serveurs distants. L'ordinateur sur lequel ce service est désactivé ne pourra accéder à des ressources partagées sur le réseau local.

Superfetch - SysMain- svchost.exe

Gère et améliore les performances du système dans le temps. Si vous désactivez ce service, les applications se lanceront avec les mêmes priorités.

Système d'événement COM+ - EventSystem - svchost.exe

Prend en charge le service de notification d'événements système (SENS). La notification des événements système s'arrêtera de fonctionner. Par ailleurs, d'autres applications comme le transfert intelligent en arrière-plan et la réplication DFS ne fonctionneront pas correctement. Ce service ne doit pas être désactivé !

Systèmes de couleurs Windows - WcsPluginServices - svchost.exe

Ce service héberge des modules tiers de plug-in tiers du modèle de périphérique couleurs (les profils ICS). Le fait de désactiver ce service fera que vos périphériques de capture d'image utiliseront les profils par défaut au lieu de ceux qui ont été installés par des éditeurs ou des fabricants. A priori, vous ne devez pas désactiver ce service.

TBS (TPM Base Services) - TBS - svchost.exe

Active l'accès au module de plate-forme sécurisée TPM ("*Trusted Platform Module*" est un composant cryptographique matériel permettant l'activation de la fonctionnalité "BitLocker"). Si vous n'utilisez pas BitLocker, vous pouvez désactiver ce service.

Télécopie - FAX - fxssvc.exe

Vous permet d'envoyer et de recevoir des télécopies. Il ne vous sera plus possible d'utiliser ces fonctionnalités.

Téléphonie - TapiSrv - svchost.exe

Prend en charge l'interface TAPI ("*Telephony Application Programming Interface*") pour les programmes qui contrôlent les périphériques de téléphonie. A priori, si vous ne possédez pas de modem d'accès distant ou de FAX ce service peut être désactivé.

Thèmes - Themes - svchost.exe

Fournit un système de gestion des thèmes de l'expérience utilisateur. Ce service peut être désactivé.

WebClient - WebClient - svchost.exe

Permet à un programme fonctionnant sous Windows de créer, de modifier et accéder à des fichiers Internet. Pour des raisons de sécurité, vous devez désactiver ce service mais il y a deux points négatifs : les développeurs en ont besoin s'ils travaillent sur WebDAV et les liens hypertextes ne s'ouvriront plus dans une nouvelle fenêtre quand vous cliquerez dessus à partir d'une application de messagerie.

Windows Connect Now - Registre de configuration - wcncsvc - svchost.exe

Agit en tant que Registre et délivre les informations d'identification réseau au candidat à l'inscription. Cette fonctionnalité permet à une machine tournant sous Windows Vista de s'intégrer facilement à un réseau en créant un lien entre l'ordinateur et un autre élément du réseau après avoir entré son code "PIN". Par exemple, cela permet de connecter une Xbox 360 en Wi-Fi.

Windows Defender - WinDefend - svchost.exe

Analyse votre ordinateur pour rechercher les logiciels indésirables. Windows Defender ne fonctionnera plus.

Windows Driver Foundation - Infrastructure de pilote mode-utilisateur - wudfsvc - svchost.exe

Gère les processus hôtes de pilote mode-utilisateur. A priori, vous devez laisser ce service activé.

Windows Installer - msiserver - msiexec

Ajoute, modifie et supprime des applications fournies en tant que package Windows Installer. Il ne vous sera plus possible de modifier ou d'installer des applications utilisant cette plate-forme d'installation.

Windows Presentation Foundation Font Cache 3.0.0.0 - FontCache3.0.0.0 - PresentationFontCache.exe

Optimise les performances des applications WFP ("*Windows Filtering Platform*" est un Framework utilisé pour le développement des pare-feux). Ces programmes utilisent une plate-forme logicielle comprenant principalement un interpréteur XAML ("*eXtensible Application Markup Language*" est un langage développé pour Windows Vista).

Windows Update - wuaserv.exe - svchost.exe

Active la détection, le téléchargement et l'installation des mises à jour de Windows. Les mises à jour automatiques ne fonctionneront plus. Pour des raisons de sécurité, il n'est pas conseillé de désactiver ce service.

2. Les services Windows 7

La liste suivante complète la liste précédente avec les services apparus avec Windows 7.

Identité de l'application - AppIDSvc - svchost.exe

Ce service est utilisé pour déterminer et vérifier l'identité d'une application. La désactivation de ce service empêche l'utilisation de la fonctionnalité AppLocker.

Programme d'installation ActiveX (AxInstSV) - AxInstSV - svchost.exe

Ce service valide le contrôle de compte d'utilisateur pour l'installation des contrôles ActiveX depuis Internet et à partir des paramètres de stratégie de groupe. Ce service est démarré sur demande et, s'il est désactivé, l'installation des contrôles ActiveX se comporte conformément aux paramètres par défaut du navigateur.

Service de chiffrement de lecteur BitLocker - BDESVC - svchost.exe

Ce service est utilisé pour la fonctionnalité de chiffrement de lecteur BitLocker. Ce service permet à BitLocker d'inviter les utilisateurs à effectuer diverses actions liées aux volumes montés, et déverrouille les volumes automatiquement sans intervention de l'utilisateur. En outre, il stocke les informations de récupération dans Active Directory, s'il est disponible, et, si nécessaire, garantit que les certificats de récupération les plus récents sont utilisés. L'arrêt ou la désactivation du service empêche le fonctionnement de BitLocker.

Service de prise en charge Bluetooth - bthserv - svchost.exe

Ce service prend en charge la détection et l'association des périphériques Bluetooth distants. L'arrêt ou la désactivation de ce service empêche le fonctionnement des périphériques Bluetooth déjà installés et la détection et l'association de nouveaux périphériques.

Défragmenteur de disque - defragsvc - svchost.exe

Ce service est utilisé par le système pour la défragmentation des disques. La désactivation de ce service empêche le lancement de l'assistant de défragmenteur de disque.

Système de fichiers EFS (Encrypting File System) - EFS - lsass.exe

Fournit la technologie EFS de chiffrement et de stockage des fichiers de base sur les volumes NTFS. Si ce service est arrêté ou désactivé, les applications n'auront pas accès aux fichiers déjà chiffrés.

Service de cache de police Windows - FontCache - svchost.exe

Ce service optimise les performances des applications en mettant en cache les données des polices communément utilisées. Il est démarré à la demande des applications. En cas de désactivation de ce service, les performances des applications sont potentiellement dégradées.

Fournisseur HomeGroup - HomeGroupProvider - svchost.exe

Ce service effectue les tâches réseaux associées à la configuration et à la maintenance des groupes résidentiels. En cas de désactivation ou d'arrêt de ce service, l'ordinateur ne sera pas en mesure de détecter d'autres groupes résidentiels. Microsoft recommande de laisser ce service en permanence en cours d'exécution.

Microsoft Antimalware Service - MsMpSvc - MsMpEng.exe

Ce service permet de protéger les utilisateurs contre les programmes malveillants et contre les autres logiciels potentiellement indésirables. En cas d'arrêt de ce service, Windows Defender ne sera pas en mesure de protéger le système.

Alimentation - Power - svchost.exe

Ce service gère la stratégie d'alimentation et la remise de notification de stratégie d'alimentation. La désactivation de ce service empêche le fonctionnement du système.

Mappeur de point de terminaison RPC - RpcEptMapper - svchost.exe

Ce service résout les identificateurs des interfaces RPC en points de terminaison de transport. Si ce service est arrêté ou désactivé, les programmes utilisant des services d'appel de procédure distante (RPC) ne fonctionneront pas correctement.

Protection logicielle - sppsvc - sppsvc.exe

Ce service permet le téléchargement, l'installation et l'application de licences numériques pour Windows et les applications Windows. Si le service est désactivé, le système d'exploitation et les applications sous licences peuvent s'exécuter dans un mode de notification. Il est toutefois fortement recommandé de ne pas désactiver ce service.

Service de notification SPP - sppuinotify - svchost.exe

Ce service fournit l'activation et la notification de la gestion de licences. Ce service est stoppé par défaut.

Gestionnaire d'informations d'identification - VaultSvc - lsass.exe

Ce service est utilisé par le gestionnaire d'informations d'identification. Il offre un service de stockage et de récupération sécurisé des informations d'identification pour les utilisateurs, les applications et les packages de services de sécurité. La désactivation de ce service empêche le fonctionnement du gestionnaire d'informations d'identification.

Service de biométrie Windows - WbioSrvc - svchost.exe

Le service de biométrie Windows permet aux applications clientes de capturer, comparer, manipuler et stocker des données biométriques sans avoir directement accès au matériel ou aux échantillons. La désactivation de ce service empêche les applications d'utiliser les données biométriques.

E. Retrouver les versions précédentes d'un fichier ou d'un dossier

Cette fonctionnalité s'appuie sur celle des clichés instantanés des volumes (*Volume Shadow Copy* ou VSC). Elle permet de retrouver les différentes versions d'un fichier après qu'il ait été modifié et même supprimé. En effet, Windows va enregistrer des copies successives de l'ensemble des fichiers et des dossiers sur lesquels vous avez travaillé. Par ailleurs, une version précédente d'un objet visible dans l'Explorateur Windows est automatiquement créée en cas de :

- sauvegarde automatique des fichiers ;
- création d'un point de restauration système.

Vérifiez que vous avez activé la protection système :

- Cliquez sur **Démarrer - Panneau de configuration**.
- Basculez éventuellement en mode affichage classique. Sous Windows 7, ouvrez la section **Système et sécurité**.
- Double cliquez sur l'icône **Système**.
- Cliquez sur le lien **Protection du système**.
- Cliquez sur le lien **Créer**.

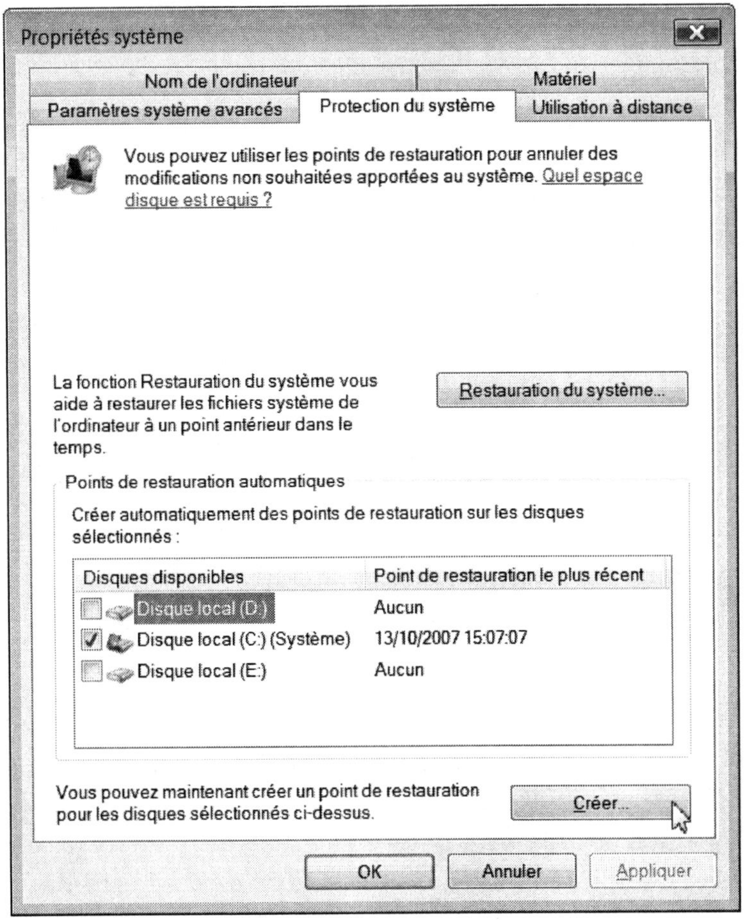

- Saisissez un nom pour le point de restauration puis cliquez sur le bouton **Créer**.

Une boîte de dialogue vous avertira que le point de restauration a été créé.

- Cliquez alors sur le bouton **Restauration système** puis sur **Suivant**.
- Sélectionnez le point de restauration système puis cliquez sur le bouton **Suivant**.

À partir de cet instant, vous pourrez revenir à tout moment au point de restauration système que vous venez de créer.

Cette fonctionnalité vous permet donc de prendre des clichés de votre système à intervalles de temps réguliers et de retrouver les différentes versions d'un même document.

Elle ne s'applique ni aux fichiers système ni à ceux qui sont placés dans le répertoire \Windows. Par défaut, le stockage des fichiers occupe 15 % de l'espace disque total.

Afin de revenir à une version antérieure d'un fichier, effectuez un clic droit sur le fichier concerné puis sélectionnez la commande **Restaurer les versions précédentes**.

Vous pouvez activer cette fonctionnalité pour des disques externes en suivant cette procédure :

- Toujours dans le module **Système**, cliquez sur le lien **Protection du système**.
- Dans la colonne **Disques disponibles**, cochez les cases correspondant aux disques que vous souhaitez intégrer.

À partir de certaines applications Windows, quand vous souhaitez afficher directement les versions précédentes, cliquez sur la petite flèche située à droite de **Ouvrir** puis sélectionnez la commande **Afficher les versions précédentes**.

1. Restaurer un fichier accidentellement supprimé

Vous devez connaître le nom du dossier dans lequel le fichier était stocké et avoir créé un point de sauvegarde entre le moment où vous avez créé le fichier et celui où vous l'avez supprimé.

- Effectuez un clic droit sur le nom du dossier puis choisissez **Restaurer les versions précédentes**.
- Sélectionnez l'un des points de restauration listés puis cliquez sur le bouton **Ouvrir**.

La barre d'adresse de l'Explorateur Windows affiche la datation de chacun des fichiers listés.

➜ Effectuez un clic droit sur le fichier que vous souhaitez récupérer puis sélectionnez la commande **Copier** ou **Envoyer vers**.

➜ Collez le fichier à l'emplacement voulu.

Vous pouvez aussi restaurer un répertoire complet en cliquant sur le bouton correspondant.

Vous aurez toujours cette possibilité même si vous avez, entre temps, vidé la Corbeille Windows.

2. La fonctionnalité de cliché instantané de volume

Vssadmin permet de gérer facilement l'espace alloué à la fonctionnalité de cliché instantané de volume. Cet outil est disponible sous Windows Vista à partir de l'invite de commandes.

➜ Exécutez l'invite de commandes en tant qu'administrateur.

➜ Saisissez cette commande : **`vssadmin list shadowstorage`**.

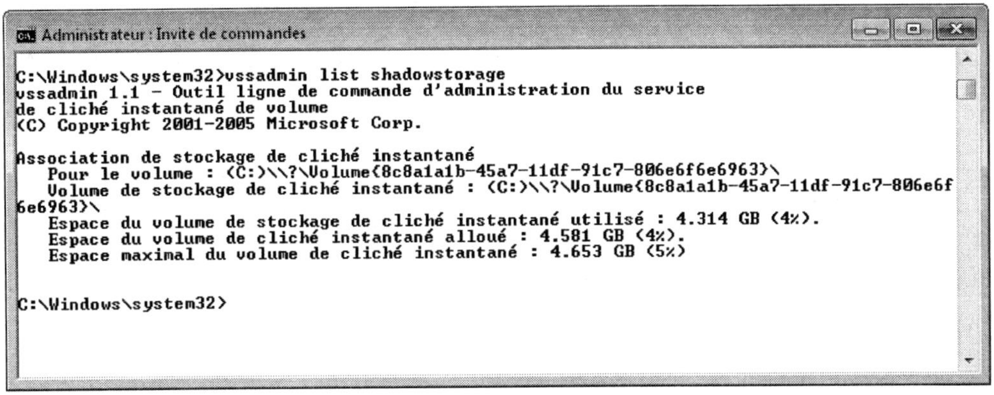

Voici des exemples de commandes possibles :

```
vssadmin resize shadowstorage/ on=[Lettre de lecteur]:/ For=[ Lettre
de lecteur]: /Maxsize=[Taille maximale] :
```

Réduit ou augmente la taille maximale qui est autorisée.

Si la taille maximale n'est pas spécifiée, l'espace utilisable n'est pas limité. Si certains clichés instantanés sont supprimés, l'espace de stockage des clichés sera réduit. La taille maximale doit être supérieure ou égale à 300 Mo. Vous pouvez spécifier les suffixes suivants : KB, MB, GB, TB, PB et EB. Vous pouvez également utiliser les suffixes B, K, M, G, T, P et E. Si aucun suffixe n'est spécifié, la taille maximale sera exprimée en octets.

```
vssadmin resize shadowstorage/ on=c: /For=c: /Maxsize=3g :
```

Cette commande limite la taille maximale d'une association de stockage d'instantanés à 3 Go, sur le volume contenant Windows Vista, par exemple.

Vous pouvez également tester les résultats renvoyés par ces commandes :

- **vssadmin list providers** : affiche le nom, le type, l'ID de fournisseur et la version de tous les fournisseurs de clichés instantanés installés. Le mot-clé "providers" désigne un composant système qui crée et gère les clichés instantanés.
- **vssadmin list shadows** : liste tous les clichés instantanés de volume existants.
- **vssadmin list volumes** : liste tous les volumes pouvant faire l'objet de clichés instantanés.
- **vssadmin list writers** : liste tous les rédacteurs abonnés de clichés instantanés de volume. Le mot-clé "writers" désigne le composant d'une application qui stocke une partie des informations nécessaires à la synchronisation des clichés instantanés de volume.

F. Protéger les données avec l'utilitaire de sauvegarde

Cet utilitaire vous permet, de sauvegarder facilement vos données sur un autre disque ou un disque amovible comme un CD-RW ou un DVD-RW. Nous allons examiner comment procéder...

Cliquez sur **Démarrer - Tous les programmes - Accessoires - Outils système - Statut et configuration de la sauvegarde**. Sous Windows 7, l'utilitaire de sauvegarde est accessible depuis le **Panneau de configuration**, section **Système et sécurité - Sauvegarder et restaurer**. Vous pouvez aussi vous servir de cette commande : **sdclt**.

Trois options sont disponibles :

- **Sauvegarder les fichiers** : permet de démarrer une sauvegarde ;
- **Restaurer les fichiers** : permet de restaurer des données que vous avez sauvegardées ;
- **Sauvegarde complète PC** : permet de faire une sauvegarde complète de votre système en incluant les fichiers système, les programmes et les fichiers.

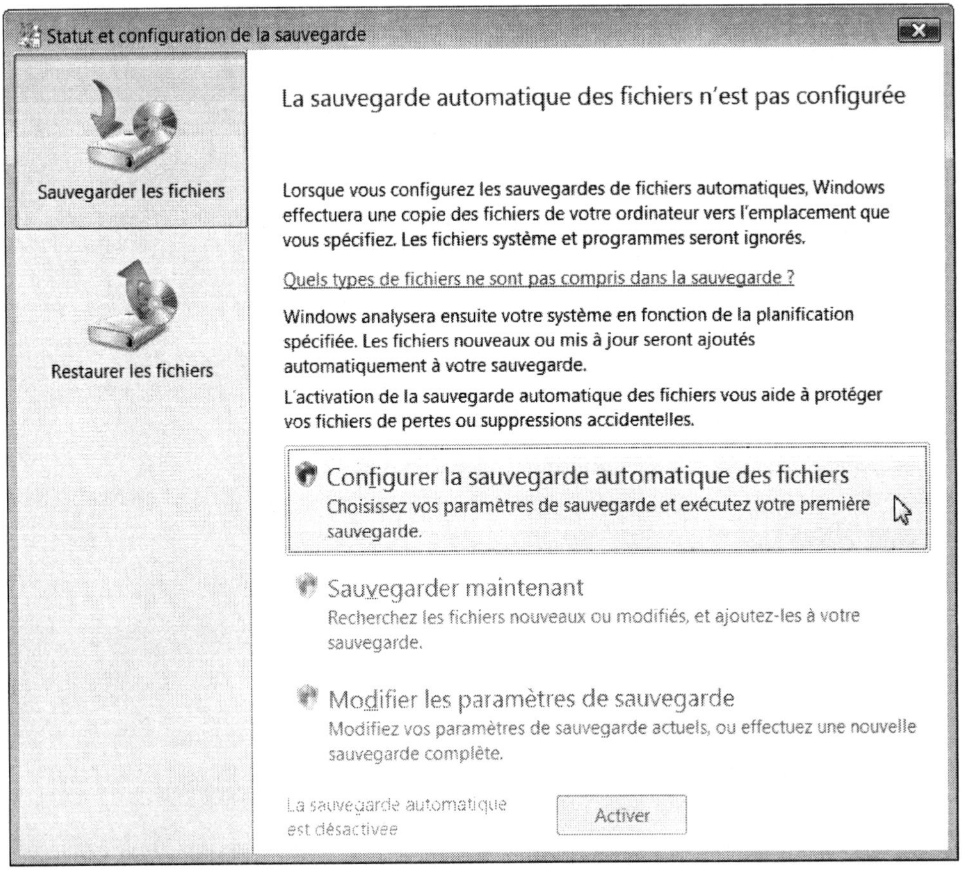

Vous pouvez définir un système de sauvegarde automatique de vos documents. Rien ne vous empêche donc de continuer à travailler sur votre ordinateur puisque cette fonctionnalité consomme peu de ressources système. Le système effectuera la tâche de sauvegarde automatique en arrière-plan et vous préviendra quand il sera temps d'insérer le disque suivant.

Les fichiers suivants ne seront pas inclus dans le processus de sauvegarde :

- les fichiers ou les dossiers qui ont été cryptés ;
- les fichiers système ;
- les fichiers programme ;
- les fichiers qui permettent la maintenance de votre profil d'utilisateur ;
- les fichiers présents dans la Corbeille ;
- les fichiers temporaires.

Il n'est pas possible de choisir l'un de ces emplacements de sauvegarde :

- la même partition que celle sur laquelle sont placées les données que vous allez sauvegarder ;
- une clé USB ou généralement un lecteur flash USB ;
- un disque permettant le démarrage de l'ordinateur ou sur lequel est installé un système de fichiers.

Les fichiers sauvegardés sont placés dans un dossier portant ce type de nom :

Backup Set 2007-09-30 173301.

1. Sauvegarder les données

→ Cliquez sur le bouton **Configurer la sauvegarde automatique des fichiers**.

→ Sélectionnez votre lecteur de destination dans la première liste déroulante puis cliquez sur **Suivant**.

Il est aussi possible de sélectionner un emplacement réseau.

→ Décochez éventuellement les disques que vous ne voulez pas inclure dans votre sauvegarde puis cliquez sur **Suivant**.

Si vous laissez cochée la case **Fichiers supplémentaires**, un certain nombre de fichiers de programme seront sauvegardés. Ils sont généralement stockés dans votre profil d'utilisateur et servent à définir vos paramètres personnels.

Si vous cochez la case **Courrier électronique**, les fichiers EML (Windows Mail) et PST (Outlook) seront sauvegardés.

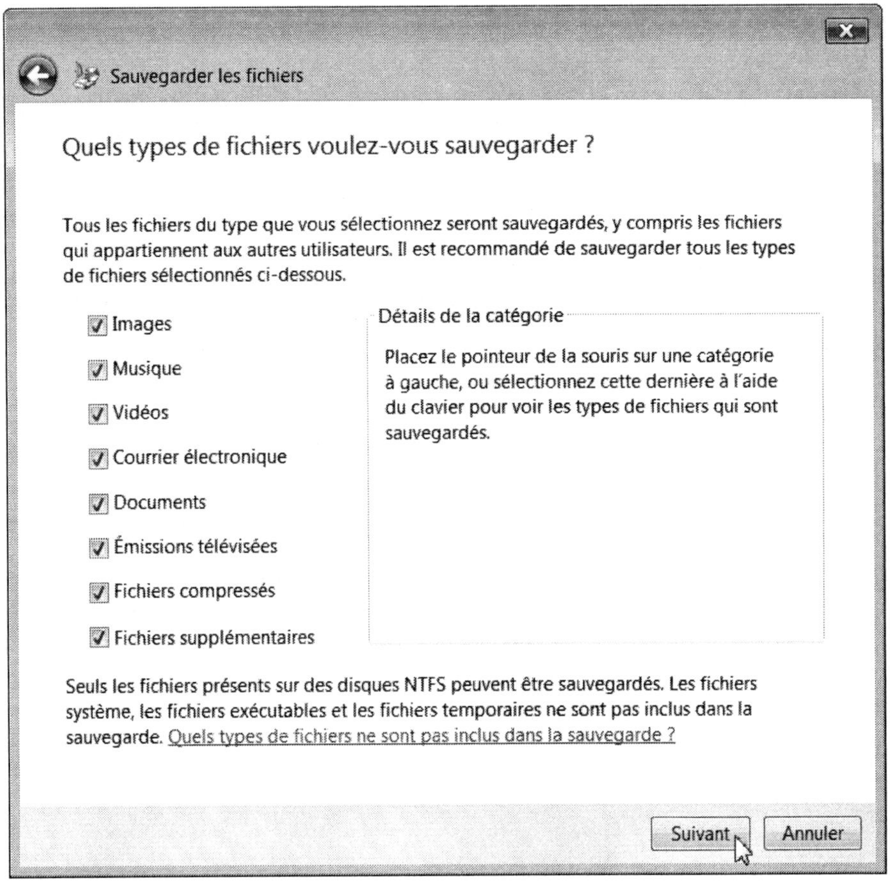

→) Définissez ensuite la fréquence de vos sauvegardes puis cliquez sur le bouton **Enregistrer les paramètres et démarrer la sauvegarde**.

Si vous utilisez un disque de type CD-RW ou DVD-RW, il doit être vierge de toutes données.

La sauvegarde que vous allez créer comprendra un fichier BIN supplémentaire nommé *MediaID.bin*. Il contient les informations de configuration de votre disque ainsi qu'un dossier portant le nom de votre ordinateur. Vous ne devez pas le supprimer sous peine de rendre la sauvegarde créée complètement inutilisable.

Le contrôle de compte d'utilisateur fait que, si votre sauvegarde est sur une autre partition formatée en NTFS, vous aurez des problèmes pour explorer manuellement l'arborescence des dossiers. Afin de pouvoir explorer une sauvegarde, utilisez cette astuce :

→) Exécutez l'invite de commandes en tant qu'administrateur.

→) Saisissez ces deux commandes :

- **`takeown /f "E:\ordinateur1" /r /d o`**
- **`icacls "E:\ordinateur1" /grant jean:f /t`**

Par exemple, le répertoire *Backup Set 2007-09-30 173301\Catalogs* contiendra un fichier nommé *wbcat*. Il vous suffira de double cliquez dessus pour lancer directement le processus de restauration.

2. Restaurer les données

→) Cliquez sur le bouton **Restaurer les fichiers**.

Vous avez deux possibilités : **Restauration avancée** et **Restaurer les fichiers**. La première option permet de restaurer des données d'une sauvegarde effectuée sur un autre ordinateur ou de restaurer l'ensemble d'une sauvegarde.

→) Sélectionnez donc la seconde option.

Dans tous les cas, vous avez le choix entre les fichiers de la dernière sauvegarde ou les fichiers d'une sauvegarde plus ancienne.

→) Cliquez éventuellement sur le bouton **Ajouter des fichiers ou des dossiers** si vous ne voulez pas restaurer l'ensemble des fichiers présents sur votre disque de sauvegarde.

Si par exemple, vous ne devez restaurer que vos e-mails, sélectionnez les fichiers présents dans le dossier C:/Users/Nom_Utilisateur/AppData/Local/Microsoft/Windows Mail.

Il est ensuite possible de choisir de restaurer les données dans l'emplacement d'origine ou de définir un autre emplacement.

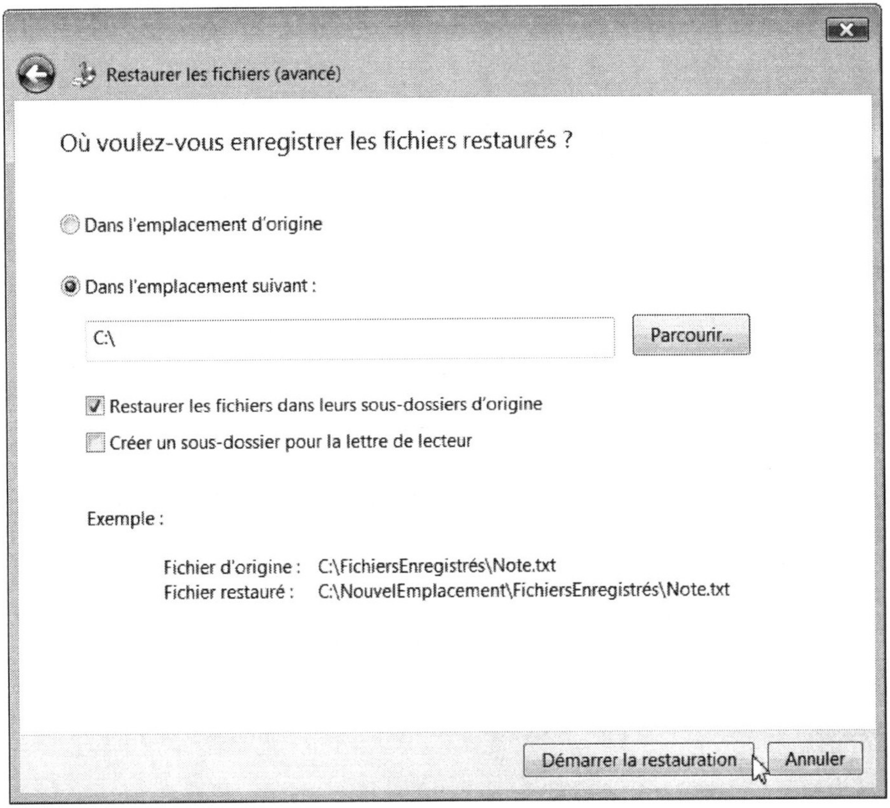

→ Cliquez sur le bouton **Démarrer la restauration**.

Si un conflit de versions est détecté, il vous sera proposé de :

- Copier et remplacer le fichier existant ;
- Ne pas copier le fichier existant ;
- Copier mais conserver les deux fichiers.

Cochez la case **Appliquer mes choix à tous les conflits** si vous ne voulez pas avoir à confirmer à chaque fois la même sélection.

3. Faire une sauvegarde complète

Le principe de cette opération est de vous permettre de sauvegarder une partition complète ou même l'ensemble de votre disque dur. L'avantage de la fonctionnalité proposée par Windows Vista est qu'il est possible de créer une véritable image de votre disque dur ou d'une partition une fois que vous avez finalisé une installation complète. Par ailleurs, vous pourrez par la suite procéder à des sauvegardes incrémentielles, qui n'enregistreront que les dernières modifications apportées à votre machine. Le gain au niveau temps et espace économisé est appréciable !

→ Cliquez sur les boutons **Sauvegarde complète PC** et **Créer une sauvegarde maintenant**. Sous Windows 7, l'option se nomme **Créer une image système**.

Vous pouvez sélectionner soit une partition existante sur votre disque dur, soit votre graveur.

→ Cliquez sur le bouton **Suivant**.

Par défaut, la partition sur laquelle est installée votre système d'exploitation et celle qui contient le secteur de démarrage de votre ordinateur sont automatiquement sélectionnées.

Vous pouvez sélectionner les autres partitions que vous souhaitez inclure dans votre sauvegarde.

→ Cliquez sur les boutons **Suivant** et **Démarrer la sauvegarde**.

Si vous utilisez un jeu de DVD-Rom, prévoyez un nombre conséquent de disques... le ratio de compression est, à peu près, de 1 pour 3.

4. Restauration complète d'une partition

→ Insérez le disque d'installation.

→ Modifiez si nécessaire dans le BIOS la séquence de démarrage.

→ Appuyez sur n'importe quelle touche afin de démarrer à partir du disque de Windows Vista.

→ Cliquez sur le bouton **Suivant** puis sur le bouton **Réparer l'ordinateur**.

→ Sélectionnez le système d'exploitation que vous souhaitez réparer puis cliquez sur le bouton **Suivant**.

→ Cliquez sur le lien **Réparation complète PC Windows**.

- Retirez le disque de Windows Vista puis insérez éventuellement le disque sur lequel vous avez effectué une sauvegarde complète en cliquant sur le bouton correspondant (**Sauvegarde complète PC**).

Sans cette manipulation, aucun support valide de sauvegarde ne sera trouvé.

- Cliquez sur le lien correspondant.
- Cochez éventuellement le bouton radio **Restaurer une sauvegarde différente** afin de sélectionner une sauvegarde différente puis sur **Suivant**.
- Vous pouvez ensuite décocher la case **Ne restaurer que les disques système** afin de restaurer des données présentes sur une autre partition.

Dans le cas contraire, vous ne restaurerez que les données présentes sur la partition système.

- Cliquez sur le bouton **Terminer**.
- Cochez ensuite la case **Je confirme que je souhaite effacer toutes les données existantes et effectuer la sauvegarde** puis cliquez sur **OK**.

Une fois l'opération de sauvegarde intégrale terminée, l'ordinateur va redémarrer.

G. Windows Update

Windows Update vous permet de maintenir votre système à jour et d'être automatiquement informé dès qu'un correctif est publié sur le site de Microsoft. Nous allons vous donner les solutions aux problèmes les plus courants qui peuvent se poser avec Windows Update.

1. "Erreur 800706BA"

Vous allez avoir au démarrage ce type de message d'erreur : "Certaines mises à jour n'ont pas été installées. - Échec : x mises à jour - Erreurs détectées : Code 800706BA". Cela provient du fait qu'un ou plusieurs packages d'installation sont endommagés.

- Redémarrez tout d'abord en mode sans échec.
- Activez l'affichage des fichiers et des dossiers cachés dans l'Explorateur Windows.

- Ouvrez l'Explorateur dans cette arborescence : \Programdata\Microsoft\network\downloader.
- Supprimez ce type de fichiers : *Qmgr0.dat, Qmgr1.dat*, etc.

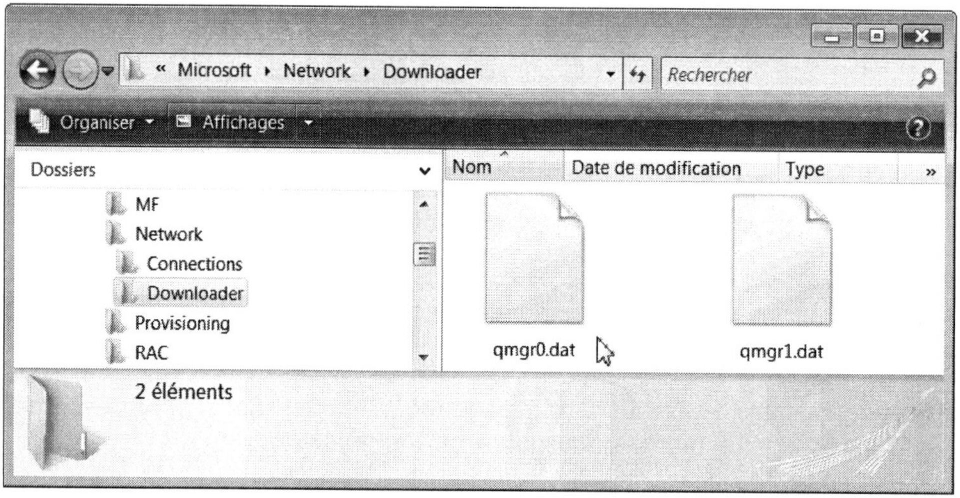

- Redémarrez ensuite en mode normal puis relancez le processus de mise à jour Windows Update.

2. "Erreur 0xC004C4A5"

Ce problème semble être dû, de manière aléatoire, à un problème sur les serveurs Windows.

- Rendez-vous à cette adresse : http://www.microsoft.com/genuine/.
- Cliquez sur le bouton **Valider Windows**.

Comme le proclame cette page : "C'est rapide et c'est facile !"

3. Bogue avec un processus nommé svchost.exe

Ce problème affecte principalement les versions antérieures à Windows Vista. Les symptômes sont les suivants :

- le système semble ne plus répondre quand Windows Update vérifie des mises à jour nécessitant Windows Installer ;

- vous avez des erreurs de violation d'accès avec le processus Svchost.exe ;
- Windows Update semble ne jamais terminer la vérification des mises à jour à installer ;
- quand vous accédez au Gestionnaire de tâches, vous vous apercevez qu'un des processus Svchost.exe monopolise la majeure partie des ressources système.

Un correctif est téléchargeable à partir de cette page de la base de connaissances de Microsoft : http://support.microsoft.com/kb/927891. Il consiste simplement à remplacer la version du fichier msi.dll (la DLL de Windows Installer).

Une fois ce préalable effectué, installez la dernière version du client Windows Update ("Windows Update Agent"). Voici les liens directs :

- http://download.windowsupdate.com/v7/windowsupdate/redist/standalone/WindowsUpdateAgent30-x86.exe
- http://download.windowsupdate.com/v7/windowsupdate/redist/standalone/WindowsUpdateAgent30-x64.exe
- http://download.windowsupdate.com/v7/windowsupdate/redist/standalone/WindowsUpdateAgent30-ia64.exe

Des instructions plus détaillées sont accessibles sur cette page : http://msdn2.microsoft.com/en-us/library/aa387285.aspx. Il est facile de vérifier le numéro de version en accédant aux propriétés de ce fichier :
\WINDOWS\ system32\wuaueng.dll. C'est normalement la "7.0.6000.381" (ou ultérieure...)

4. "Erreur 0x80070424"

➔ Cliquez sur **Démarrer - Exécuter** puis saisissez : **services.msc**.

➔ Accédez aux propriétés de ce service : Service de transfert intelligent en arrière-plan.

➔ Vérifiez que, dans la liste déroulante **Type de démarrage**, ce soit cette option qui soit sélectionnée : **Manuel**.

➔ Cliquez sur l'onglet **Connexion**.

➔ Vérifiez que ce service soit bien mentionné dans le profil matériel nommé **Profil 1**.

→ Cliquez sur **Démarrer - Exécuter** puis saisissez cette commande : **regsvr32 qmgr.dll**.

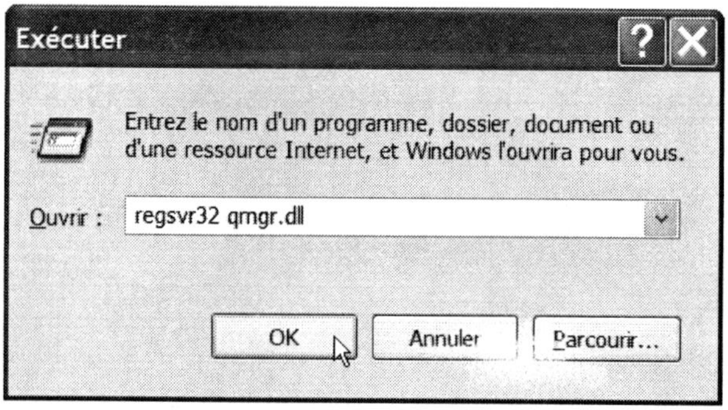

Téléchargez puis installez la mise à jour pour le Service de transfert intelligent en arrière-plan (BITS) 2.0 et WinHTTP 5.1 à partir de cette page : http://www.microsoft.com/downloads/details.aspx?displaylang=fr&FamilyID=b93356b1-ba43-480f-983d-eb19368f9047

5. "Erreur 8024402F"

Voici une solution qui fonctionne sous Windows Vista :

→ Désactivez le Contrôle de compte d'utilisateur.

→ Redémarrez votre ordinateur.

→ Téléchargez un fichier nommé WindowsUpdateAgent à partir de cette adresse : http://download.windowsupdate.com/v7/windowsupdate/redist/standalone/WindowsUpdateAgent30-x86.exe.

La version pour Windows 64 bits est accessible à partir de cette adresse : http://download.windowsupdate.com/v7/windowsupdate/redist/standalone/WindowsUpdateAgent30-x64.exe.

→ Enregistrez le fichier sur votre disque dur.

→ Exécutez ce programme en tant qu'administrateur afin de l'installer.

→ Redémarrez une nouvelle fois votre ordinateur.

Bien entendu, vous pouvez ensuite réactiver le Contrôle de compte d'utilisateur.

6. "Erreur 8007000B"

- Exécutez l'Invite de commandes en tant qu'administrateur.
- Saisissez ces commandes :
  - **`takeown /f c:\windows\winsxs\pending.xml`**
  - **`cacls c:\windows\winsxs\pending.xml /g "votre nom d'utilisateur" :f`**
- Ouvrez ensuite l'Explorateur Windows.
- Activez l'affichage des fichiers et des dossiers cachés.
- Supprimez ce même fichier.
- Téléchargez puis installez l'application cliente de Windows Update qui est téléchargeable à partir de cette adresse : http://download.windowsupdate.com/v7/windowsupdate/redist/standalone/WindowsUpdateAgent30-x86.exe.

7. "Erreur 0x80245003"

Le problème semble ne se poser qu'avec Windows XP.

- Ouvrez une fenêtre d'Invite de commandes.
- Saisissez ces commandes :
  - **`net stop wuauserv`**
  - **`rmdir /s %windir%\softwaredistribution\wuredir`**
  - **`net start wuauserv`**

Chapitre 6 : Dépanner le système d'exploitation

A. Notions de dépannage

Je me suis efforcé dans cette partie du livre de rappeler quelques règles essentielles qui vont vous permettre d'éviter pas mal de catastrophes.

1. Dix choses à ne pas faire avec votre ordinateur

Voici une petite liste qui sert d'aide mémoire.

Nettoyer un ordinateur portable ou un écran avec tout type de solvant. Il vous suffit pour cela d'utiliser un produit adapté ou un chiffon non pelucheux légèrement humide.

Nettoyer l'intérieur d'un ordinateur avec un aspirateur. Utilisez une bombe dépoussiérante en ayant pris soin de ne pas toucher aux composants électroniques. Le seul usage intéressant que l'on peut faire d'un aspirateur est de le placer près du ventilateur d'alimentation afin d'en extraire la poussière qui s'est déposée.

Extraire un disque coincé dans votre lecteur de CD/DVD à l'aide d'un tournevis. Il y a sur chacune des façades des lecteurs de CD/DVD ou des graveurs un minuscule trou. Insérez la pointe d'une épingle afin de provoquer l'ouverture manuelle de votre lecteur.

Placer un disque endommagé dans un lecteur de CD/DVD. Aussi incroyable que cela puisse paraître, un disque abîmé peut être éjecté brusquement d'un lecteur avec une force et une vitesse insoupçonnable et, dans sa course, vous blesser. Ne jouez pas avec le feu !

Continuer à utiliser un ordinateur alors que vous suspectez un problème de disque dur. Dans le pire des cas, vous risquez de perdre définitivement vos données ! Dans un premier temps, procédez à une sauvegarde de vos données puis, à tête reposée, essayez d'analyser si le problème auquel vous êtes confronté provient d'une panne de disque dur ou d'un des autres composants de votre machine.

Installer un programme de détection d'erreurs ou de réparation du système. Il y aura certes toujours des personnes bien intentionnées pour vous expliquer qu'avec le logiciel X, ils ont pu réparer un problème assez bizarre et que tout s'est bien terminé mais, dans la plupart des cas, vous ne ferez qu'aggraver un problème voir définitivement mettre hors d'usage votre machine. Il est très difficile de concevoir une application de réparation pour un système sur lesquelles les informations sont distillées au compte-goutte. En d'autres termes, seule la société Microsoft en sait suffisamment pour mettre au point ce type d'utilitaire (et elle ne le fait pas).

Télécharger un programme qui vous promet monts et merveilles en termes de performances. Dans le meilleur des mondes, vous gagnerez quelques nanosecondes mais, le plus souvent, une nette dégradation des performances voir même l'impossibilité d'utiliser vos applications les plus courantes.

Tout stocker sur votre disque dur. Il y a même une règle absolue en ce domaine : moins votre disque dur contient de données, plus il aura de chance de fonctionner efficacement. Achetez une boîte de disques inscriptibles ou réinscriptibles et, dans la mesure du possible, transférez vos images, clips vidéo et fichiers MP3 sur des supports amovibles. Par ailleurs, il existe beaucoup de sites qui vous permettent de sauvegarder vos données en ligne. La plupart de ces services proposent des offres gratuites.

Se servir d'un ordinateur contenant des données ou des applications professionnelles à des fins personnelles. Il est incroyable de voir le nombre de fois que l'on entend ce type de récriminations : "Mon fils a installé tel ou tel jeu et depuis je ne peux plus accéder à ma comptabilité". Il y a une stricte ligne de démarcation à observer : une machine qui contient des données sensibles doit être placée sous votre seule responsabilité et vous devez éviter à tout prix de l'exposer à des pratiques à risque (jeux, sites adultes, réseaux de Peer-to-Peer, téléchargement à partir de sites de "Warez", etc.)

Ne pas effectuer de sauvegardes. C'est une autre litanie : "mon disque dur m'a lâché et j'ai perdu la liste de tous mes clients". Le principal problème est que vous ne savez jamais réellement quand une panne peut survenir. Il arrive qu'un disque dur ou un autre composant soit défectueux dès la livraison de votre machine ou plusieurs années plus tard. Rappelez-vous qu'en l'absence de sauvegardes effectuées de manière régulière, ce sera toujours au mauvais moment. Prenez donc l'habitude de faire des sauvegardes régulières sur clés USB, en ligne ou sur des disques externes.

J'ajoute un démenti cinglant à la croyance selon laquelle une pièce neuve ne peut pas être endommagée. C'est, au contraire, à ce moment que vous avez le plus de chance de recevoir un composant qui n'a pas été vérifié et qui se révèle être inutilisable.

Dernier point : si vous devez avoir une utilisation professionnelle de votre ordinateur, prenez soin de bien vous faire expliquer les conditions de garantie. Les délais de réparation peuvent aller jusqu'à trois mois. Vous devez vous méfier des mentions du type "sous réserve de la disponibilité des pièces auprès du fabricant". Même si les conditions de garantie font état d'un délai de vingt quatre heures avant le changement de pièce, il se peut que vous attendiez bien plus longtemps si le constructeur n'envoie pas à l'atelier la ou les pièces nécessaires.

2. Quel comportement adopter quand on appelle une Hotline ?

Sachez tout d'abord que ces techniciens sont souvent débutants et rarement suffisamment formés. D'un autre côté, c'est un métier particulièrement difficile et qui nécessite des connaissances approfondies dans des domaines très variés (et souvent pas mal de psychologie...). Dites-vous trois choses :

- votre interlocuteur a souvent intérêt à gérer votre appel le plus rapidement possible en recherchant une solution de facilité : "Bien, Monsieur X, il n'y plus grand-chose à faire si ce n'est de réinitialiser complètement votre système" ;
- il ne possède que très rarement la solution à votre problème et cherchera à vous entraîner dans des manipulations complètement inutiles (histoire de gagner du temps) ;
- il essayera de vous imputer la cause de la panne : "Avez-vous eu récemment des orages dans votre région ?" ou "avez-vous installé récemment un jeu ou un programme que vous avez téléchargé sur Internet ?".

Vous avez donc trois précautions à observer :

- Prenez soin de vous documenter sur le Web en testant les différentes solutions que vous pourrez trouver. Notez soigneusement ce que vous avez tenté de faire et faites-en un exposé détaillé à l'expert que vous arrivez à joindre. Vous devez posséder quelques cartouches avant de vous confronter au technicien "Je sais tout".
- Assurez que vous avez déjà procédé à un formatage et une réinstallation complète du système et ce, dans les règles de l'art. Le message sous-jacent étant de bien faire comprendre à votre interlocuteur que l'ordinateur est dans sa configuration "usine".

- Protestez de votre bonne foi en jurant, qu'à chaque fois que vous quittez votre domicile, vous débranchez la prise électrique de l'ordinateur ainsi que celle du modem ADSL. De plus, vous n'avez pas installé récemment de programme et, au grand jamais, ajouté un composant.

Vous allez sans doute me trouver un peu "dur" mais je possède, à mon actif, une expérience professionnelle de cinq ans dans un service grand public de hotline informatique... Une autre manière de dire que j'ai pu tester toutes les ficelles permettant, avant la pause de midi, de se débarrasser, en y mettant les formes, d'un "gêneur".

3. Trouver la solution d'un problème sur Internet

Bien que ce ne soit pas le seul moteur de recherche, Google est le leader incontesté dans ce domaine. Évitez de lancer des recherches vagues ressemblant à celle-ci "Problème sur Outlook Express". Vous allez afficher une masse de résultats mais aucun qui aura un rapport avec votre problème en particulier. Aussi, prenez l'habitude de construite des requêtes en plaçant le message d'erreur que vous recevez entre guillemets comme dans cet exemple : "MSIMN a causé une défaillance de page dans le module MSOE.DLL". Notez que si l'expression recherchée n'est pas suivie par d'autres termes, le guillemet fermant n'est pas obligatoire. Le second problème qui va se poser à vous est que, dans la masse des résultats renvoyés par les forums d'entraide informatiques, peu comporteront l'exacte solution que vous recherchez. Il faut, dans ce cas, donner un petit coup de main à Google en précisant que vous ne souhaitez afficher dans les résultats que les pages comportant le mot-clé résolu : "Problème sur Outlook Express" inurl:resolu. Il est possible aussi d'utiliser cette variante : "Problème sur Outlook Express" intext:resolu. Cette astuce repose simplement sur le fait que beaucoup de Webmasters de ces forums demandent aux personnes de rajouter cette mention dans le titre de la page quand leur question a reçu une réponse satisfaisante. Faites quelques tests et vous verrez que cela fonctionne encore mieux qu'un coup de baguette magique !

Si aucune solution n'est trouvée sur le Web francophone, vous pouvez essayer, même avec un bagage linguistique réduit, de lancer une recherche sur les sites anglophones. Le principal problème est de traduire de manière exacte votre message d'erreur. Nous allons prendre l'exemple d'un internaute qui cherche une solution au message d'erreur suivant : "COM Surrogate a cessé de fonctionner".

- Accédez à la base de connaissances de Microsoft en français : http://support.microsoft.com/search/?
- Cliquez sur le lien **Recherche avancée**.
- Dans la zone de texte **Rechercher**, saisissez cette expression : **`a cessé de fonctionner`**.
- Dans la zone de texte **En utilisant**, sélectionnez cette option : **La phrase exacte entrée**.
- Cliquez sur le bouton **Rechercher**.

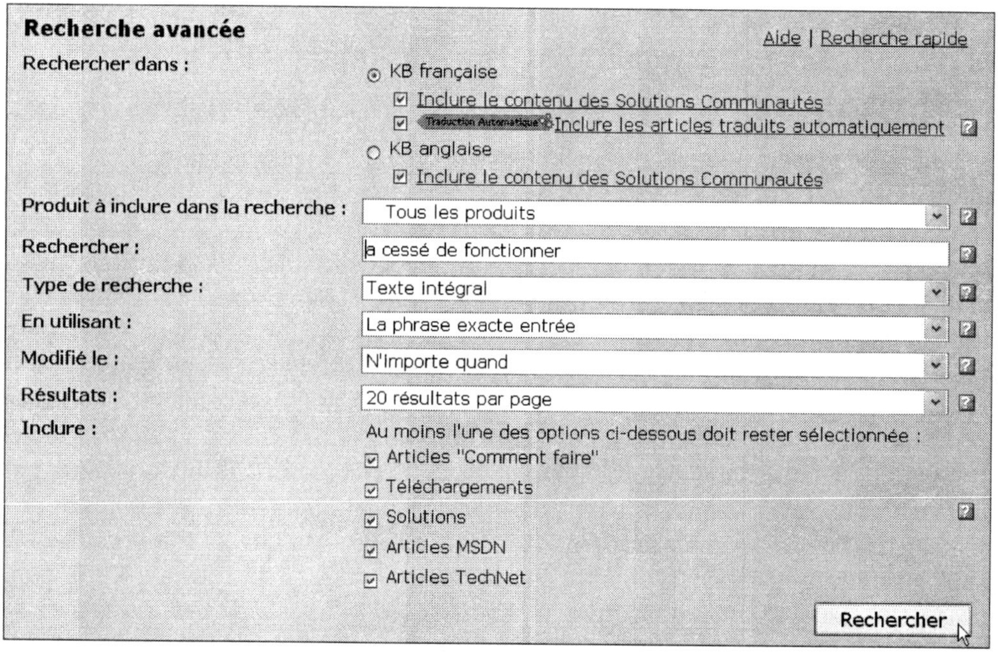

- Une des premières pages trouvées est celle-ci : "pilote d'affichage a cessé de fonctionner correctement".
- Cliquez sur le lien afin d'accéder à cette page.
- Dans le volet de droite et sous la rubrique **Traductions disponibles**, sélectionnez l'option **Anglais (US)** puis cliquez sur le bouton fléché.

Le titre de la page est alors celui-ci : ""Display Driver Has Stopped Working Normally".

Il ne vous reste plus qu'à lancer sur Google cette recherche : "COM Surrogate has stopped Working normally". Si aucun résultat n'est trouvé, il vous suffit de retrancher un ou plusieurs mots. Dans notre exemple, la requête juste est celle-ci : "COM Surrogate has stopped Working. En reprenant la technique développée précédemment, on peut l'améliorer de cette façon : "COM Surrogate has stopped Working" inurl:(fix | solved).

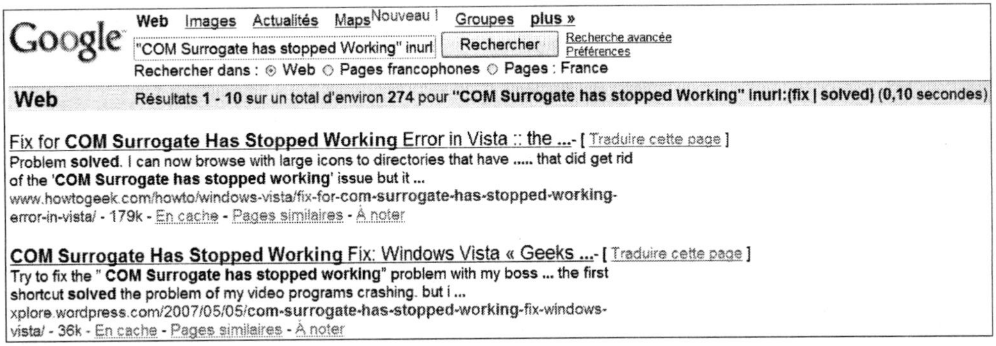

Si vous ne trouvez pas de traduction exacte, traduisez les mots importants présents dans le message d'erreur (sans essayer de construire une phrase cohérente) puis lancez une recherche dans Google qui reprend chacun de ces termes. Vous devez, par exemple, accepter à chaque fois l'accord de licence quand vous lancez un programme Microsoft Office. Il suffit de faire une recherche dans Google sur les termes "proéminents" : "Microsoft Office" licence "every time. La première page trouvée sera un article de la base de connaissances de Microsoft. Vous pouvez traduire la page en français mais, souvent, le résultat n'est vraiment plus compréhensible !

La "Websphère" anglophone étant beaucoup plus importante que celle strictement hexagonale, vous avez évidemment plus de chances de trouver votre bonheur en arpentant les sites anglais ou américains. Un site proposant une multitude de solutions touchant pratiquement tous les domaines de l'Informatique s'appelle "Experts Exchange" : http://www.experts-exchange.com. Le seul problème est que son accès semble conditionné à une participation en monnaie sonnante et trébuchante (mais en apparence seulement !). Quand vous accédez la seconde fois à ce site et cliquez sur le bouton **View Solution**, vous allez être redirigé vers une rubrique vous demandant de procéder à votre inscription et de souscrire à un des abonnements payants qui sont proposés. Il vous suffit en fait de vous servir des barres d'ascenseurs et de descendre tout en bas de la page. La solution trouvée pour ce problème sera affichée "en clair" ! Ce système étant basé sur l'utilisation des cookies, vous ne pouvez théoriquement pas utiliser une seconde fois cette astuce. Auquel cas, cliquez sur **Outils - Options Internet** puis, dans la rubrique **Historique de navigation**, sur les boutons **Supprimer...** et **Supprimer les cookies**.

Vous pouvez ensuite accéder de nouveau à la page tant convoitée ! Notez que ce problème ne se pose pas si vous utilisez Mozilla Firefox.

B. Paramétrer votre machine

Nous allons examiner dans cette partie du livre, tous les tours de main qu'il est nécessaire de connaître avant de devenir un expert du dépannage informatique !

1. Éviter les messages d'erreur

Afin de limiter les alertes et messages d'erreurs envoyés à Microsoft en cas de défaillance du système, vous devez configurer les options de démarrage et de récupération.

- Depuis le **Panneau de configuration - Système et sécurité**, sélectionnez la section **Système** puis l'option **Paramètres système avancés**.
- Dans la rubrique **Démarrage et récupération**, cliquez sur le bouton **Paramètres**.
- Dans la rubrique **Défaillance du système**, décochez les cases **Écrire un événement dans le journal système** et **Redémarrer automatiquement**.
- Cliquez deux fois sur **OK**.

Ce dernier point est particulièrement important : il permet de forcer le système d'exploitation à afficher un message d'erreur (le plus souvent une erreur STOP) plutôt que de redémarrer et de vous laisser sans indication sur le problème auquel vous êtes confronté.

Par ailleurs, il est inutile de perdre son temps à envoyer des alertes auxquelles aucun ingénieur de Microsoft ne donnera suite...

Sous Windows Vista, faites ceci :

- Utilisez les touches ⊞ + Pause.
- Cliquez sur le lien **Paramètres système avancés**.

L'activation et la désactivation des messages relatifs à la sécurité et à la maintenance du système sont gérées par le centre de maintenance.

→ Ce composant est accessible, dans Windows 7, depuis le **Panneau de configuration - Système et sécurité - Centre de maintenance** dans la section **Modifier les paramètres du Centre de maintenance**.

2. Lancer une vérification des fichiers

L'outil de Vérification des fichiers systèmes SFC (*System File Checker*) est un composant du Système de protection des fichiers WFP (*Windows File Protection*) qui vous permet de vérifier l'intégrité des versions de fichiers qui sont présents dans votre système. Voici la syntaxe de la commande SFC :

```
SFC [/SCANNOW] [/VERIFYONLY] [/SCANFILE=<fichier>] [/VERIFYFILE=
<fichier>] [/OFFWINDIR=<répertoire Windows hors connexion>
/OFFBOOTDIR=<répertoire Windows hors connexion>]
```

- **`/scannow`** : analyse l'intégrité de tous les fichiers système protégés et répare les fichiers endommagés ;
- **`/verifyonly`** : analyse l'intégrité de tous les fichiers système protégés sans qu'aucune réparation ne soit effectuée ;
- **`/scanfile`** : analyse l'intégrité du fichier référencé et le répare si des problèmes sont identifiés ;
- **`/verifyfile`** : vérifie l'intégrité du fichier sans qu'aucune réparation ne soit effectuée ;
- Dans ces deux dernières utilisations, le chemin d'accès complet du fichier cible doit être précisé. Par exemple :

  `sfc /verifyfile=c:\windows\system32\kernel32.dll`.

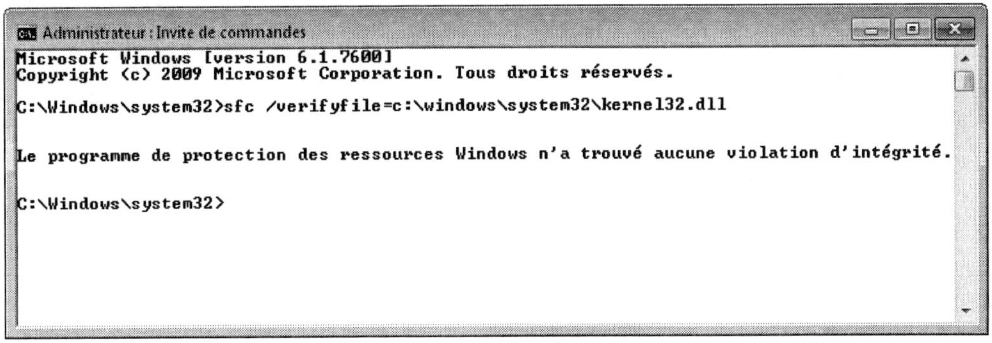

Si aucun problème n'est détecté, vous aurez ce type de message : "Le programme de protection des ressources Windows n'a trouvé aucune violation d'intégrité".

- **/offbootdir** : lors des réparations hors connexion, ce commutateur permet de spécifier le répertoire de démarrage ;
- **/offwindir** : lors des réparations hors connexion, ce commutateur permet de définir l'emplacement du répertoire Windows.

Voici un exemple de commande :

`sfc /scannow /offbootdir=c:\ /offwindir=h:\windows`.

Notez que si vous lancez une vérification complète du système, le processus peut être assez long.

Si vous ne spécifiez pas le chemin d'accès au fichier, vous aurez ce type d'erreur : "La protection des ressources Windows n'a pas reconnu ce fichier en tant que fichier système pouvant être vérifié ou réparé. Vérifiez le chemin d'accès du fichier et recommencez".

Réparer les composants .NET Framework 2.0 and 3.0 sur Windows Vista

Notez que ces composants ne peuvent se désinstaller en utilisant le module **Programmes et fonctionnalités** du Panneau de configuration.

Voici une méthode qui fonctionne et qui illustre un des avantages de SFC :

→ Exécutez l'Invite de commandes en tant qu'administrateur.

→ Saisissez cette commande : **`sfc /scannow`**.

3. La Restauration système

La Restauration système prend une image de votre système à un moment donné. Si, à la suite d'une erreur, vous souhaitez revenir en arrière, il suffira d'accéder à cette fonctionnalité et de choisir un point de restauration.

Sous Windows Vista, la fonctionnalité de Restauration permet de protéger vos données en utilisant une autre fonction appelée "Shadow Copy" ou "Clichés instantanés du système". Nous avons déjà vu que vous pourrez ainsi récupérer une version de vos fichiers telle qu'elle a été enregistrée lors de la prise d'un cliché instantané.

Il y a plusieurs manières de lancer cet outil :

→ Dans la zone de texte **Rechercher** placée au-dessus du menu **Démarrer**, saisissez : **`msconfig`**.

→ Cliquez sur l'onglet **Outils** puis sélectionnez **Restaurer le système**.

→ Cliquez sur le bouton **Exécuter**.

Voici une autre manière : cliquez sur **Démarrer - Tous les programmes - Accessoires - Outils Système - Restauration système**.

Vous pouvez aussi bien directement exécuter cette commande : **`rstrui`**.

Windows propose de lui-même le point de restauration qu'il juge le plus adapté.

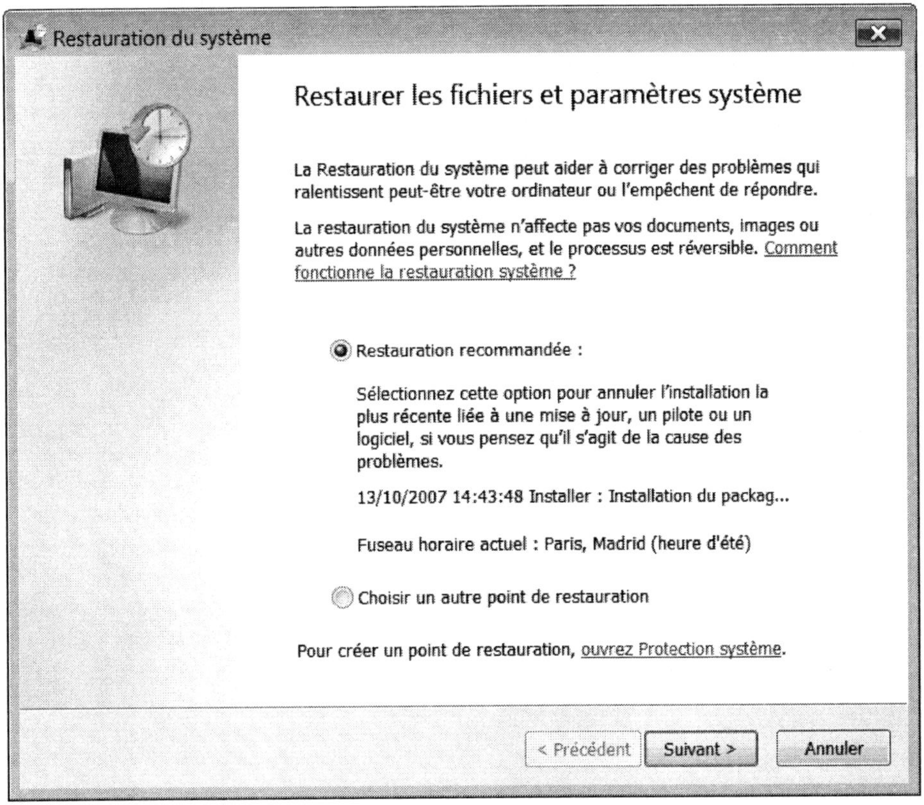

C'est généralement le plus récent, qui a été automatiquement créé avant l'installation d'un correctif ou la désinstallation de tel ou tel programme.

Bien entendu, vous pouvez utiliser un point de restauration plus ancien, mais vous devez sélectionner un point de restauration qui soit antérieur à l'apparition de votre problème et, de préférence, le plus récent possible afin d'éliminer le maximum d'évènements survenus jusque là. Le reste de la procédure ne pose aucun problème : le système va redémarrer et votre ordinateur sera dans l'état qui était le sien à la date et à l'heure du point de restauration que vous avez défini. Il est important de signaler que :

- les documents que vous avez créés par la suite ne sont pas pour autant détruits ni même modifiés ;
- seuls les paramètres du Registre Windows ont été restaurés.

C'est pour cette raison que cette méthode peut être efficace pour des problèmes de Registre endommagé ou modifié (par un virus, par exemple).

Si, après avoir effectué une restauration système, votre problème n'est pas résolu, vous pouvez essayer d'annuler ce point de restauration ou choisir un point de restauration différent. Par défaut, un point de restauration est créé avant le processus de restauration du système.

Afin de créer manuellement un point de Restauration suivez cette procédure :

→ Appuyez sur les touches ⊞ + Pause.

→ Cliquez sur le lien **Protection du système** puis sur le bouton **Créer**.

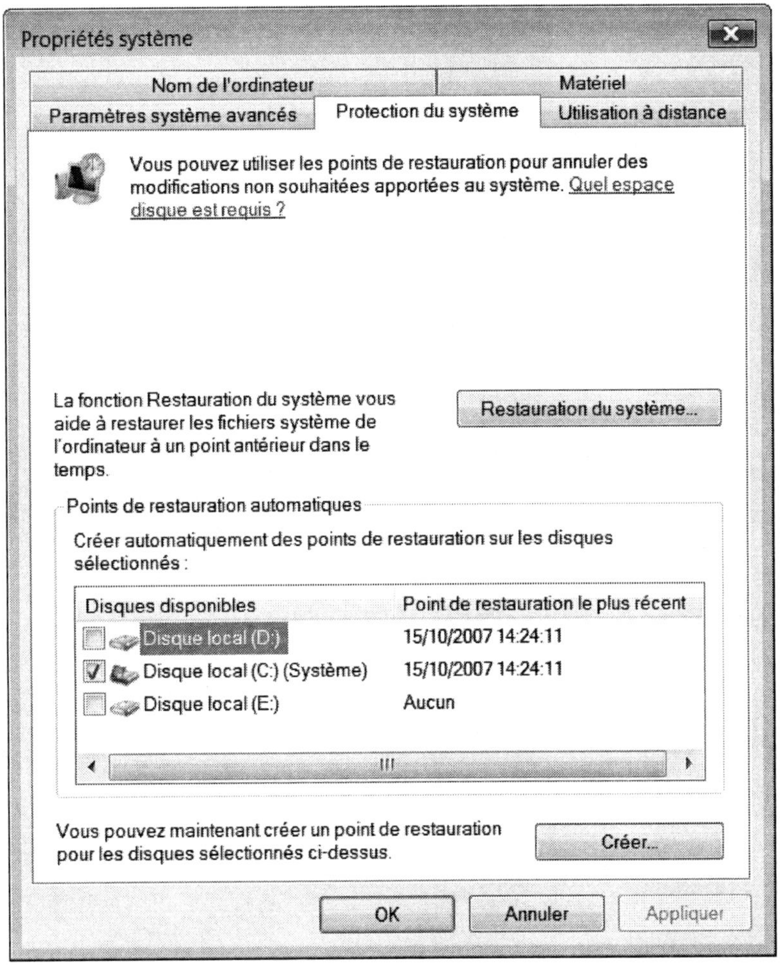

Notez que, par défaut, seul le disque système est sélectionné. Vous pouvez ajouter d'autres lecteurs en cochant la case placée devant puis en cliquant sur le bouton **Appliquer**. De cette façon, la fonctionnalité de clichés instantanés s'appliquera également aux volumes sur lesquels vous placez des documents. C'est une précaution à prendre avant toute manipulation délicate ou installation d'un programme quelque peu exotique (mais pas seulement !).

Afin de supprimer les points de restauration qui ont été créés, faites ceci :

- Décochez la case correspondant au disque système puis cliquez sur le bouton **Désactiver la restauration système**. Sous Windows 7, sélectionnez le disque système, puis cliquez sur le bouton **Configurer**. Sélectionnez l'option **Désactiver la protection du système**.
- Cliquez enfin sur le bouton **Appliquer**.
- Afin de la réactiver, cochez de nouveau la case puis cliquez sur le bouton **Appliquer**.
- Cliquez ensuite sur le bouton **Créer** et définissez un nom pour ce point de restauration.

Par défaut, l'espace disque utilisé correspond à 15% de l'espace libre de chaque partition sélectionnée. Dès que cette limite est dépassée, le point de restauration le plus ancien sera automatiquement supprimé (selon la méthode FIFO : premier entré, premier sorti).

Il est possible de programmer la création d'un point de restauration automatique de la façon suivante :

- Cliquez sur **Démarrer - Tous les programmes - Accessoires - Outils système** puis ouvrez le **Planificateur de tâches**.
- Dans la rubrique **Tâches actives** repérez une tâche nommée "SR" (*System Restore*).

Vous allez voir que plusieurs déclencheurs sont définis. Vous pouvez les visualiser en ouvrant, dans le volet de gauche, cette arborescence : **Bibliothèque du Planificateur de tâches/Microsoft/Windows/SystemRestore**. Le statut de cette tâche va être affiché.

- Dans le volet de droite cliquez sur le bouton **Propriétés** puis l'onglet **Déclencheurs**.

Vous pouvez modifier ou créer un nouvel événement qui déclenchera la création d'un point de restauration. Il est également possible de changer le comportement de cette tâche planifiée en définissant d'autres conditions de lancement, d'arrêt ou de reprise différentes de celles par défaut.

Notez que l'onglet **Historique** permet de retracer tous les menus incidents survenus lors des différentes exécutions ou tentatives d'exécution de cette tâche planifiée.

Vous pouvez l'exécuter manuellement en cliquant sur le lien **Exécuter**, mais aussi l'exporter au format XML, la désactiver ou même la supprimer.

4. Que fait la fonctionnalité de Restauration système ?

Des points de restauration sont automatiquement créés en fonction des déclencheurs suivants :

- installation d'un pilote non signé ;
- installation d'une application compatible avec la fonctionnalité de restauration système et qui va "ordonner" au système de générer au préalable la création d'un point de restauration ;
- utilisation des fonctionnalités Windows Update ;
- lorsqu'un utilisateur restaure son ordinateur à une date antérieure ;
- lors de la restauration de données qui ont été sauvegardées en utilisant les outils intégrés à Vista.
- en fonction de périodicité définie dans le Planificateur des tâches pour la tâche nommée SR.

A priori, les zones suivantes sont restaurées dans l'état tel qu'il a été défini par le point de restauration sélectionné :

- le Registre ;
- les profils locaux ;
- les bases de données COM+, IIS et WMI ;
- les fichiers protégés du système d'exploitation.

Une liste des fichiers qui sont surveillés et éventuellement restaurés dans leur état initial est accessible à partir de cette adresse :
http://msdn2.microsoft.com/en-us/library/aa378870.aspx

Ces éléments ne sont pas restaurés :

- les paramètres DRM ;
- les mots de passe stockés dans la base SAM ou ActiveDirectory ;
- les documents personnels ;
- le contenu des dossiers redirigés.

Enfin, signalons que ne sont pas restaurées les données ou entrées du Registre définies dans cette arborescence : HKEY_LOCAL_MACHINE\SYSTEM\ControlSet001 \Control\BackupRestore et dans les clés suivantes :

- FilesNotToBackup ;
- FilesNotToSnapshot ;
- KeysNotToRestore.

5. Changer la fréquence des points de restauration

Par défaut, Windows Vista effectue un point de restauration une fois par jour (hors autre événement servant de déclencheur). Vous pouvez changer ce délai en utilisant soit l'Éditeur d'objets de stratégie de groupe, soit directement dans le Registre Windows :

→ Ouvrez HKEY_LOCAL_MACHINE\SOFTWARE\Microsoft\Windows NT\CurrentVersion\SystemRestore.

→ Éditez une valeur DWORD nommée RPGlobalInterval.

La valeur hexadécimale par défaut est celle-ci : 15180.

→ Cochez le bouton **Décimale**.

Cette valeur va alors s'afficher : **86400**. C'est le nombre de secondes qu'il y a dans une période de 24 heures. Servez-vous alors de la Calculatrice Windows afin de définir une valeur plus courte ou plus longue.

6. Résoudre un problème sur la Restauration système

Voici quelques erreurs courantes.

"Erreur 0x81000109"

Cela peut être dû à un disque SCSI externe qui est déconnecté et qui sera indiqué comme étant hors connexion dans l'outil de Gestion des disques.

Une autre cause connue est que certains BIOS comportent un bogue dans la gestion des périphériques de démarrage. Il suffit dans ce cas de changer dans la séquence Boot l'ordre de démarrage des disques. Par exemple, indiquez le second disque présent sur votre machine comme étant le premier disque "Bootable".

“Une erreur inattendue s'est produite : Syntaxe du nom de fichier, de répertoire ou de volume incorrecte - (0x8007007B) - La restauration du système va se fermer” :

C'est un problème qui semble se produire sur les équipements OEM ("Original Equipment Manufacturer" est un terme désignant un fabricant d'ordinateurs) et qui est dû à la présence d'un volume manquant.

- Cliquez sur **Démarrer - Panneau de configuration**.
- Basculez éventuellement dans l'affichage classique puis ouvrez une applet nommée **Centre de sauvegarde et de restauration**.
- Cliquez sur le lien **Créer un point de restauration ou modifier les paramètres**.
- Dans la rubrique **Points de restauration automatiques**, il y aura un des disques qui sera indiqué comme étant manquant.

Il suffit alors de désactiver la case placée devant sa mention.

"Erreur 0x800423F4"

Ce problème provient d'une incompatibilité avec le chipset ICH5R d'Intel. Il n'y a pas de solution : seule la version ultérieure de ce chipset (Intel® 82801FR I/O ICH6R) est conçue pour fonctionner avec Windows Vista.

"Erreur 0x8007000E" ou "0xC00000EA"

Ce type d'erreur est généralement dû à la présence d'un programme résident de type antivirus ou antispyware. Il suffit de le désactiver le temps de procéder à la sauvegarde. Vérifiez qu'il n'existe pas une version à jour de l'application fautive.

"Erreur 0x80071A91" ou "8007000B"

Ce problème est dû à la présence d'un pilote RAID qui n'est pas compatible avec Windows Vista.

- Exécutez l'Invite de commandes en tant qu'administrateur.
- Saisissez cette commande : **`fsutil resource setautoreset true d:`**

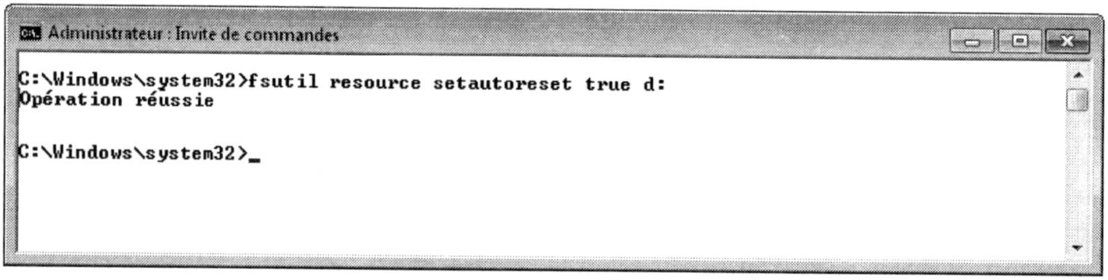

Dans cet exemple, on admet que Windows Vista est installé sur le disque D:\. Cette commande indique que les métadonnées transactionnelles seront nettoyées lors du prochain montage.

- Redémarrez votre ordinateur.

"Erreur 0x80070005 - Accès refusé"

Cette erreur est due au fait que la partition de recouvrement est sélectionnée et ne contient plus assez de place. Il suffit de la désactiver :

- Appuyez sur les touches ⊞ + Pause.
- Cliquez sur le lien **Protection du système**.
- Dans la rubrique **Points de restauration automatiques**, décochez la case placée devant la mention du disque.

Impossible de restaurer complètement Windows Vista en utilisant les fonctionnalités WinRE

Cela suppose que vous utilisez les fonctionnalités BitLocker Drive Encryption et que WinRE est installé sur le volume de démarrage marqué comme une partition active.

La seule solution consiste donc à créer une nouvelle partition et de procéder à une sauvegarde complète sur cette partition.

Les composants .NET Framework ne sont pas correctement restaurés après une restauration complète

Lors de la configuration de la restauration complète vous devez forcer la sauvegarde de l'ensemble des fichiers et des sous-dossiers présents dans ces deux répertoires :

- %windir%\assembly ;
- %windir%\Microsoft.Net.

Perte des points de restauration

En cas de dual boot Windows XP et Windows 7, à chaque fois que vous ouvrirez une session sous XP, les points de restauration que vous avez créés sous Windows 7 seront supprimés. Une solution simple consiste à cacher la partition sur laquelle est installé Windows 7 en utilisant un programme comme TweakUI. Cela est dû paraît-il à la fonctionnalité des clichés instantanés de volume sous XP. Microsoft ne peut corriger ce problème et il est donc inutile d'espérer un quelconque correctif.

"Erreur 0x80070057 lors de la création d'un disque de réparation système"

Cette erreur est généralement provoquée par une corruption du fichier de sauvegarde lorsque celle-ci a été annulée ou interrompue.

La solution consiste à recréer une sauvegarde de la partition système sur un disque externe.

7. Inscrire un composant dans le Registre

Lors du déploiement d'un système d'exploitation Windows, un grand nombre de fichiers DLL ou fichiers exécutables sont placés dans les répertoires systèmes (principalement dans \Windows\System32). Pour pouvoir fonctionner, ces fichiers DLL inscrivent des informations dans le Registre Windows. Il arrive que bien qu'un fichier DLL ne soit pas endommagé, les informations nécessaires dans le Registre soient absentes ou corrompues. Vous devez dans ce cas procéder à son "réenregistrement". Regsvr32 permet d'enregistrer ou de supprimer l'enregistrement d'un composant OLE comme un fichier DLL ou un contrôle ActiveX. La syntaxe de la commande Regsvr32.exe est la suivante :

```
Regsvr32 [/u] [/n] [/i[:Ligne_De_Commande]] Nom_Du_Fichier.dll
```

- **/u** : appelle le système API DllUnRegisterServer pour annuler l'enregistrement du fichier spécifié ;
- **/s** : s'exécute en mode silencieux et donc sans afficher de message de confirmation ;
- **/i** : appelle DllInstall et transmet une ligne de commande facultative ;
- **/n** : n'appelle pas le système API DllRegisterServer. Cette option doit être utilisée avec le paramètre /i.

Pour certains composants COM, vous devez utiliser les systèmes API DllRegister et DllUnregister (/i ou /i /u) tandis que pour les autres composants COM et les composants WIN32, vous devez appeler Dllinstall ou DllUnistall (sans commutateur ou en utilisant le drapeau /u).

Un fichier DLL (*Dynamic Link Library* ou "Bibliothèque de liaison dynamique") est un sous-programme contenant des routines, des instructions et des fonctions permettant aux applications et au système d'exploitation de fonctionner. Si certaines sont promues à une multitude de tâches différentes, d'autres sont plus spécialisées.

Une API (*Application Programming Interface*) est une interface de programmation fournissant un ensemble de fonctions pour ainsi dire "prêtes à l'emploi".Un composant COM (*Component Object Model*) est un modèle objet, propre aux systèmes Microsoft, sur lequel OLE s'appuie.Les technologies OLE (*Object Linking and Embedding*) permettent la liaison et l'imbrication d'objets entre différentes applications et composants du système d'exploitation. Cela vous permet, par exemple de faire un appel vers un périphérique de numérisation à partir d'une application Office.

Dans le cas des fichiers exécutables, vous pouvez tester l'une de ces commandes : **`Nom_Exécutable /unregister ou register`**

Par exemple, afin de désactiver puis de réactiver la fonction de l'horloge Windows XP, saisissez tour à tour ces commandes : **`W32tm /unregister`** puis **`W32tm /register`**. Cette dernière commande enregistre l'exécution en tant que service et ajoute la configuration des entrées nécessaires dans le Registre.

Voici un exemple d'utilisation permettant de résoudre un problème sur Windows Update après avoir effectué une installation/réparation de Windows. Le problème provient du fait que certains fichiers exécutables nécessaires à l'exécution de Windows Update ne sont plus correctement enregistrés dans le Registre. Une solution consiste alors à les réenregistrer manuellement :

→ Ouvrez une fenêtre d'Invite de commandes.

→ Saisissez ces commandes en validant à chaque fois par la touche [Entrée] :

- regsvr32 /s wuapi.dll
- regsvr32 /s wuaueng1.dll
- regsvr32 /s wuaueng.dll
- regsvr32 /s wucltui.dll
- regsvr32 /s wups2.dll
- regsvr32 /s wups.dll
- regsvr32 /s wuweb.dll

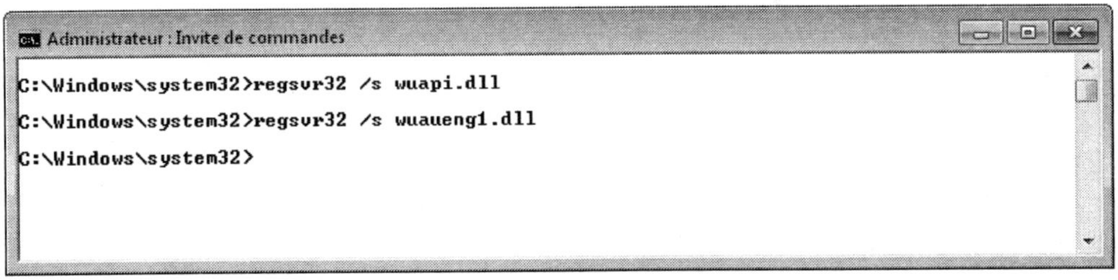

Voici un autre exemple illustrant une manière rapide de réparer une application Office :

→ Cliquez sur **Démarrer - Exécuter**, puis saisissez : **`[Exécutable_Application] /unregserver`**.

→ Validez par **OK**, puis saisissez : **`[Exécutable_Application] /regserver`**.

Par exemple : **excel /unregserver**.

Dans le cas de Word, la commande pourra être : **`winword /unregserver`**. Nous supprimons de cette façon l'inscription de Word dans le Registre. D'une manière générale, il nous paraît plus sûr de désactiver une fonctionnalité ou un composant Windows avant de les réactiver.

C. Utilitaires du système d'exploitation

Windows dispose de plusieurs outils pour dépanner et surveiller l'activité du système d'exploitation. Nous verrons dans ce paragraphe trois des outils système utiles pour les opérations de dépannage.

1. Le moniteur de ressources

Vous pouvez, à partir de cet outil, visualiser l'exploitation en temps réel des ressources système de votre environnement, comme, par exemple, les processus, l'activité disque ou la mémoire utilisée, les modules et descripteurs liés aux processus, comme les clés de registre ou les bibliothèques dynamiques, fichiers DLL (*Dynamic Link Library*).

Le moniteur de ressources complète l'information issue du Gestionnaire des tâches et permet d'aller plus loin dans l'analyse des ressources consommées sur le système.

➔ Pour lancer le moniteur de ressources, tapez **resmon.exe** dans la zone de recherche du menu **Démarrer**, puis appuyez sur la touche [Entrée]. Vous pouvez également afficher le moniteur de ressources en cliquant sur le bouton **Moniteur de ressource**... à partir du **Gestionnaire des tâches** de Windows.

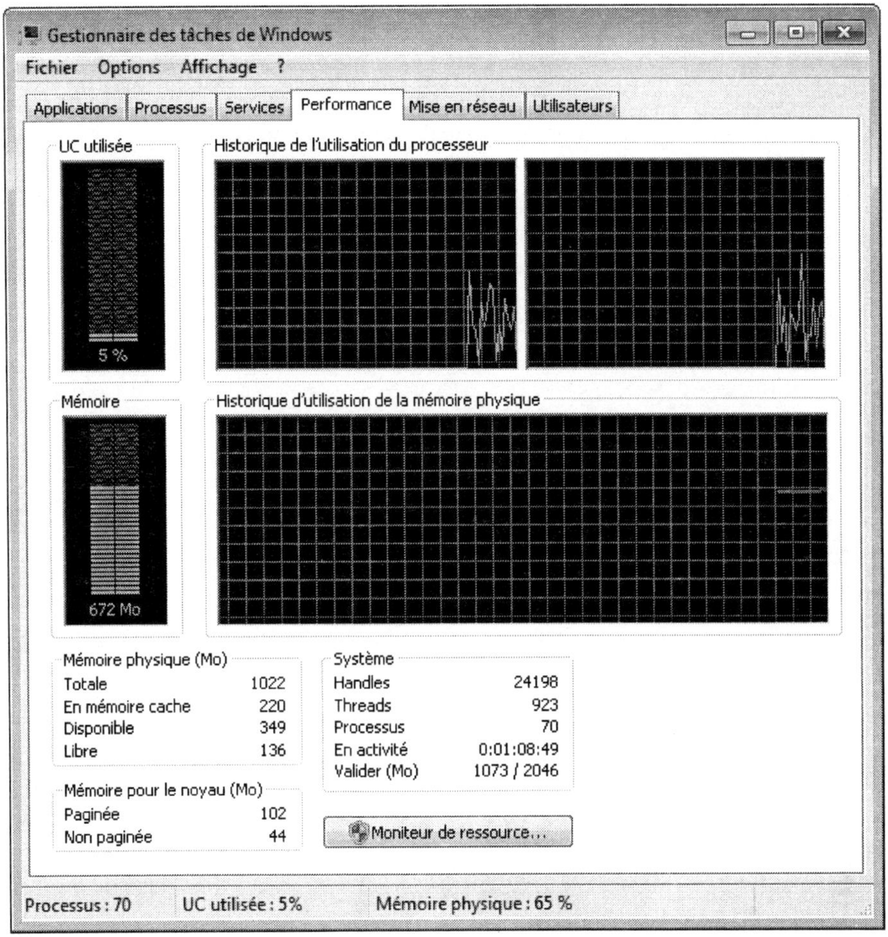

- Afin d'approfondir la connaissance du moniteur de ressources, vous pouvez visualiser les services en cours d'exécution sur votre système.
- À partir du **Moniteur de ressources**, sélectionnez l'onglet **Processeur** puis cliquez sur la section **Services**. Vous pouvez agrandir la section à l'aide de votre souris afin de visualiser le maximum de services actifs.
- En sélectionnant le processus **svchost.exe (RPCSS)**, vous visualisez les services en cours d'exécution et les descripteurs associés à ce processus critique du système d'exploitation. Ce processus est démarré par le service RPC (Appel de procédure distante) et utilise de nombreux descripteurs, clés de registre et éléments système.

→ Dans la section **Modules associés** vous visualisez les bibliothèques dynamiques et fichiers DLL (*Dynamic Link Library*) utilisés par le processus svchost.exe (RPCSS).

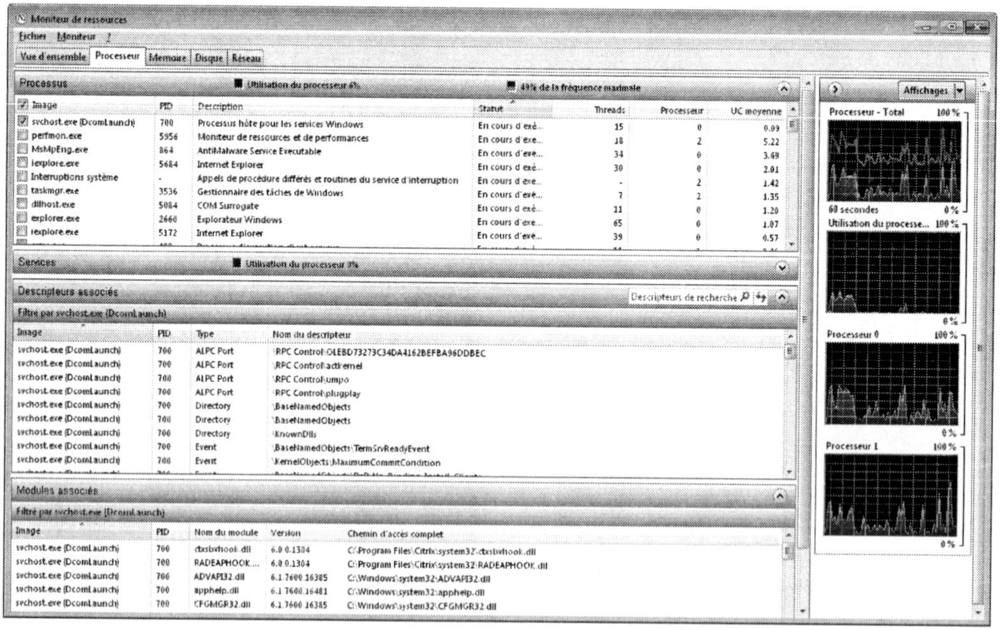

→ Dans l'onglet **Mémoire**, observez sous forme graphique les informations sur la mémoire physique de votre poste. Vous visualisez la mémoire utilisée et la mémoire disponible. Le système met en veille une partie de la mémoire disponible, le but étant d'allouer plus rapidement de nouvelles ressources aux programmes qui le nécessitent.

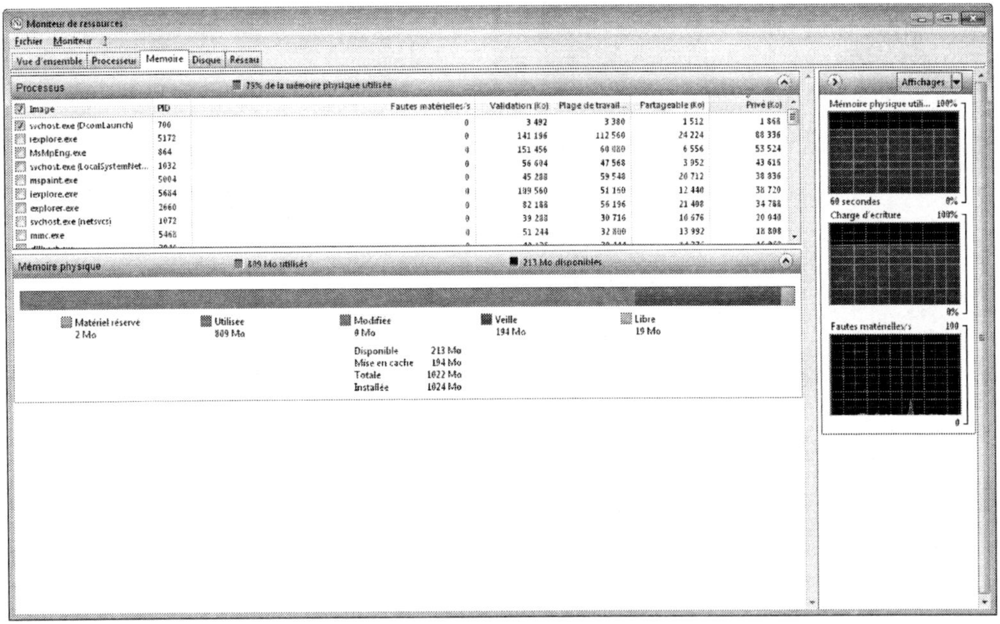

→ Enfin l'onglet **Réseau** permet d'afficher les ports réseaux en écoute sur votre environnement. Ceci est équivalent à la commande **netstat -a** exécutable à partir d'une invite en ligne de commande.

2. Analyseur de performances

Cet outil permet de visualiser en temps réel les performances de votre système, au niveau matériel et logiciel, et d'enregistrer ces données pour une analyse ultérieure. L'analyseur de performances dispose par défaut de deux collecteurs de données System Diagnostics (Diagnostics du système) et System Performance (Performances du système). À partir de cet outil, vous pouvez également créer vos propres collecteurs de données.

L'analyseur de performances utilise les compteurs de performances Windows et vous permet de définir vos propres collecteurs de données, afin de personnaliser votre analyse.

→ Pour lancer l'analyseur de performances, tapez **perfmon.exe** dans la zone de recherche du **menu Démarrer**, puis appuyez sur la touche [Entrée].

- Sélectionnez l'outil **Analyseur de performances** sous le nœud **Outils d'analyse**. Le compteur % temps processeur est le compteur de performances sélectionné par défaut.

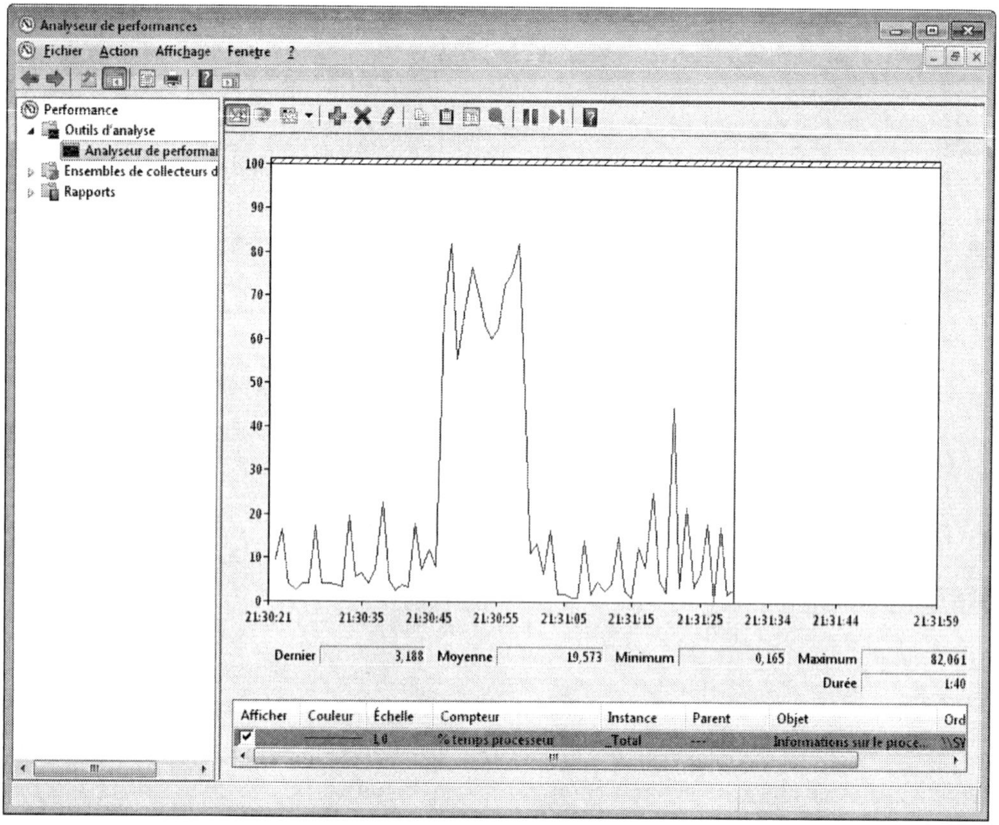

- Vous pouvez ajouter des compteurs de performances supplémentaires en effectuant un clic droit dans la zone d'affichage de l'analyseur de performances puis en sélectionnant l'option **Ajouter des compteurs**.

Windows Vista et Windows 7 disposent de nombreux compteurs de performances pour l'analyse et la collecte des performances de votre système. Sélectionnez l'option **Afficher la description** pour obtenir une description détaillée du compteur de performances sélectionné. Vous pouvez également vous connecter à un système distant en cliquant sur le bouton **Parcourir**. Dans ce cas, sélectionnez sur le réseau l'ordinateur distant sur lequel vous voulez visualiser les compteurs de performances.

Pour visualiser et distinguer correctement les données issues des deux compteurs de performances sélectionnés, assurez-vous de la couleur et de l'échelle définie pour chaque compteur. Utilisez de préférence une couleur différente. Ces éléments sont accessibles depuis les propriétés des compteurs de performances.

L'analyseur de performances dispose par défaut de deux collecteurs de données :

- **System Diagnostics (Diagnostics du système)**
- **System Performance (Performances du système)**

Utilisez le collecteur de données **System Diagnostics** afin d'établir un diagnostic du système et d'obtenir des informations détaillées sur votre environnement.

→ Sous le nœud **Ensembles de collecteurs de données - Système**, sélectionnez le collecteur de données **System Diagnostics**.

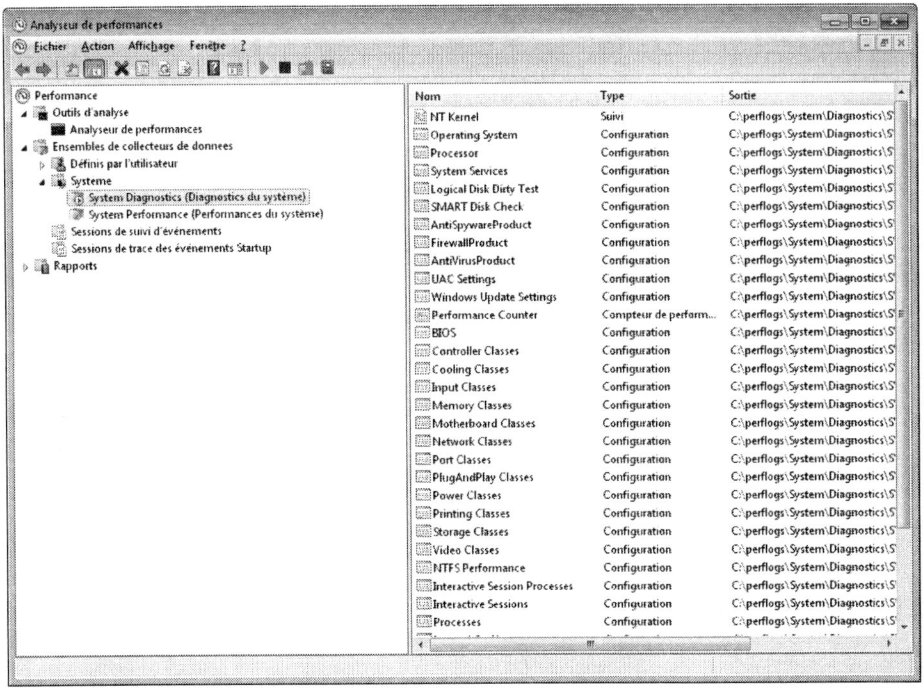

→ Dans le menu **Action**, sélectionnez l'option **Démarrer**. Le processus de collecte des données dure 60 secondes. À la fin de ce processus, vous pouvez accéder au rapport issu de la collecte de données.

- Les données du rapport sont accessibles sous la forme de fichiers au format XML, stockés dans le dossier **C:\PerfLogs\Sysytem\Diagnostics\%Nom du rapport%**.

Vous pouvez créer vos propres collecteurs de données sur le modèle des collecteurs de données du système.

3. Observateur d'événements

L'observateur d'événements est un des outils les plus couramment utilisés par les administrateurs système pour analyser l'activité courante d'un poste Windows. L'observateur d'événements collecte les informations issues du système, mais également des services et des applications.

Dans Windows Vista ou Windows 7, l'utilisation de l'observateur d'événements ne se limite plus à la collecte des événements. Vous pouvez, par exemple, utiliser les journaux d'événements Windows pour déclencher une tâche planifiée sur un événement de type erreur.

- Pour lancer l'observateur d'événements, tapez **eventvwr.exe** dans la zone de recherche du **menu Démarrer**, puis appuyez sur la touche [Entrée]. Vous pouvez également afficher l'observateur d'événements à partir du **Panneau de configuration**. Dans la section **Système et sécurité - Outils d'administration**, sélectionnez l'option **Observateur d'événements**.
- Pour afficher les événements générés par les composants système de Windows, sous le nœud **Journaux Windows**, sélectionnez le journal **Système**.

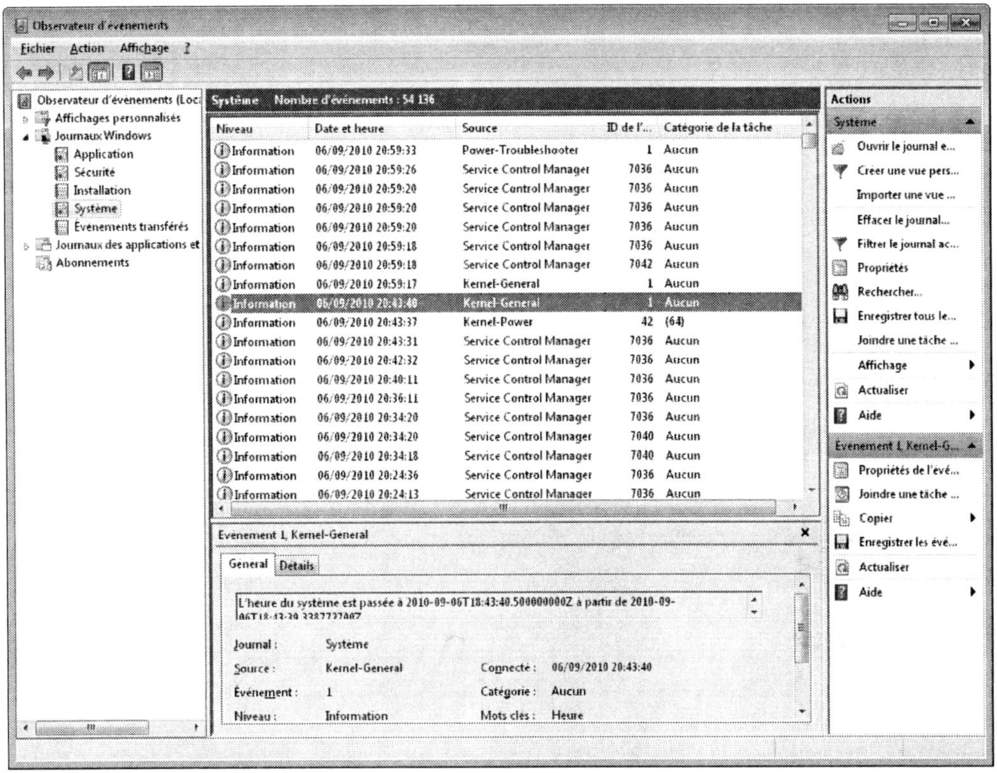

La taille du journal est accessible depuis les propriétés du journal Système. L'onglet **Abonnements** permet de collecter des événements issus d'autres ordinateurs du réseau.

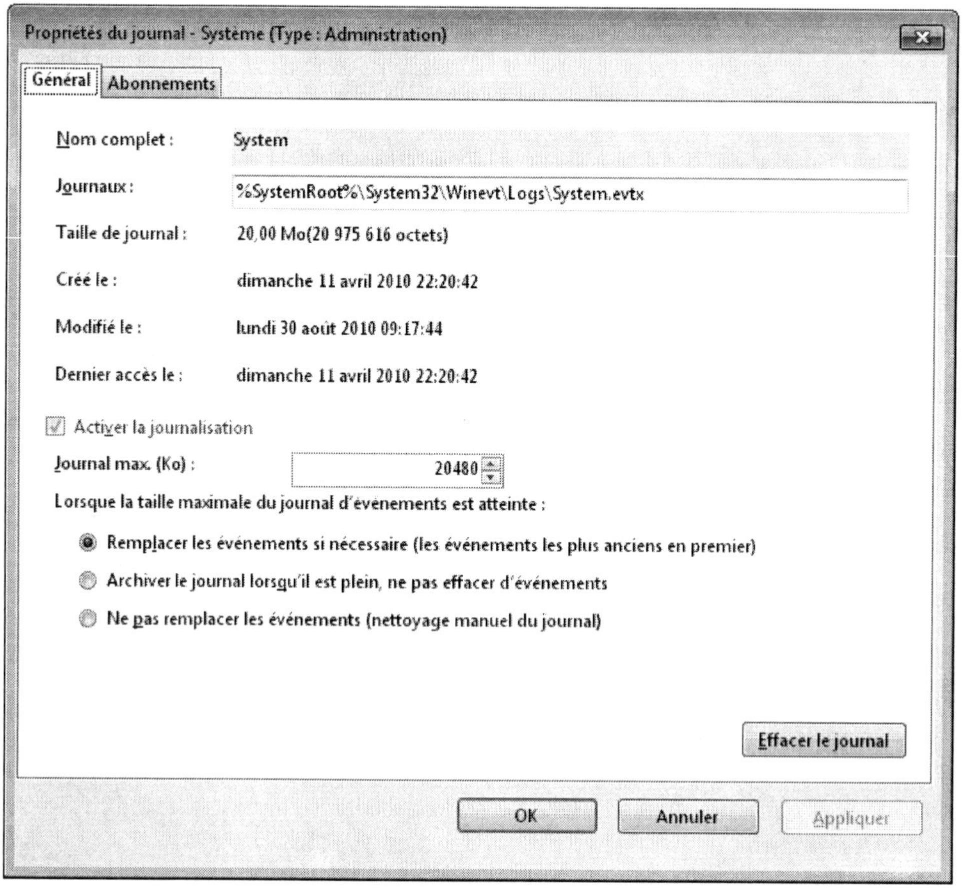

Vous pouvez archiver les journaux sous la forme de fichiers *.evtx grâce à l'option **Enregistrer le journal sous...** disponible dans le menu contextuel du journal.

Dans les journaux Windows, vous visualisez les journaux liés au système, aux applications et à la sécurité. Dans les journaux des applications et des services, vous visualisez les journaux liés aux différents services Windows, comme par exemple le service **Windows Defender**.

D. Les options du menu de démarrage

Le menu de démarrage de Windows est visible en tapant sur la touche [F8] du clavier, et ce avant l'apparition de l'écran de bienvenue. Il est souvent indispensable d'arrêter complètement l'ordinateur, puis de le redémarrer. Les différentes options disponibles vous permettent d'accéder à vos données et au Bureau Windows si le mode normal n'est plus accessible. Par ailleurs, dans ces différents modes, un nombre minimal de services et aucune application résidente n'est lancée. Enfin, beaucoup de pilotes installés sont désactivés et cèdent la place aux pilotes de périphériques génériques à Windows. C'est donc un moyen rapide de vérifier que votre problème ne provient pas :

- d'un service Microsoft ;
- d'un service non Microsoft ;
- d'un pilote de périphérique endommagé ou incompatible ;
- d'une application qui s'exécute en tâche de fond à chaque ouverture du Bureau Windows (en mode normal) ;
- de la présence d'un virus ou d'un spyware.

Dans les paragraphes qui suivent, nous n'exposerons que les options indispensables ou simplement intéressantes pour une éventuelle procédure de dépannage.

1. Le mode Sans échec

Le système d'exploitation démarre en n'utilisant que les services et pilotes indispensables (souris, moniteur, clavier, périphériques de stockage, carte graphique standard, services du système par défaut et aucune connexion réseau). Signalons que vous pouvez lancer une opération de gravure, mais qu'il ne sera a priori pas possible d'installer ou de désinstaller une application utilisant un package d'installation Windows Installer. De plus, vos connexions réseau et l'accès à Internet sont désactivés.

Pour forcer l'ordinateur à démarrer en mode sans échec au prochain redémarrage.

→ Dans la zone de recherche du **menu Démarrer**, saisissez **msconfig**.

→ Cliquez sur l'onglet **Démarrer** puis activez l'option **Démarrage sécurisé**. Cliquez sur le bouton **OK**.

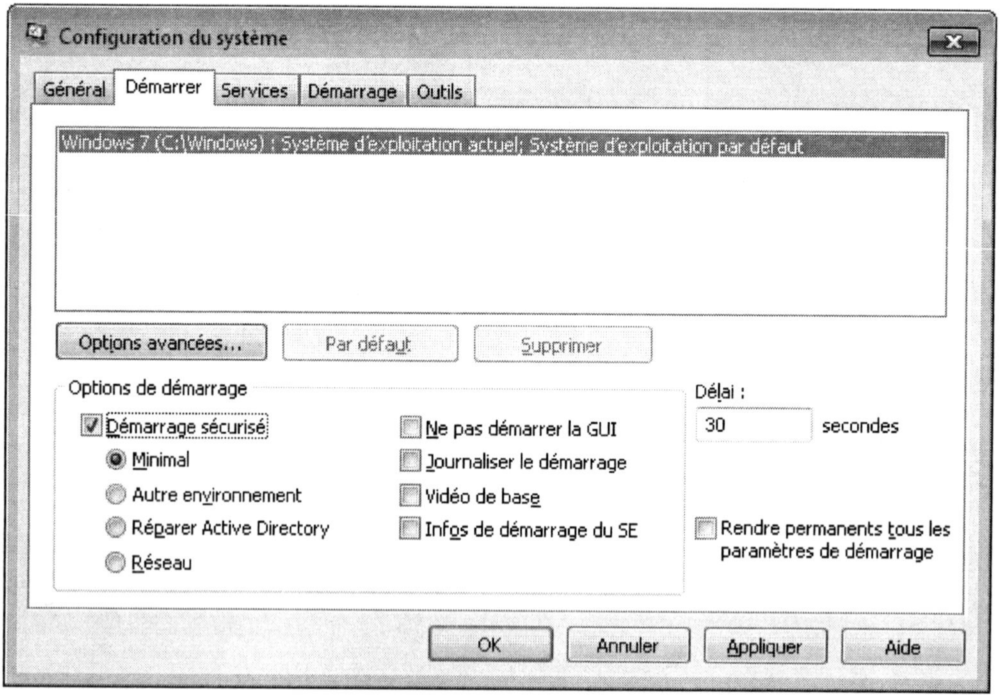

2. Le mode Sans échec avec prise en charge réseau

Cette option est intéressante même si votre ordinateur n'est pas connecté à un réseau local. Par exemple, les utilisateurs d'une "Freebox" ou d'une "Livebox" peuvent utiliser ce mode s'ils désirent accéder à Internet pour faire une mise à jour de leur antivirus ou d'un pilote de périphérique alors que l'accès à Windows en mode normal n'est pas possible. C'est aussi un bon moyen de procéder à une vérification du système en utilisant votre antivirus ou anti-spyware. En effet, il y a moins de chance qu'un virus soit déjà chargé en mémoire et donc puisse jouer à cache-cache avec votre programme antivirus (de façon à rester invisible de cette même application). Rappelez-vous tout de même que le pare-feu de connexion Internet ne sera pas activé et que les packages d'installation "Windows Installer" ne fonctionneront pas dans ce mode. Il est donc impossible de supprimer ou d'installer les applications qui utilisent cet "Installateur".

3. Le mode Sans échec avec invite de commandes

Vous êtes en invite de commandes. En d'autres termes, le Shell explorer.exe est remplacé par cmd.exe. Il est toujours possible de lancer l'Explorateur Windows de cette façon :

- Accédez au Gestionnaire de tâches puis cliquez sur **Fichier - Nouvelle tâche (Exécuter...)**.
- Dans la zone de texte **Ouvrir**, saisissez **`explorer`**, puis cliquez sur **OK**.
- Vous vous retrouverez en mode sans échec "simple".

4. Inscrire les événements de démarrage dans le journal

Dans ce mode, Windows enregistre dans un fichier nommé ntbtlog.txt l'ensemble des pilotes et des services qui ont été chargés ou non. Si vous n'avez plus accès à Windows, vous pouvez redémarrer à partir de la console de récupération et saisir cette commande : **`Type ntbtlog.txt`**. Signalons tout de même que les informations présentes sont vraiment ardues à décrypter.

5. Dernière bonne configuration connue

Cette option est efficace dans les circonstances suivantes : suite à l'installation d'un nouveau périphérique, d'une mise à jour de pilote, de l'installation d'un programme qui nécessite la création d'un ou plusieurs services pour pouvoir fonctionner le système ne démarre plus normalement. Cela peut être le cas d'un programme antivirus, d'un logiciel de géométrie de disque ou d'une application de gravure capable d'émuler un ou plusieurs lecteurs virtuels. En termes clairs, cela signifie que, suite à une modification apportée dans la branche HKEY_LOCAL_MACHINE\SYSTEM\CurrentControlSet, le système ne peut plus démarrer normalement. Le principe consiste à démarrer Windows en utilisant les paramètres utilisés lors de la dernière tentative de démarrage réussie. Voici le mécanisme qui sera mis en place : le système d'exploitation va restaurer les informations contenues dans un des jeux de sauvegarde présents dans l'arborescence du Registre HKEY_LOCAL_MACHINE\SYSTEM (CurrentControlSet002, CurrentControlSet003, etc.).

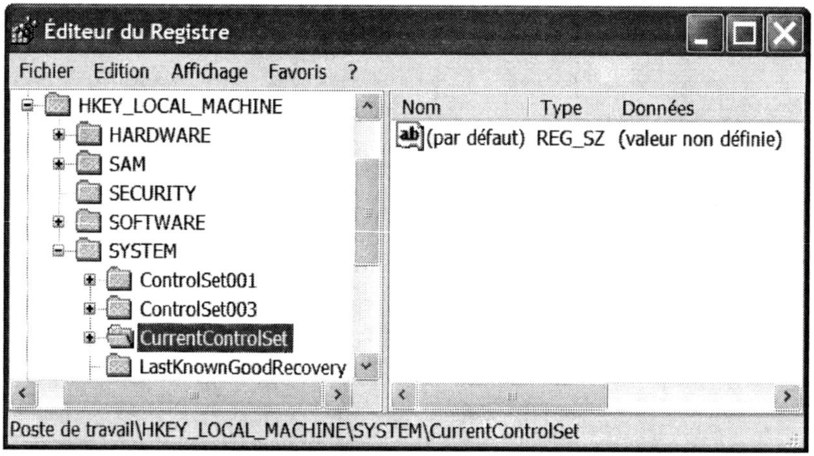

Toutes les modifications apportées aux autres clés du Registre seront conservées. C'est un peu la limite de cet outil parce qu'en toute logique vous devez pouvoir démarrer en mode sans échec et effectuer une restauration du système. Utilisez donc cette solution si le démarrage en mode sans échec n'est même plus possible.

E. Les fonctionnalités WinRE

Ce mode de démarrage à partir d'un disque existant de Windows vous permet d'accéder à de nombreuses fonctions de paramétrage et de dépannage. Voyons comment démarrer la "Console de récupération" sous Windows. Notez que cet ensemble de fonctionnalités a été rebaptisé "Windows Recovery Environment" ou encore WinRE ou "Environnement de récupération Windows". Cette technologie s'appuyant sur celle des disques PE ("Windows Preinstallation Environment" est une version basique du système d'exploitation utilisé principalement à des fins de diagnostic et de dépannage) propose deux types de fonctionnalités :

- un diagnostic automatique vous permettant de réparer les problèmes de démarrage les plus courants ;
- une plate-forme "avancée" proposant des outils avancés de dépannage.

Insérez votre disque d'installation de Windows Vista ou Windows 7.

➔ Accédez éventuellement au Bios de votre machine afin de paramétrer la séquence de démarrage.

→ Appuyez sur n'importe quelle touche afin de démarrer à partir du disque de Windows.

Windows va charger les fichiers nécessaires. Vous pouvez tomber sur une fenêtre intermédiaire qui propose les choix suivants :

- Windows Setup [MS Enabled] : ce menu peut se traduire littéralement par : "Active les services de gestion d'urgence pour une application au démarrage" ;
- Windows Memory Diagnostic : servez-vous de la touche [Tab] pour activer cette dernière commande.

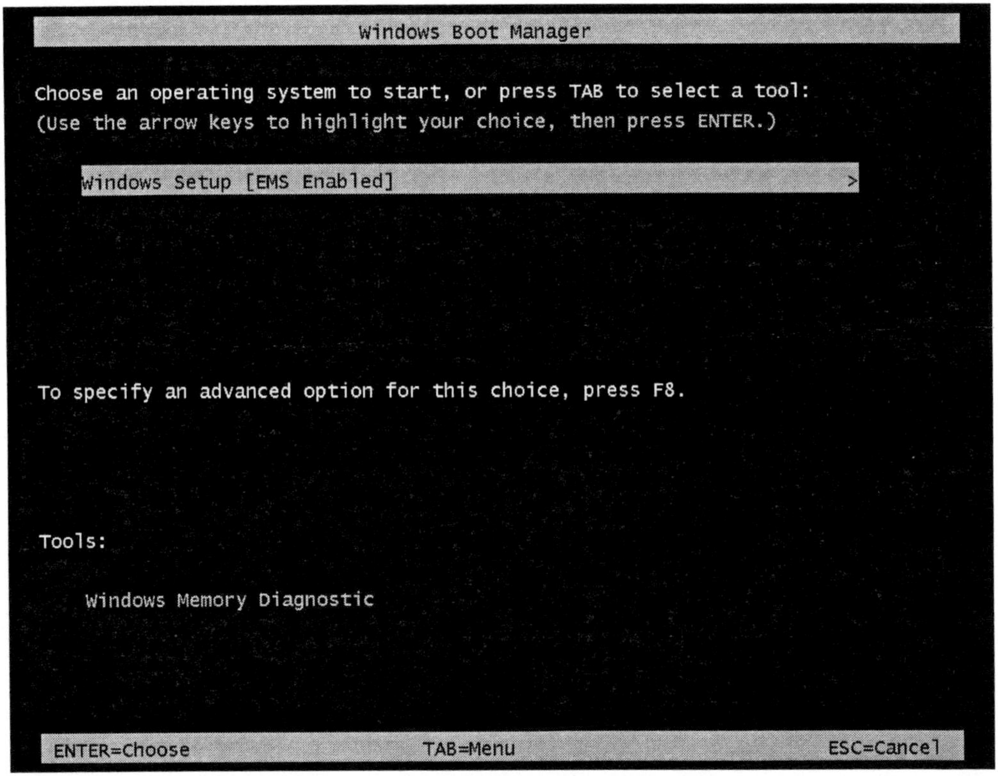

Il est donc possible d'effectuer une vérification des barrettes mémoire sans que Windows ne soit installé sur l'ordinateur cible.

- Vous pouvez aussi appuyer sur la touche [F8] afin d'activer le mode de démarrage avancé qui vous permettra de booter sur le disque dur.

- Si vous appuyez sur la touche [Esc], vous allez démarrer une nouvelle installation de Windows.

→ Laissez le premier choix activé ("Windows Setup [MS Enabled]") puis appuyez sur la touche [Entrée].

Windows va charger les fichiers nécessaires à l'installation, puis la fenêtre affichant les options de langue va apparaître.

→ Cliquez sur le bouton **Suivant** puis le lien **Réparer l'ordinateur**.

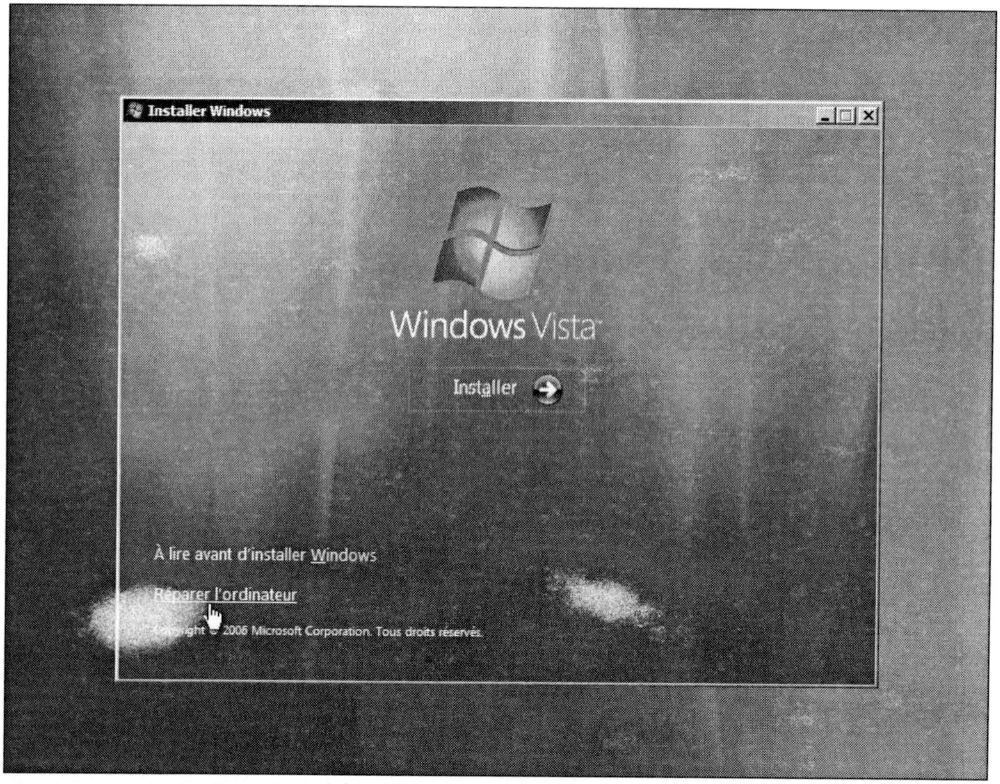

Il y a un temps d'attente avant que le système détecte les installations existantes de Windows. Vous remarquerez que les installations de Windows XP ou Server 2003 ne seront pas affichées. Il est possible de paramétrer un pilote de disque dur en cliquant sur le bouton **Charger des pilotes**.

→ Sélectionnez le système d'exploitation que vous souhaitez réparer puis cliquez sur le bouton **Suivant**.

WinRE affiche cinq choix possibles :

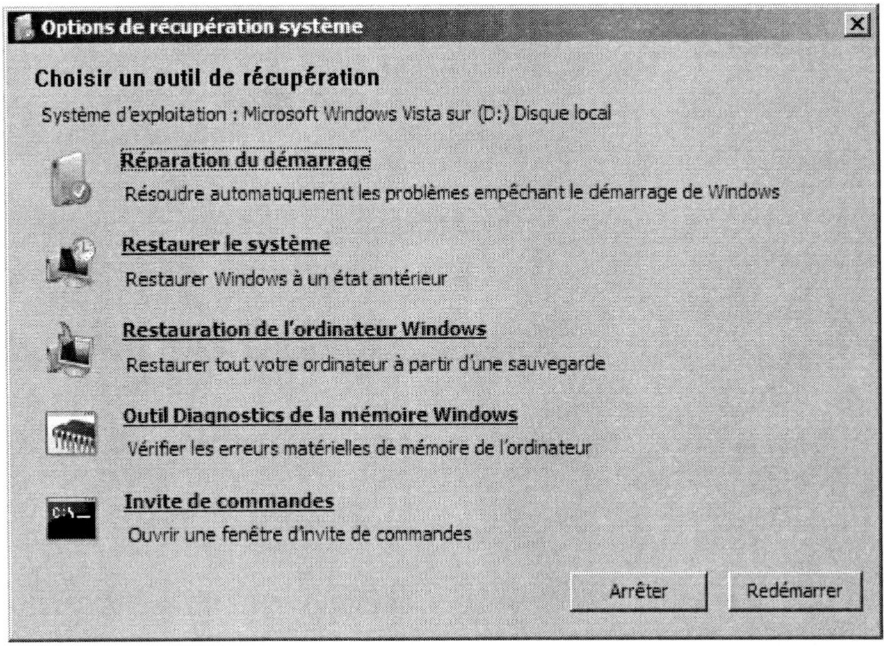

Nous allons expliquer le fonctionnement de chacun des outils qu'il est possible d'utiliser.

1. Réparation du démarrage

Windows va rechercher d'éventuels problèmes de démarrage. Par exemple, vous pouvez être confronté à un message d'erreur indiquant qu'il est impossible de charger l'entrée sélectionnée car l'application est absente ou endommagée.

→ Dans ce cas, cliquez sur le lien **Réparation du démarrage**.

L'outil de redémarrage système va rechercher d'éventuels problèmes sur votre système.

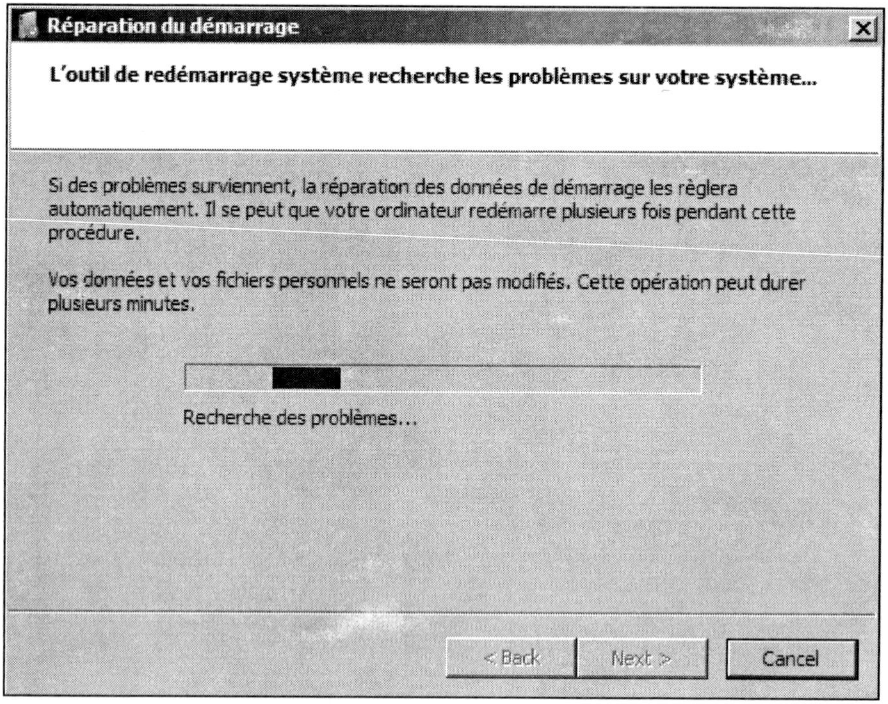

- Cliquez sur le lien visible afin d'afficher les détails sur le diagnostic et la réparation.
- Cliquez enfin sur les boutons **Fermer** et **Terminer** afin de redémarrer votre système.

Mon expérience me fait dire que cette commande peut être efficace dans les scénarios suivants :

- une entrée du Registre est endommagée ;
- un fichier système est endommagé ou manquant ;
- un pilote de périphérique est absent ou défectueux.

2. Restaurer le système

Si vous sélectionnez ce lien, la fenêtre **Restaurer les fichiers et les paramètres système** va apparaître.

- Cliquez sur le bouton **Suivant** puis sélectionnez un point de restauration.

➜ Cliquez deux fois sur le bouton **Suivant** puis sur **Terminer**.

Le processus de restauration système va s'initier.

3. Restauration de l'ordinateur Windows

Retirez le disque de Windows puis insérez éventuellement celui sur lequel vous avez effectué une sauvegarde complète en cliquant sur le bouton correspondant (**Sauvegarde complète PC**) dans l'assistant Statut et configuration de la sauvegarde.

➜ Cliquez sur le lien correspondant.

Le système va analyser vos périphériques de sauvegarde.

➜ Sélectionnez le bouton radio **Restaurer une sauvegarde différente** si vous souhaitez sélectionner une sauvegarde différente.

➜ Dans tous les cas, cliquez sur le bouton **Suivant**.

➜ Dans la fenêtre suivante, vous pouvez décocher la case **Ne restaurer que les disques système** afin de restaurer des données présentes sur une autre partition.

Dans le cas contraire vous ne restaurerez que les données présentes sur la partition système.

➜ Cliquez sur le bouton **Terminer**.

➜ Cochez ensuite la case **Je confirme que je souhaite effacer toutes les données existantes et effectuer la sauvegarde** puis cliquez sur **OK**.

Le processus de "Restauration intégrale d'ordinateur Windows" va se lancer. Une fois l'opération de sauvegarde intégrale terminée, l'ordinateur va redémarrer.

4. Outil Diagnostics de la mémoire Windows

Cet outil vous permet de procéder à un test des barrettes mémoire en les sollicitant de manière intensive et ce afin de déceler d'éventuelles défaillances. Si vous possédez plusieurs modules mémoire, il peut être intéressant de lancer cet outil après avoir retiré l'une des barrettes. Quel que soit le verdict qui sera rendu, vous serez sûr que c'est l'autre barrette qui est ou n'est pas en cause. En effet, c'est rare que deux modules soient, en même temps, défectueux.

- Cliquez sur le bouton **Vérifier les problèmes au prochain redémarrage de l'ordinateur** puis cliquez sur les boutons **Fermer** et **Redémarrer**.

Sur beaucoup de disques Windows Vista, cette option est en anglais.

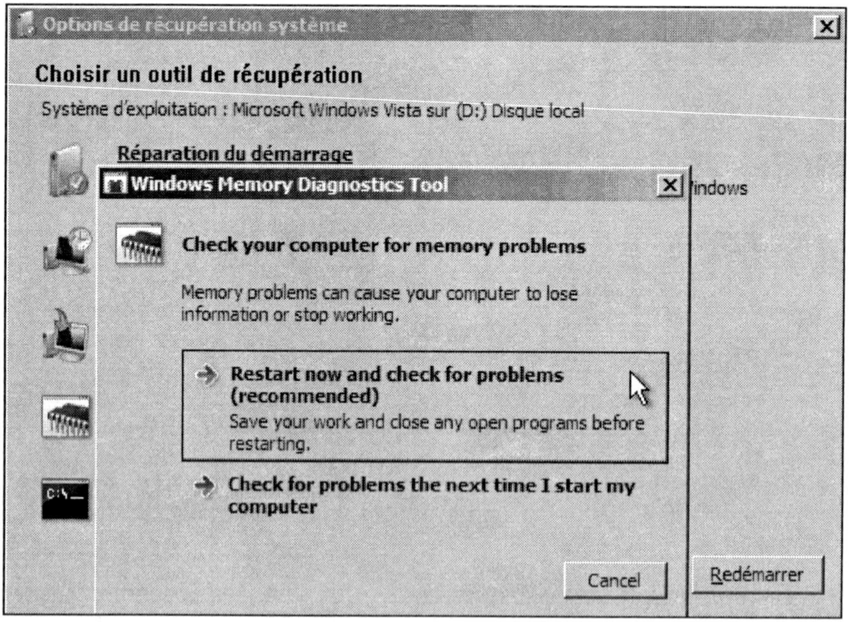

Dès le redémarrage de l'ordinateur, un test de votre mémoire vive va se lancer automatiquement.

- Appuyez sur la touche [F1] afin d'accéder aux options.
- Servez-vous de la touche [Tab] pour définir le nombre de passes qui seront effectuées.
- Appuyez sur la touche [F10] afin de valider les changements que vous aurez opérés.

Vous pouvez définir la valeur 0 si vous souhaitez que le test s'effectue en boucle.

5. Invite de commandes

Quand vous cliquerez sur ce lien, une fenêtre d'Invite de commandes va se lancer. Le prompt affichera ceci : **X:\Sources>**. Un lecteur virtuel a donc été créé.

À partir de là, il est possible d'utiliser différentes commandes et d'accéder aux données présentes sur votre disque dur ou sur une clé USB. Un des utilitaires que l'on peut lancer est Regedit. Voici un exemple d'utilisation :

→ Lancez l'Éditeur du Registre en saisissant la commande **`regedit`**, sélectionnez la clé HKEY_USERS.

→ Cliquez sur **Fichier - Charger la ruche**.

Cela peut être aussi cette commande : **File - Load Hive**.

→ Ouvrez \Windows\System32\Config puis sélectionnez le fichier *Security*.

Cela suppose donc que vous remontiez dans les arborescences des disques puisque, par défaut, vous êtes dans X:\Sources.

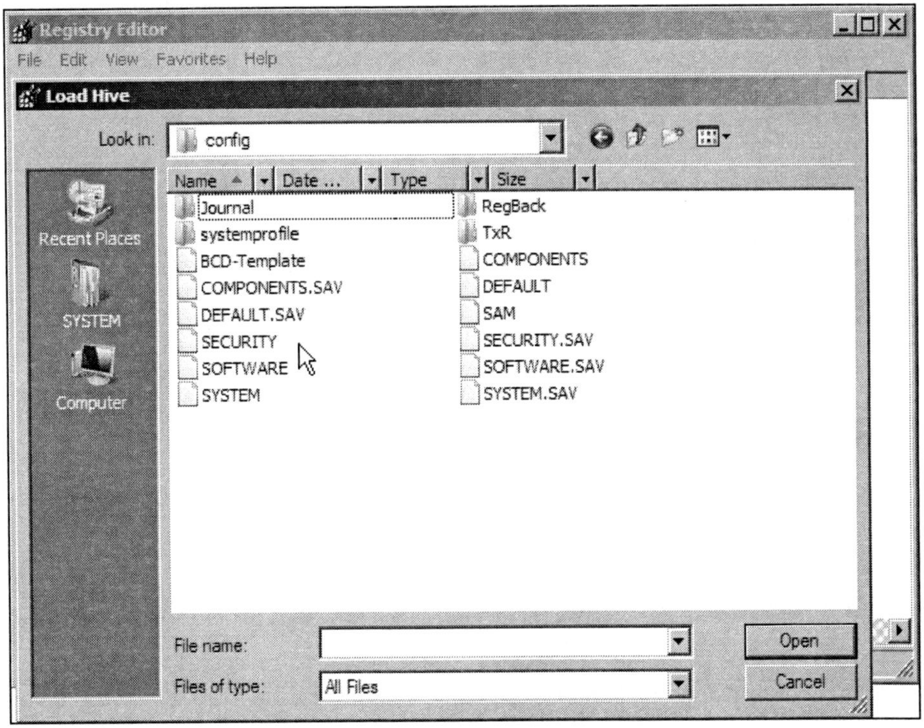

→ Dans la zone de texte **Nom de la clé** : saisissez le titre que vous allez attribuer au fichier de ruche temporaire : "Test".

Une branche nommée test va apparaître sous la clé HKEY_USERS.

➔ Ouvrez cette nouvelle arborescence puis éditez l'entrée que vous voulez modifier.

Cela peut être par exemple une valeur binaire présente dans la clé Policy\Accounts\S-1-5-32-544\Privilgs afin de modifier les privilèges dévolus au groupe des administrateurs.

➔ Une fois les changements validés sélectionnez de nouveau la clé nommée "Test".

➔ Cliquez sur **Fichier - Décharger la ruche** (ou **File - Unload hive**).

Validez par **Oui** à la question de savoir si vous voulez décharger la clé actuelle et toutes ses sous-clés.

Il est également possible de se servir de ces trois commandes servant au dépannage :

- **Bootrec** : permet de récupérer les structures d'un disque endommagé dont le secteur de démarrage ;
- **Bcdedit** : permet de modifier le magasin des données de configuration de démarrage ;
- **Diskpart** : permet de redimensionnemer les partitions existantes.

Les autres exécutables (dont le Bloc-notes Windows !) qu'il est possible de lancer sont listés dans X:\Windows\System32. Dans le cas contraire vous aurez un message d'erreur vous indiquant, par exemple, que la classe COM n'est pas enregistrée.

6. Accéder à vos données en utilisant les fonctionnalités WinRE

Une fois que vous avez démarré à partir du DVD-ROM d'installation de Windows, cliquez sur le lien **Réparer l'ordinateur** puis accédez en mode d'Invite de commandes.

En utilisant la commande cd, allez sur ce répertoire : C:\Windows\System32.

Afin de lancer l'Explorateur Windows, nous devons utiliser cette astuce :

➔ Saisissez cette commande : `notepad.exe`.

➔ Cliquez ensuite sur **Fichier - Ouvrir** (ou **File - Open**).

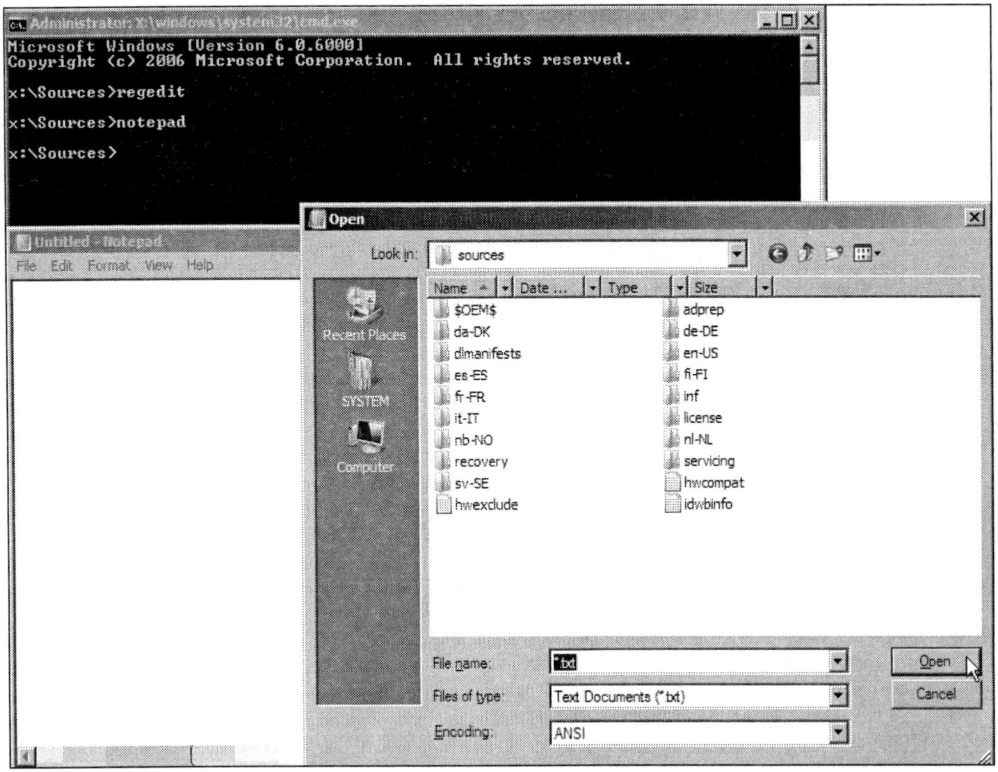

➔ Dans la liste déroulante **Fichiers de type**, sélectionnez l'option **Tous les fichiers**.

Vous serez alors dans une mini-fenêtre de l'Explorateur Windows.

Servez-vous alors des menus contextuels qui sont disponibles pour sauvegarder vos documents importants sur, par exemple, une clé USB. Ce n'est certes pas très pratique mais permet de limiter les dégâts !

7. Utiliser les fonctionnalités WinRE sur un disque vierge

➔ À l'apparition de la fenêtre permettant de vérifier les paramètres de langue, cliquez sur le bouton **Suivant**.

Windows ne va pas détecter de système d'exploitation.

➔ Cliquez tout de même sur le bouton **Suivant**.

- Cliquez sur le lien **Réparer l'ordinateur**.
- Cliquez sur le bouton **Suivant**.
- Cliquez sur les liens **Outil Diagnostics de la mémoire Windows** ou **Invite de commandes**.

Comme précédemment, vous serez sur le prompt X:\Sources>.

Si vous souhaitez accéder directement à l'outil de Diagnostic de la mémoire Windows, tapotez sur n'importe quelle touche dès le démarrage de l'application. Ce même principe s'applique sur un disque sur lequel est installé un autre système d'exploitation.

F. Les solutions spécialisées

Dans cette partie sont regroupés différents types de solutions qui vont vous permettre de résoudre des problèmes en apparence compliqués. Ils ont tous un point commun : les manipulations décrites nécessitent de l'attention et beaucoup de méthode. Ces solutions ont été testées des centaines de fois. Elles sont donc toutes efficaces !

1. Procédure de dépannage générique

Suite à l'installation d'un nouveau périphérique ou d'un nouveau, vous ne pouvez accéder à Windows : utilisez le menu de démarrage "Dernière bonne configuration connue".

Si vous pouvez démarrer ou travailler en mode sans échec, le problème est a priori d'ordre logiciel : un pilote de périphérique dont il faut faire la mise à jour, un programme à désinstaller ou à mettre à jour ou encore à désactiver en utilisant l'éditeur de configuration système.

Dans les autres cas, c'est plutôt un problème matériel : mise à jour du BIOS, paramétrage du BIOS sur les options par défaut ou vérification de chaque composant présent dans votre ordinateur (barrettes mémoires, processeur, carte mère, cartes PCI ou AGP, périphériques de stockage et de lecture).

Les erreurs STOP peuvent être suivies d'un nom de fichier. Lancez une recherche sur ce fichier puis accédez à ses propriétés. Les informations qui y figurent vous permettent de voir si le fichier en cause fait partie du système d'exploitation Windows ou est rattaché à un programme ou un pilote de périphérique. Dans ce dernier cas, désactivez le périphérique ou désinstallez le programme ou mieux procédez à sa mise à jour.

Dans le Gestionnaire de périphériques, désactivez un à un chaque périphérique que vous pouvez considérer comme suspect.

Respectez l'ordre suivant : Ports (COM & LPT), modem et rubriques attachées (modem énumérateur, par exemple), Cartes réseaux, Contrôleurs Audio vidéo et jeu, Contrôleurs de Bus USB, Les périphériques USB, Périphériques infrarouge. Une fois que le pilote de périphérique défectueux sera identifié, il vous faudra alors effectuer une mise à jour de ce dernier (et supprimer le profil matériel que vous avez créé).

Si votre souci date d'une mise à jour d'un de vos périphériques, revenez à la version précédente du pilote.

2. Créer un disque de réparation système

Cette option de Windows 7 permet de créer un disque de réparation système avec les fonctionnalités WinRE si vous n'avez plus votre disque d'installation de Windows. Avec ce disque vous pourrez réparer votre installation à partir des points de restauration du système.

→ À partir du **Panneau de configuration** dans la section **Système et sécurité - Sauvegarder et restaurer**, sélectionnez l'option **Créer un disque de réparation système**. Sélectionnez le disque de destination, ici le lecteur de DVD **D:**. Cliquez sur le bouton **Suivant**.

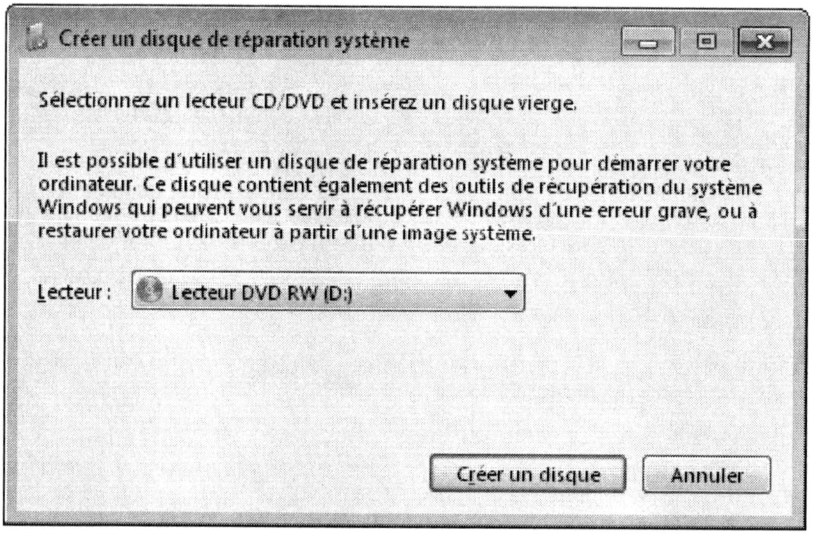

➔ À la fin de l'opération de création du disque, cliquez sur le bouton **Fermer** puis sur le bouton **OK**. Le disque de réparation système est prêt.

En cas de problème, démarrez votre poste sur ce disque de réparation afin de pouvoir accéder aux fonctionnalités WinRE.

Notez que vous avez la possibilité d'effectuer une sauvegarde complète de votre disque sous forme d'un fichier .vhd via la commande **wbadmin** ou via l'assistant du **Panneau de configuration**.

3. Réinitialiser les paramètres de sécurité par défaut

Cette manipulation peut, par exemple, vous permettre de résoudre une erreur Windows Update 0x8007f004 (Droits insuffisants) ou un problème d'accès à une ressource partagée sur un réseau local. Avant toute manipulation, prenez la précaution de faire un point de restauration système. Les commutateurs pour la commande Secedit sont les suivants :

- **/configure** : le fichier *Secedit.exe* devra définir les paramètres de sécurité du système.
- **/DB Nom_Fichier** : indique le chemin d'une base de données qui contient le modèle de sécurité à appliquer. Bien que cet argument soit obligatoire, le fichier de base de données peut ne pas exister.

- **/CFG Nom_Fichier**: il s'agit du chemin du modèle de sécurité qui sera importé dans la base de données puis appliqué au système. Si vous ne spécifiez pas cet argument, le modèle qui est déjà stocké dans la base de données sera appliqué. Cet argument n'est possible que si vous l'utilisez avec le commutateur **/DB**.
- **/overwrite** : indique si le modèle de sécurité défini à la suite du commutateur **/CFG** écrase le modèle stocké dans la base de données, au lieu d'ajouter les résultats dans ce même modèle (c'est l'option par défaut). Cet argument n'est possible que si vous l'utilisez avec le commutateur **/DB**.
- **/areas Zones_Sécurité** : définit les zones de sécurité qui doivent être appliquées.

Les valeurs permises sont les suivantes :

- **SECURITYPOLICY** : stratégies des comptes et les attributions des droits des utilisateurs.
- **GROUP_MGMT** : paramètres des restrictions pour les groupes qui sont spécifiés dans le modèle de sécurité.
- **USER_RIGHTS** : autorisations d'ouverture de session de l'utilisateur et octroi de privilèges.
- **REGKEYS** : modèles de sécurité pour les clés locales du Registre.
- **FILESTORE** : sécurité pour le stockage local des fichiers.
- **SERVICES** : sécurité de tous les services définis.

Voici les autres commutateurs :

- **/log Chemin_Fichier_Journal** : permet de définir l'emplacement du fichier journal qui retrace le suivi des modifications.
- **/verbose** : permet d'afficher des informations plus détaillées.
- **/quiet** : réduit le volume des informations affichées à l'écran ainsi que celles qui seront consignées dans le fichier journal.

Vous devez exécuter Secedit à partir de l'Invite de commandes.

Par exemple, afin de configurer sur les paramètres d'origine les stratégies sur les comptes d'utilisateurs, saisissez cette commande :

```
secedit /configure /cfg %windir%\inf\defltbase.inf /db
defltbase.sdb /areas securitypolicy /verbose
```

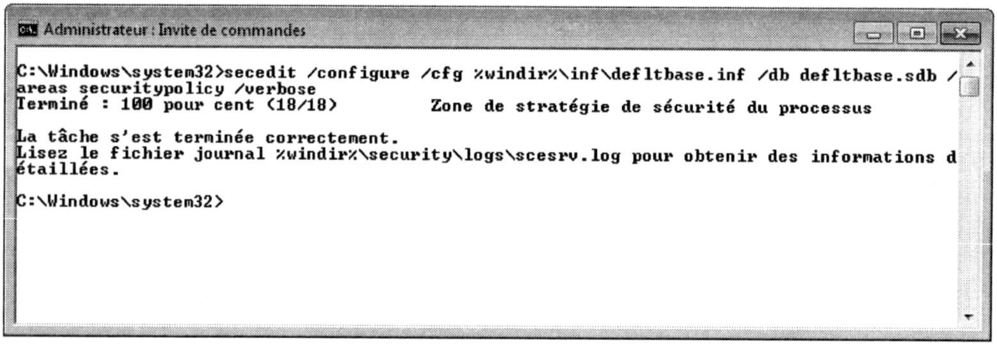

La liste des entrées du Registre qui auront été réécrites sera visible en éditant le fichier *Scesrv.log* placé dans \WINDOWS\security\logs.

La configuration des privilèges utilisateur s'opère en saisissant cette commande :

```
secedit /configure /cfg %windir%\inf\defltbase.inf /db
defltbase.sdb /areas user_rights /verbose
```

Vous pouvez redéfinir les autorisations définies dans le Registre en saisissant cette commande :

```
secedit /configure /cfg %windir%\inf\defltbase.inf /db
defltbase.sdb /areas regkeys /verbose
```

La configuration des permissions liées aux fichiers et aux répertoires se force en saisissant cette commande :

```
secedit /configure /cfg %windir%\inf\defltbase.inf /db
defltbase.sdb /areas filestore /verbose
```

Voici maintenant un exemple d'utilisation : il vous est impossible d'ouvrir une session interactive sur un poste serveur. Ce problème est lié à une stratégie locale de sécurité endommagée. Vous avez deux solutions :

- Créez un script de démarrage utilisant Secedit afin de vous permettre de réinitialiser les paramètres de sécurité par défaut.
- Utilisez conjointement Psexec (qui est téléchargeable à partir de cette adresse : http://www.microsoft.com/technet/sysinternals/Processesandthreadsutilities.mspx?wt.svl=featured) et Secedit afin d'exécuter ce type de commande :

```
psExec \\Nom_Serveur -u Nom_Administrateur -p Mot_De_Passe
secedit /configure /cfg %windir%\inf\defltbase.inf /db
defltbase.sdb /areas user_rights /verbose
```

4. Réparer les permissions NTFS dans le Registre Windows

Cette solution vous permet, par exemple, de résoudre les problèmes suivants :

- plusieurs boîtes de dialogue sont vides ;
- il y a des dysfonctionnements uniquement sur un des comptes d'utilisateurs ;
- Windows Media Player ne peut pas démarrer ;
- il est impossible de définir un "Player" comme étant le programme par défaut ;
- Live Messenger ne marche pas correctement ("Erreur 800401f3" et "80048883") ;
- les fichiers EXE ne sont plus reconnus ;
- les programmes utilisant Windows Installer ne peuvent plus s'installer correctement (Code d'erreur n°10 ou message de type "Accès refusé") ;
- vous avez des erreurs de type "code 5" ou "0x5" ou 0x80070005" ;
- Internet Explorer 7 ne peut pas s'installer (ce type d'erreur sera mentionnée dans le fichier journal de l'installation : "Unwriteable key HKLM\SOFTWARE\Classes\Interface\{3B7C8862-D78F-101B-B9B5-04021C009402}") ;
- vous ne pouvez installer Visual Studio 2005 ;
- certains paramètres de la Barre des tâches ne sont pas mémorisés ;
- des associations de fichiers ne fonctionnent plus.

Vous pouvez résoudre assez facilement ce problème en utilisant un outil appelé SubInACL et qui est téléchargeable séparément à partir de cette page : http://www.microsoft.com/downloads/details.aspx?FamilyId= E8BA3E56-D8FE-4A91-93CF-ED6985E3927B&displaylang=en

Procédez ensuite à l'installation du fichier MSI. SubInACL.exe est un outil d'Invite de commandes qui vous permet de manipuler le jeu des permissions NTFS des fichiers, dossiers, clés du Registre et des services.

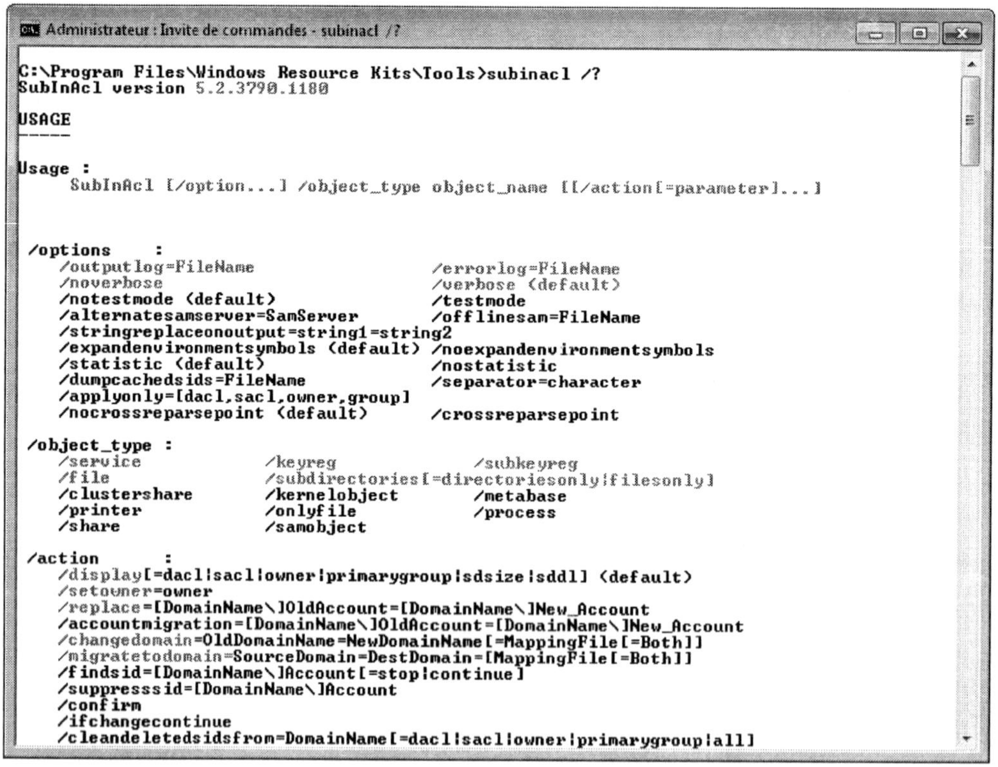

→ Créez un nouveau document appelé *registre.cmd* (le nom n'a pas d'importance).

Seul point indispensable : ce fichier doit avoir l'extension *.cmd* (ou *.bat*). Afin de vous faciliter la tâche, enregistrez ce fichier dans le même répertoire que celui dans lequel réside "SubInACL".

→ Copiez ensuite le contenu suivant :

```
subinacl /subkeyreg HKEY_LOCAL_MACHINE /grant=administrators=f subinacl
/subkeyreg HKEY_CURRENT_USER /grant=administrators=f subinacl /subkeyreg
HKEY_CLASSES_ROOT /grant=administrators=f subinacl /subdirectories
%SystemDrive% /grant=administrators=f subinacl /subkeyreg
HKEY_LOCAL_MACHINE /grant=system=f subinacl /subkeyreg HKEY_CURRENT_USER
/grant=system=f subinacl /subkeyreg HKEY_CLASSES_ROOT /grant=system=f
subinacl /subdirectories %SystemDrive% /grant=system=f
```

→ Ouvrez une fenêtre d'Invite de commandes.

- En utilisant la commande cd, déplacez-vous dans le répertoire contenant votre fichier de commande.
- Saisissez ceci : **`registre.cmd`**.

Patientez de longues minutes avant de pouvoir redémarrer votre ordinateur.

Chapitre 7 : Les périphériques

A. Le Gestionnaire de périphériques

Tous les composants matériels installés sur votre ordinateur sont visibles à partir du Gestionnaire de périphériques.

→ Avec le bouton droit de la souris, cliquez sur l'icône **Poste de travail** puis sélectionnez le sous-menu **Propriétés**.

Sous Windows 7, vous accédez aux propriétés système en sélectionnant le lien **Système** depuis la section **Système et sécurité** du **Panneau de configuration**.

→ Dans la fenêtre **Propriétés système**, cliquez sur l'onglet **Matériel** puis sur le bouton **Gestionnaire de périphériques**.

Vous pouvez aussi bien exécuter la commande `devmgmt.msc` ou vous servir du raccourci-clavier ⊞ + Pause. Les périphériques sont regroupés par famille. Par exemple, la branche **Cartes réseau** répertorie l'ensemble des composants réseau qui sont installés sur votre machine.

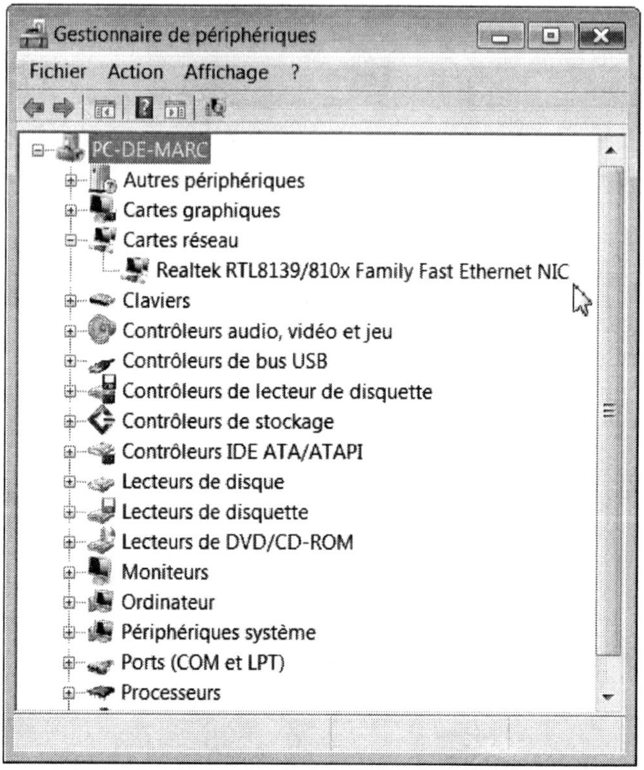

Afin de forcer les composants à montrer le bout de leur nez, cliquez sur **Affichage - Afficher les périphériques cachés**.

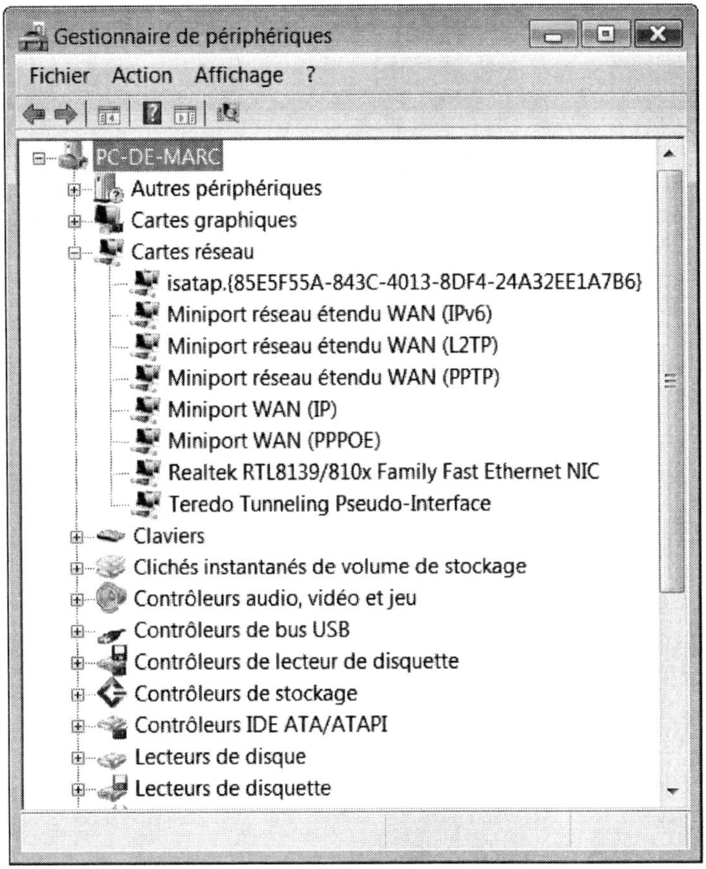

Si vous double cliquez sur chacun de ces périphériques, vous accéderez à la fenêtre des propriétés. Cliquez alors sur l'onglet **Pilotes** puis sur le bouton **Détails du pilote**. Vous afficherez de cette manière les fichiers système qui ont été installés avec ce composant.

1. Les pilotes de périphérique

Un pilote de périphérique est un programme permettant d'installer un composant matériel ou un périphérique, de façon à ce que votre système d'exploitation soit capable de communiquer avec. Un pilote est spécifique à un type de matériel et varie en fonction du système d'exploitation auquel il est destiné. On parlera, par exemple, d'un pilote pour telle carte réseau vendue par telle société et de ce modèle précis compatible ou non avec Windows Vista. Un pilote n'a rien à voir avec l'éventuel bouquet d'applications livré avec tel ou tel périphérique. Une imprimante 3 en 1 a besoin d'un pilote pour fonctionner, mais le logiciel vous permettant de lancer une impression fera partie d'un programme distinct. L'installation du pilote est initiée à partir des informations contenues dans un fichier INF. Ils sont tous stockés dans cet emplacement de l'Explorateur Windows C:\WINDOWS\inf. Ce type de fichier porte donc une extension *.inf* (pour "Microsoft Windows configuration file"). Un pilote peut généralement s'installer de deux façons :

- Il y a un fichier INF et, au moment de l'installation, le système va le détecter automatiquement. Il arrive parfois que vous deviez indiquer manuellement l'emplacement de ce fichier.
- Le pilote dispose d'un "Installateur" : il suffit de double cliquer sur un fichier nommé *Setup.exe* ou *Install.exe* pour démarrer l'installation du pilote.

2. Savoir identifier un périphérique

Il y a deux notions importantes : l'ID de périphérique et le GUID de la classe de périphérique.

Chaque fabricant de composant et chaque périphérique possèdent des identificateurs uniques (ID). Nous retrouvons ces deux valeurs en faisant ceci :

→ Accédez au Gestionnaire de périphériques.

→ Effectuez un clic droit sur un des périphériques présents dans une des branches de périphériques affichées puis cliquez sur le sous- menu **Propriétés**.

→ Cliquez sur l'onglet **Détails**.

→ Dans la liste déroulante **Propriétés**, sélectionnez l'option **Numéros d'identification du matériel**.

Les informations présentes vous indiqueront l'ID du vendeur et du matériel.

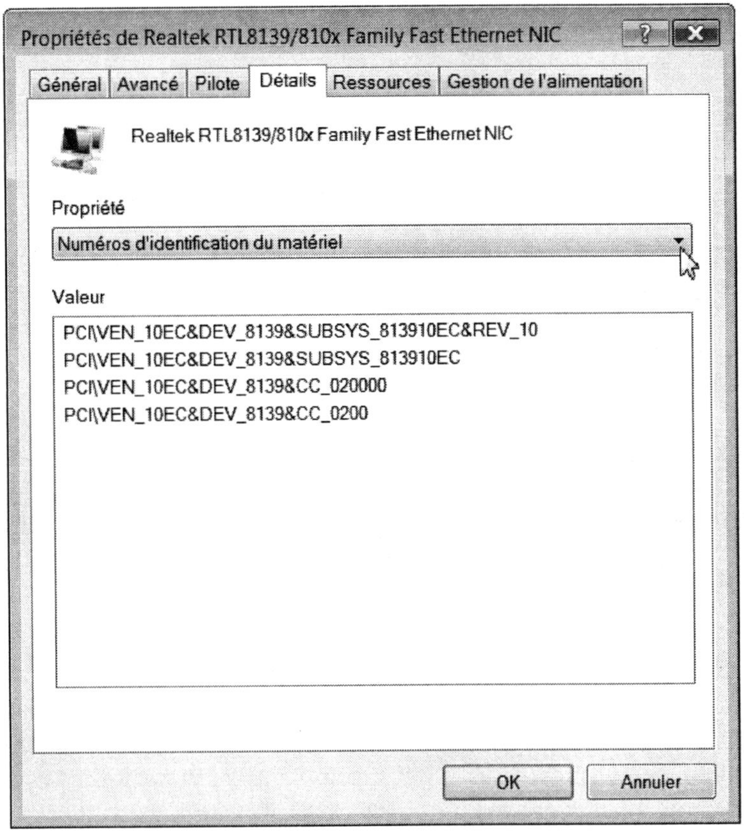

Nous arrivons à cette seconde notion :Le GUID (*Globally Unique Identifier*) de la classe de périphérique est un identifiant sous forme de clé CLSID unique définissant une classe de périphérique. Dans le Registre, ouvrez cette arborescence : HKEY_LOCAL_MACHINE\SYSTEM\CurrentControlSet\Enum. Chaque sous-clé liste une classe de périphériques. À l'intérieur, vous pouvez trouver la correspondance entre un nom de classe de périphériques et son GUID en affichant le contenu de ces deux valeurs chaînes : Class et ClassGUID. Par exemple, la clé Display contient une sous-clé représentant la marque de votre écran (SAM00C8 pour un écran de marque "Samsung").

Si vous ouvrez la sous-clé représentant l'instance de périphérique (5&344f27c1&0&10000080&01&00), vous affichez ces deux données de la valeur : Monitor et {4d36e96e-e325-11ce-bfc1-08002be10318}. Ce sont respectivement le nom court de la classe de périphériques et le GUID de la classe de périphérique.

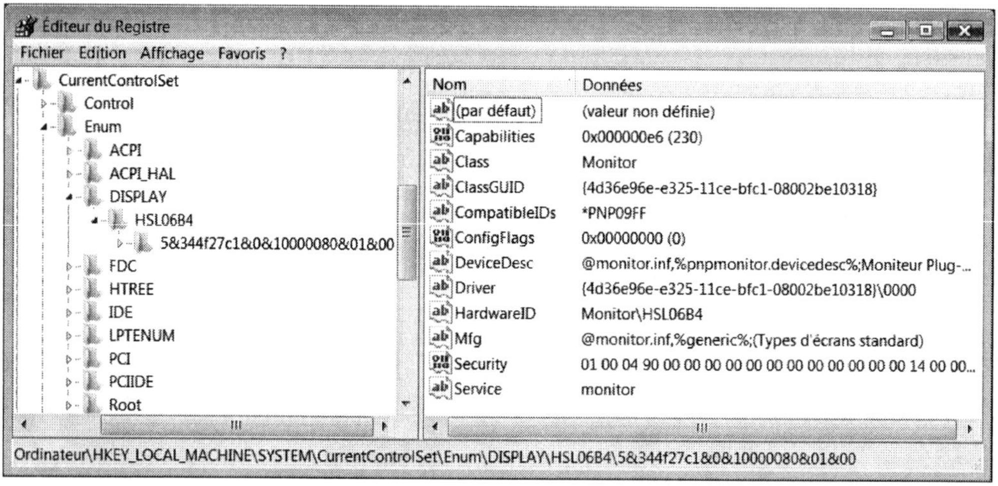

Nous retrouvons ces mêmes informations en suivant cette procédure :

- Dans le Gestionnaire de périphériques, ouvrez la branche **Moniteurs** puis double cliquez sur le nom de votre écran.
- Cliquez sur l'onglet **Détails**.

Dans la liste déroulante, sélectionnez les options **GUID de la classe de périphérique**, **Class short name**, **Numéros d'identification du matériel**, **Chemin d'accès à l'instance de périphériques**, etc. Notez que beaucoup de fabricants s'emmêlent quelque peu les pinceaux et qu'il y a une certaine confusion dans les valeurs qui sont affichées.

3. J'ai un périphérique inconnu dans le Gestionnaire de périphériques

Voici une manière simple d'identifier un périphérique inconnu :

- Comme expliqué précédemment, activez l'onglet **Détails** dans le Gestionnaire de périphériques.
- Accédez aux propriétés du périphérique indiqué comme étant en erreur (dans notre exemple, c'est une carte son).
- Sélectionnez l'option **Numéro d'identification de l'instance de périphérique**.

Voici l'information qui sera affichée : pci\ven_10&dev_0059.

- Le numéro d'identification du fabricant est donc celui-ci : 10.
- Le numéro d'identification du modèle est donc celui-ci : 59.

Lancez une recherche sur ces numéros d'identification sur le site PCIDatabase qui est accessible à partir de cette adresse : http://www.pcidatabase.com.

➜ Dans la zone de texte **Vendor Search:**, saisissez le "Vendor ID" : 10.

➜ Dans la zone de texte **Device Search:**, saisissez le "Device ID" : 0059.

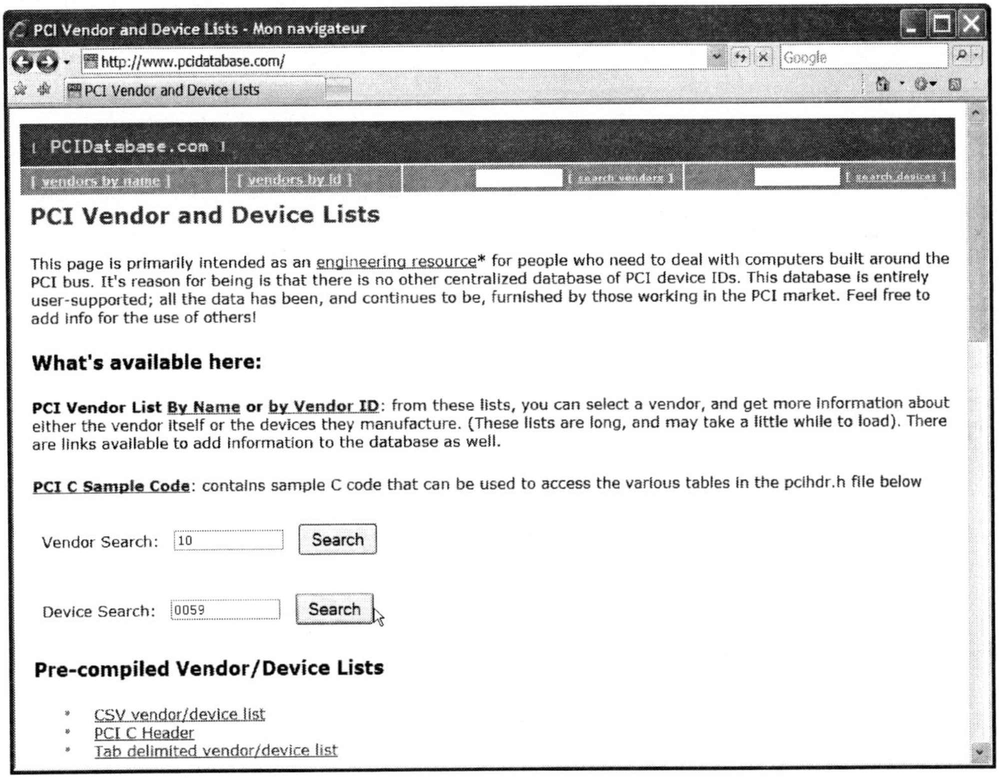

Le modèle de la carte son est celui-ci : Realtek AC'97 Audio (Nvidia).

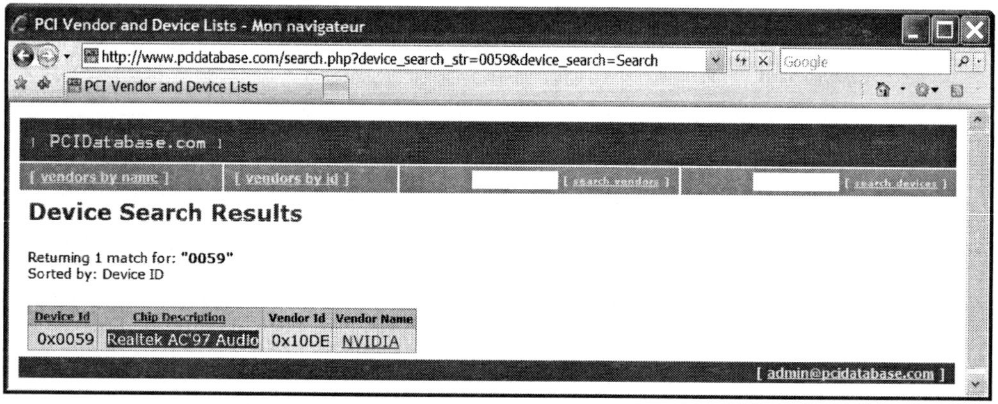

Trouvez le bon pilote sur Internet n'est pas une partie de plaisir car vous devez connaître l'exact modèle et les caractéristiques du chipset de votre carte mère afin de trouver le bon pilote de la carte son détectée. Une fois le pilote téléchargé vous n'avez plus qu'à procéder à son installation.

4. Mettre à jour le chipset de la carte mère

Un pilote de chipset parfaitement à jour vous permettra de résoudre beaucoup de problèmes liés au fonctionnement de vos périphériques. Il existe différents constructeurs de chipset proposant chacun leur propre programme de mise à jour. Voici les plus répandus ainsi que l'adresse du site Internet des différents constructeurs :

- Pour les chipsets Nvidia : http://www.nvidia.fr/Download/index.aspx?lang=fr ;

Dans la section pilotes, sélectionnez l'option **Processeurs** de la plate-forme "nForce/Unified driver" puis votre système d'exploitation.

- Pour les chipsets SIS : http://download.sis.com ;
- Pour les chipsets Intel : http://downloadcenter.intel.com/default.aspx ;

Cliquez sur l'option **Chipsets** puis sélectionnez le type d'ordinateur et enfin la famille concernée.

- Pour les chipsets VIA : http://www.viaarena.com/default.aspx?PageID=2.

Sélectionnez votre système d'exploitation puis l'option **Chipset or Platform driver**.

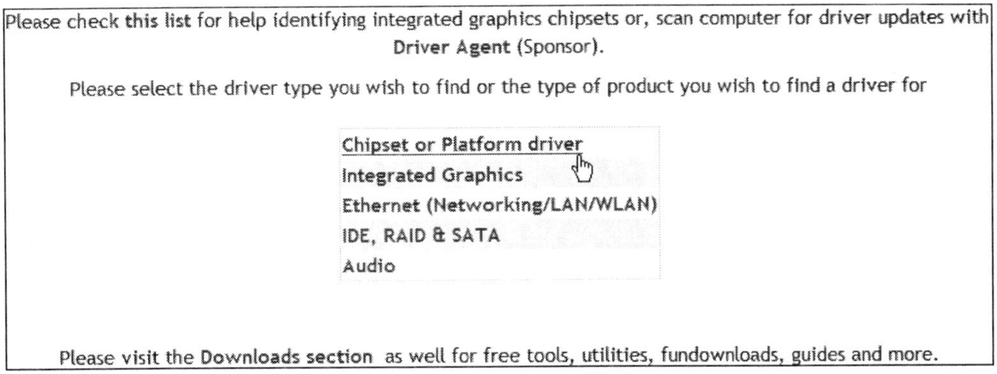

En cas d'un problème de ports USB choisissez le sous-menu correspondant.

Afin d'identifier votre chipset avant de le mettre à jour, suivez cette procédure :

- Dans le Gestionnaire de périphériques, ouvrez la branche **Contrôleurs IDE ATA/ATAPI**.
- Double cliquez sur la branche **Contrôleur IDE Bus Master**.
- Dans l'onglet **Général**, en face de la mention **Fabricant**, sera indiqué le nom du concepteur du chipset de la carte mère.

Dans notre exemple, nous trouvons cette indication : **Via Technologies, Inc**.

5. Installer un périphérique

Sous Windows, la détection se fait en Plug-and-Play. En bref, vous branchez votre périphérique et le système vous signale immédiatement qu'il a détecté un nouveau matériel. À partir de là, soit le système a déjà dans une base de données interne un pilote, soit vous devez insérer la disquette ou le disque contenant le pilote de périphérique. Il y a encore deux possibilités : soit le système trouve automatiquement le bon pilote et l'installation va se faire sans coup férir, soit vous devrez indiquer manuellement l'emplacement du pilote (l'emplacement du fichier INF).

Un message d'erreur va quasi immanquablement vous signaler que le pilote n'a pas été signé numériquement. Vous pouvez en toute quiétude passer outre cet avertissement et forcer l'installation du pilote "non certifié".

Notez qu'à partir du menu contextuel de chacun des composants matériels qui sont listés dans le Gestionnaire de périphériques, il est possible de :

- Désinstaller un pilote ;
- Mettre à jour le pilote ;
- Revenir à la version précédente d'un pilote.

B. Problèmes sur les périphériques

Voici quelques exemples de solutions concrètes concernant des problèmes de périphériques sous Windows Vista et Windows 7.

1. Faire fonctionner un scanner HP avec Windows Vista

Vous aurez ce type de message : "Nous sommes désolés de vous informer qu'il n'y aura pas de prise en charge Windows Vista pour votre produit HP. Par conséquent, votre produit ne pourra pas fonctionner sous Windows Vista. La majorité des produits HP non pris en charge par Windows Vista datent d'au moins 7 ans. Si vous utilisez le système d'exploitation Windows Vista sur votre ordinateur, vous pouvez envisager de faire une mise à niveau en choisissant un produit HP compatible avec Windows Vista". Il y a une solution qui fonctionne avec les modèles 5300 (et similaire) et qui permet de résoudre ce problème de permissions NTFS.

- Rendez-vous sur le site HP et téléchargez le dernier pilote correspondant à votre modèle de scanner.
- Procédez à l'installation du programme.
- Le groupe de programme "HP Precision Scan" sera visible à partir du menu **Démarrer**.
- Effectuez un clic droit sur ce nom de dossier puis sur le sous-menu **Propriétés**.
- Modifiez les permissions NTFS de telle façon que le groupe "Tout le monde" possède un contrôle total sur le dossier.
- Procédez aux mêmes modifications pour toutes les applications qui sont listées dans ce même répertoire.

Vous pouvez maintenant vous servir de votre scanner !

2. "Windows ne peut pas se connecter à l'imprimante - Accès refusé"

Le problème se pose quand vous essayez de connecter une imprimante partagée sur un poste Windows XP à partir d'une machine tournant sous Windows Vista.

- Cliquez sur **Démarrer - Panneau de configuration**.
- Basculez vers l'affichage classique puis ouvrez le module **Imprimantes**.
- Cliquez sur le bouton **Ajouter une imprimante** puis **Ajouter une imprimante locale**.
- Cochez le bouton radio **Créer un nouveau port** et laissez l'option **Local Port** active.
- Cliquez sur le bouton **Suivant**.
- Entrez comme nom de port le chemin d'accès de votre imprimante en respectant cette syntaxe : **`\\Nom_ordinateur\Nom_Imprimante`**.

Par exemple, en admettant que le nom de votre ordinateur est "Home" et que votre imprimante est une "EpsonSty", vous saisirez ceci : **`\\PCHome EpsonSty`**.

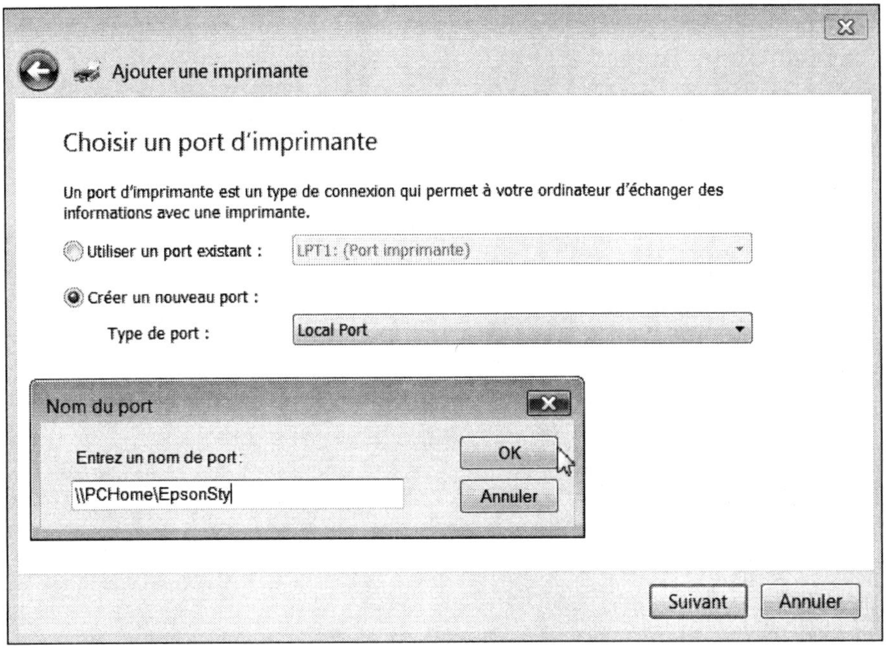

Si besoin, n'hésitez pas à renommer votre imprimante dans le module **Imprimantes** du Panneau de configuration.

- Cliquez sur **OK**.

Il ne vous reste plus après qu'à insérer le disque d'installation de votre imprimante ou les rechercher sur Windows Update.

> Notez que cette procédure ne marche parfois qu'à la condition expresse de désinstaller certains utilitaires HP si, d'aventure, vous avez une imprimante de ce modèle ("HP Photo and Imaging", etc.)

Il existe une variante :

- Installez les derniers pilotes à jour sur l'ordinateur Windows Vista et compatibles avec ce système d'exploitation.

Il est parfois nécessaire de forcer le programme d'installer le pilote sans que l'imprimante ne soit connectée.

- Une fois le processus d'installation terminé, accédez de nouveau au Panneau de configuration puis ouvrez le module **Imprimantes**.
- Effectuez un clic droit sur votre imprimante puis sur le sous-menu **Propriétés**.
- Cliquez sur l'onglet **Ports**.
- Cliquez sur le bouton **Ajouter un port** puis procédez de la même façon que précédemment.
- Là encore, saisissez comme nom pour votre nouveau port le chemin UNC (*Universal Naming Convention* est une convention permettant d'identifier un serveur, une imprimante ou toute autre ressource sur un réseau) vers l'imprimante partagée (par exemple, `\\PCHome\Imprimante1`).

3. "Le service Spouleur d'impression s'est terminé de manière inattendue"

Le problème se pose quand l'imprimante est connectée à une machine Windows XP ou Windows 2003. Afin de corriger ce problème, il vous suffit d'installer une mise à jour pour Windows Vista (KB938979). Ce correctif est aussi destiné à optimiser les performances de Windows Vista dans certains scénarios.

4. "Erreur 2738"

Ce problème peut survenir lors de l'installation d'un scanner HP. Le fichier d'aide du fabricant va vous conseiller d'installer les composants Windows Script 5.6. Ils sont déjà inclus dans Windows Vista mais, du coup, il n'est pas possible d'en télécharger une autre version compatible avec Windows Vista. Le problème vient du fait qu'un fichier DLL n'est pas correctement enregistré dans le Registre Windows. Il vous suffit dans ce cas de suivre cette procédure :

→ Exécutez l'Invite de commandes en tant qu'administrateur.

→ Saisissez cette commande : `regsvr32 vbscript.dll`.

5. La mention Supprimer le périphérique en toute sécurité n'apparaît pas dans la zone de notification de Windows Vista

Le problème peut se poser avec certains périphériques USB externes. Un correctif est disponible à partir de cette page : http://support.microsoft.com/kb/937454/fr.

6. Vista et le "Dual Monitoring"

Vous utilisez un moniteur externe avec votre ordinateur portable afin d'étendre le Bureau Windows à un second écran. Le problème est qu'à chaque nouvelle ouverture de session et dès l'apparition du Bureau Windows, le système réinitialise vos paramètres d'affichage et change l'ordre de sélection des moniteurs. Par ailleurs, il arrive aussi que vous deviez aussi modifier à chaque fois le taux de rafraîchissement du moniteur externe. Vous rencontrez la même difficulté quand vous ouvrez de nouveau une session à partir d'une machine temporairement verrouillée. Cela provient du lancement automatique d'un service nommé **Journal d'événements Windows**. Voici donc une solution de contournement :

→ Cliquez sur **Démarrer - Exécuter** puis saisissez : `services.msc`.

→ Dans le **Gestionnaire des services**, effectuez un clic droit sur le service **Journal d'événements Windows**.

→ Cliquez sur la commande **Désactivé**.

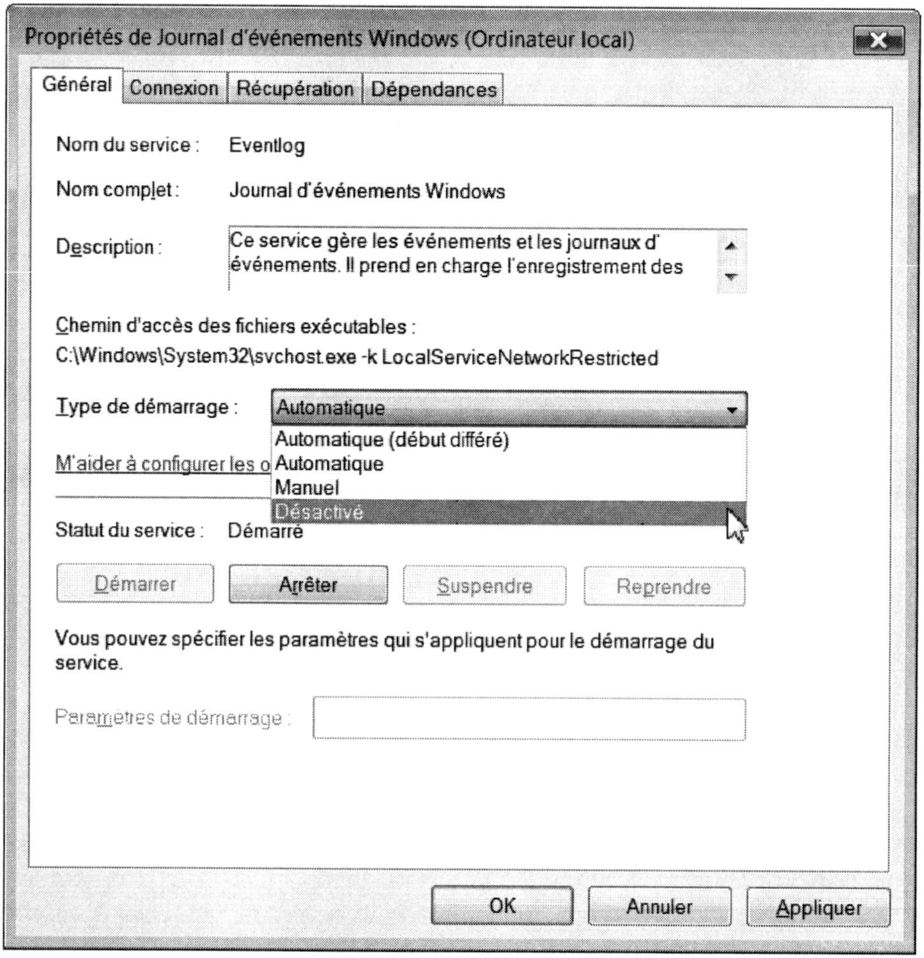

➜ Redémarrez votre machine.

7. Code d'erreur 0x80070643

Ce code d'erreur apparaît sous Windows 7 lorsque vous essayez d'ajouter un périphérique réseau Wi-Fi via l'assistant Ajout de périphérique.

Plusieurs raisons peuvent être identifiées comme origine du problème :

- Problème de connexion entre le périphérique et le réseau Wi-Fi.
- Mauvaise configuration du périphérique.

- Le périphérique est connecté au réseau Wi-Fi, mais ne récupère pas d'adresse IP appropriée depuis le serveur DHCP (*Dynamic Host Configuration Protocol*).
- Le pare-feu est configuré pour bloquer les protocoles SSDP (UDP 1900) ou WS-Discovery (TCP/UDP 3702).

Suivez cette procédure pour régler ce problème :

- Vérifiez que le routeur Wi-Fi ou le point d'accès est opérationnel et fonctionne, puis ouvrez l'Explorateur Windows et affichez les éléments du nœud **Réseau**.
- Si le périphérique apparaît, celui-ci est connecté au réseau, vous pouvez relancer la procédure de connexion du périphérique via l'Assistant **Ajout de périphérique**.
- Si le périphérique n'apparaît pas, celui-ci n'est pas connecté au réseau. Vérifiez alors les points suivants :
  - En cas de mauvaise configuration, remettez le périphérique en mode d'association Wi-Fi (aussi appelé mode WPS (*Wireless Protected Setup*)). Si, après cette opération, le périphérique apparaît dans l'Explorateur Windows exécutez de nouveau l'Assistant **Ajout de périphérique**. N'oubliez pas de spécifier le bon profil de réseau dans l'Assistant.
  - Vérifiez les paramètres du pare-feu sur l'ordinateur et le routeur Wi-Fi ou le point d'accès. Vérifiez que les protocoles SSDP (UDP 1900) et WS-Discovery (TCP/UDP 3702) ne sont pas bloqués.
  - Configurez manuellement les paramètres Wi-Fi du périphérique. Pour plus d'informations sur la procédure de configuration des paramètres, consultez la documentation fournie avec le périphérique. Redémarrez le périphérique après le changement de configuration.
  - Si le périphérique reste indétectable, connectez celui-ci au réseau à l'aide d'un câble réseau. Désactivez le support Wi-Fi sur le périphérique si nécessaire. Si le périphérique apparaît dans l'Explorateur Windows, le problème concerne la configuration Wi-Fi du périphérique. Changez la configuration des paramètres Wi-Fi du périphérique, puis redémarrez le périphérique après le changement de configuration.

C. Les périphériques USB

L'installation d'un périphérique USB (*Universal Serial Bus*) peut vite devenir un parcours du combattant si vous ne possédez pas quelques notions indispensables.

1. Installer un périphérique USB

Il y a deux méthodes parfaitement incompatibles :

- Ne pas brancher le périphérique USB avant d'avoir installé le pilote : insérez le CD-Rom d'installation du logiciel et des pilotes, puis, une fois que vous avez terminé, redémarrez l'ordinateur. L'installation va se poursuivre puis, à un moment, il vous sera demandé de brancher votre périphérique USB.
- Brancher le périphérique USB avant d'avoir installé le pilote : le système indiquera qu'un nouveau matériel est détecté. À ce moment, insérez le CD-Rom ou la disquette qui contient le pilote pour votre périphérique et suivez les instructions.

Avant d'installer un périphérique USB, vous devez vous assurer que le pilote de chipset de carte mère est à jour.

2. Les ports USB

→ Dans le Gestionnaire de périphériques, double cliquez sur le menu **Contrôleurs de bus USB**, puis sur un des concentrateurs USB racine.

→ Cliquez sur l'onglet **Marche/Arrêt** ou **Alimentation** sous Windows 7.

Dans la rubrique **Informations du concentrateur**, la puissance totale disponible par port (généralement 500 mA) sera indiquée. La rubrique **Périphériques attachés** indique le nombre de ports pris en charge.

→ Double cliquez sur un des contrôleurs hôte.

→ Cliquez sur l'onglet **Pilote** puis sur le bouton **Détails du pilote**.

Il se peut que vous ayez ce type d'indication de fichier système : **`usbhuci.sys`** (pour USB1.1) et **`usbehci.sys`** (pour USB2).

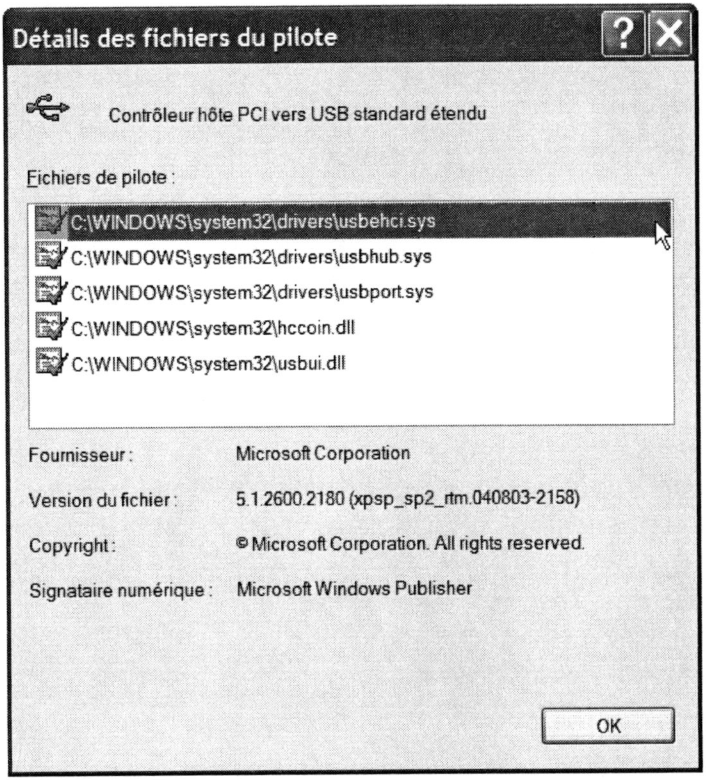

Rappelez-vous que cela peut aussi se paramétrer dans le BIOS !

3. Déconnecter un périphérique en toute sécurité

La commande **`%SystemRoot%\System32\RUNDLL32.EXE shell32.dll, Control_RunDLL hotplug.dll`** (par **Démarrer - Exécuter**) provoque l'affichage de la fenêtre **Supprimer votre périphérique en toute sécurité** et ce quand vous déconnectez un périphérique de stockage amovible.

Utile si jamais vous avez perdu l'icône de notification dans la barre des tâches...

4. Utiliser ReadyBoost

Cette technologie permet d'accélérer Windows Vista ou Windows 7 en utilisant la mémoire flash disponible sur une clé USB ou une carte mémoire. Il est demandé un minimum de 256 Mo d'espace libre, un débit en lecture de 2,5 Mo/s par blocs de 4 Ko et de 1,75 Mo/s pour l'écriture par blocs de 512 Ko. Malgré les affirmations de certains fabricants, il n'y a pas beaucoup de clés USB d'entrée ou de moyenne gamme qui sont conçus pour utiliser la fonctionnalité "ReadyBoost". Vous devez vous orienter sur des produits clairement estampillés "Compatible ReadyBoost". Signalons enfin qu'il est beaucoup plus intéressant d'utiliser alors des cartes mémoire dont les taux de transferts sont supérieurs à 20 Mo/s.

→ Pour activer ReadyBoost, ouvrez l'Explorateur Windows puis sélectionnez la lettre de lecteur de votre clé.

→) Effectuez un clic droit sur ce lecteur puis sélectionnez l'option **Propriétés**. Dans l'onglet **ReadyBoost**, activez l'option **Utiliser ce périphérique**. Déplacez le curseur pour allouer **1 Go** à la fonction ReadyBoost.

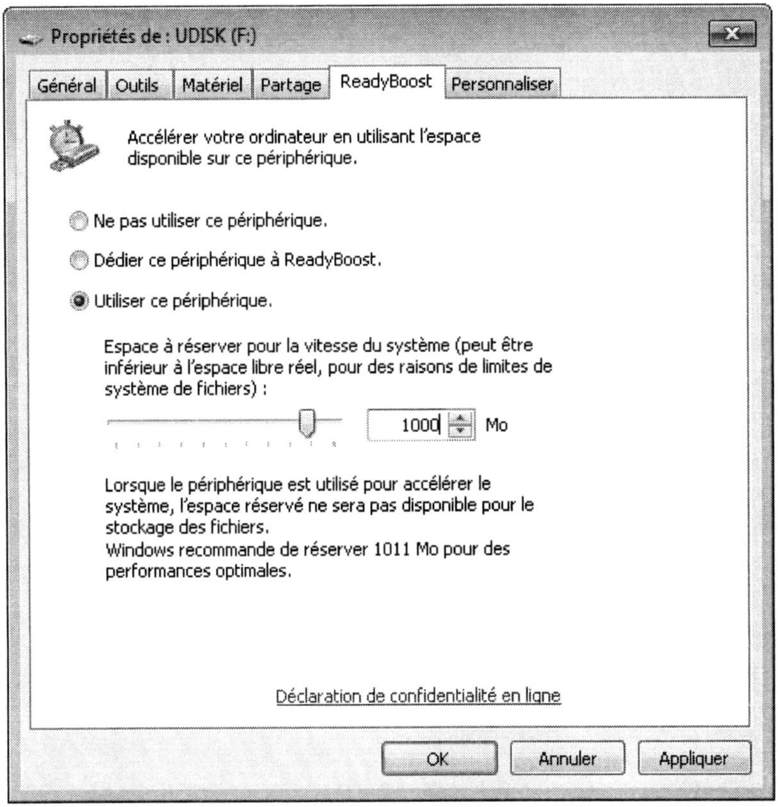

→) Cliquez sur le bouton **OK**.

D. Problèmes sur les périphériques USB

Dans les sections qui suivent, nous avons essayé de faire un tour d'horizon des principaux problèmes que vous pourrez rencontrer lors de l'installation d'un périphérique USB. Cette rubrique concerne toutes les versions de Windows.

1. "Un périphérique USB à haut débit connecté à un concentrateur USB à débit réduit"

Cela peut être tout simplement le signe que votre ordinateur ne possède pas des ports USB 2.0. Une solution consiste à investir dans une carte PCI USB 2.0. Par ailleurs, la prise en charge de l'USB 2.0 n'est possible qu'à partir de Windows XP SP1. La version de ces quatre fichiers : *Usbport.sys, Usbhub.sys, Hccoin.dll, Usbehci.sys* doit être au moins celle-ci : 5.1.2600.1106.

Les symptômes sont très variés : vos périphériques USB ne fonctionnent plus quand l'ordinateur sort de la mise en veille. Il n'est pas possible d'activer ou de sortir de la mise en veille prolongée. L'ordinateur redémarre quand vous sortez de la mise en veille. Vous avez une erreur STOP 0x000000A mettant en cause le fichier *Usbport.sys*, ou une erreur STOP 0x0000007E mentionnant cette fois-ci le fichier *Usbhub.sys*. Vos périphériques USB sont signalés comme étant des périphériques inconnus.

Si vous êtes sûr que votre ordinateur possède des ports USB 2.0, procédez à une mise à jour des pilotes de chipset. Si vous possédez Windows XP, l'installation du dernier Service Pack résout nombre d'erreurs relatives à la gestion des périphériques USB.

Signalons que tous les ports USB de votre carte mère peuvent ne pas accepter cette norme et que, par exemple, deux ports USB en façade géreront l'USB 2.0, alors que ceux placés à l'arrière ne seront compatibles qu'avec la norme plus ancienne. Une autre solution consiste à désactiver sélectivement deux des quatre ports USB afin de leur réserver toutes les ressources disponibles sur la carte mère.

Cela peut être aussi lié à un problème de ressources sur la carte mère. Quelques mots d'explication sont nécessaires : les périphériques USB nécessitent un maximum de 500 milliampères pour chaque connexion. Si un périphérique tente d'utiliser davantage d'intensité, l'ordinateur désactivera ce port jusqu'à ce que l'alimentation de l'ordinateur soit revenue à la normale. Si votre carte mère ne délivre pas la tension suffisante permettant de faire fonctionner plusieurs périphériques en même temps, vous devrez opter pour l'achat d'un hub autoalimenté sur lequel vous brancherez vos périphériques USB.

Si vous avez ce problème après la mise en place d'une carte USB 2.0 PCI, essayez de la changer de slot. Sinon, procédez à un échange auprès du magasin d'achat.

2. Les périphériques USB ne sont plus reconnus

Vous pouvez avoir aussi une erreur concernant la puissance des ports USB. Par ailleurs, il se peut que le système détecte un nouveau périphérique USB comme un périphérique inconnu.

→ Accédez au BIOS de votre ordinateur, puis désactivez l'ensemble des fonctions USB.

La commande sera présente dans un menu comme **Integrated Peripherals** ou **Advanced Chipset Features** et pourra s'appeler **Onboard USB Function** ou **On Chip USB**.

→ Redémarrez normalement, puis désinstallez tous les programmes ayant un rapport avec vos périphériques USB en vous servant du module **Ajout/Suppression de programmes** du Panneau de configuration.

→ Accédez ensuite au Gestionnaire de périphériques.

→ Double cliquez sur la branche **Contrôleurs de bus USB**.

→ Effectuez un clic droit sur le premier périphérique listé, puis sur **Désinstaller**.

→ Refaites la même opération pour chacun des autres périphériques présents dans cette rubrique.

Il vaut mieux commencer par les concentrateurs racines.

→ Éventuellement, vérifiez s'il ne reste pas des traces de vos périphériques USB dans une autre rubrique. Auquel cas, vous devrez les désinstaller.

Les branches possibles sont :**Périphériques d'image, Lecteurs de disque, Contrôleur audio, vidéo et jeu**. Attention d'activer l'affichage des périphériques cachés en cliquant sur **Affichage - Afficher les périphériques cachés**.

→ Ouvrez l'Explorateur Windows puis activez l'affichage des fichiers et des dossiers cachés.

→ Ouvrez ensuite cette arborescence : C:\Windows\Système32\Driver Store.

→ Avec le bouton droit de la souris, cliquez sur le fichier *INFCACHE.1*, puis supprimez-le.

Ce fichier contient une base de données des pilotes qui ont été déjà installés sur votre machine. C'est ce qui explique que, si vous désinstallez un pilote, il sera automatiquement réinstallé avec les mêmes paramètres. Cette manipulation empêche donc la réinstallation automatiquement d'un même pilote qui peut s'avérer obsolète ou incompatible avec votre système d'exploitation.

- Redémarrez votre ordinateur.
- Redémarrez une nouvelle fois votre ordinateur de façon à accéder au BIOS.
- Réactivez l'ensemble des fonctionnalités USB.
- Redémarrez cette fois-ci normalement, puis procédez à la réinstallation de vos périphériques.

3. "Impossible de désinstaller le périphérique. Le périphérique peut être requis pour le démarrage de l'ordinateur"

Vous pouvez également avoir le message d'erreur suivant : "Impossible de désinstaller ce périphérique car ses descendants ont refusé la requête. Ceci peut se produire si les descendants du périphérique sont nécessaires au démarrage de l'ordinateur". Voici une manière simple de résoudre le problème :

- Accédez aux propriétés de ce périphérique puis cliquez sur l'onglet **Détails**.

Vous aurez ce type d'indication : USBSTOR\DISK&VEN_LEXAR&PROD_JUMPDRIVE_SPORT&REV_3000\1069F0020058462910058&0.

- Dans le Registre Windows, ouvrez HKEY_LOCAL_MACHINE\SYSTEM\CurrentControlSet\Enum\USBSTOR.
- Ouvrez la clé correspondant à la première indication : Disk&Ven_LEXAR&Prod_JUMPDRIVE_SPORT&Rev_3000.

À l'intérieur vous aurez une sous-clé dont le nom peut ressembler à celui-ci : 1069F0020058462910058&0.

→ Ouvrez-la puis vérifiez le contenu de la valeur chaîne FriendlyName afin d'être sûr que vous êtes bien dans l'arborescence correspondant au périphérique.

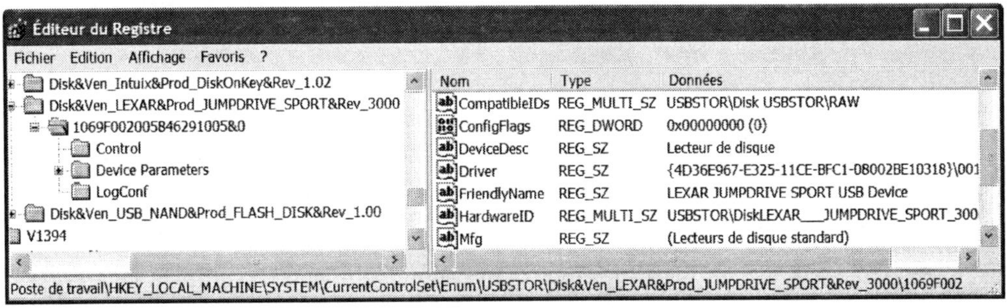

Une fois ce dernier point établi, supprimez la clé parente :
Disk&Ven_ LEXAR&Prod_JUMPDRIVE_SPORT&Rev_3000.

Si vous avez un message de ce style : "Erreur de suppression de la clé - Suppression de Disk&Ven_LEXAR&Prod_JUMPDRIVE_SPORT&Rev_3000 impossible : erreur lors de la suppression de la clé", faites ceci :

Avec le bouton droit de la souris cliquez sur le nom de la clé puis sur **Autorisations...**

→ Sélectionnez le groupe **Tout le monde** puis cochez la case **Contrôle total** sous la colonne **Autoriser** et validez pour le reste.

→ Supprimez maintenant la clé récalcitrante puis redémarrez votre ordinateur.

Malgré les apparences, cette manipulation est réellement sans danger. Vous pouvez à la fois utiliser les solutions présentées dans le paragraphe précédent et celle-ci.

4. J'ai différents périphériques inconnus qui apparaissent dans le Gestionnaire de périphériques

→ Cliquez sur **Démarrer - Exécuter** puis saisissez : **`regedit`**.

→ Ouvrez HKEY_LOCAL_MACHINE\SYSTEM\CurrentControlSet\Enum.

→ Effectuez un clic droit sur la clé **Enum** puis sur **Autorisations**.

Les autorisations pour le groupe **SYSTEM** doivent être les suivantes : **Lecture** et **Contrôle total**.

L'autorisation pour le groupe **Tout le monde** doit être la suivante : **Lecture**.

→ Si besoin est, procédez aux modifications nécessaires.

Éventuellement, et si cela ne suffit pas après un redémarrage, les autorisations pour le groupe Administrateur doivent être les mêmes que celles du groupe SYSTEM.

→ Cliquez sur le bouton **Paramètres avancés**.

→ Cochez la case **Remplacer les entrées d'autorisations de tous les objets enfants...**

→ Validez pour le reste.

5. Réinstaller un périphérique USB déclaré comme "Unknown Device"

→ Ouvrez le Gestionnaire de périphériques, effectuez un clic droit sur le périphérique identifié comme "**Unknown Device**" et sélectionnez l'option **Mettre à jour le pilote**.

→ Sélectionnez l'option **Rechercher un pilote sur mon ordinateur**.

→ Dans la zone de recherche des pilotes, renseignez le dossier **C:\WINDOWS\system32** et activez l'option **Inclure les sous-dossiers**. Cliquez sur le bouton **Suivant**.

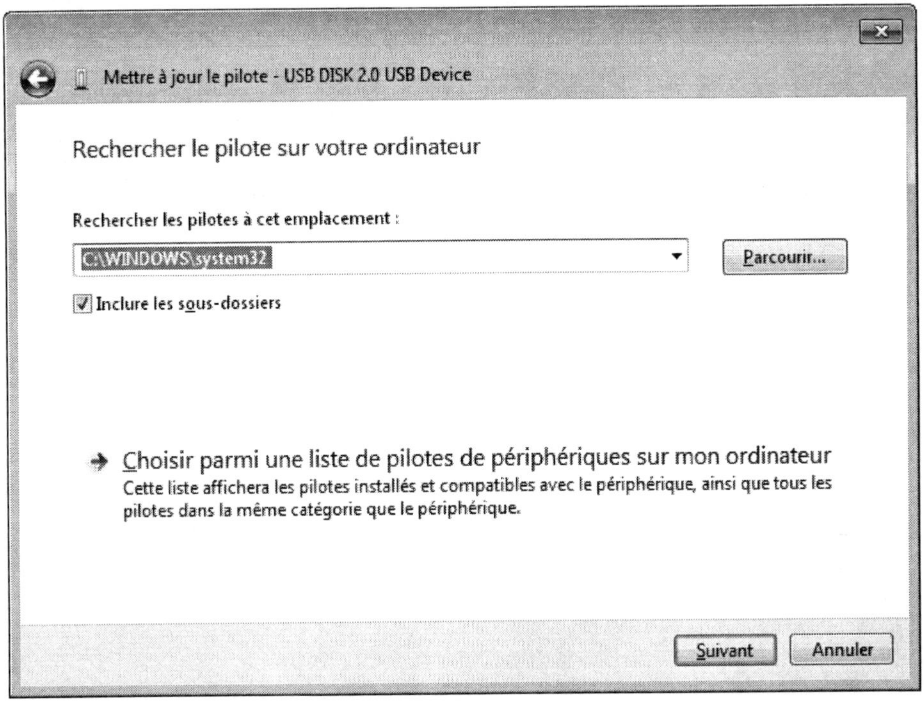

→ Cliquez sur le bouton **Fermer** à la fin du processus de mise à jour.

6. Problème de détection des périphériques USB

Vous devez avant toute chose procéder à une mise à jour du pilote de chipset de la carte mère et éventuellement exécuter les patchs disponibles permettant une meilleure gestion des ports USB.

Si votre problème concerne une clé USB ou un support de stockage amovible essayez ceci :

- Avec le bouton droit de la souris cliquez sur l'icône **Poste de travail** puis sur la commande **Gérer**.

  Vous pouvez également saisir la commande **diskmgmt.msc** dans la zone de Recherche du **menu Démarrer**.
- Double cliquez sur la branche **Gestion des disques**.
- Avec le bouton droit de la souris cliquez sur le support dont la lettre est décalée puis sur la commande**Modifier la lettre de lecteur et les chemins d'accès...**
- Attribuez au lecteur une lettre définie de telle façon qu'elle soit dans la continuité de l'ordre alphabétique.

Cette solution fonctionne s'il existe une lettre de lecteur non affectée dans la séquence de vos lecteurs. Par exemple, si vous avez différentes partitions occupant les lettres C, D et E et un lecteur de CD-Rom ou graveur auquel est affectée la lettre G.

7. Deux autres pistes pour régler un problème de port USB

Il existe deux types de câbles USB : haut débit et faible débit. Les câbles de faible débit se distinguent des câbles haut-débit en premier lieu par leur blindage. Si vous branchez un périphérique haut débit à un câble faible débit, vous pouvez provoquer une distorsion des signaux.

Avant de conclure prématurément à un problème matériel, n'hésitez pas à tester tous les ports USB de votre carte mère.

8. Un périphérique USB gêne la fermeture de Windows

Dans tous les cas, vérifiez s'il n'existe pas une mise à jour du pilote disponible sur le site du constructeur. Sinon, suivez cette procédure :

- Dans le Gestionnaire de périphériques, double cliquez sur la branche **Contrôleurs de bus USB**.
- Dans la liste de périphériques qui apparaît en dessous, double cliquez sur un des concentrateurs listés.
- Cliquez sur l'onglet **Gestion de l'alimentation** et décochez la case **Autoriser l'ordinateur à éteindre ce périphérique pour économiser l'énergie**.

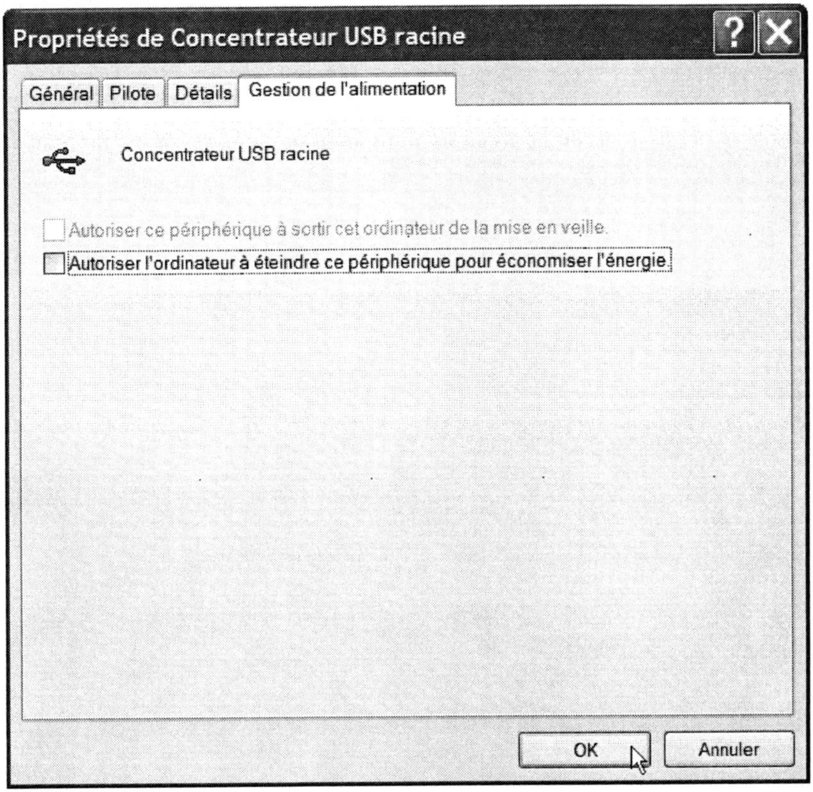

Cette astuce force le système à ne pas tenir compte de l'état des périphériques USB avant de rentrer en mode veille prolongée. Elle fonctionne également si vous avez des problèmes pour éteindre votre machine quand un périphérique USB est branché.

9. Depuis l'installation d'une "Box" je n'arrive plus à installer un périphérique USB

- Désinstallez la connexion en USB et installez le modem ADSL en utilisant une connexion Ethernet.
- Désactivez les contrôleurs USB dans le Bios puis réactivez-les après avoir redémarré en mode sans échec et désinstallez tout ce qui a un rapport avec les contrôleurs et les périphériques USB dans le Gestionnaire de périphériques.

Il est peut-être également nécessaire de désinstaller les programmes ayant un rapport avec le périphérique récalcitrant en ouvrant le module **Ajout/Suppression de programmes** du Panneau de configuration. C'est la plupart du temps uniquement possible à partir du mode "normal".

- Installez les derniers pilotes pour le chipset de votre carte mère.
- Installez s'ils sont proposés les pilotes de filtre USB 1.0 ou USB 2.0.

En bref, procédez à une mise en jour complète des pilotes de chipset de carte mère.

Procédez à une réinstallation de votre périphérique. Dans le cas, par exemple, d'une imprimante multifonction Epson elle sera reconnue immédiatement.

10. Un périphérique USB 2.0 est vu comme un périphérique USB 1.1

C'est un problème matériel sur la carte mère. Vous devez donc procéder à son changement.

11. Impossible de démarrer Windows si un disque dur externe est branché en USB

Cela peut provenir, par exemple, du chargement d'un service lié à une application de gravure (Alcohol 120% et scsiaccess.exe). Utilisez l'utilitaire de configuration système afin de localiser l'application ou le service coupable.

E. Résoudre un problème de codecs

C'est une source d'interrogation pour tous les systèmes d'exploitation Windows. Voici déjà une première recommandation : évitez les "Packs de codecs". C'est souvent une solution miracle mais qui, à l'usage, s'avère mal bricolé, lourde d'utilisation et pouvant provoquer pas mal de dégâts sur votre système. Oui, mais c'est quoi un codec ? Un codec ("COmpression" et "DÉCompression") est un algorithme de compression du son ou de la vidéo numérique permettant ainsi d'encoder ou de décoder un signal dans un format particulier.

Nous allons tout d'abord identifier quels sont les formats conteneurs. Il y a, en effet, une différence entre les codecs et les formats conteneur :

Un codec est un algorithme de compression qui sert à réduire la taille du flux audio et vidéo. Les formats MPEG-1, MPEG-2, MPEG-4, Vorbis, DivX... sont des codecs.

Un format conteneur contient plusieurs flux audio ou/et vidéo déjà encodés (AVI, Ogg, MOV, ASF, etc.) Les flux conteneurs peuvent donc utiliser différents codecs. Dans un monde idéal, il serait possible de placer n'importe quel codec dans tout type de format conteneur mais il y a de nombreuses incompatibilités qui sont listées sur cette page web : http://www.videolan.org/streaming-features.html.

Le processus de lecture se déroule de la façon suivante : le "Player" va "Démultiplexer" le flux qui lui est soumis. Cela consiste à décrypter le format conteneur puis à séparer le flux audio du flux vidéo. Chaque flux ainsi séparé est envoyé aux décodeurs qui vont alors pouvoir le décompresser.

Nous avons déjà vu que les formats conteneurs les plus courants sont AVI (*Audio Video Interleave*), MKV (Matroska), MP4 (MPEG-4) et OGM (Ogg Media).

Voici maintenant la procédure d'installation pour chacun d'eux :

- AVI : ce format est supporté nativement par Windows Vista ;
- MKV, MP4 et OGM : ces formats nécessitent l'installation d'un filtre DirectShow appelé Haali Media Splitter. Vous pouvez le télécharger à partir de cette adresse : http://haali.cs.msu.ru/mkv ;
- MPG : ce format est supporté nativement ("Out-of-the-box") dans les versions Premium et Ultimate de Windows Vista.

La seconde étape est simple à comprendre : si Windows Media center ou Windows Media Player peut maintenant ouvrir le fichier multimédia et voir ce qu'il y a dedans, il faut qu'il soit capable de décoder et de "jouer" le contenu audio et vidéo. Nous n'avons donc plus qu'à rechercher une solution logicielle qui regroupe tous ces codecs et présente de solides garanties de stabilité. Téléchargez puis installez ffdshow à partir de cette adresse : http://ffdshow-tryout.sourceforge.net. À l'heure où j'écris ces lignes, la dernière version était celle-ci : ffdshow_beta7_rev3154_20070701_clsid.exe et elle fonctionnait parfaitement avec Windows Media Center.

Pendant le processus d'installation, cochez les cases nécessaires placées en face des formats vidéos que vous souhaitez décoder avec ffdshow. Par la suite et en cas de souci, cliquez sur **Démarrer - Tous les programmes - ffdshow** puis, par exemple, **Video Decoder Configuration**.

Voici une astuce si l'installation de ffdshow ne résout pas votre problème : dans la fenêtre de configuration du décodeur vidéo, sélectionnez le lien **DirectShow control**. Poussez la réglette placée en face de la mention **Mérit : ffdshow default** tout à fait sur la droite.

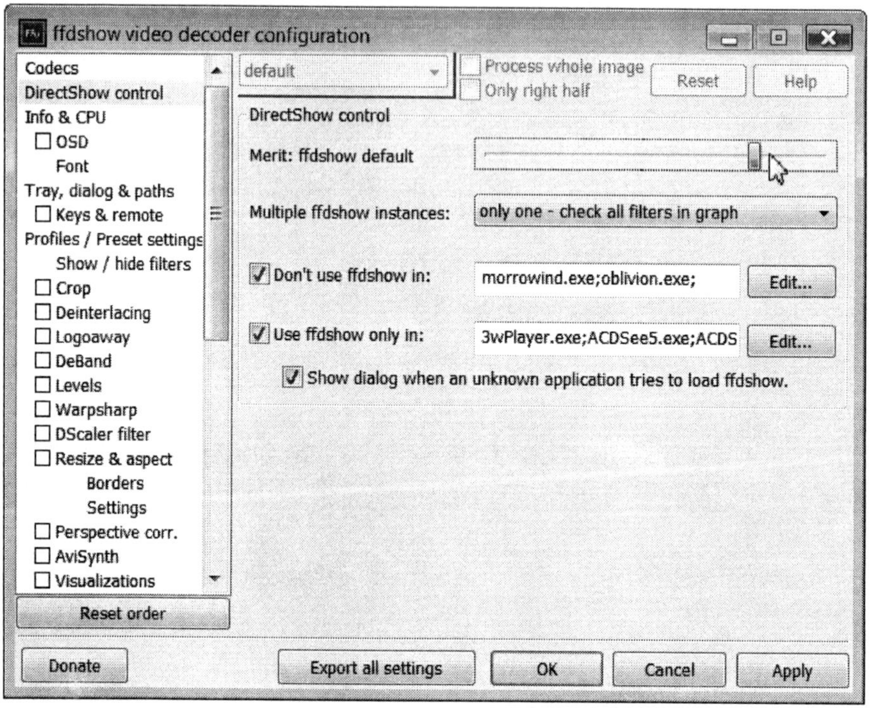

De cette façon, ffdshow aura la priorité sur l'ensemble des autres codecs éventuellement présents sur votre système.

Vous pouvez enfin être confronté à l'impossibilité de pouvoir lire un fichier multimédia sans savoir exactement le type de codec qui est utilisé. Dans ce cas, vous pouvez installer un outil appelé Gspot qui est téléchargeable à partir de cette adresse : http://www.headbands.com/gspot/v26x/index.htm.

- Cliquez sur le lien correspondant à la dernière version disponible et qui est compatible avec Windows Vista.
- Décompressez ensuite l'archive Zip puis double cliquez sur le fichier exécutable GSpot.exe.
- En face de la mention **Path**, cliquez sur le bouton ... afin de sélectionner le fichier multimédia qui résiste à votre perspicacité.

Vous aurez à la fois l'indication du conteneur, des codecs audio et vidéo qui sont nécessaires, les métadonnées qui y sont incluses ainsi qu'une multitude de caractéristiques techniques sur le fichier.

Une métadonnée est, dans ce contexte, un ensemble de propriétés génériques permettant de décrire un document (auteur, date, taille du fichier, copyright, lieu de prise de vue, etc.)

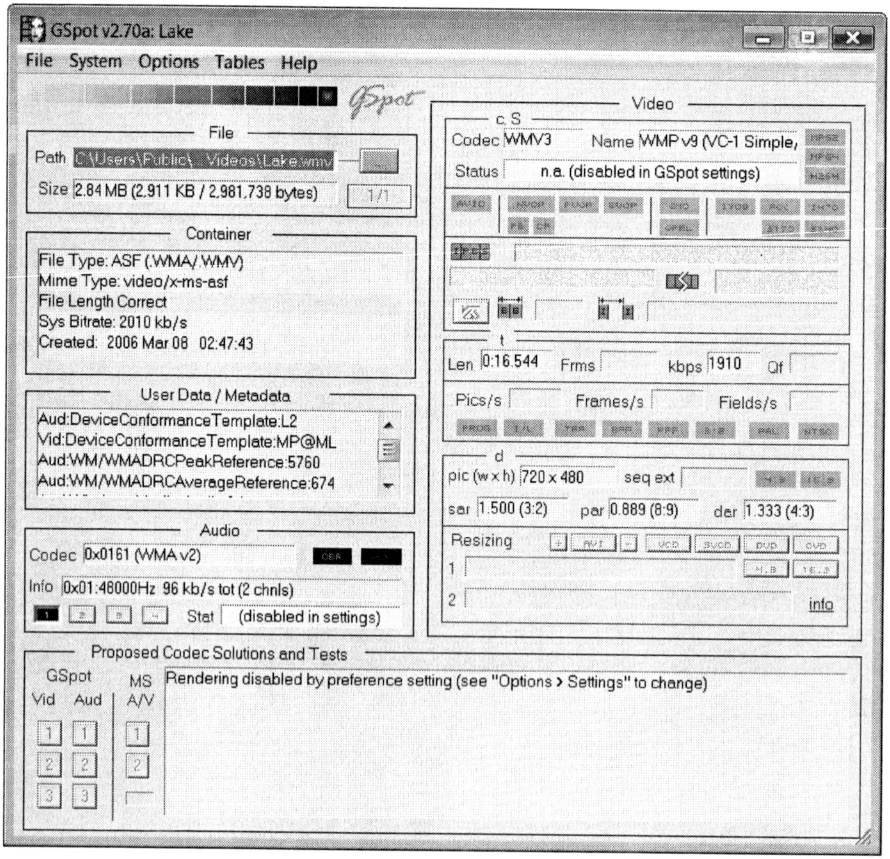

Dernier point : il arrive très souvent que les fichiers multimédias qui sont téléchargés à partir de site de Peer To Peer soient simplement endommagés. Ce n'est, dans ce cas, pas un problème mystérieux de codec introuvable mais, bel et bien, un problème de données corrompues.

Chapitre 8 : Internet Explorer et les protocoles de messagerie

A. Introduction à Internet Explorer et les protocoles de messagerie

Dans ce chapitre nous allons expliquer quelques traits essentiels d'Internet Explorer 8. Par ailleurs, nous indiquerons comment utiliser Windows Mail pour migrer dans cette application vos précédents paramètres de messagerie. Nous nous intéresserons ensuite au fonctionnement du Pare-feu Windows et apprendrons quelles sont les meilleures stratégies pour se débarrasser d'un virus ou d'un spyware.

B. Le mode protégé dans Internet Explorer 8

Signalons que cette fonctionnalité n'existe que sous Windows Vista et Windows 7. Elle est source de nombreuses difficultés. Examinons chacune de ses particularités.

1. Les niveaux d'intégrité

Ils sont au nombre de quatre :

- **Système** : s'applique aux composants systèmes et non aux applications.
- **Élevé** : s'applique aux processus qui s'exécutent avec des privilèges d'administrateur.
- **Moyen** : s'applique aux processus qui s'exécutent dans l'environnement qui est défini par défaut.
- **Faible** : utilisé par Internet Explorer et Windows Mail quand ils sont exécutés en mode protégé.

Le niveau de privilège ne peut être modifié une fois que le processus est lancé. L'interface utilisateur d'isolation des privilèges induit trois conséquences :

- Tout objet "sécurisable" créé par un processus hérite du même niveau d'intégrité que celui du processus "parent".
- Un processus ne peut accéder à une ressource dont le niveau d'intégrité est plus élevé que le sien.
- Un processus ne peut envoyer un message fenêtré à un processus de niveau d'intégrité plus élevé.

2. Fonctionnement du mode protégé

L'interface utilisateur d'isolation des privilèges (*User Interface Privilege Isolation* ou UIPI) empêche les processus d'utiliser les APIs utilisateur en mode d'intégrité élevée. De cette façon, toute installation silencieuse de programmes ou modification de données sensibles est interdite. Quand Internet Explorer s'exécute en mode protégé, il se voit donc alloué un niveau d'intégrité faible. De ce fait, il ne peut passer des opérations d'écriture dans les objets possédant un niveau d'intégrité plus élevé.

En mode protégé, Internet Explorer peut simplement modifier les objets placés dans les emplacements suivants :

- \Documents and Settings\%USER PROFILE%.
- \Local Settings\Temporary Internet Files.
- \Local Settings\Temp.
- \Local Settings\History.
- \%USER PROFILE%\Favorites.
- \%USER PROFILE%\Cookies.

Le schéma de fonctionnement obéit à ce principe :

- Internet Explorer 8 se lance en mode protégé.
- Le mécanisme d'intégrité (UIPI) s'active automatiquement.
- Le processus IEInstall.exe (Niveau d'intégrité élevé) servira aux opérations nécessitant des privilèges d'administrateur.
- Le processus IEUser.exe (Niveau d'intégrité moyen) sera utilisé pour les opérations nécessitant des privilèges d'utilisateur.
- Enfin, la couche de compatibilité des applications ("Compatibility Layer") fournit des privilèges d'utilisateur faible permettant de faire fonctionner ce navigateur.

Cette couche de compatibilité permet d'intercepter les tentatives d'écriture dans les objets possédant un niveau d'intégrité moyen et les redirige vers ces emplacements de niveau d'intégrité faible :

- \%userprofile%\APPData\Local\Microsoft\Windows\TemporaryInternet Files\Virtualized.

- HKEY_CURRENT_USER\Software\Microsoft\InternetExplorer\InternetRegistry.

Les deux processus (*IEInstall* et *IEUser*) provoquent l'apparition de la boîte de dialogue d'élévation des privilèges dans les scénarios suivants :

- *IEUser.exe* vous permet, par exemple, d'enregistrer des fichiers dans des emplacements de niveau d'intégrité plus élevé. Notez que ce processus est virtualisé.

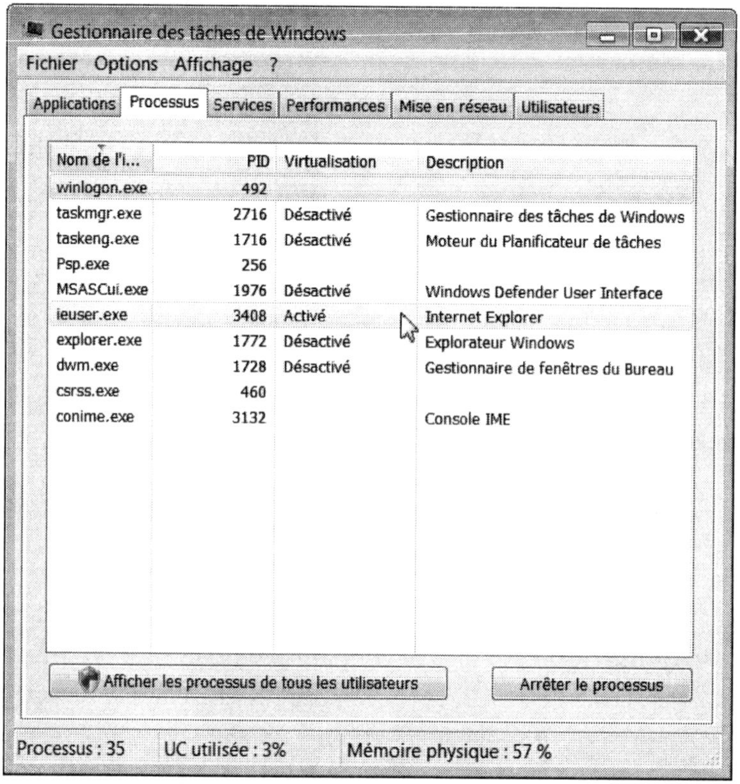

- *IEInstal.exe* permet de procéder à l'installation de Contrôle ActiveX ou autres modules complémentaires.

Voici un exemple d'application :

➔ Ouvrez une page Internet.

➔ Enregistrez la page dans C:\Program Files.

➔ Ouvrez ce même répertoire.

Dans l'Explorateur Windows, la page HTML ou MHT restera introuvable... De fait, le fichier a été virtuellement enregistré dans ce type d'arborescence : C:\Users\Nom_Utilisateur\AppData\Local\Temp\Low\lfg98KF.

Si vous désactivez le mode protégé et refaites la même manipulation, cette même page sera, cette fois-ci, enregistrée à cet emplacement : C:\Users\Nom_Utilisateur\AppData\Local\VirtualStore\Program Files.

Le mode protégé est activé pour les zones de sécurité suivantes : *Internet*, *Sites sensibles*. Il est désactivé pour les zones *Sites de confiance* et *Machine locale*.

3. Autres conséquences du mode protégé

Internet Explorer inclut un mécanisme empêchant tout code malicieux de communiquer ou de lancer un autre processus. Si, par exemple, une extension du navigateur tente de le faire, Internet Explorer vous demandera votre permission avant de démarrer le processus.

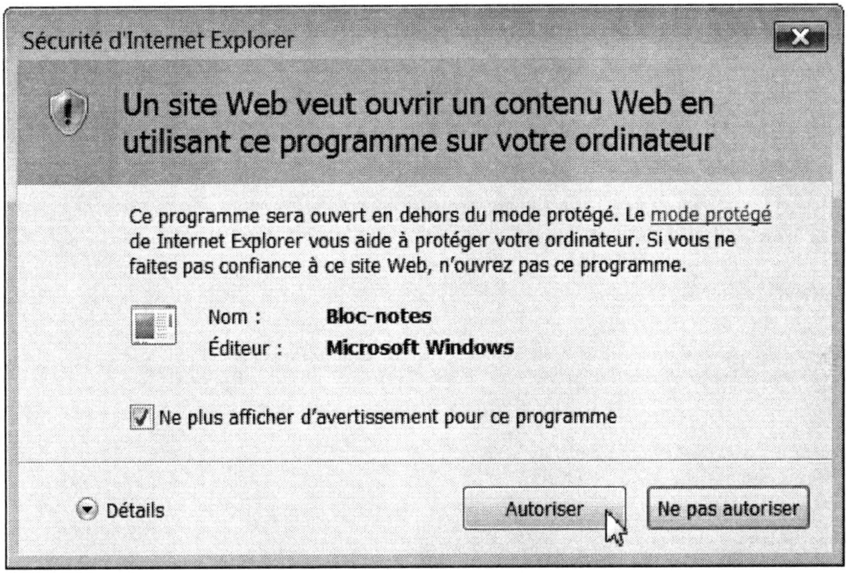

Si cette extension possède son propre fichier exécutable, vous pouvez ajouter une clé dans le Registre indiquant que ce processus est digne de confiance. L'arborescence du Registre qui sera modifiée sera celle-ci : HKEY_LOCAL_MACHINE\Software\Microsoft\Internet Explorer\Low Rights\ElevationPolicy.

Dans cette dernière clé, créez un nouveau GUID dans lequel vous ajouterez ces trois valeurs :

- **AppName** (valeur chaîne) : nom du fichier exécutable ;
- **AppPath** (valeur chaîne) : emplacement du fichier exécutable ;
- **Policy** (valeur DWORD) : avec comme données de la valeur le chiffre 3.

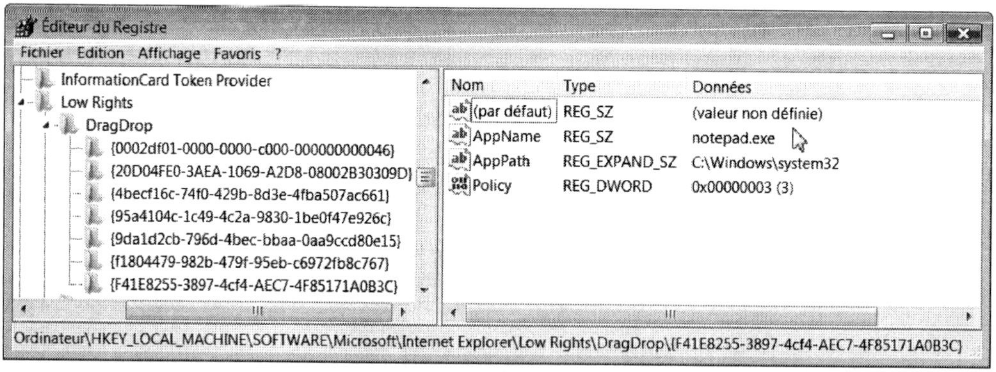

La même boîte de dialogue va apparaître quand vous essayerez de déplacer le contenu d'une page Web dans une autre application. Le mécanisme est identique à celui décrit précédemment à la différence près qu'il concerne maintenant cette arborescence du Registre : HKEY_LOCAL_MACHINE\Software\Microsoft\Internet Explorer\Low Rights\DragDrop.

4. Désactiver le mode protégé

Afin de désactiver le mode protégé, suivez cette procédure :

→ Cliquez sur **Outils - Options Internet**.

→ Cliquez sur l'onglet **Sécurité**.

→ Cochez ou décochez la case **Activer le mode protégé (redémarrage d'Internet Explorer requis)**.

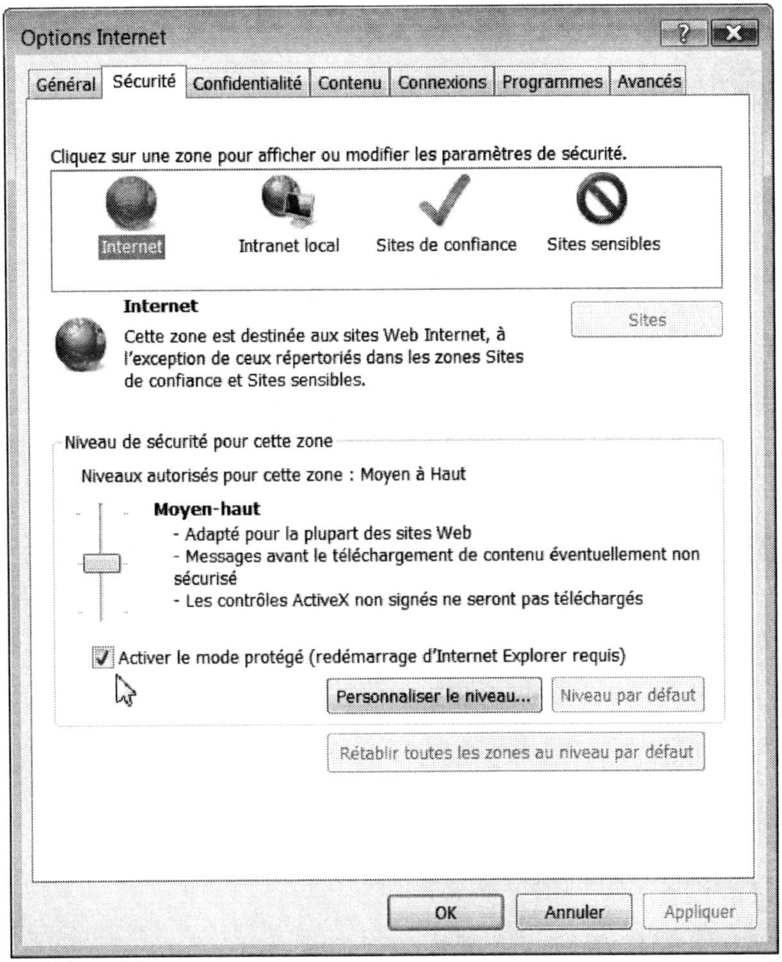

Notez que vous pouvez le faire pour chacune des zones concernées par cette fonctionnalité.

La barre d'état d'Internet Explorer, en bas de la fenêtre du navigateur, vous indique alors le statut de cette protection. Il y a d'autres circonstances qui feront que le mode protégé sera désactivé :

- La désactivation du Contrôle de compte d'utilisateur entraîne celle du Mode protégé.
- L'exécution d'Internet Explorer en mode Administrateur désactive le mode protégé.

- Quand Internet Explorer s'exécute à partir d'un fichier situé localement sur votre disque. Cela ne s'appliquera pas si la page HTML a été enregistrée sur votre disque mais qu'elle provient de la zone Internet.

Voici un récapitulatif des cas de figure dans lesquels le mode protégé n'est pas activé :

- Le Contrôle de compte d'utilisateur ("UAC") est désactivé.
- Internet Explorer s'exécute en mode Administrateur.
- La page a été enregistrée à partir d'une zone de sécurité déjà considérée comme protégée.
- Le mode protégé n'est pas activé pour la zone de sécurité concernée.

C. Résoudre un problème sur Internet Explorer 8

Nous allons dans cette partie voir comment mettre en œuvre les solutions génériques permettant de dépanner Internet Explorer 8.

1. Problèmes de connectivité réseau dans Internet Explorer 8

La première chose à faire est de vérifier les paramètres du pare-feu ou ceux du routeur. À titre de test, vous pouvez momentanément les désactiver.

Vérifiez que vous accédez à des sites connus de ces deux façons :

→ Dans la barre d'adresses, saisissez cette adresse : http://www.microsoft.com.

Vous pouvez utiliser également l'adresse IP du site : **`207.46.232.182`**.

On peut le vérifier de cette façon :

→ Lancez une fenêtre d'Invite de commandes.

→ Saisissez cette commande : **`ping microsoft.com`**.

À droite du nom du site vous aurez cette mention placée entre crochets : 207.46.232.182.

→ Dans la barre d'adresses d'Internet Explorer, saisissez alors cette adresse : **`207.46.232.182`**.

C'est une manière rapide de vérifier s'il n'y a pas un problème sur les fonctionnalités DHCP (*Dynamic Host Configuration Protocol*) car, dans ce cas, la translation d'une adresse IP en un nom de domaine ne se fait pas. Notez que cela peut aussi provenir d'une panne des serveurs de votre fournisseur d'accès : le signal ADSL est excellent mais, du fait que vous n'avez pas de translation d'adresses DNS, vous ne pouvez accéder à un site qu'en saisissant son adresse IP dans la barre d'adresses de votre navigateur.

Il arrive aussi que suite à la désinstallation d'un fournisseur d'accès Internet ou d'un programme de protection, la pile Winsock soit endommagée.

Winsock (*WINdows SOCKet*) est une bibliothèque dynamique de fonctions DLL permettant l'implémentation du protocole TCP/IP (*Transmission Control Protocol/Internet Protocol*). Toutes vos applications de messagerie, vos navigateurs utilisent donc Winsock. Un LSP (*Layered Service Provider*) est un pilote qui sert d'interface entre les sockets Windows et la couche réseau. De nombreux programmes (ainsi que beaucoup de malwares) installent ce type de pilote afin de pouvoir communiquer avec les services réseaux. Rappelons qu'un malware désigne un programme non solicité tel qu'un virus, cheval de Troie, etc.

Vous pouvez réinitialiser cette pile très simplement :

➔ Exécutez l'Invite de commandes.

➔ Saisissez ces commandes :

- **`netsh winsock show catalog | more`** (affiche la liste des LSP) ;

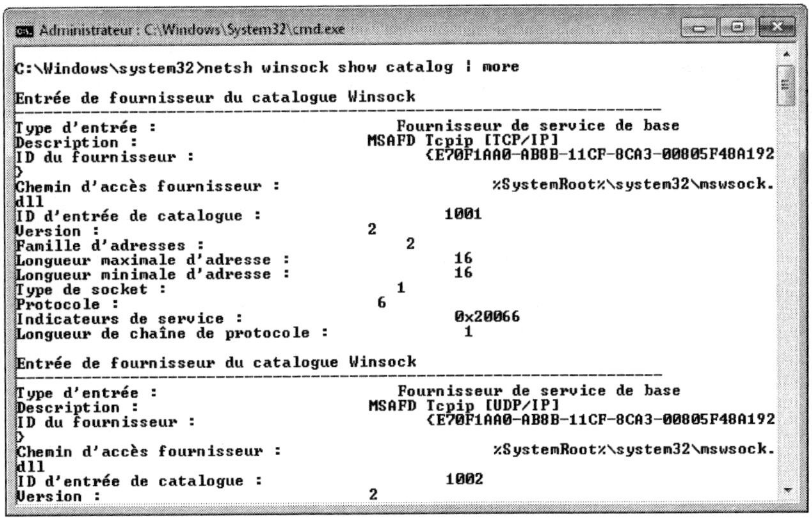

```
Administrateur : C:\Windows\System32\cmd.exe

C:\Windows\system32>netsh winsock show catalog | more

Entrée de fournisseur du catalogue Winsock
------------------------------------------------------------------
Type d'entrée :                        Fournisseur de service de base
Description :                        MSAFD Tcpip [TCP/IP]
ID du fournisseur :                       {E70F1AA0-AB8B-11CF-8CA3-00805F48A192
}
Chemin d'accès fournisseur :                       %SystemRoot%\system32\mswsock.
dll
ID d'entrée de catalogue :                 1001
Version :                            2
Famille d'adresses :                     2
Longueur maximale d'adresse :              16
Longueur minimale d'adresse :              16
Type de socket :                       1
Protocole :                           6
Indicateurs de service :                 0x20066
Longueur de chaîne de protocole :          1

Entrée de fournisseur du catalogue Winsock
------------------------------------------------------------------
Type d'entrée :                        Fournisseur de service de base
Description :                        MSAFD Tcpip [UDP/IP]
ID du fournisseur :                       {E70F1AA0-AB8B-11CF-8CA3-00805F48A192
}
Chemin d'accès fournisseur :                       %SystemRoot%\system32\mswsock.
dll
ID d'entrée de catalogue :                 1002
Version :                            2
```

- **netsh winsock reset catalog** (supprime tous les LSP étrangers) ;
- **netsh winsock reset** (réinitialise la pile Winsock).

Il arrive aussi que vous ne puissiez accéder à certains sites. Cela peut être dû à un fichier **Hosts** endommagé. Il se trouve dans C:\Windows\System32\drivers\etc.

Il vous suffit de l'ouvrir en vous servant d'un programme comme le Bloc-notes Windows et de procéder aux modifications voulues. En dehors des lignes de commentaires qui sont signalées par un dièse, ce fichier ne contient normalement que ces deux lignes qui renvoient vers l'adresse de boucle locale :

127.01 localhost

::1 localhost

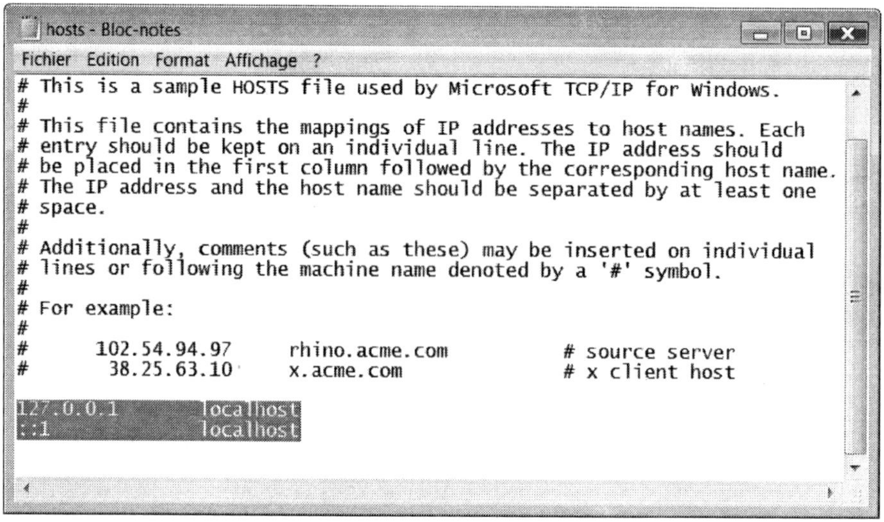

Important : notez que, vous devez exécuter le Bloc-notes en tant qu'administrateur !

2. Réinitialiser la pile TCP/IP

C'est un peu le traitement de choc !

➔ Exécutez l'Invite de commandes en tant qu'administrateur.

➔ Saisissez ces commandes :

- `ipconfig /flushdns`
- `nbtstat -R`
- `nbtstat -RR`
- `netsh int reset all`
- `netsh int ip reset`
- `netsh winsock reset`

Redémarrez votre machine.

3. Réinitialiser Internet Explorer 8

Il y a différentes opérations permettant de voir si votre problème n'est pas finalement bénin :

➔ Cliquez sur **Outils - Options Internet**.

➔ Dans la rubrique **Historique de navigation**, cliquez sur le bouton **Supprimer...**

➔ Sélectionnez tous les éléments puis cliquez sur le bouton **Supprimer**

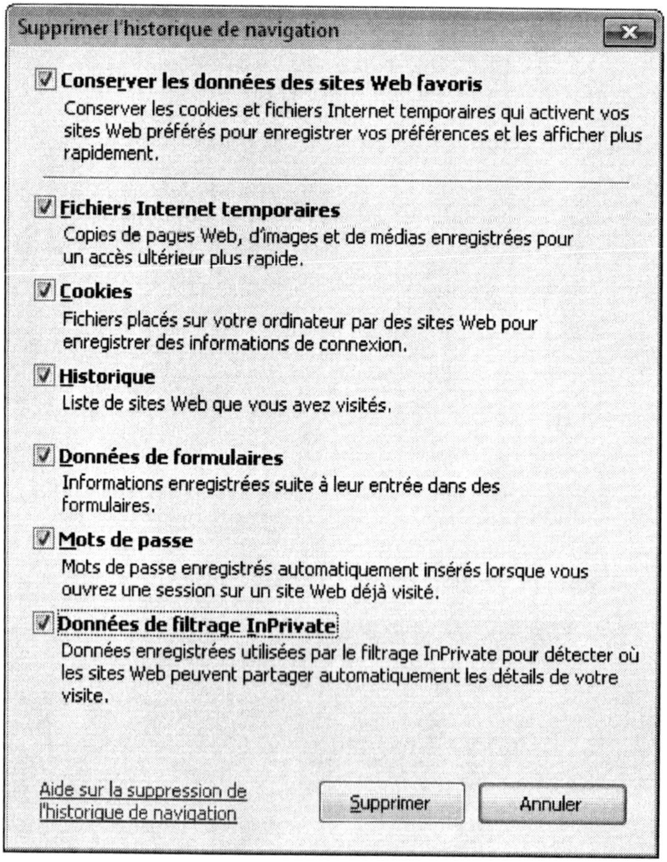

➔ Cliquez sur **OK**.

Cela a pour conséquence de supprimer les données suivantes :

- Fichiers Internet temporaires.
- Cookies.
- Un historique des sites Web que vous avez visités.
- Les données de formulaires enregistrées.
- Les mots de passe.
- Les informations temporaires enregistrées par les modules complémentaires installés sur votre navigateur.
- Données des sites Web favoris.

- Données de filtrage InPrivate.

Vous pouvez aussi réinitialiser les paramètres de sécurité par défaut :

→ Cliquez sur **Outils - Options Internet**.

→ Cliquez sur l'onglet **Sécurité**.

→ Sélectionnez chacune des zones Internet puis cliquez sur le bouton **Niveau par défaut**.

Notez que vous pouvez également cliquer sur le bouton **Rétablir les zones au niveau par défaut**.

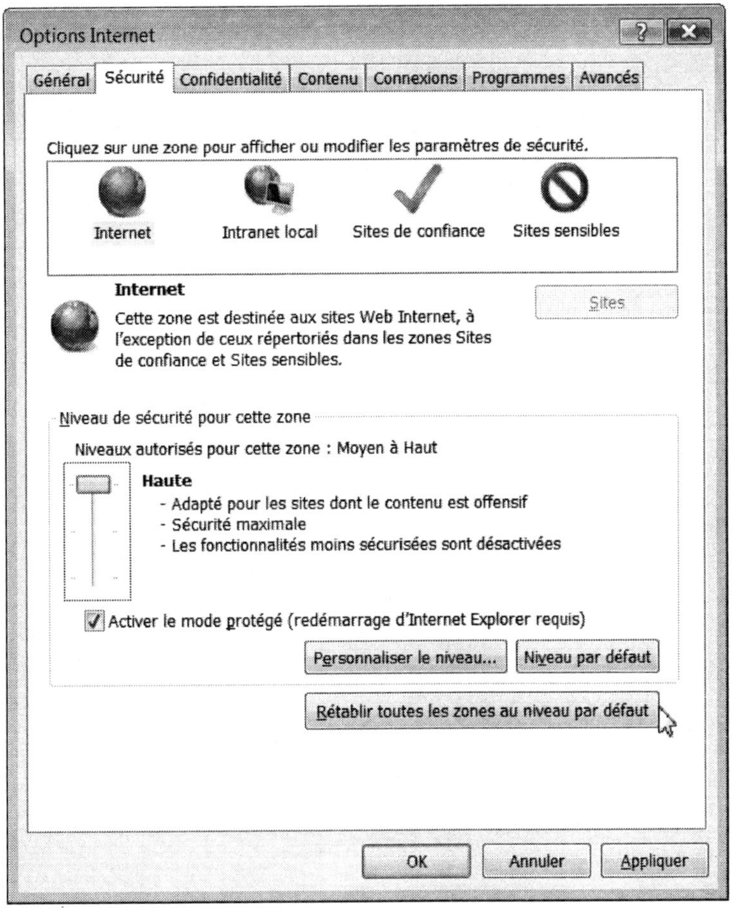

Il est parfois nécessaire de réinitialiser les paramètres de configuration d'Internet Explorer :

→ Cliquez sur **Outils - Options Internet**.

→ Cliquez sur l'onglet **Avancés**.

→ Cliquez sur le bouton **Rétablir les paramètres avancés**.

Il est possible de restaurer complètement l'ensemble des options par défaut en cliquant sur le bouton **Réinitialiser**... C'est l'ultime solution !

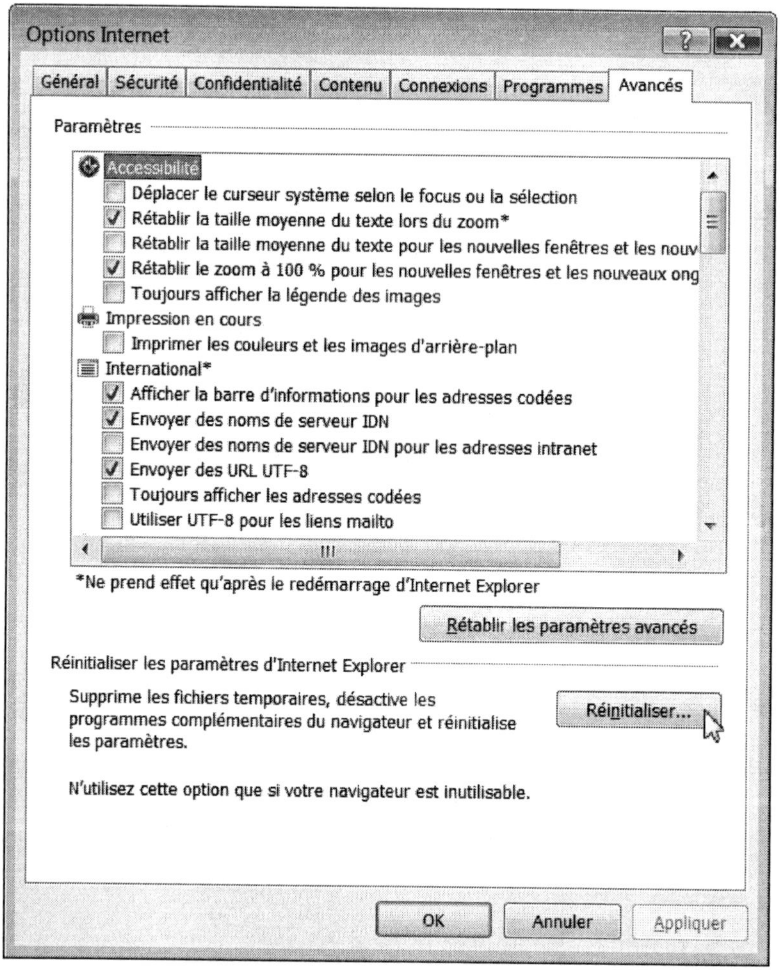

Voici les opérations qui seront accomplies :

- Suppression de :
  - Historique de navigation, fichiers Internet temporaires, données de formulaires, mots de passe stockés, données de filtrage InPrivate, données des sites Web favoris ;
  - Liste des adresses URL saisies, pages hors connexion, extensions des menus ;
  - Tous les sites figurant dans les zones Sites sensibles ou Sites de confiance ;
  - Tous les sites figurant dans les paramètres de gestion des cookies ;
  - Tous les sites figurant dans les paramètres du bloqueur de fenêtres publicitaires intempestives ;
  - Toutes les listes MRU ayant trait à Internet Explorer.

Les listes MRU (*Most Recently Used*) sont toutes les suggestions que fait le système en fonction des données que vous avez déjà saisies quand vous exécutez une commande, enregistrez un fichier, etc.

- Restauration sur les paramètres par défaut de :
  - la page d'accueil ;
  - des paramètres de navigation des onglets ;
  - des préférences de mise en page ;
  - de l'ensemble des paramètres visibles dans l'onglet **Avancé** ;
  - des paramètres du bloqueur de fenêtres publicitaires et du site anti-hameçonnage ;
  - des contrôles ActiveX supplémentaires ;
  - des barres d'outils tierces et autres BHO.

Un BHO (*Browser Help Object*) est un programme permettant d'apporter des fonctionnalités supplémentaires à Internet Explorer.

En fait, seuls ces principaux éléments ne sont pas modifiés : favoris, flux RSS, contrôles ActiveX installés par défaut, paramètres de connexion Internet, configuration du Proxy et des communications VPN, configuration des programmes par défaut, paramètres du contrôle d'accès, informations de certificats.

Enfin, il est possible d'exécuter Internet Explorer sans qu'aucun module complémentaire ne soit activé en cliquant sur **Démarrer - Tous les programmes - Accessoires - Outils système - Internet Explorer (sans module complémentaire)**. Si, dans ce mode, vous ne rencontrez plus de problème de navigation, vous devez déterminer quel est le module complémentaire qui est fautif.

- Cliquez sur **Outils - Gérer les modules complémentaires - Activer ou désactiver les modules complémentaires**.
- Sélectionnez le premier module complémentaire puis cochez le bouton radio **Désactivé**.

Vous pouvez procéder en traitant cinq ou dix modules complémentaires à la fois afin de localiser plus facilement le module coupable. Il vous faudra ensuite, soit le supprimer directement dans le module de gestion, soit désinstaller l'application correspondante qui, normalement, doit être listée dans l'applet **Ajout/Suppression de programmes** du **Panneau de configuration**.

Il y a deux autres sources possibles de problèmes...

4. Problèmes de compatibilité

Il peut arriver qu'un problème sur Internet Explorer soit dû à une incompatibilité avec un des programmes que vous avez installé, à la présence d'un virus, ou au fait que votre compte d'utilisateur soit endommagé. Dans ce dernier cas, vérifiez que le problème se pose de la même façon à partir d'un autre compte d'administrateur.

5. Problèmes sur les fichiers

Insérez votre disque d'installation dans le lecteur qui a aussi servi à l'installation de votre système.

- Lancez l'Invite de commandes.
- Tapez cette commande : **`sfc /scannow`**.

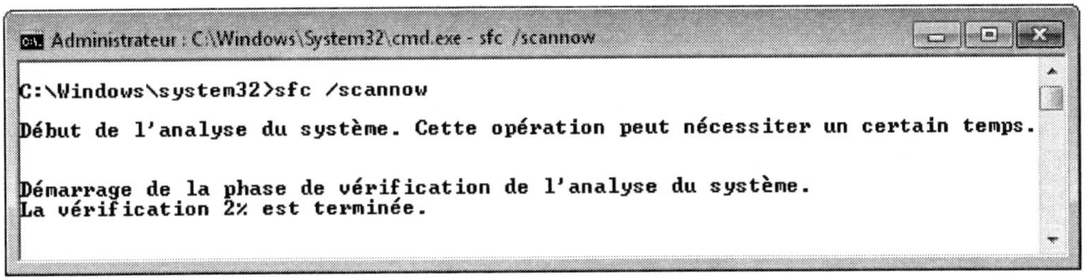

Vous pouvez aussi choisir de restaurer votre ordinateur en choisissant un point de restauration antérieur à l'apparition de votre problème.

6. La connexion Internet est très lente

De plus, certaines pages ne peuvent s'afficher dans Internet Explorer.

Au bout d'un long moment, ce message d'erreur va apparaître : "Internet Explorer ne peut pas afficher cette page Web".

➜ Exécutez l'Invite de commandes en tant qu'administrateur.

➜ Saisissez cette commande :
`netsh int tcp set global autotuninglevel=disabled`.

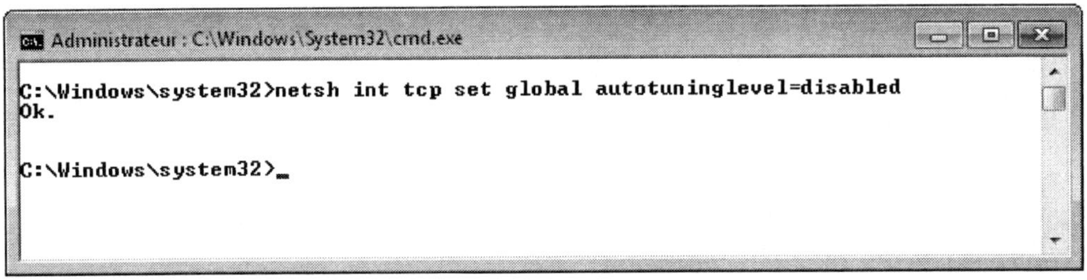

➜ Redémarrez l'ordinateur.

7. Retrouver un mot de passe perdu

Nirsoft propose un grand nombre d'outils dont voici les principaux (mais il y a vraiment l'embarras du choix !) :

- PCAnywhere PassView v1.11 : mots de passe PCAnywhere.
- IPNetInfo v1.09 : permet de retrouver les informations attachées à certains adresses IP.

- ProduKey v1.06 : permet de retrouver les clés de produit perdues de Windows, MS-Office et SQL Server.
- Dialupass v2.43 : permet de retrouver les mots de passe de vos connexions d'accès à distance et VPN (*Virtual Private Network* ou Réseau privé virtuel.
- Network Password Recovery v1.11 : permet de retrouver vos mots de passe réseaux.
- Mail PassView v1.38 : permet de retrouver les mots de passe de vos comptes de messagerie.

La page de téléchargement est accessible à partir de cette adresse : http://www.nirsoft.net/utils/index.html. Il suffit de télécharger l'archive ZIP puis de la décompresser et de lancer le fichier exécutable correspondant. Signalons que la plupart de ces programmes ne sont pas compatibles avec Windows Vista.

8. Résoudre un problème sur un périphérique ADSL

Les offres des fournisseurs d'accès sont exprimées en kilobits par seconde. Prenons un exemple : la vitesse de téléchargement d'une connexion de 1 024 kbit/s correspond à 128 ko/s. Voici pourquoi : un octet est égal à 8 bits. Si je divise 1 024 kilobits par 8 bits, j'obtiens bien ce résultat : 128 ko. Par ailleurs, il est fait une distinction entre le front montant (Upload) et le front descendant (Download). Par exemple, lorsque vous affichez une page Web ou téléchargez des fichiers, c'est le débit descendant qui est utilisé.

Nous allons maintenant nous intéressé au fonctionnement des "Box" qui sont le plus souvent commercialisées avec une offre Internet. Ce type de modem fonctionne comme une passerelle entre votre machine et le Web. Cela induit deux conséquences :

- Il est inutile de la brancher à un ordinateur puisqu'elle fonctionne de manière autonome.
- Dès qu'elle est raccordée à la prise téléphonique la "Box" communique déjà avec Internet.

Une autre manière de dire que vous êtes connecté à Internet sans même avoir lancé votre navigateur.

Signalons enfin que vous ne pouvez pas vraiment tester une "Box" sur une autre ligne téléphonique que celle qui vous a été attribuée.

Le principal problème que l'on peut rencontrer est l'absence de synchronisation ADSL. Ce dysfonctionnement est signalé par un des voyants lumineux visibles sur la "Box". Il y a plusieurs causes possibles :

- Votre ligne n'est pas encore opérationnelle et vous devez patienter encore quelque temps.
- Vous n'avez pas mis de filtre ADSL sur la prise téléphonique ou ce filtre est défectueux.
- Votre installation téléphonique présente des points de rupture (le câble utilisé n'est pas compatible).
- Il y a un problème sur les installations France Telecom.

Dans tous les cas consultez le manuel qui est livré avec votre périphérique ADSL afin de comprendre la signification des codes indiqués par le clignotement des "Leds".

Il y a plusieurs points à vérifier :

- Un système d'alarme raccordé sur votre installation téléphonique peut gêner une ligne ADSL.
- Débranchez toutes les prises téléphoniques à l'exception de la "Box" afin de voir si, dans ce cas là, la synchronisation ADSL s'effectue.
- Testez votre périphérique ADSL sans qu'il y est une quelconque rallonge (et donc directement sur la prise téléphonique).
- Écartez éventuellement les lamelles métalliques qui sont sur la prise ADSL afin qu'elles offrent un meilleur contact avec la prise murale.
- Faites vérifier votre ligne par votre opérateur afin de vérifier son bon fonctionnement.
- Procédez à une réinitialisation de la "Box" soit en la débranchant électriquement ou en actionnant un petit bouton faisant office de "reset".

Là encore, consultez le manuel fourni avec le périphérique ADSL car il y a différentes manières d'opérer une réinitialisation selon le modèle de la "Box". C'est souvent cette solution qui offre les meilleures garanties de résultat !

Mon expérience me fait dire que, lors d'une première installation, un problème de synchronisation est symptomatique d'un dysfonctionnement de votre ligne téléphonique ou provient du fait que la "Box" est défectueuse. Vous pouvez toujours vérifier si elle fonctionne correctement chez un ami ou un voisin qui possède lui-même une connexion ADSL. Vous ne pourrez pas vous connecter sur Internet mais elle doit tout de même indiquer que le signal ADSL est reçu correctement.

Par la suite c'est dans la majorité des cas un problème sur le réseau France Telecom (ou celui utilisé par votre opérateur). Auquel cas, exigez que votre ligne soit vérifiée : il sera procéder à un "nettoyage" de votre ligne téléphonique.

Si vous êtes confrontés à des problèmes de connectivité faible ou très lente et que vous avez branché votre périphérique ADSL en USB, vous aurez souvent la possibilité de la tester en la raccordant en Ethernet. Par ailleurs, c'est vraiment la solution à privilégier si votre ordinateur ne dispose pas de port USB 2.0.

Si vous avez des problèmes de connectivité entre le périphérique ADSL et votre machine, une petite icône représentant deux ordinateurs et visibles dans la zone de notification doit vous le signaler : elle sera barrée d'une croix rouge. Auquel cas :

- changez si c'est possible de mode de connexion ;
- inversez de sens le câble Ethernet ;
- testez un autre câble (USB ou Ethernet) ;
- vérifiez dans le Gestionnaire de périphériques que votre carte réseau est correctement déclarée ;
- testez éventuellement une autre carte réseau (ou un autre port USB).

Le message d'erreur "Connectivité limitée ou inexistante" provient souvent simplement du fait que l'attribution automatique des adresses IP est activée dans les propriétés TCP/IP de votre connexion réseau et que vous êtes raccordé en USB. Il n'est donc pas révélateur d'un vrai problème de connectivité. Voici une solution de contournement :

→ Cliquez sur **Démarrer - Panneau de configuration - Afficher l'état et la gestion du réseau - Modifier les paramètres de ma carte**.

→ Effectuez un clic droit sur votre connexion réseau puis sur **Propriétés**.

→ Décochez la case **M'indiquer si cette connexion a une connectivité limitée ou inexistante**.

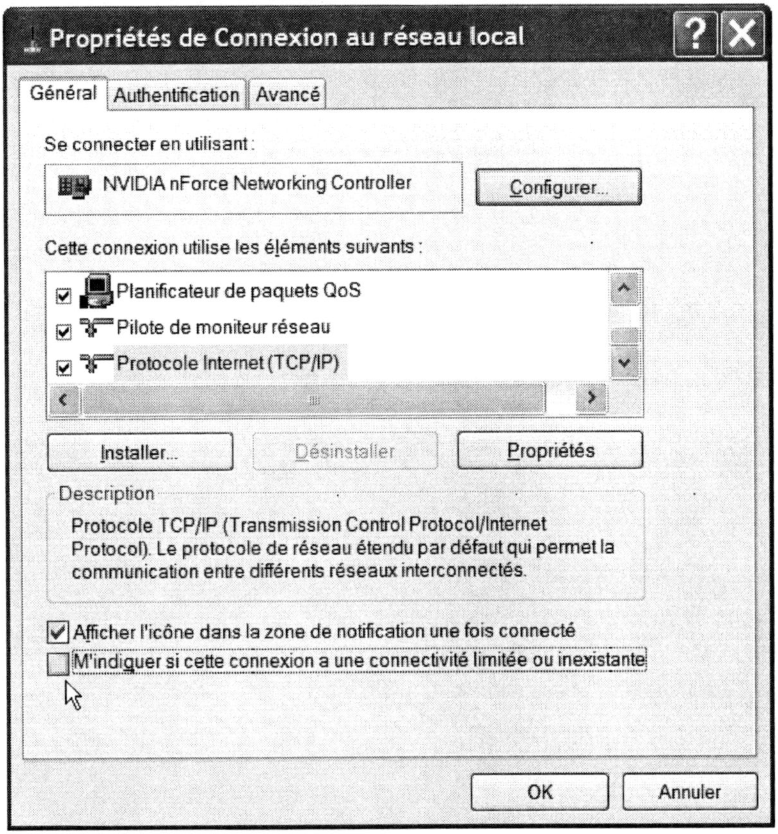

D. Windows Live Mail

C'est la nouvelle version d'Outlook Express. Nous allons simplement expliquer comment migrer vos paramètres et vos messages d'Outlook Express vers Windows LiveMail.

1. Migrer d'Outlook Express à Windows Live Mail

Les étapes sont les suivantes :

- Migration du carnet d'adresses ;
- Migration des paramètres du compte ;

- Migration des messages ;
- Importation des trois éléments précédents dans Windows Mail.

Examinons la procédure complète.

➜ Lancez Outlook Express.

➜ Cliquez sur **Fichier - Exporter -Carnet d'adresses...**

➜ Sélectionnez l'option **Fichier texte (valeurs séparées par des virgules)** puis cliquez sur le bouton **Exporter**.

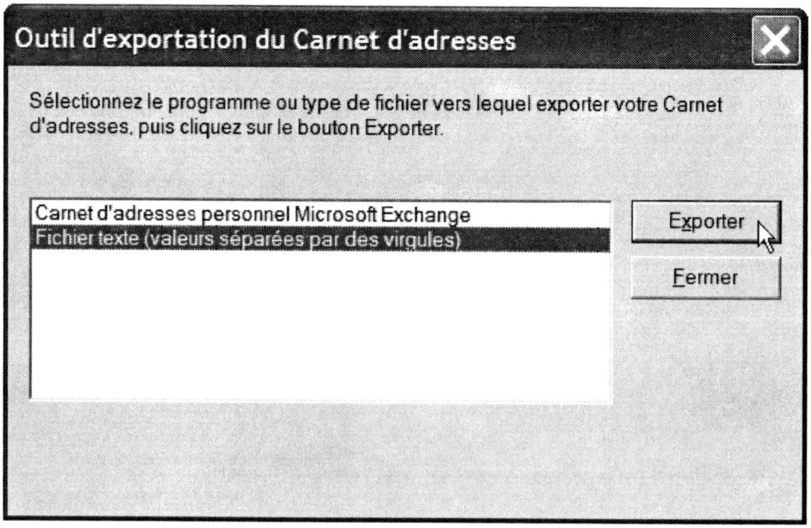

➜ Cliquez sur le bouton **Parcourir** afin de définir l'emplacement du fichier.

➜ Saisissez un nom de fichier puis cliquez sur le bouton **Enregistrer**.

➜ Cliquez sur les boutons **Suivant** et **Terminer**.

Une boîte de dialogue va vous signaler que "l'exportation du carnet d'adresses est terminée".

➜ Cliquez sur le bouton **Fermer**.

➜ Toujours dans Outlook Express, cliquez sur **Outils - Comptes**.

➜ Cliquez sur l'onglet **Courrier**.

➜ Sélectionnez le compte de messagerie à exporter puis cliquez sur le bouton correspondant.

- Le fichier à exporter portera une extension *.iaf*.
- Sélectionnez le même emplacement que précédemment puis cliquez sur le bouton **Enregistrer**.
- Recommencez la même procédure pour les autres comptes de messagerie qui sont listés puis cliquez sur le bouton **Fermer**.
- Cliquez enfin sur **Outils - Options**.
- Cliquez sur l'onglet **Maintenance** puis sur le bouton **Dossier de stockage**.
- Copiez le chemin indiqué dans la zone de texte **Votre banque de messages personnels se trouve dans le dossier** puis cliquez deux fois sur **OK**.

Le chemin indiqué va ressembler à celui-ci : C:\Documents and Settings\Jean-Noël\Local Settings\Application Data\Identities\{9F60BD1E-29BC-4E0A-A07B-0F87F84CB27A}\Microsoft\Outlook Express.

- Cliquez sur **Démarrer - Exécuter** puis collez le contenu du Presse-papiers Windows.

L'Explorateur Windows va directement s'ouvrir à cet emplacement.

- Copiez l'ensemble des fichiers DBX qui sont visibles dans un dossier que vous allez spécialement créer sur votre disque dur.
- Redémarrez votre machine afin d'accéder à votre système d'exploitation Windows Vista ou Windows 7.
- Exécutez Windows LiveMail en tant qu'administrateur.
- Cliquez sur **Fichier - Importer - Contacts Windows**.
- Sélectionnez l'option **CSV (valeurs séparées par des virgules)**.
- Cliquez sur le bouton **Importer**.
- Cliquez sur le bouton **Parcourir**.

- Sélectionnez le fichier CSV puis cliquez sur les boutons **Suivant** et **Terminer**.
- Cliquez sur **Fermer**.
- Cliquez sur **Outils - Comptes**.
- Cliquez sur le bouton **Importer**.
- Sélectionnez ensuite le fichier portant une extension IAF.
- Cliquez sur les boutons **Ouvrir** et **Fermer**.
- Cliquez sur **Fichier - Importer - Messages**.
- Sélectionnez l'option **Microsoft Outlook Express 6** puis cliquez sur **Suivant**.

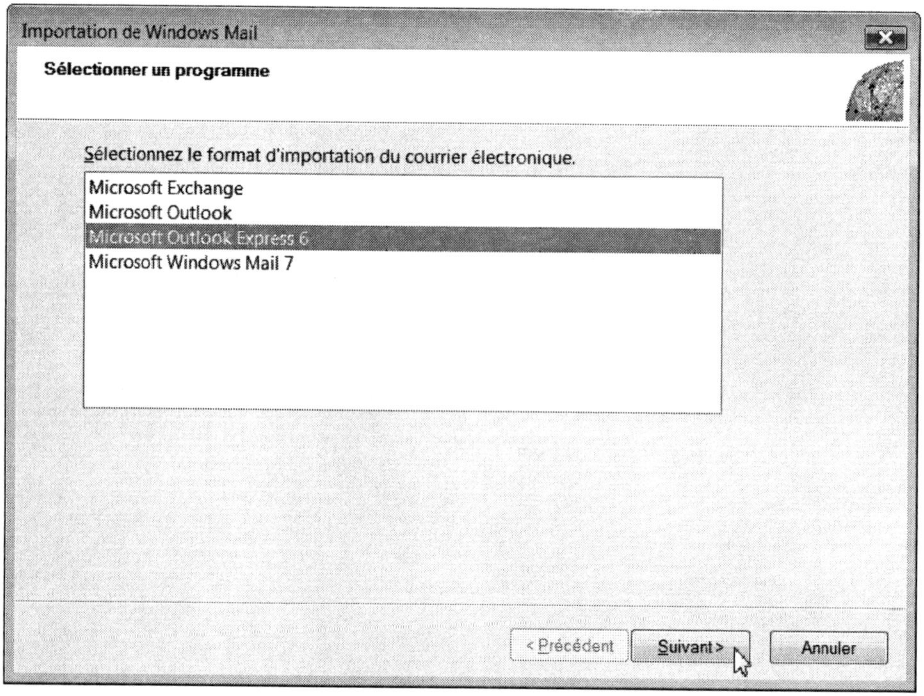

- Cliquez sur **Ok** et **Parcourir**.
- Sélectionnez le dossier contenant les fichiers DBX puis cliquez sur **Sélectionnez un dossier**.
- Cliquez deux fois sur **Suivant**.
- Cliquez sur le bouton **Terminer**.

Mission accomplie !

E. Virus et autres menaces sur Internet

Voici une liste des principales applications qui peuvent être néfastes pour la santé de votre ordinateur :

Adware : un "Adware" traque vos habitudes sur Internet et peut, par exemple, afficher des fenêtres publicitaires en fonction du profil qui a été défini. De nombreux sites Web peuvent installer, à votre insu, ce type de logiciel.

"Drive-by download" : désigne un programme qui se télécharge sans votre consentement. Cela peut arriver quand vous essayez de fermer une boîte de dialogue.

"Redirecteur de page" : désigne un programme qui va rediriger une partie ou l'ensemble des pages prédéfinies (page d'accueil, de recherche, etc.) vers un site malveillant.

"Spam" : désigne un e-mail commercial qui n'est pas sollicité.

"Spyware" ou "Logiciel espion" : désigne un programme qui espionne puis transmet des informations confidentielles vous concernant à une tierce personne.

"BHOs" ou *Browser Helper Objects* : désigne un programme qui permet de personnaliser et de contrôler certains paramètres d'un navigateur comme Internet Explorer. Il peut donc être proposé soit à des fins "pacifiques" (la barre d'outils proposée par Google) ou malveillantes.

"Dialer" : désigne un programme qui va établir en plus de votre connexion par défaut une connexion d'accès à distance à un tarif surfacturé.

"Trojan" ou "Cheval de Troie" : désigne un programme qui contient des fonctions cachées pouvant s'exécuter en arrière-plan à l'insu de l'utilisateur. Ils donnent un accès à la machine sur laquelle il est exécuté en ouvrant une porte dérobée ("Backdoor").

"Virus" : c'est un programme qui est capable d'infecter des fichiers et de se propager en utilisant des supports amovibles ou les réseaux.

Signalons que la frontière entre ces différents types de menace reste floue et que beaucoup de programmes malicieux peuvent utiliser différentes techniques pour se développer.

1. Supprimer un virus

Rappelons tout d'abord quelques règles essentielles :

- votre anti-virus doit être constamment tenu à jour ;
- vous ne devez pas installer plusieurs anti-virus à la fois sous peine de provoquer des conflits systèmes ;
- ce n'est pas parce qu'un antivirus est gratuit qu'il est moins efficace que les autres produits qui sont payants ;
- en dépit des affirmations des spécialistes et des tests dans les revues spécialisées, tous les anti-virus se valent !
- il y a des comportements à risque et d'autres non !

Une manière de dire que c'est souvent une affaire de bon sens et que les gens qui se plaignent du manque d'efficacité de leur anti-virus sont souvent les plus grands consommateurs de sites "Adultes" et de réseaux de Peer-To-Peer.

Voici maintenant un scénario classique d'éradication d'un virus.

➔ Procédez à une mise à jour des définitions de virus.

Si vous n'avez plus accès à Internet, téléchargez à partir d'une autre machine le dernier fichier de définition de virus afin de pouvoir procéder manuellement à la mise à jour. La plupart des antivirus proposent en effet un fichier de définitions qu'il est possible de télécharger si votre antivirus ne peut plus procéder à une mise à jour automatique de la base de définitions virales.

➔ Désactivez le processus de restauration système sur tous les lecteurs.

Sous les systèmes NT, ce répertoire fait partie des emplacements protégés. Un antivirus n'y a pas accès mais souvent un virus est capable de se loger dans les fichiers qui sont stockés dans ce répertoire. Autrement dit, vous ne pourrez pas éradiquer un virus tant que cette fonctionnalité est active.

➔ Débranchez physiquement votre connexion Internet en enlevant le câble USB ou Ethernet.

C'est une manière de s'assurer que le virus ne puisse plus communiquer avec l'extérieur et utiliser d'autres informations pour cacher sa présence aux yeux de votre antivirus.

➔ Redémarrez en mode sans échec.

➔ Procédez à une vérification complète de tous les lecteurs.

Il n'est pas toujours possible de lancer un antivirus à partir du mode sans échec puisqu'il se peut que, dans ce mode, certains services qui sont nécessaires à son exécution ne soient pas démarrés.

➔ Redémarrez en mode normal.

➔ Dans un moteur de recherche comme Google, lancez une requête en saisissant simplement le nom du virus.

En cherchant bien, vous allez trouver des pages, des sites d'éditeurs d'antivirus qui explique la façon de supprimer manuellement un virus ou un cheval de Troie. La plupart du temps, cela consiste à supprimer des entrées présentes dans le Registre et des fichiers dans l'Explorateur Windows.

➔ Une fois que vous êtes sûr que votre ordinateur est "sain" vous pouvez réactiver la fonctionnalité de restauration système.

Mon expérience me fait dire que beaucoup d'anti-virus ne détectent pas correctement toutes les menaces et notamment celles créées par les spywares ou certains chevaux de Troie. N'hésitez pas dans ce cas à utiliser plusieurs programmes de désinfection. Oui ! C'est parfois un vrai parcours du combattant.

2. Les anti-virus en ligne

Les adresses suivantes vous permettent de faire une analyse en ligne. Cela ne remplacera jamais l'installation d'un antivirus parfaitement à jour, mais peut vous aider à déceler un éventuel problème.

- http://security.symantec.com/sscv6/default.asp?langid=fr&venid=sym
- http://housecall.trendmicro.com
- http://us.mcafee.com/root/mfs/default.asp?cid=9059
- http://webscanner.kaspersky.fr
- http://www.secuser.com/antivirus
- http://www.pandasoftware.fr/infectedornot

3. Les outils spécialisés

Ce sont de simples fichiers exécutables qui vous permettront de supprimer un virus bien précis. L'avantage est que cela peut vous permettre de réparer une situation compromise si votre antivirus n'était pas à jour.

- http://www.symantec.com/business/security_response/removaltools.jsp
- http://www.grisoft.com/doc/52/ww/crp/0
- http://www.pandasecurity.com/homeusers/downloads/repair-utilities/?
- http://www.sophos.com/support/disinfection/
- http://www.bitdefender.com/site/Download/browseFreeRemovalTool

4. Désinstaller complètement un antivirus

Dans la majorité des cas, il vous faut vous procurer un programme spécialisé que vous pourrez télécharger sur le site de l'éditeur. Prenons l'exemple des produits Symantec : Norton Removal Tool est un outil vous permettant de désinstaller tous les produits Norton 2003/2004/2005/2006/2007 présents dans le système. Avant de continuer, vérifiez que vous disposez des CD d'installation ou des fichiers d'installation téléchargés pour les produits Norton à réinstaller. Il est compatible avec toutes les versions NT de Windows. Vous pouvez le télécharger directement sur le site de la société Symantec à partir de cette adresse : http://service1.symantec.com/SUPPORT/INTER/tsgeninfointl.nsf/fr_docid/20050414110429924.

5. Outil de suppression des logiciels malveillants

L'outil de suppression des logiciels malveillants est régulièrement installé et amélioré à chacunes de vos mises à jour avec Windows Update. Vous pouvez le lancer en ligne en cliquant sur le lien visible sur cette page Web. Il est également possible de vérifier votre disque à partir des fonctionnalités WinRE. Cela peut être éventuellement utile si vous n'avez plus accès en mode normal et que votre antivirus ne peut se lancer à partir du mode sans échec. Voyons comment procéder :

Une fois que vous avez démarré à partir du DVD-ROM d'installation de Windows Vista, cliquez sur le lien **Réparer l'ordinateur** puis accédez en mode d'Invite de commandes.

Vous allez retrouver le prompt **x:\sources>**. En utilisant la commande cd, allez sur ce répertoire : C:\Windows\System32. Saisissez ensuite cette commande : **`mrt.exe`**. Cochez enfin le bouton radio correspondant au type d'analyse que vous souhaitez effectuer puis laissez vous guider par l'assistant.

Les commutateurs autorisés sont les suivants :

- **/Q** ou **/quiet** : mode silencieux, aucune interface n'est affichée.
- **/?** ou **/help** : affiche la syntaxe et la version du moteur de détection.
- **/N** : mode détection seule.
- **/F** : effectue une analyse complète.
- **/F:Y** : effectue une analyse complète et nettoie les fichiers infectés.

F. Le pare-feu de connexion Internet

Un pare-feu de connexion Internet est un dispositif logiciel ou matériel qui vérifie les données entrantes ou sortantes qui vont ou viennent des réseaux externes comme Internet. Un firewall vous permet donc de vous prémunir des attaques de hackers ou de programmes malveillants qui tentent de prendre le contrôle d'une manière ou d'une autre de votre système. Voyons comment fonctionne le Pare-feu de connexion Internet intégré à Windows Vista. Mais auparavant, nous devons nous intéresser à la notion de port et de protocole.

1. Ports et protocoles réseaux

Un protocole réseau est un ensemble de règles pour un type de communication défini. Les protocoles les plus connus sont :

- FTP (*File Transfer Protocol*) utilisé pour les échanges de fichiers sur Internet.
- HTTP (*Hypertext Transfer Protocol*) : servant aux navigateurs Web à utiliser Internet.
- SMTP (*Simple Mail Transfer Protocol*) : servant pour transférer le courrier électronique vers les serveurs de messagerie.
- UDP (*User Datagram Protocol*) est un protocole utilisé par Internet et faisant partie de la couche transport de la pile de protocole TCP/IP.
- TCP (*Transmission Control Protocol*) est un protocole de contrôle de transmissions des données à l'instar d'UDP.

Quand une application initie une connexion entrante ou sortante, elle utilise donc un protocole auquel sont associés un ou plusieurs numéros de ports. Nous allons donc expliquer cette seconde notion... En programmation, un port est le nom attribué à une connexion de type logique qui est utilisée par un protocole. On peut donc le définir comme une porte qui est laissée ouverte ou fermée dans votre système d'exploitation. En d'autres termes, une application comme votre navigateur Internet va utiliser un ou plusieurs protocoles et un ou plusieurs ports pour communiquer avec l'extérieur. En sens inverse, une application s'exécutant à partir d'une machine distante peut avoir besoin qu'un ou plusieurs ports soient ouverts sur votre ordinateur afin d'accomplir certaines tâches comme, par exemple, l'installation d'une mise à jour.

Afin d'avoir une liste des ports qui sont définis sur votre machine, il vous suffit d'exécuter cette commande : **%SystemRoot%\system32\drivers\etc\services** puis d'ouvrir le fichier avec un éditeur de texte comme le Bloc-notes Windows.

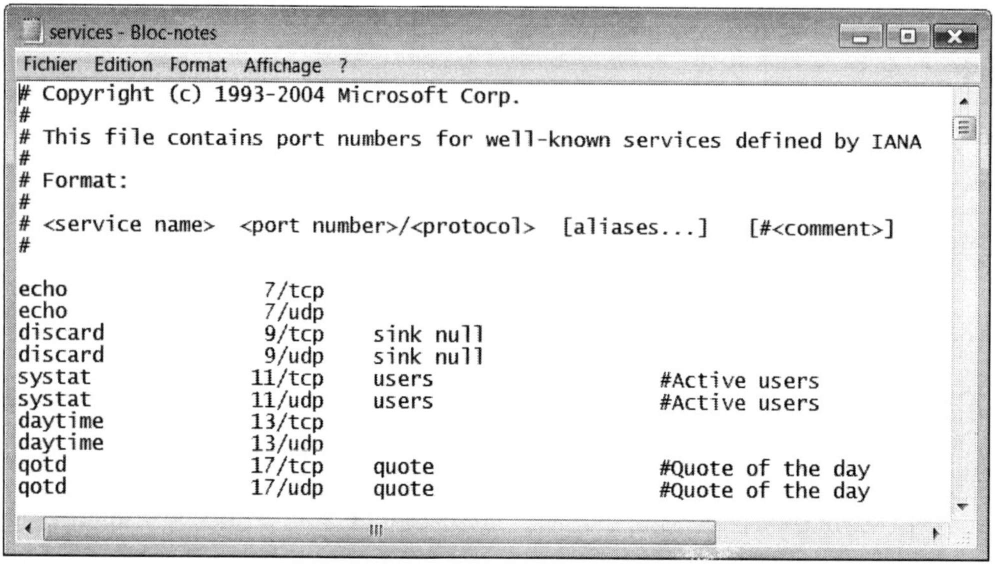


```
# Copyright (c) 1993-2004 Microsoft Corp.
#
# This file contains port numbers for well-known services defined by IANA
#
# Format:
#
# <service name>  <port number>/<protocol>  [aliases...]   [#<comment>]
#

echo                7/tcp
echo                7/udp
discard             9/tcp    sink null
discard             9/udp    sink null
systat             11/tcp    users                  #Active users
systat             11/udp    users                  #Active users
daytime            13/tcp
daytime            13/udp
qotd               17/tcp    quote                  #Quote of the day
qotd               17/udp    quote                  #Quote of the day
```

En conclusion, un pare-feu de connexion est un programme chargé de limiter les entrées qui sont ouvertes dans votre système afin d'offrir la meilleure sécurité possible. Par défaut, un pare-feu empêche toute connexion entrante et sortante à moins que certaines exceptions n'aient été définies. Cela consiste simplement à édicter une règle qui, par exemple, va attribuer à telle application la possibilité d'ouvrir tel port en utilisant tel protocole. Prenons un exemple : vous utilisez le logiciel de Peer-To-Peer eMule et constatez que les taux de transfert sont extrêmement lents. De plus, l'icône du programme vous indique qu'il vous a été attribué un ID faible. Cela provient simplement du fait qu'eMule utilise le port 4662 par défaut et que vous devez par conséquent l'ouvrir dans votre pare-feu de connexion Internet en créant une règle pour cette application.

2. Paramétrer le Pare-feu Windows

→ Cliquez sur **Démarrer - Panneau de configuration** puis ouvrez le module **Pare-feu Windows**.

→ Cliquez ensuite sur les liens **Activer ou désactiver le Pare-feu Windows** ou **Modifier les paramètres**.

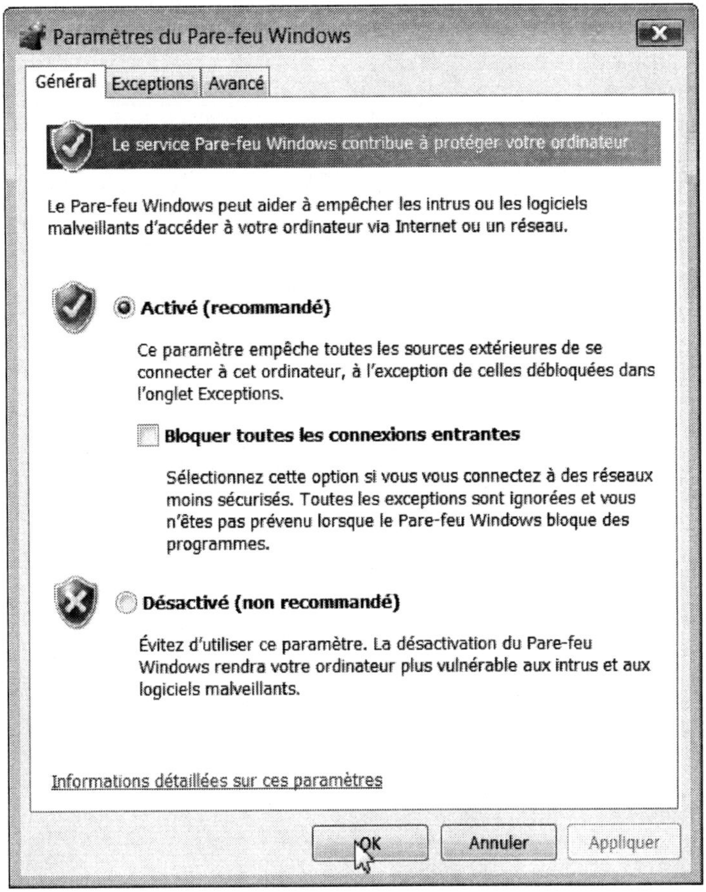

Vous avez le choix entre trois options :

- **Activé** : ce paramètre empêche toutes les sources extérieures de se connecter à votre machine à l'exception des applications que vous aurez spécifiées dans l'onglet **Exceptions**.
- **Bloquer toutes les connexions entrantes** : toutes les exceptions que vous aurez définies seront ignorées et aucun message ne vous avertira quand le Pare-feu Windows bloquera des programmes.
- **Désactivé** : cochez ce bouton radio si vous avez installé un pare-feu provenant d'un autre éditeur ou que vous disposez d'un modem/routeur.

Sous Windows 7, le pare-feu est lié au type d'emplacement réseau. Le pare-feu est, par défaut, activé pour les réseaux de type domestique ou d'entreprise et pour les réseaux de type public.

À partir du **Panneau de configuration**, dans la section **Système et sécurité - Pare-feu Windows**, cliquez sur l'option **Activer ou désactiver le Pare-feu Windows**.

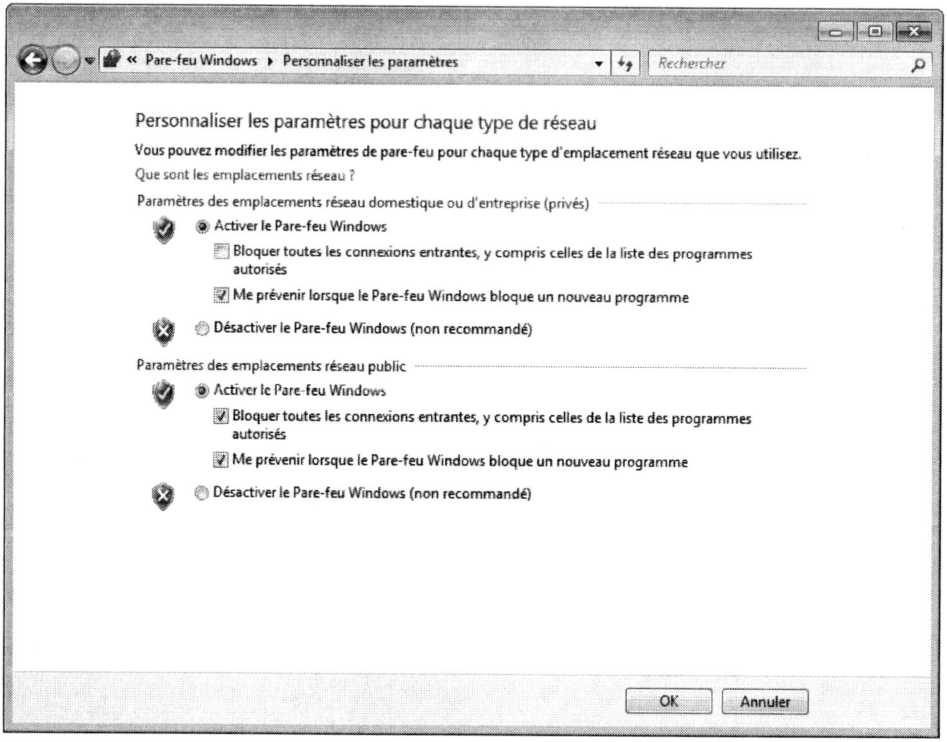

3. Gérer les exceptions

Par défaut seules les connexions entrantes sont vérifiées. Si par contre un de vos programmes tente de communiquer avec l'extérieur, il peut le faire sans aucune vérification des données transmises. Le raisonnement sous-jacent consiste à dire que si votre système est correctement protégé au niveau des connexions entrantes, il n'est nul besoin de vérifier les connexions sortantes !

Dès qu'un programme initie une connexion entrante le pare-feu vous en averti. Si vous choisissez d'autoriser cette action, vous devez cliquer sur le bouton **Débloquer**. Cliquez sur l'onglet **Exceptions** afin de voir quels sont les programmes qui sont autorisés par défaut à accepter des données entrantes.

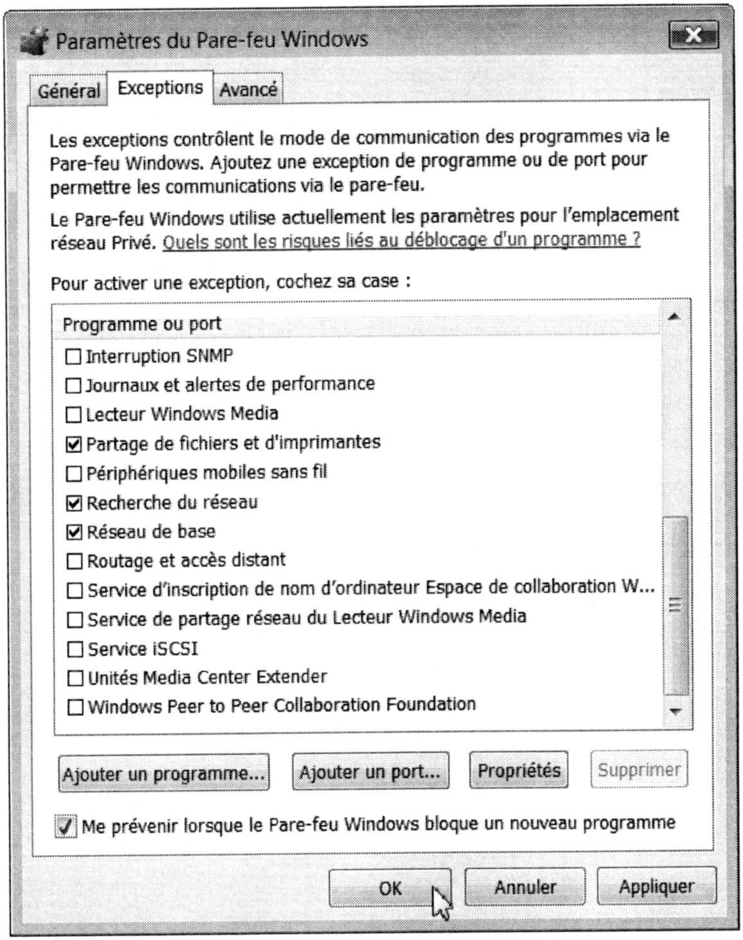

Dès que vous installez un programme qui nécessite une connexion entrante, il sera automatiquement ajouté à votre liste d'exceptions. Afin d'autoriser ou de supprimer une des exceptions qui sont déjà paramétrées, il suffit de cocher ou de décocher la case correspondante.

Sous Windows 7, la notion d'exception n'est pas explicite. La fonction est accessible via l'assistant **Autoriser un programme via le Pare-feu Windows**.

À partir du **Panneau de configuration**, dans la section **Système et sécurité - Pare-feu Windows**, cliquez sur l'option **Autoriser un programme via le Pare-feu Windows**.

4. Utilisation avancée du Pare-feu de connexion Internet

Afin d'accéder aux paramètres avancés de cet outil, suivez cette procédure :

→ Cliquez sur **Démarrer - Panneau de configuration** puis ouvrez le module **Outils d'administration**.

→ Ouvrez la branche **Pare-feu Windows avec fonctions avancées de sécurité**.

Vous pouvez aussi directement exécuter cette commande: `wf.msc`.

Ce composant logiciel enfichable vous permet de filtrer les connexions entrantes et sortantes ainsi que les paramètres IPsec que vous aurez définis. Rappelons que IPSes (*Internet Protocol Security*) est un ensemble de protocoles permettant de sécuriser des échanges de données sur un réseau. Trois profils sont définis :

- Un profil de domaine si votre ordinateur est connecté à un serveur de domaine Windows ;
- Un profil privé si vous êtes connecté à un réseau privé ;
- Un profil public si, par exemple, vous êtes connecté sur un réseau sans-fil d'un aéroport ou d'un hôtel.

Les règles possibles sont au nombre de trois :

- **Règles de trafic entrant** : ces règles régissent le trafic entrant vers votre machine.
- **Règles de trafic sortant** : ces règles définissent comment est configuré le trafic sortant à partir de votre machine.

- **Règles de sécurité de connexion** : sert à utiliser des règles d'authentification quand deux ordinateurs communiquent entre eux. Les technologies IPsec permettent de paramétrer les échanges de clé, les méthodes d'authentification, la vérification et l'encryptage des données.

5. Fonctionnement des règles de sécurité avancées

Les règles vous permettent de :

- Autoriser la connexion
- Autoriser uniquement la connexion à travers l'utilisation d'un protocole Internet sécurisé IPsec
- Bloquer une connexion

Il est possible de les configurer pour qu'elles ne concernent qu'un utilisateur, une machine, un programme, un service, un port ou un protocole en particulier. Vous pouvez également définir à quelle interface réseau elle s'applique : réseau local (LAN), connexion sans-fil, accès à distance, etc. Elles seront appliquées dans cet ordre :

- Règles de sécurité de connexion
- Règles dites "de blocage"
- Règles "Autoriser"

Un grand nombre de règles sont déjà prédéfinies :

- Un petit bouton gris signale que la règle n'est pas active.
- Un petit bouton vert indique que la règle est active.

Les colonnes placées dans le volet central affichent :

- **Nom** : le nom de la règle.
- **Groupe** : le nom du groupe dont fait partie la règle.
- **Activé** : indique si la règle est active ou non.
- **Action** : indique si la règle est une règle de blocage ou non.
- **Programme** : indique l'emplacement et le nom du fichier exécutable qui est visé par la règle.

- **Adresse locale** : indique l'adresse IP sur laquelle s'applique la règle.
- **Adresse distante** : indique l'adresse IP ou la plage d'adresses IP des machines distantes concernées par la règle.
- **Protocole** : indique le protocole défini par la règle (TCP ou UDP).
- **Port local** : indique le numéro de port utilisé localement par l'application cible.
- **Port distant** : indique les ports utilisés par les machines distantes quand elle sollicitent l'application qui est définie.
- **Utilisateurs et Ordinateurs autorisés** : indique quels sont les utilisateurs ou les ordinateurs qui sont concernés par la règle sélectionné.

Double cliquez sur chacun des en-têtes de colonne si vous souhaitez filtrer les différentes listes en fonction des valeurs présentes.

Nous allons prendre un exemple simple en examinant comment autoriser les requêtes PING vers votre ordinateur. Cette commande permet d'envoyer une requête d'écho vers une autre machine. Si cette dernière ne répond pas, il est possible que les deux ordinateurs ne puissent pas communiquer entre eux.

→ Effectuez un clic droit sur la branche **Règles de trafic entrant** puis sur le sous-menu **Nouvelle règle...**

→ Sélectionnez le bouton radio **Personnalisée** puis cliquez sur **Suivant**.

→ Sélectionnez le bouton radio **Tous les programmes** puis cliquez sur **Suivant**.

→ Dans la liste déroulante **Type de protocole**, sélectionnez l'option **ICMPv4** puis cliquez sur le bouton **Personnaliser...**

→ Cochez le bouton radio **Certains types ICMP** puis cochez la case **Requête d'écho**.

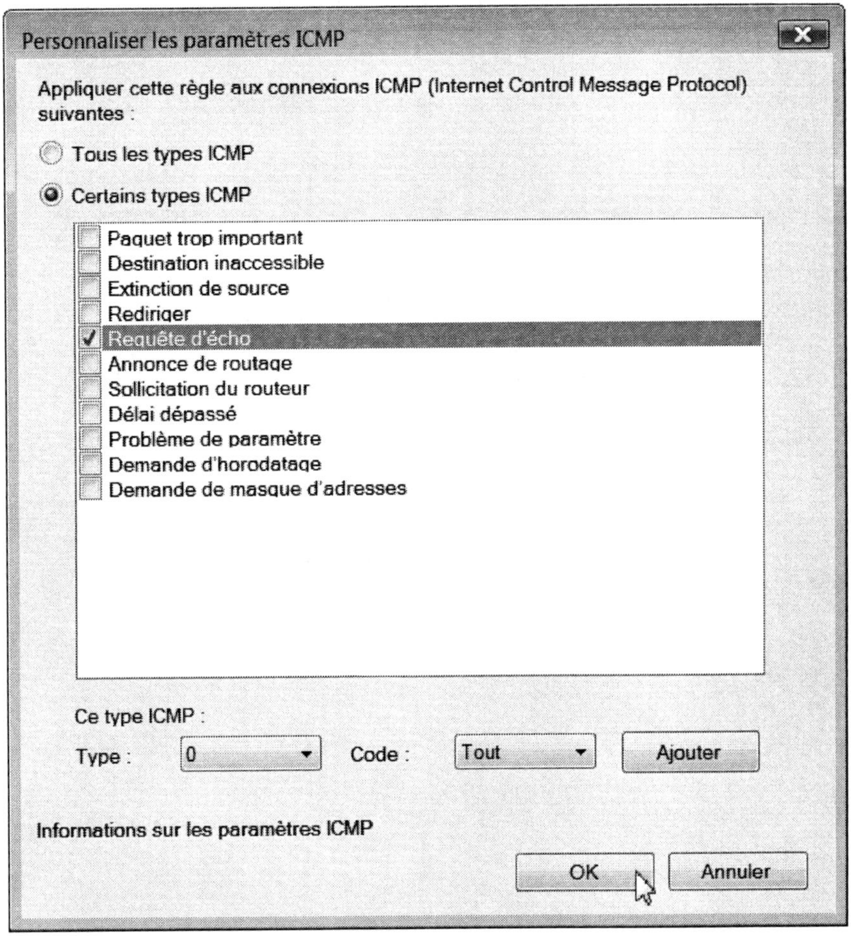

- Cliquez sur les boutons **OK** et **Suivant**.
- Définissez éventuellement quelles sont les adresses IP locales et les adresses IP des machines distantes.
- Cliquez deux fois sur **Suivant**.
- Définissez dans quel environnement cette règle sera appliquée puis cliquez sur **Suivant**.
- Saisissez un nom et une description pour cette règle puis cliquez sur **Terminer**.

Chapitre 9 : Le réseau

A. Introduction au réseau

Nous allons dans ce chapitre éclaircir les principales notions permettant de comprendre le fonctionnement d'un réseau.

Un réseau est un ensemble de machines ou de personnes connectés. Par métonymie cela désigne aussi l'ensemble des liaisons qui sont établies. C'est donc un moyen permettant à des utilisateurs ou des groupes d'utilisateurs de partager des données, des informations et des services.

On classe les réseaux en fonction de leur taille, de leur étendue et de leur architecture. Il existe trois catégories de réseaux :

- Un réseau local ou LAN (*Local Area Network*) ou RLE (*Réseau Local d'Entreprise*) correspond à celui d'un bâtiment ou d'un site d'entreprise.
- Un réseau métropolitain ou MAN (*Metropolitan Area Network*) est défini à l'échelle d'un quartier et peut couvrir l'étendue d'une ville.
- Un réseau étendu ou WAN (*Wide Area Network*) est souvent constitué de plusieurs LAN interconnectés. On peut penser soit à un réseau d'entreprise permettant de relier ses différentes succursales ou à un réseau global regroupant différent sites répartis dans plusieurs pays. Néanmoins, le meilleur exemple d'un WAN est Internet !

B. Topologies

Les réseaux peuvent répondre à des structures différentes.

1. Composants réseau

Nous avons déjà vu qu'un protocole de communication permet aux différentes machines d'échanger des données entre elles. TCP/IP, NetBEUI, DLC ou AppleTalk sont des protocoles de communication.

Un protocole définit l'ensemble des règles qui permettront l'échange des informations dans un réseau.

Le client réseau est un composant logiciel capable de communiquer avec le serveur réseau qui lui est associé.

Par exemple, le client pour les réseaux Microsoft établit une communication avec le partage des fichiers et d'imprimantes pour les réseaux Microsoft afin d'accéder à des ressources spécifiques comme des répertoires de fichiers.

2. Bus

La topologie en bus repose sur une technologie en multipoints (point à point). Les ordinateurs sont reliés à la chaîne par un câble qui constitue le réseau. Cette configuration n'offre plus aucun intérêt à moins de vouloir relier deux postes à moindre coût.

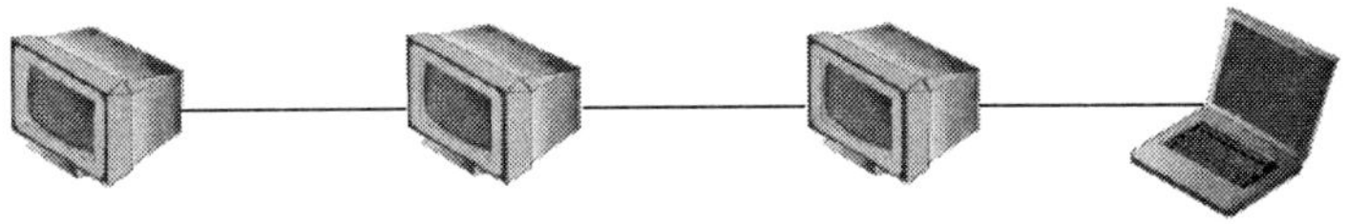

3. Étoile

La topologie en étoile repose sur le principe des matériaux actifs. Un matériel actif remet en forme les signaux et les régénère. Ces points centraux peuvent être des concentrateurs (ou hubs) ou des commutateurs (ou switchs). En pratique, c'est cette configuration que vous allez le plus souvent rencontrer.

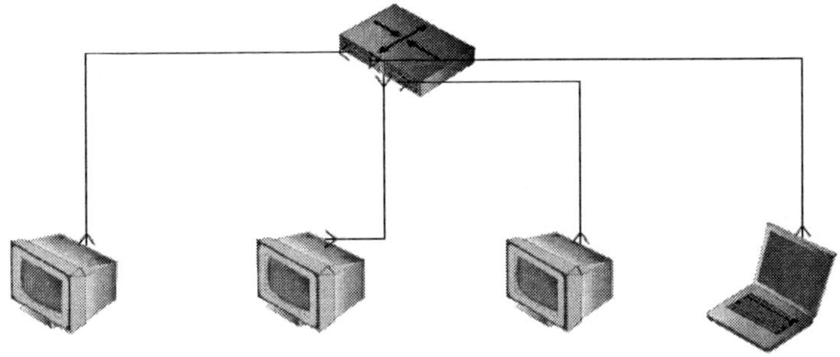

4. Anneau

Cette topologie repose sur une boucle fermée en anneau constituée de liaisons point à point. Toutes les trames transitent par chaque nœud qui se comporte comme un répéteur. Une topologie en anneau est conseillée dans les cas suivants :

- les temps de réponse ne doivent pas se dégrader ;

- un réseau à haute vitesse est requis.

Son inconvénient est qu'il n'est pas possible de le faire évoluer de manière importante.

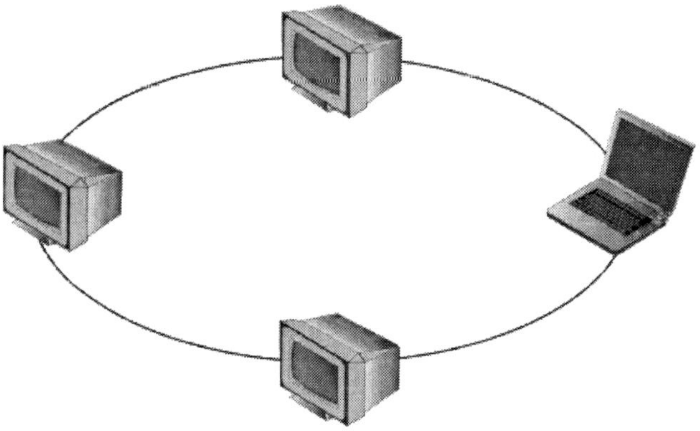

5. Topologies dérivées

Voici quelques exemples :

- **Maillage** : un exemple simple est Internet car ce réseau est constitué de topologies mixtes.
- **Bus en étoile** : dans cette configuration, les hubs sont reliés entre eux en utilisant une dorsale en câbles coaxiaux.
- **Anneau en étoile** : ce sont les anneaux qui seront reliés entre eux.

C. Le protocole TCP/IP

TCP/IP (*Transmission Control Protocol/Internet Protocol*) est le protocole de communication standard sur le réseau Internet. Il possède la particularité d'être routable en introduisant des identifiants réseaux supplémentaires (adresses IP) et qu'il nécessite un plan d'adressage explicite.

1. Adressage Internet

Une adresse IP (*Internet Protocol*) identifie de manière unique la machine ainsi que le réseau sur lequel elle est située. Il est possible de l'exprimer au format binaire ou décimal. Par exemple, l'adresse 192.168.0.1 s'écrira en binaire de cette façon : 1100 000.1010 1000.000 000.0000 0001. La Calculatrice Windows vous permet d'effectuer facilement ce type de conversion...

Cette adresse est utilisée pour toutes les communications entre les nœuds du réseau.

Elle est codée sur 32 bits (soit 4 entiers décimaux séparés par des points) compris entre 0 et 255. Par exemple, 234.65.140.154.

Chaque adresse est constituée de deux parties :

- À la série de bits situés sur la gauche correspond l'ID (Identifier ou Identifiant) du réseau (en anglais, Net Id) ;
- À la partie de droite de l'adresse correspond l'ID de l'hôte (ou Host Id).

Par exemple, dans un réseau noté 42.0.0.0, les ordinateurs qui le composent pourront avoir des adresses allant de 42.0.0.1 à 42.255.255.254.

Il a été décidé que le premier, les deux premiers ou les 3 premiers octets seraient utilisés comme identifiant du réseau. De fait, plus le nombre de bits réservé au réseau est petit, plus il pourra contenir de machines. Par exemple, un réseau noté 192.168.0.0 permet d'obtenir 65 534 combinaisons (256*256-2) alors qu'un réseau noté 104.0.0.0 pourra comprendre 16 777 214 ordinateurs (256*256*256*-2). Nous verrons un peu plus loin pourquoi nous sommes obligés de soustraire le résultat obtenu par deux... Bien entendu, le but de cette organisation hiérarchique est de faciliter la recherche d'une machine sur le réseau.

Cette distinction faite entre les capacités de chaque type de réseau repose sur la notion de classe IP. Voici un tableau récapitulatif des trois principales classes :

Classe IP	Net Id	Host Id	Nombre de Nœuds
A	1 octet	3 octets	16 777 214
B	2 octets	2 octets	65534
C	3 octets	1 octet	254

Pour chaque classe, deux adresses sont réservées et ne peuvent pas être utilisées :

- L'adresse du réseau ;
- L'adresse de diffusion (broadcast).

Une adresse où le numéro de machine est entièrement à zéro permet de référencer le réseau lui-même. Par conséquent, une machine ne peut avoir un numéro où tous les bits correspondant à la machine sont à 0.

Une adresse où tous les bits correspondant au numéro de machine sont à 1 est une adresse de diffusion. Elle référence toutes les machines faisant partie de ce réseau.

Ces deux adresses sont dites comme étant "réservées". Il y a deux autres adresses d'un type un peu particulier :

L'adresse 127.0.01 est appelée "Adresse de boucle locale" ("Loopback" en anglais). Elle désigne la machine locale et permet le fonctionnement de nombreux programmes. Une manière de vérifier que votre carte réseau est bien configurée consiste à envoyer une requête Ping vers cette adresse.

L'adresse 0.0.0.0 est utilisée par une machine hôte quand elle essaye de déterminer sa propre adresse IP.

2. Le NIC (Network Information Center)

Si, au sein d'une entreprise, seule une machine est connectée à Internet, c'est elle seule qui nécessitera une adresse IP unique. Ce type d'adresse publique est gérée par un organisme appelé IANA ((Internet Assigned Numbers Authority) qui veille à ce qu'une même adresse ne soit pas attribuée à deux entités différentes. Par la suite, l'organisation qui se voit attribuer un numéro de réseau pourra choisir ses propres numéros d'hôtes. Par convention, ces plages d'adresses sont réservées à un usage privé :

- Classe A : de 10.0.0.1 à 10.255.255.254 ;
- Classe B : de 172.16.0.1 à 172.31.255.254 ;
- Classe C : de 192.168.0.1 à 192.168.255.254.

3. Masque de sous-réseau

Un masque de sous-réseau se présente sous la même forme qu'une adresse IP. Il comprendra des 0 pour la partie de l'adresse IP que l'on veut annuler et des 1 pour celle que l'on désire conserver. En prenant l'exemple d'une machine ayant pour adresse IP 192.168.23.45, nous devons lui associer un masque pour savoir quelle partie de cette adresse représente le réseau et quelle partie la machine. Si nous avons défini un masque de sous-réseau égal à 255.255.255.0, cela signifie que les trois premiers octets de cette adresse sont à 1. La partie réseau équivaut donc à 192.168.23. La machine hôte est, quant à elle, identifiée par le nombre 45.

Rappelez-vous que :

- L'adresse 192.168.23.0 sera utilisée pour identifier le réseau ;
- L'adresse 192.168.23.255 est réservé (pour le brodcast).

Il y a donc bien 254 adresses disponibles pour les machines du réseau.

Vous remarquerez aussi que c'est le masque choisi qui détermine le nombre d'ordinateurs qu'il sera possible d'adresser.

L'autre utilité d'un masque de sous-réseau est de permettre de déceler si une adresse IP fait partie du réseau local ou s'il faut acheminer ce même paquet IP vers l'extérieur (Internet, par exemple). Cela fonctionne donc comme une sorte de panneau indicateur.

Vous pouvez vous aider d'un outil en ligne pour faire toutes sortes de projections : http://www.subnetmask.info.

4. Adressage IPv6

IPv6 (*Internet Protocol version* 6) est le successeur du protocole IPv4. Il a été développé afin d'anticiper une éventuelle pénurie d'adresses due au développement formidable d'Internet dans toutes les régions du monde. Par ailleurs, il présente, par rapport à son prédécesseur, d'autres avantages comme une meilleure sécurité ainsi qu'une plus grande souplesse d'utilisation tout en restant compatible avec l'adressage en IPv4.

IPv6 permet d'étendre l'espace d'adressage à 16 octets ou 128 bits (contre 4 octets en IPv4). Ce type d'adresse est exprimé grâce à la notation hexadécimale dans laquelle les 8 groupes de 16 bits sont séparés par un signe deux-points : 3ffe:0000:0a88:85a3:0200:ac1f:8001. Les 8 premiers octets servent généralement à identifier l'adresse de sous-réseau tandis que les 8 octets suivants permettent d'identifier la machine hôte. C'est ce type de notation qui est utilisée sous Windows Vista.

5. Fonctionnement de la pile TCP/IP

La pile TCP/IP regroupe un ensemble de protocoles de transport permettant l'échange d'informations entre des ordinateurs appartenant à des milieux hétérogènes. TCP/IP inclut des protocoles d'application comme le courrier électronique (SMTP), le transfert des fichiers (FTP), la gestion des composants réseau (*Simple Network Management Protocol* ou SNMP), les connexions à distance, ou le HTTP sur lequel repose le World Wide Web... Les paquets IP sont aussi appelés des datagrammes.

Un datagramme est composé d'un en-tête, qui regroupe l'ensemble des informations nécessaires au cheminement du paquet (version, type de service, longueur du paquet, etc.), et d'une zone comprenant les données à transmettre. Les protocoles de transport TCP (HTTP, FTP, mail, Telnet...) ou UDP (TFTP...) sont dans ce cas utilisés. UDP (*User Datagram Protocol*) est un protocole permettant la transmission de paquets entre deux entités d'un réseau. Contrairement au protocole TCP, il n'y a pas de contrôle d'erreurs.

6. Adresse de boucle locale

Cette adresse (*Local Loopback*) équivaut à 127.0.0.1. Elle est destinée aux communications inter-processus sur la machine locale.

7. Fonctionnement des services DNS

Le principe d'un serveur DNS (*Domain Name Server*) est de faire correspondre un nom de domaine à une adresse IP. Étant donné que 212.37.221.109 est plus difficile à mémoriser que le nom du site des éditions ENI, un serveur DNS va se charger de cette transcription.

Sachez aussi que vous disposez sur votre ordinateur d'un carnet d'adresses DNS sous la forme d'un simple fichier au format texte : c'est le fichier Hosts. Vous le trouverez en ouvrant dans l'Explorateur Windows C:\WINDOWS\system32\drivers\etc. Pour chaque page et donc adresse URL recherchée, ce fichier est consulté afin de vérifier s'il contient l'adresse IP correspondant au nom du site. Si vous souhaitez interdire la consultation d'un site, il vous suffit d'inscrire son nom en le faisant suivre de l'adresse IP 127.0.01 qui est, nous l'avons déjà vu, l'adresse locale de votre ordinateur (localhost).

8. Rôle d'un serveur DHCP, d'un serveur WINS et des noms NetBIOS

Nous avons vu que chaque ordinateur faisant partie d'un réseau doit posséder une adresse IP différente de celle du voisin. L'attribution de ces adresses peut devenir un vrai casse-tête dans le cas d'un réseau de taille importante. Par ailleurs, nous savons qu'une machine peut jouer le rôle d'un serveur afin de faciliter la gestion du réseau. C'est pour cette raison que des ordinateurs appelés serveurs DHCP seront chargés d'attribuer dynamiquement une adresse IP unique à tout ordinateur qui fait partie ou qui rejoint un réseau d'entreprise. Il en va de même quand vous vous connectez sur Internet. Un serveur DHCP va attribuer à votre machine une adresse IP unique le temps de votre connexion.

Un nom NetBIOS est le nom donné à une machine afin de pouvoir l'identifier au sein d'un réseau local. Ces enregistrements sont consignés dans un fichier nommé *Lmhosts* et dont la structure rappelle en tout point celle de son frère jumeau, le fichier *Hosts*. Il fera donc le lien entre une adresse IP et le nom NetBIOS de l'ordinateur.

Depuis Windows 2000, le nom NetBIOS d'un ordinateur (nom de l'ordinateur pour la couche réseau propre à Microsoft) est déduit à partir de son nom d'hôte (nom de l'ordinateur pour le protocole Internet).

Un serveur Wins (Wins pour *Windows Internet Naming Service*) est une machine-serveur qui contient une table de correspondance entre le nom NetBIOS de l'ordinateur et son adresse IP.

D. Créer une connexion réseau

Avant tout chose, nous devons distinguer deux notions importantes.

1. Groupe de travail ou domaine

Nous distinguons un réseau organisé sous forme de groupe de travail ou organisé en domaine. Ce sont différentes façons de nommer un réseau logique indépendamment de son organisation matérielle.

Dans le premier cas, toutes les machines peuvent remplir un rôle de serveur (partager des ressources) et de client (accéder à ces ressources). Dans le second cas, seules certaines machines font office de serveurs. Cela suppose l'installation de système d'exploitation spécialement conçu pour ce type de tâches.

Par défaut, le nom du groupe de travail assigné à une machine Windows Vista est celui-ci : WORKGROUP. Vous pouvez le modifier de cette façon :

- Appuyez sur les touches ⊞ + Pause.
- Cliquez sur le lien **Paramètres systèmes avancés**.
- Cliquez sur l'onglet **Nom de l'ordinateur** puis sur le bouton**Modifier...**

Le nom de votre groupe de travail ne doit pas dépasser quinze caractères et ne pas comporter les caractères suivants : ` ~ @ # $ % ^ & ( ) = + [ ] { } | ; : , ' " . < > / ?.

Une fois que vous avez modifié le nom du groupe de travail, cliquez sur **OK** puis redémarrez votre machine.

2. Vitesse de transmission des données

La technologie de câblage le plus couramment employée est le LAN (*Local Area Network*) en raison de faible coût et de sa facilité de mise en œuvre.

Les vitesses de transfert des données permises par un câble Ethernet sont les suivantes :

- 10 Mbit/s (Ethernet) : 10 Mégabits par seconde ;
- 100 Mbit/s (Fast Ethernet) : 100 Mégabits par seconde ;
- 1000 Mbit/s (Gigabit Ethernet) : 1000 Mégabits par seconde.

Le préfixe multiplicateur "méga" ne représente pas ici un million d'unités mais 1 048 576 unités (1024 x 1024), c'est-à-dire 2 puissance 20.

La première règle consiste à vérifier que tous les composants de votre réseau supportent la même vitesse de transfert (routeur, carte réseau, switch, concentrateur et câble de connexion).

3. Matériel nécessaire

Si vous projetez de créer un réseau filaire, vous avez besoin de câbles Ethernet afin de relier les différents composants. Les câbles utilisés sont appelés paires torsadées car ils sont constitués de quatre paires de fils torsadés.

Un câble droit est utilisé pour relier un ordinateur à un périphérique comme un routeur, ou un routeur à un modem.

Un câble croisé est utilisé pour connecter des périphériques identiques et uniquement des périphériques.

Les catégories de câble sont les suivantes :

- Cat 5 : 10/100 Mbps ;
- Cat 5e et Cat 6 UTP : 10/100/1000 Mbps.

Ces trois normes de câbles peuvent servir à fabriquer des câbles droits ou croisés.

Les câbles droits sont utilisés pour :

- connecter un ordinateur à un switch ou un hub ;
- connecter un ordinateur à un modem ADSL sur le port LAN ;
- connecter un routeur du port WAN au port LAN d'un modem ADSL ;
- connecter le port LAN d'un routeur sur le port "Uplink" d'un switch ou d'un hub ;
- connecter deux switches ou hubs quand l'un utilise le port normal et l'autre le port "Uplink".

Comment savoir si un câble réseau est droit ? C'est très simple : quand vous comparez les deux connecteurs d'un câble droit, l'ordre des couleurs est le même.

Un câble croisé peut servir à :

- connecter directement deux ordinateurs ;

- connecter le port LAN d'un routeur au port normal d'un switch ou d'un Concentrateur ;
- connecter deux switches ou hubs en utilisant à chaque fois le port normal.

À la différence d'un câble droit, quand vous comparez les deux connecteurs d'un câble croisé, l'ordre des couleurs n'est pas le même.

Dans la pratique, beaucoup de cartes réseau ou de "Box" (Freebox, Livebox, etc.) disposent d'une fonction appelée MDI/MDIX ou Auto-MDIX qui fait qu'elles acceptent ces deux types de liaison. Dans le doute, consultez le manuel du fabricant...

Qu'en est-il des connecteurs USB ? Si vous avez le choix, préférez une connexion Ethernet à une connexion USB. En d'autres termes, vérifiez que votre LiveBox, Freebox ou autre Box dispose d'une connexion Ethernet. À l'usage, la qualité et la stabilité de la connexion seront bien meilleures ! Si vous n'avez pas d'autre choix, utilisez des connexions USB 2.0 et évitez à tout prix des solutions de connexion en USB 1.0 ou 1.1. Bien entendu, la carte mère qui équipe votre ordinateur doit pouvoir le supporter.

4. Les cartes réseaux

Les cartes réseaux peuvent être connectées sur un des slots PCI de votre carte mère ou être de type PCMCIA. Dans les deux cas, elles disposent d'un port RJ45 dans lequel vous enficherez le câble Ethernet. Vous pouvez aussi utiliser une carte réseau USB mais ce n'est pas la solution la plus simple à mettre en œuvre.

5. Routeur

Un routeur est un matériel de communication assurant la connexion physique entre deux réseaux. La fonction qu'il assume est appelée Routage et permet de déterminer le prochain nœud du réseau auquel un paquet de données doit être envoyé. Ce processus intervient au niveau de la couche 3 (couche réseau) du modèle OSI. OSI (*Open Systems Interconnection*) définit un ensemble de normes permettant d'assurer les échanges de données dans un réseau et entre systèmes hétérogènes. Ce modèle comprend sept niveaux de compatibilité : application, présentation, session, transport, réseau, liaison et physique. En pratique, un routeur permet de faire du partage de connexion Internet entre plusieurs ordinateurs. Notez que vous pouvez bénéficier sur une Freebox ou une Livebox des fonctionnalités de routage.

Un routeur grand public dispose généralement de quatre ports Ethernet ainsi que d'un port WAN permettant de le relier à un modem ADSL. Ils disposent aussi d'un pare-feu de connexion Internet intégré.

6. Concentrateur ou Hub

Un concentrateur (ou Hub en anglais) permet la connexion de plusieurs ordinateurs sur un même réseau Ethernet. Un concentrateur joue simplement le rôle de simple répéteur de données sans en assurer une protection particulière. Il dispose de deux types de ports :

- les ports (dits normaux) qui permettent de connecter les différentes machines ;
- les ports servant à l'extension du réseau et auxquels se connectera un autre concentrateur.

Un Hub va répercuter les données émises par l'un des ordinateurs vers les autres, faisant en sorte qu'ils ne forment qu'un seul nœud. De ce fait, tout élément connecté à un concentrateur peut accéder à tout autre élément connecté sur ce même concentrateur. Par ailleurs, un réseau 100 Mbits composé de cinq ordinateurs ne pourra offrir simultanément que 20 Mbits par machine.

7. Commutateur ou Switch

On pourrait définir un switch comme une sorte de concentrateur intelligent. Alors que ce dernier fait transiter les données sur toutes les machines qui sont reliées au Hub, un commutateur permet de choisir vers quelle machine les données vont être acheminées. De fait, chaque échange peut alors s'effectuer sans gaspillage au niveau de la bande passante.

8. Organisation physique de votre réseau

Connectez le port WAN de votre routeur au port LAN du modem ADSL en utilisant un câble droit. Connectez ensuite les machines qui composent votre réseau aux ports LAN du routeur. Utilisez la plage d'adresses allant de "192.168.1.1" à "192-168-1-254" avec ce masque de sous-réseau : 255.255.255.0.

9. Installer la carte réseau

La plupart des ordinateurs récents offrent un composant réseau directement intégré à la carte mère. Si vous avez ajouté une carte Ethernet, Windows Vista détectera un changement dans votre configuration et vous devrez procéder à l'installation du nouveau matériel. Il vous suffit alors (et si le système d'exploitation ne dispose pas d'un pilote intégré) d'insérer le disque d'installation fournit avec la carte réseau. Rien ne vous empêche par la suite d'installer un pilote plus récent trouvé sur un site spécialisé ou sur celui du fabricant de la carte.

10.Choix du type d'emplacement

- Sous Windows 7, depuis le **Panneau de configuration**, cliquez sur le lien **Afficher l'état et la gestion du réseau** sous la section **Réseau et Internet**.
- Sous Windows VISTA, depuis le **Panneau de configuration**, basculez vers l'affichage classique. Ouvrez ensuite le module **Centre réseau et partage**.
- À droite de la mention **Réseau**, vous visualisez le type d'emplacement de votre réseau.
- Cliquez sur le lien **Personnaliser** afin de définir si votre réseau sera :
  - **Public** : l'ordinateur fait partie d'un réseau qui est directement connecté à Internet. Les fonctionnalités de découverte réseau, Partage de fichiers et autres possibilités offertes par le partage des ressources sont désactivées. De cette manière, les risques d'être victime d'un programme malveillant sont diminués... Le pare-feu de connexion Internet (s'il est activé) bloquera toute tentative d'accès provenant d'autres machines.
  - **Privé** : dans cette configuration, votre ordinateur est connecté à un réseau de confiance (qu'il soit professionnel ou personnel). Les fonctionnalités de Découverte de réseau et de partage de fichiers seront activées.

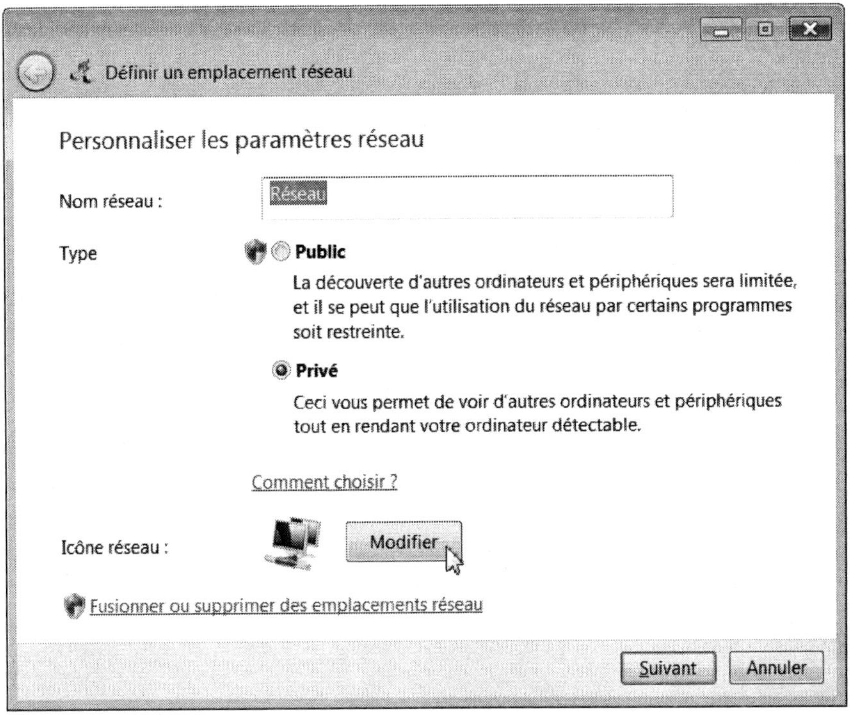

- **Domaine** : votre ordinateur fait partie d'un domaine qui contient un contrôleur de domaine Active Directory.

11.Configuration TCP/IP

➔ Cliquez sur **Démarrer** puis effectuez un clic droit sur **Connexions réseaux** et **Propriétés**.

➔ Cliquez sur le lien **Gérer les connexions réseaux**.

➔ Sous Windows 7, depuis le **Panneau de configuration**, cliquez sur le lien **Afficher l'état et la gestion du réseau** sous la section **Réseau et Internet**. Sélectionnez ensuite le lien **Modifier les paramètres de la carte**.

➔ Effectuez un clic droit sur la connexion réseau que vous souhaitez paramétrer puis sur **Propriétés**.

Les éléments suivants doivent être installés :

- Client pour les réseaux Microsoft ;

- Partage de fichiers et d'imprimantes pour les réseaux Microsoft ;
- Protocole Internet version 4 (TCP/IPv4) ;
- Pilote d'E/S du mappage de découverte de topologie de la couche de liaison.

Ce dernier élément vous permet d'afficher le mappage réseau.

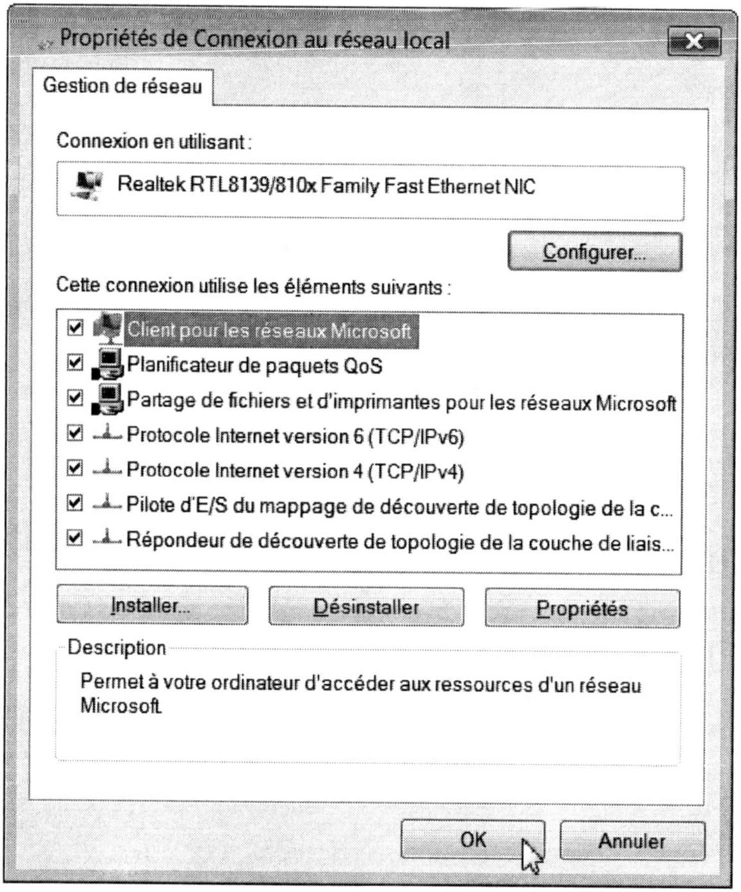

Si un des éléments est manquant cliquez sur le bouton **Installer**.

Cliquez sur la version du protocole Internet que vous utilisez puis sur le bouton **Propriétés**.

Vous pouvez spécifier manuellement une adresse IP, un masque de sous-réseau, une passerelle ainsi que des adresses DNS particulières.

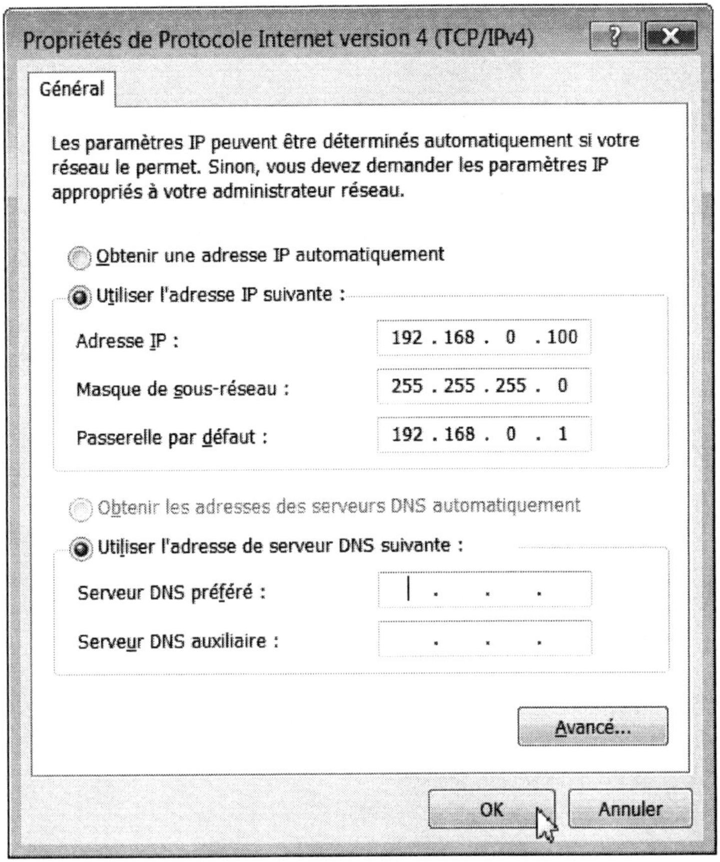

Si vous possédez un ordinateur portable, il est intéressant de cliquer sur l'onglet **Configuration alternative**. On peut imaginer que dans le cadre d'une utilisation professionnelle, la machine obtiendra automatiquement une adresse IP alors que dès que vous êtes rentré chez vous, votre ordinateur utilise une adresse IP statique. Dans ce dernier cas, cliquez sur le bouton radio **Spécifiée par l'utilisateur** puis saisissez les paramètres nécessaires.

12. Utiliser la fonctionnalité Partage et découverte

Cet outil vous permet d'afficher une carte des périphériques qui sont connectés à votre réseau.

→ Toujours dans le Centre Réseau et partage, cliquez sur le bouton fléché placé à droite de la mention **Recherche du réseau**.

- Sous Windows 7, cliquez sur le lien **Modifier les paramètres de partage avancés**.
- Cochez le bouton radio **Activer la découverte de réseau**.

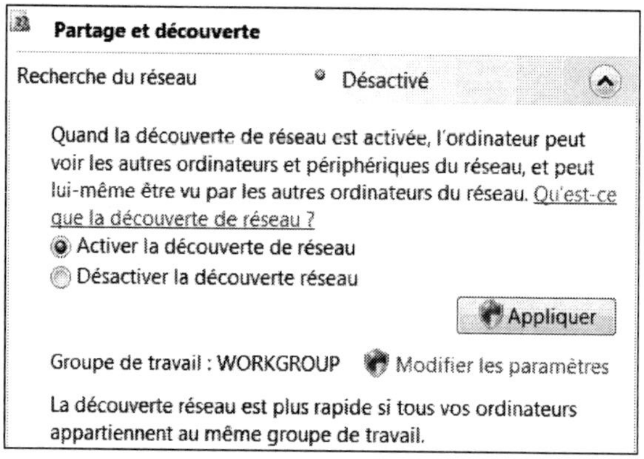

- Cliquez sur le bouton **Appliquer** puis validez le message d'avertissement.
- Cliquez ensuite sur le lien **Afficher l'intégralité du mappage**.

Notez que pour activer le mappage réseau, ce dernier doit être configuré comme étant un réseau privé.

Il arrive souvent que les ordinateurs fonctionnant sous Windows XP n'apparaissent pas dans le schéma réseau ou alors il est signalé qu'ils ne peuvent pas être ajoutés. Le mappage réseau propre à Vista utilise un protocole de découverte appelé découverte de la topologie de la couche de liaison (LLTD ou *Link-Layer Topology Discovery*). Il faut donc télécharger une mise à jour qui installe le composant Répondeur LLTD sur les machines Windows XP. Ce correctif (KB922120) est téléchargeable à partir de cette adresse : http://www.microsoft.com/downloads/details.aspx?familyid=4F01A31D-EE46-481E-BA11-37F485FA34EA&displaylang=en.

13. Partager une imprimante

Vérifiez tout d'abord que l'élément Partage de fichiers et d'imprimantes est activé dans les propriétés de votre connexion réseau.

- Ouvrez le **Centre de réseau et de partage**.
- Cliquez sur le bouton fléché placé à droite de la mention **Partage d'imprimante**.
- Sous Windows 7, cette option est accessible depuis les **Paramètres de partage avancés**.

➔ Cochez le bouton radio **Activer le partage d'imprimante** puis cliquez sur **Appliquer**.

➔ Cliquez ensuite sur **Démarrer - Panneau de configuration**.

➔ Ouvrez le module **Imprimantes** puis effectuez un clic droit sur votre imprimante.

➔ Sous Windows 7, cliquez sur le lien **Afficher les périphériques et imprimantes**.

➔ Sélectionnez la commande **Partager**.

➔ Cliquez sur l'onglet **Partage** puis cochez la case **Partager cette imprimante**.

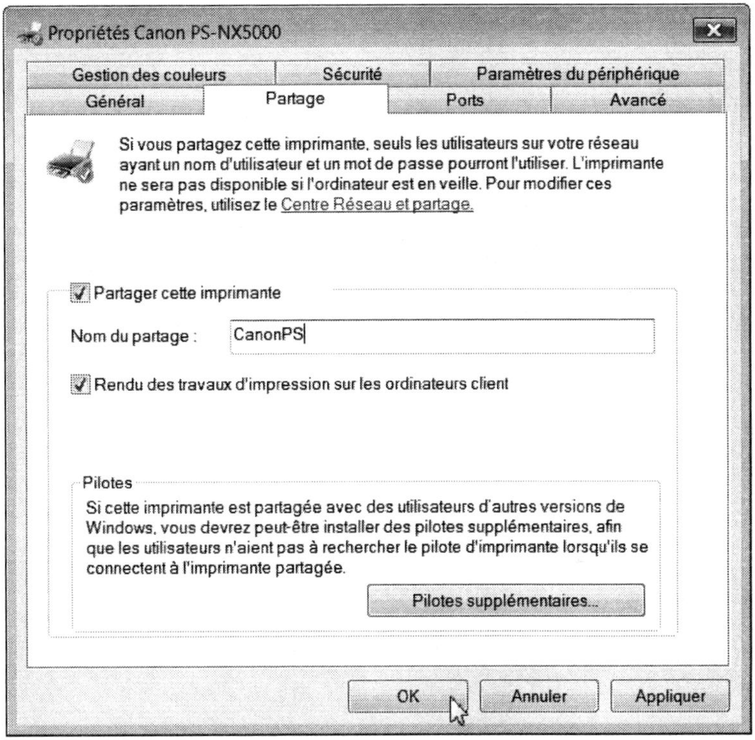

Il est possible de modifier le nom du partage.

14.Partage simple de fichiers avec Windows Vista

Sous Windows 7, le processus est identique.

Là encore, vérifiez que vous avez bien activé le partage des fichiers et des imprimantes pour votre connexion réseau.

- Accédez au **Centre Réseau et partage**.
- Cliquez sur le bouton fléché placé à droite de la mention **Partage de fichiers**.
- Cochez le bouton radio **Activer le partage de fichiers** puis cliquez sur **Appliquer**.
- Cliquez sur le bouton fléché placé à droite de la mention **Partage protégé par un mot de passe**.
- Cochez le bouton radio **Désactiver le partage protégé par un mot de passe**.

Là encore, cliquez sur le bouton **Appliquer**.

- Ouvrez l'Explorateur Windows puis effectuez un clic droit sur le dossier que vous voulez partager puis sur le sous-menu correspondant.
- Saisissez un nom pour ce partage.
- Cliquez sur la petite flèche qui est placée tout à droite de la liste déroulante, qui pour l'instant est vide, puis sélectionnez le groupe **Tout le monde** ou l'entité utilisateur "Invité".

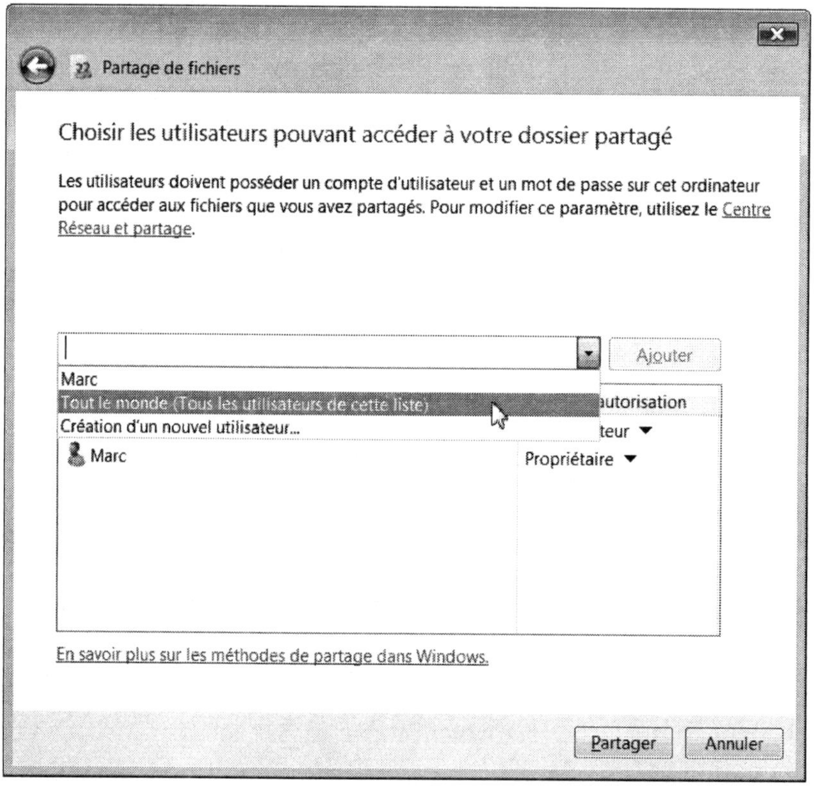

→ Cliquez sur le bouton **Ajouter**.

→ Sélectionnez cet utilisateur puis définissez le type d'autorisation qu'il possédera sur le dossier partagé :

- **Lecteur** : l'utilisateur pourra simplement voir et lire les fichiers contenus dans le dossier ;
- **Collaborateur** : l'utilisateur aura le pouvoir d'afficher tous les fichiers ainsi que de modifier, d'ajouter et de supprimer les fichiers qu'il a ajouté dans le dossier qui est partagé ;
- **Copropriétaire** : l'utilisateur aura tous les pouvoirs sur l'intégralité des fichiers présents dans le dossier qui est partagé.

Comme il est indiqué en haut de la fenêtre, les personnes qui sont dépourvus de compte d'utilisateur et de mot de passe sur cet ordinateur pourront accéder aux fichiers que vous partagez avec tout le monde.

Cliquez sur les boutons **Partager** et **Appliquer**.

Le nom et l'emplacement du partage est indiqué. Vous pouvez cliquer avec le bouton droit de la souris sur cette mention puis sur la commande **Copier le lien** afin de le communiquer aux autres utilisateurs avec lesquels vous avez partagé cette ressource.

Vous remarquerez que le dossier que vous venez de partager possède maintenant une petite icône représentant deux personnages.

Dans certains cas, il arrive qu'une fenêtre d'identification s'ouvre malgré tout. Il suffit dans ce cas, de saisir cet identifiant : `invité`.

→ Afin d'afficher rapidement les options de partage du dossier, effectuez un clic droit sur celui-ci puis sur le sous-menu **Propriétés**.

→ Cliquez sur l'onglet **Partage**.

→ Cliquez ensuite sur l'onglet **Sécurité** afin d'afficher le jeu des permissions NTFS sur ce dossier.

Cela vous permet de procéder à des ajustements si d'aventure un groupe d'utilisateurs n'a pas accès à un dossier ("vous ne pouvez accéder à cette ressource réseau").

15. Utiliser le dossier Public avec Windows Vista

Sous Windows 7, le processus est identique et accessible depuis les **Paramètres de partage avancés**.

Le dossier *Public* est une manière encore plus simple de partager rapidement une ressource sur le réseau.

→ Dans le **Centre Réseau et partage**, cliquez sur le bouton fléché placé à droite de la mention **Partage de dossiers publics**.

→ Cochez un de ces boutons radio :

- **Activer le partage afin que toute personne avec un accès réseau puisse ouvrir des fichiers**
- **Activer le partage afin que toute personne avec un accès réseau puisse ouvrir, modifier et créer des fichiers**

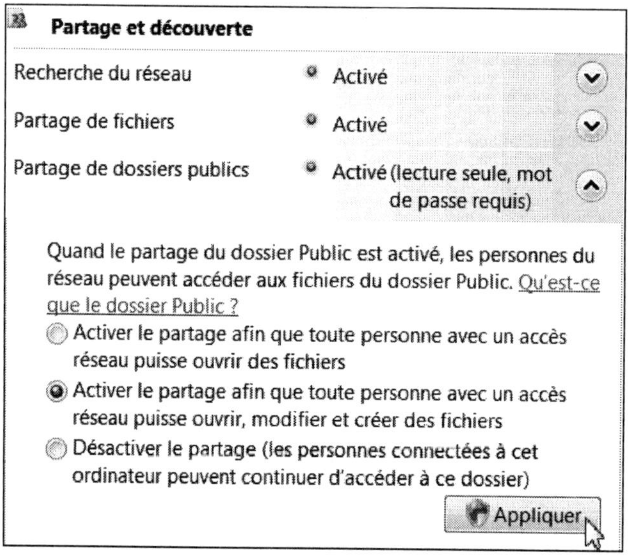

Il vous suffit donc de préciser si les utilisateurs qui accéderont au dossier Public auront oui ou non une autorisation de modification.

→ Cliquez enfin sur le bouton **Appliquer**.

Vous pourrez vérifier que ce partage est bien actif en cliquant sur le lien **Me montrer tous les dossiers réseau partagés sur cet ordinateur**. Ce dossier spécial est placé dans C:\Users (ou C:\Utilisateurs).

16.Ressources partagées avec un mot de passe

→ Dans le **Centre réseau et partage**, cliquez sur le bouton fléché placé à droite de la mention **Partage protégé par un mot de passe**.

→ Sous Windows 7, le processus est identique et accessible depuis les **Paramètres de partage avancés**.

→ Cochez le bouton radio **Activer le partage protégé par un mot de passe** puis cliquez sur le bouton **Appliquer**.

→ Ouvrez dans l'Explorateur Windows le dossier que vous souhaitez partager puis ajoutez comme expliqué précédemment les utilisateurs qui auront accès à votre ressource.

Notez que vous pouvez aussi cliquer sur le lien **Afficher tous les fichiers et dossiers que je partage**.

À partir de là, les utilisateurs devront s'identifier et indiquer un mot de passe avant de pouvoir accéder aux ressources que vous avez partagées.

17.Définir un partage avancé avec Vista

Cela suppose que ces deux fonctionnalités soient activées :

- Partage simple des fichiers ;
- Partage protégé par mot de passe.

→ Localisez le dossier que vous souhaitez partager.

→ Effectuez un clic droit sur celui-ci pour accéder à ses **Propriétés**.

→ Cliquez sur l'onglet **Partage** puis sur le bouton **Partage avancé...**

→ Cochez la case **Partager ce dossier**.

→ Définissez un nom pour ce partage.

→ Limitez éventuellement le nombre d'utilisateurs qui sont autorisés à se connecter simultanément sur ce dossier de partage.

→ Indiquez éventuellement des commentaires.

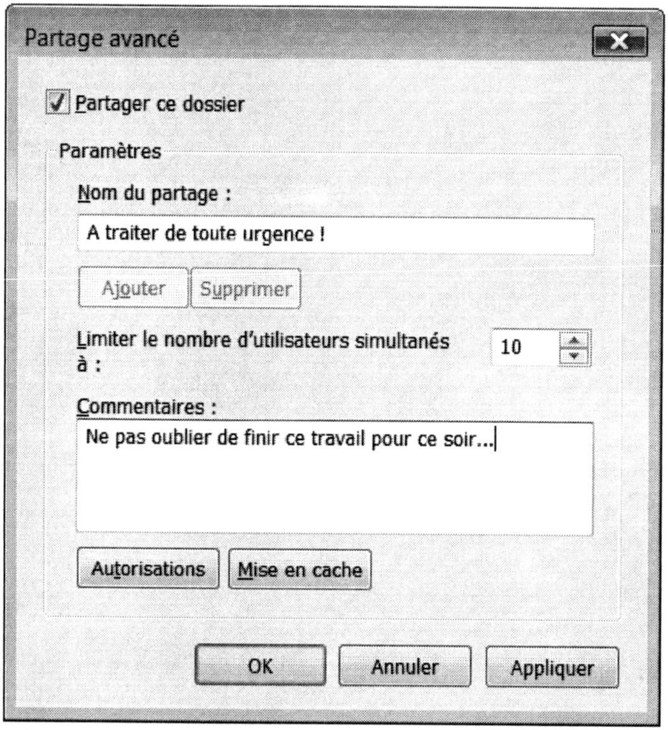

→ Cliquez sur le bouton **Autorisations**.

Par défaut, le groupe **Tout le monde** possède une autorisation en lecture sur vos ressources.

Vous pouvez ajouter d'autres utilisateurs et définir les permissions NTFS pour chacun des utilisateurs ou des groupes d'utilisateurs.

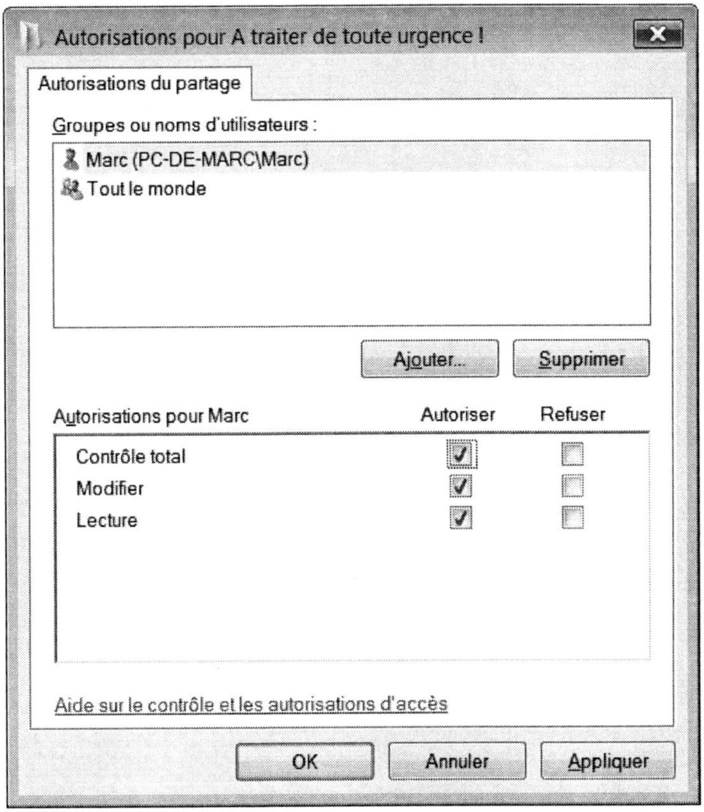

→ Cliquez sur le bouton **Appliquer**.

→ Cliquez sur le bouton **Mise en cache**.

Définissez le type de disponibilité du contenu de la ressource partagée pour les utilisateurs qui ne seront pas connectés.

On retrouve simplement le fonctionnement des fichiers hors connexion.

→ Validez pour le reste de la procédure.

Si vous retournez dans la fenêtre **Partage avancé**, vous aurez la possibilité d'ajouter d'autres profils de partage en cliquant sur le bouton correspondant.

E. Groupe résidentiel

La notion de groupe résidentiel est une des nouveautés de Windows 7. Le groupe résidentiel permet de faciliter le partage de ressources entre les postes Windows 7 d'un réseau de type domestique. Vous ne pourrez pas utiliser cette fonction avec un poste de type Windows VISTA.

1. Création d'un groupe résidentiel

Le premier poste membre de votre groupe résidentiel doit être configuré pour utiliser un emplacement de type **Réseau domestique**. Ce type de configuration déclenche automatiquement la création et la configuration du groupe résidentiel. Vous pouvez toutefois manuellement lancer la création du groupe résidentiel. Pour cela, à partir du **Panneau de configuration**, dans la section **Réseau et Internet - Groupe résidentiel**, cliquez sur le bouton **Créer un groupe résidentiel**.

Sélectionnez ensuite les éléments à partager avec les membres du groupe résidentiel.

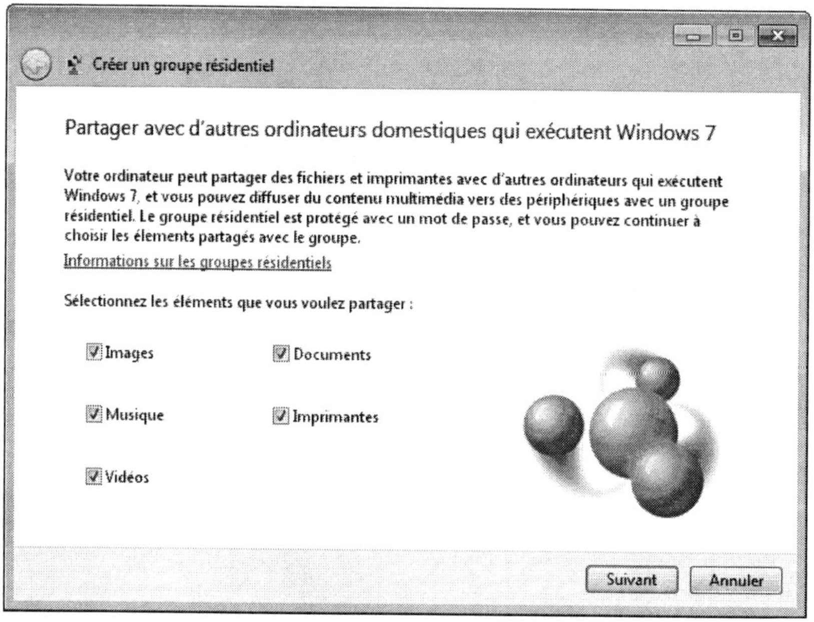

Sélectionnez tous les éléments puis cliquez sur le bouton **Suivant**.

Notez le mot de passe aléatoire requis par les membres du groupe résidentiel pour accéder aux ressources de ce poste.

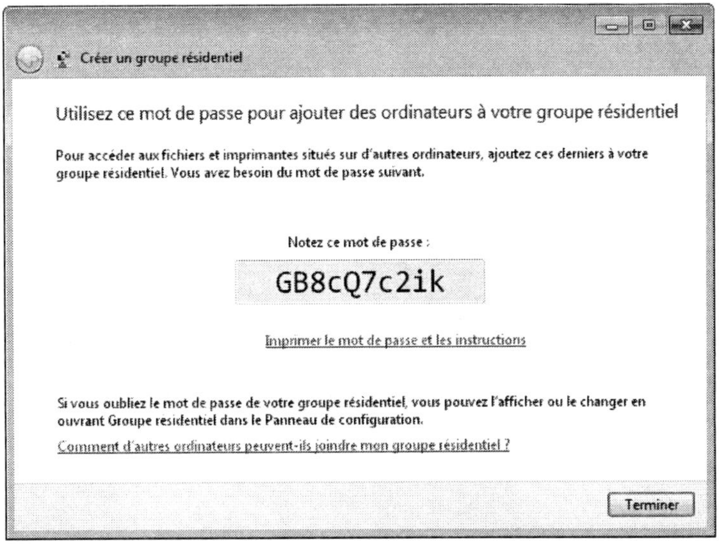

Cliquez sur le bouton **Terminer**. La fenêtre de configuration des paramètres du groupe résidentiel s'affiche. Vous pouvez, à partir de cette fenêtre, visualiser ou changer le mot de passe de votre groupe résidentiel, quitter le groupe résidentiel ou modifier les bibliothèques partagées.

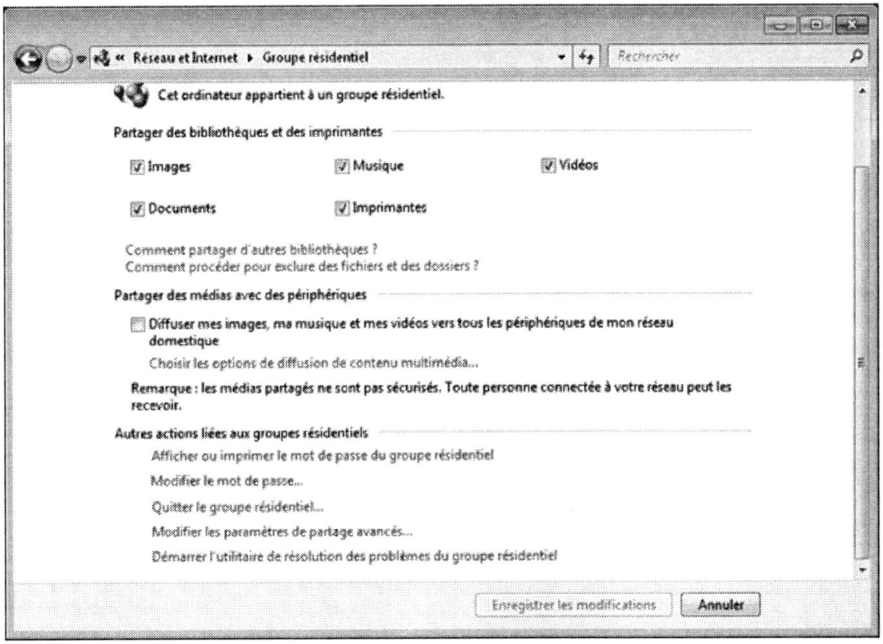

2. Ajout d'un deuxième poste au groupe résidentiel

Pour joindre un deuxième poste au groupe résidentiel, configurez le poste pour utiliser un emplacement de type **Réseau domestique**. Sélectionnez les éléments à partager sur le deuxième poste avec les membres du groupe résidentiel. Cliquez sur le bouton **Suivant**.

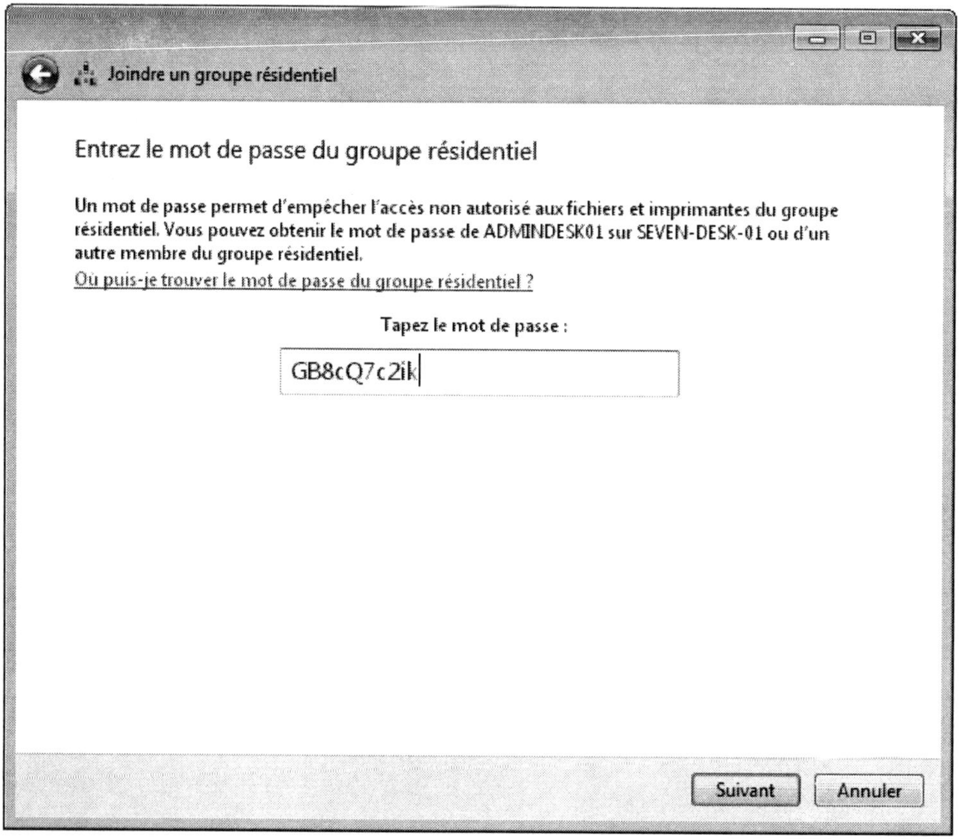

Renseignez le mot de passe du groupe résidentiel puis cliquez sur le bouton **Suivant**.

Cliquez sur le bouton **Terminer**, le poste est devenu membre du groupe résidentiel.

Ouvrez une fenêtre d'Explorateur Windows, puis développez le nœud groupe résidentiel pour visualiser les ressources partagées du groupe résidentiel.

F. Introduction à Direct Access

Uniquement disponible dans l'édition Intégrale, Direct Access est une des nouvelles fonctionnalités majeures de Windows 7. Grâce à cette fonctionnalité, vous pourrez vous connecter en toute transparence à votre réseau d'entreprise depuis n'importe quel réseau, ou point d'accès, sans devoir configurer et mettre en œuvre une connexion de type VPN (*Virtual Private Network*) côté client.

Direct Access utilise le protocole de communication IPv6 pour établir une connexion sécurisée entre le client et le serveur Direct Access. La compatibilité avec les équipements IPv4 actuels est assurée par les protocoles TEREDO, 6TO4, NAT-PT (*Network Address Translation–Protocol Translation*) et ISATAP (*Intra-Site Automatic Tunnel Addressing Protocol*). Direct Access nécessite Windows Server 2008 R2 pour la mise en œuvre de l'infrastructure côté serveur.

Pour mettre en œuvre Direct Access vous devez préalablement disposer d'une infrastructure opérationnelle. Ceci implique l'installation et la configuration d'un domaine Active Directory, la mise en œuvre d'une infrastructure à clé publique (PKI) et la configuration de Direct Access sur un serveur disposant d'un accès externe et de deux adresses publiques consécutives.

Le serveur Direct Access doit également disposer d'un serveur Web pour déterminer l'emplacement des postes clients.

La mise en œuvre de cette fonctionnalité sort du cadre de cet ouvrage, mais il peut être utile de savoir que, lorsque le poste est connecté via Direct Access à votre infrastructure, le lancement de la commande ***ipconfig*** permet de vérifier la présence du tunnel 6TO4 et l'utilisation d'adresses de type IPv6.

Le lancement de la commande ***gpresult /R /scope COMPUTER*** permet de vérifier l'application des paramètres de stratégies nécessaires au fonctionnement de Direct Access.

G. Les connexions sans-fil

Le standard IEEE 802.11 définit deux modes de connexion :

- **Mode infrastructure** : les clients sans fils sont connectés à un point d'accès.
- **Ad hoc** : les clients sont connectés les uns aux autres sans aucun point d'accès.

Il y a quatre principaux standards de connexion sans-fil : 802.11a, 802.11b, 802.11g et 802.11n. C'est ce dernier qui doit être employé pour sa meilleure bande passante et sa sécurité renforcée.

Afin de communiquer avec le réseau sans-fil, votre ordinateur doit disposer d'un adaptateur.

Cela peut être une carte PCI disposant d'une antenne, d'une carte PCMCIA si vous avez un ordinateur portable ou d'un adaptateur USB (à recommander si votre ordinateur dispose de ports USB 2.0).

Sous Windows Vista, vous devez procéder à l'installation du pilote de l'adaptateur Wi-Fi. Si vous constatez un dysfonctionnement, vous avez toujours la possibilité de télécharger le dernier pilote disponible à partir du site du fabricant. Afin de vérifier si le pilote est bien installé, accédez au Gestionnaire de périphériques puis ouvrez la branche **Cartes réseau**.

1. Configurer un réseau sans-fil

Une manière simple de configurer un réseau sans-fil est d'utiliser un service appelé **Service de configuration automatique WLAN**.

Vérifiez que, dans le **Gestionnaire de services**, il soit démarré.

Si l'adaptateur est correctement installé, votre connexion sans-fil va être automatiquement détectée. Il suffit ensuite de procéder de cette manière :

- Sous Windows VISTA, cliquez sur **Démarrer - Connexion**.
- Sous Windows 7, à partir du **Panneau de configuration**, dans la section **Réseau et Internet - Centre Réseau et partage**, cliquez sur l'option **Configurer une nouvelle connexion ou un nouveau réseau**. Sélectionnez l'option **Se connecter à Internet**, cliquez sur le bouton **Suivant**. Sélectionnez la connexion de type **Sans fil**.
- Sélectionnez la connexion Wi-Fi puis cliquez sur le bouton **Connexion**.

Il y a sur la Livebox un bouton poussoir placé à côté de l'antenne Wi-Fi, appuyez sur ce bouton poussoir.

- Dans la zone de texte **Clé de sécurité ou mot de passe:**, indiquez la clé WEP puis cliquez sur le bouton **Connexion**. Wep ("Wired equivalent privacy") est un mécanisme de chiffrement de données permettant de sécuriser les échanges sur les réseaux sans fils).

- Laissez les deux cases cochées (**Enregistrer ce réseau** et **Lancer automatiquement cette connexion**) puis cliquez sur le bouton **Fermer**.
- Vérifiez qu'en face de la mention **Puissance du signal**, il soit indiquée cette appréciation : **excellente**.

2. Créer un profil de connexion Wi-Fi manuellement

Cela sert surtout à préconfigurer une connexion sans-fil qui n'est pas disponible actuellement mais dont vous connaissez les paramètres essentiels.

- Dans le **Centre Réseau et partage**, cliquez sur le lien **Configurer une connexion ou un réseau**.
- Sélectionnez le bouton **Se connecter manuellement à un réseau sans fil** puis cliquez sur **Suivant**.
- Saisissez un nom pour cette connexion.
- Dans les listes déroulantes visibles en-dessous, sélectionnez le type d'authentification et le type de chiffrement qui sera utilisé.
- Saisissez la clé de sécurité ou le mot de passe puis cliquez sur **Suivant**.
- Cliquez sur le bouton **Connexion** ou **Fermer**.

3. Configurer votre connexion sans-fil

De la même manière qu'une connexion réseau classique, vous pouvez changer l'adresse IP ou passer en configuration DHCP automatique :

- Accédez au **Centre Réseau et partage**.
- Cliquez sur le lien **Gérer les connexions réseau**.
- Effectuez un clic droit sur votre connexion sans-fil puis sur le sous-menu **Propriétés**. Si, par exemple, la liaison nécessite une authentification, vous pourrez saisir la clé Wep ou préciser que cette clé est fournie automatiquement.

4. Gérer les connexions sans-fil

Afin de vérifier les paramètres de votre connexion, accédez au **Centre réseau et partage** puis cliquez sur le lien **Gérer les réseaux sans fil**.

Une icône représentant deux ordinateurs signifie que la connexion qui est paramétrée est en mode infrastructure. Vous pouvez vous connecter au réseau en utilisant un point d'accès ou un réseau sans-fil.

Une icône représentant trois ordinateurs signifie que la connexion est en mode Ad-hoc. Les ordinateurs se connectent entre eux en mode point à point.

Le profil réseau qui est placé en haut de la liste a la priorité sur les autres. Vous pouvez cliquer sur le bouton **Monter** ou **Descendre**.

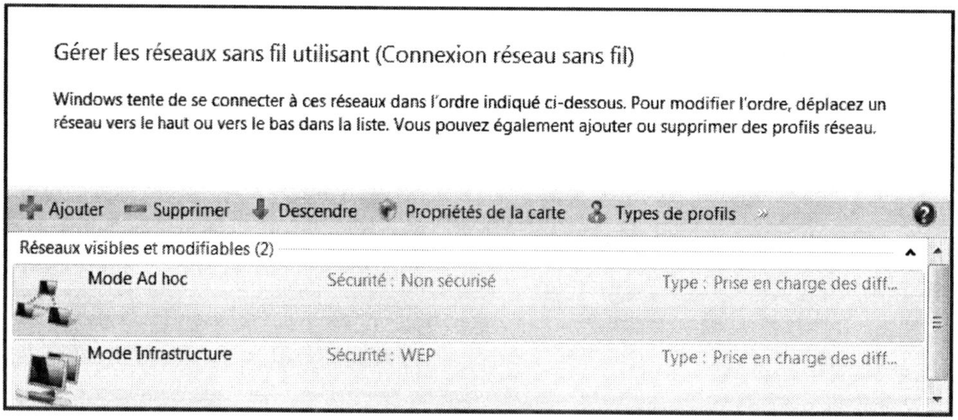

5. Configurer une connexion Ad-hoc

Ce type de réseau peut être utilisé pour partager des ressources avec d'autres ordinateurs, démarrer un jeu en mode multi-joueurs, ou partager une connexion Internet avec des amis.

En imaginant que vous deviez gérer un réseau avec trois machines, voici la procédure sur l'ordinateur hôte :

- Ouvrez le **Centre Réseau et partage**.
- Cliquez sur le lien **Configurer une connexion ou un réseau**.
- Vous pouvez également saisir "ad hoc" dans la zone de recherche du **menu Démarrer**.

- Cliquez sur le bouton **Configurer un réseau sans fil ad hoc (ordinateur à ordinateur)**.
- Cliquez deux fois sur le bouton **Suivant**.
- Saisissez un nom pour ce réseau.
- Sélectionnez le type de sécurité choisie puis enregistrez la clé de sécurité ou le mot de passe.
- Cochez la case **Enregistrer ce réseau** puis cliquez sur les boutons **Suivant** et **Terminer**.

Du côté des ordinateurs clients, il n'y a rien de compliqué !

- Cliquez sur **Démarrer - Connexion**.
- Sélectionnez le réseau qui est mentionné comme étant non sécurisé puis cliquez sur le bouton **Connexion**.

Vous pouvez pinger (utiliser la commande **`Ping`**) les ordinateurs distants afin d'être sûr que votre réseau fonctionne.

6. Exporter un profil réseau sans-fil

- Exécutez l'Invite de commandes en tant qu'administrateur.
- Saisissez cette commande afin d'afficher les profils de connexion sans-fil : **`netsh wlan show profiles`**.

Imaginons maintenant que vous voulez exporter ce profil sur une clé USB dont la lettre de lecteur soit H:, il vous suffira de saisir cette commande : **`netsh wlan export profile name="liaison en mode infrastructure" folder="h:\sauvegarde"`**. Le fichier généré sera au format XML dans le dossier (qui doit déjà avoir été créé) appelé "Sauvegarde".

En sens inverse et afin d'importer un profil sans-fil, vous utiliserez cette commande : **`netsh wlan add profile filename="h:\sauvegarde\connexon réseau sans fil-Liaison en mode infrastructure.xml"`**.

7. Empêcher Windows Vista de se connecter à un réseau Ad-hoc

Le risque sous-jacent est que votre ordinateur puisse se connecter accidentellement à un réseau sans-fil. Cela représente un danger car il peut être la cible d'une attaque visant à pénétrer dans votre système. Voici une manière simple d'empêcher toute connexion intempestive :

- Exécutez l'Invite de commandes en tant qu'administrateur.
- Saisissez cette commande qui permet de lister les filtres qui ont été éventuellement appliqués : **`netsh wlan show filters`**.
- Afin de bloquer toute connexion en mode Ad hoc, saisissez cette commande : **`netsh wlan add filter permission=denyall networktype=adhoc`**.
- Saisissez de nouveau la première commande afin de vérifier que le filtre a bien été enregistré : **`netsh wlan show filters`**.

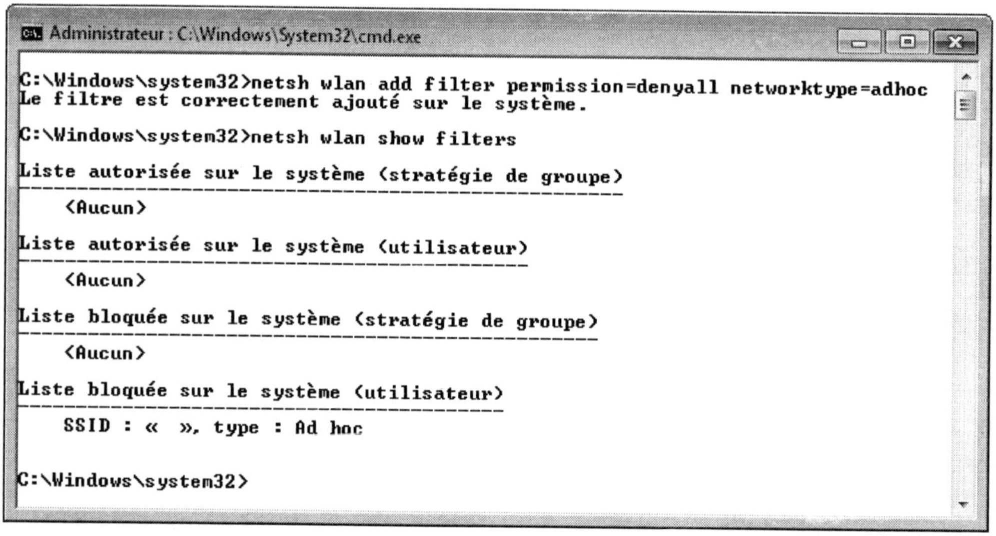

- Afin de supprimer ce même filtre, vous devrez utiliser cette commande : **`netsh wlan delete filter permission=denyall networktype=adhoc`**.

H. Les outils utiles au réseau

Il existe un grand nombre d'outils utilisables à partir de l'Invite de commandes. Vous devez exécuter l'Invite de commandes en tant qu'administrateur.

1. Ping

Acronyme de "Packet InterNet Groper", cet utilitaire fonctionne à la manière d'un sonar en envoyant des Requête d'écho ICMP (*Internet Control Message Protocol*) à une station du réseau. La commande permet de déterminer le temps nécessaire pour qu'un paquet atteigne le réseau, sert à vérifier si une station est connectée au réseau ou la disponibilité d'un serveur. Une station peut être désignée par son nom ou son adresse IP. Les commutateurs principaux sont :

- **-t** : les signaux sont transmis jusqu'à ce que l'utilisateur interrompe le processus en appuyant sur la combinaison de touches [Ctrl] + C.
- **-a** : si la résolution de nom est effectuée correctement, la commande affiche le nom d'hôte correspondant.
- **-n <nombre>** : cette option permet de définir le nombre de signaux émis. La valeur par défaut est 4.
- **-l <longueur>** : cette option permet de définir la longueur du paquet de données (de 0 à 65 000 octets). La valeur par défaut est de 32 octets.
- **-f** : ce paramètre empêche la fragmentation des paquets.
- **-s <valeur>** : un dateur est utilisé afin de définir une évaluation du temps de réponse d'un ordinateur distant.
- **-k <Host List>** : permet de définir un itinéraire source libre pour la transmission des paquets (les valeurs possibles vont de 1 à 4).
- **-j <HostList>** : permet de définir un itinéraire "source strict".
- **-w <Timeout>** : permet de définir le temps d'attente au delà duquel la station correspondante est déclarée inaccessible. La valeur est exprimée en millisecondes. La valeur par défaut est de 4000.

2. Tracert

La commande "Tracert" détermine le temps nécessaire pour que les paquets soient transmis jusqu'à un routeur. Les commutateurs sont les suivants :

- **-d** : si vous ne souhaitez pas que la commande résolve et affiche les noms de tous les routeurs du chemin d'accès.
- **-h** : permet de limiter le nombre de sauts pour rechercher la cible. La valeur par défaut est de 30 sauts.
- **-j** : permet de définir un itinéraire source libre afin d'identifier le temps de réaction des routeurs.
- **-w <temps>** : permet de définir une valeur en millisecondes au-delà de laquelle le routeur est déclaré comme étant inaccessible.

Saisissez, par exemple : **`tracert microsoft.com`**. La commande retrace le chemin empruntée par votre requête pour atteindre au site de l'éditeur.

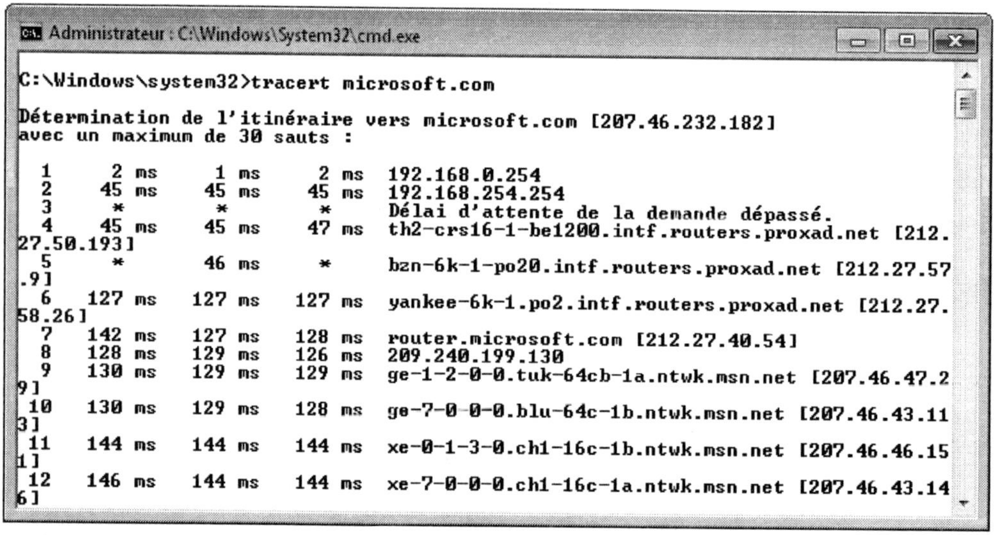

3. Ipconfig

Cette commande affiche toutes les valeurs actuelles de la configuration du réseau TCP/IP et actualise les paramètres DHCP (*Dynamic Host Configuration Protocol*) et DNS (*Domain Name System*). Elle est particulièrement utile sur les ordinateurs configurés de manière à obtenir automatiquement une adresse IP. Utilisé sans paramètres, "Ipconfig" affiche l'adresse IP, le masque de sous-réseau et la passerelle par défaut de toutes les cartes. Les principaux commutateurs sont :

- **/all** : permet d'afficher toutes les informations disponibles concernant les cartes réseau actives. Cette commande affiche tous les paramètres de vos connexions réseau.

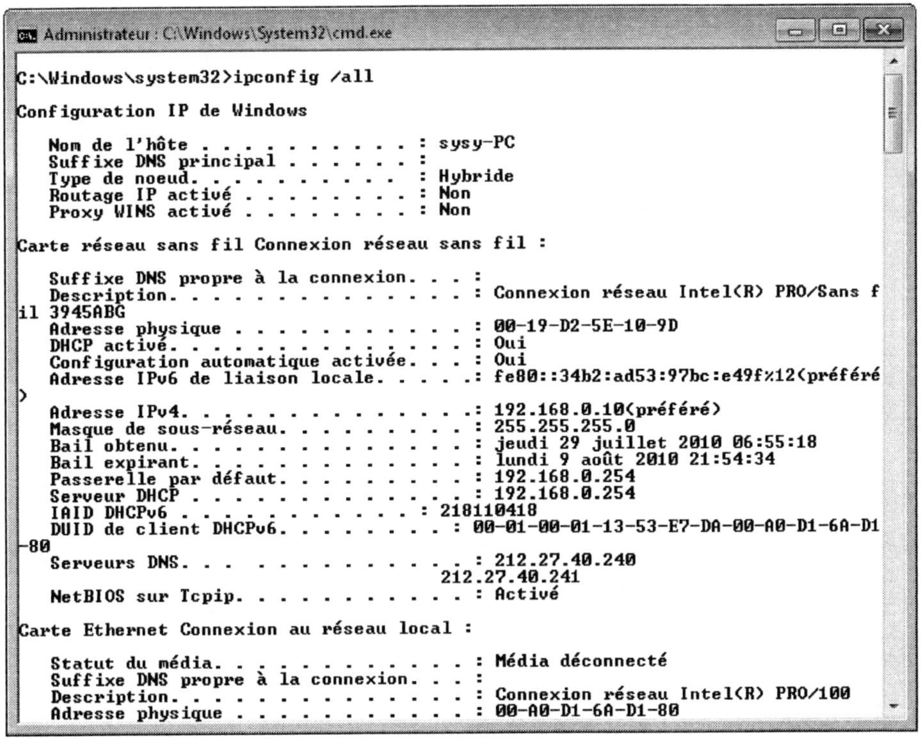

```
Administrateur : C:\Windows\System32\cmd.exe

C:\Windows\system32>ipconfig /all

Configuration IP de Windows

   Nom de l'hôte . . . . . . . . . . : sysy-PC
   Suffixe DNS principal . . . . . . :
   Type de noeud. . . . . . . . . .  : Hybride
   Routage IP activé . . . . . . . . : Non
   Proxy WINS activé . . . . . . . . : Non

Carte réseau sans fil Connexion réseau sans fil :

   Suffixe DNS propre à la connexion. . . :
   Description. . . . . . . . . . . . . . : Connexion réseau Intel(R) PRO/Sans f
il 3945ABG
   Adresse physique . . . . . . . . . . . : 00-19-D2-5E-10-9D
   DHCP activé. . . . . . . . . . . . . . : Oui
   Configuration automatique activée. . . : Oui
   Adresse IPv6 de liaison locale. . . . .: fe80::34b2:ad53:97bc:e49f%12(préféré
)
   Adresse IPv4. . . . . . . . . . . . . .: 192.168.0.10(préféré)
   Masque de sous-réseau. . . . . . . . . : 255.255.255.0
   Bail obtenu. . . . . . . . . . . . . . : jeudi 29 juillet 2010 06:55:18
   Bail expirant. . . . . . . . . . . . . : lundi 9 août 2010 21:54:34
   Passerelle par défaut. . . . . . . . . : 192.168.0.254
   Serveur DHCP . . . . . . . . . . . . . : 192.168.0.254
   IAID DHCPv6 . . . . . . . . . . . : 218110418
   DUID de client DHCPv6. . . . . . . . : 00-01-00-01-13-53-E7-DA-00-A0-D1-6A-D1
-80
   Serveurs DNS. . .  . . . . . . . . . . : 212.27.40.240
                                       212.27.40.241
   NetBIOS sur Tcpip. . . . . . . . . . . : Activé

Carte Ethernet Connexion au réseau local :

   Statut du média. . . . . . . . . . . . : Média déconnecté
   Suffixe DNS propre à la connexion. . . :
   Description. . . . . . . . . . . . . . : Connexion réseau Intel(R) PRO/100
   Adresse physique . . . . . . . . . . . : 00-A0-D1-6A-D1-80
```

- **/renew <carte>** : renouvelle la configuration DHCP de toutes les cartes (si aucune carte n'est spécifiée) ou d'une carte spécifique si la valeur **Carte** est incluse.

- **/release <carte>** : permet de libérer la configuration DHCP actuelle et annuler la configuration d'adresse IP de toutes les cartes (si aucune carte n'est spécifiée) ou d'une carte spécifique si la valeur **Carte** est inclue.
- **/flushdns** : réinitialise le contenu du cache de résolution du client DNS. Le commentaire suivant s'inscrira : "Cache de résolution DNS vidé".
- **/displaydns** : affiche le contenu du cache de résolution du client DNS.
- **/registerdns** : entame une inscription dynamique manuelle des noms DNS et des adresses IP configurés sur un ordinateur. Vous pouvez utiliser ce paramètre pour résoudre un problème d'échec d'inscription de nom DNS ou un problème de mise à jour dynamique entre un client et le serveur DNS sans redémarrage du client. Sous Windows XP, le commentaire suivant apparaîtra : "L'inscription des enregistrements de ressource DNS pour toutes les cartes de cet ordinateur a été initiée. Toute erreur sera signalée dans l'Observateur d'événements dans 15 minutes".

4. Netstat

La commande "Netstat" affiche les connexions TCP actives, les ports sur lesquels l'ordinateur procède à l'écoute, la table de routage IP ainsi que des statistiques Ethernet, IPv4 et IPv6. Sans paramètres, la commande affiche les connexions actives. Les principaux commutateurs sont :

- **-a** : affiche toutes les connexions TCP actives ainsi les ports TCP et UDP utilisés par l'ordinateur pour l'écoute.
- **-e** : affiche des statistiques Ethernet, comme le nombre d'octets et de paquets envoyés et reçus.
- **-n** : affiche les connexions TCP actives triées par ordre numérique.
- **-o** : affiche les connexions TCP actives et inclut l'ID de processus (PID) de chaque connexion.
- **-p <protocole>** : affiche les connexions utilisant le protocole indiqué (TCP, UDP, TCPv6, etc.).
- **-s** : affiche les statistiques des connexions réseau par protocole.
- **-r** : affiche le contenu de la table de routage IP. Vous pouvez également utiliser la commande "route print".

En Invite de commandes, saisissez : **`netstat -an |find /i "listening"`**. Vous aurez une vue des ports qui sont à l'écoute sur votre machine.

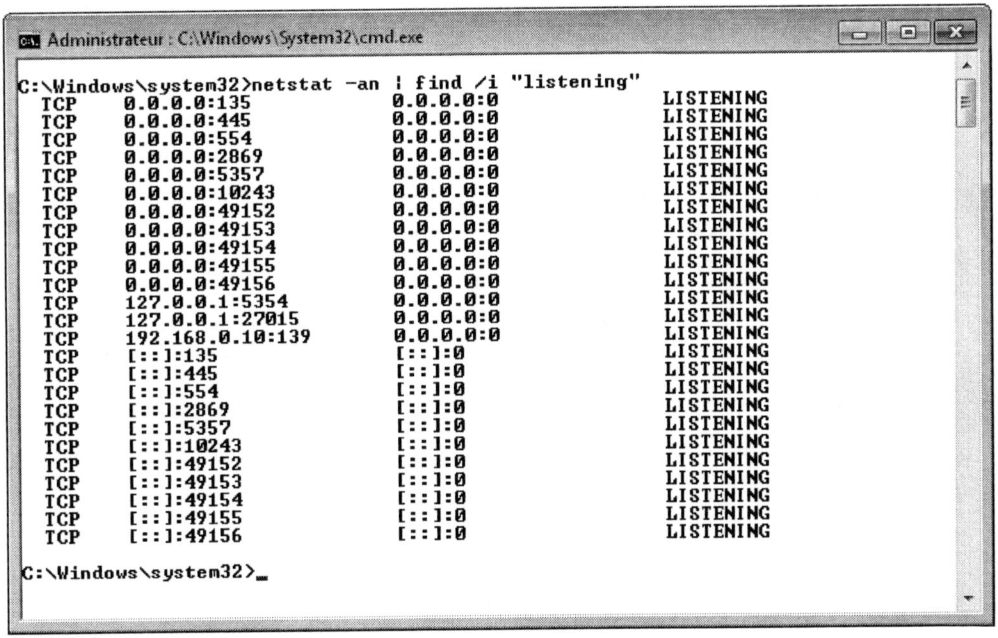

Si vous souhaitez opérer une redirection vers un fichier de sortie au format Texte, saisissez : **`netstat -an |find /i "listening" > c:\ports.txt`**.

Afin de voir les ports actuellement utilisés, tapez :
`netstat -an |find /i "established"`.

À gauche sont énumérées les adresses locales et à droite les adresses distantes.

Dans cet exemple, nous nous rendons compte que l'adresse IP de l'ordinateur est : 192.168.0.10. Une connexion est établie vers un ordinateur possédant l'adresse IP 216.239.39.104. Cela correspond au site français de Google. Par ailleurs, le port d'écoute est le 80 (utilisé pour l'affichage de pages Web).

La commande **netstat -o** liste l'ID du processus utilisé pour chaque connexion.

Une vue complète est offerte par la commande **netstat -a** (ports fermés, ouverts et utilisés).

Afin d'afficher les applications qui communiquent vers l'extérieur, saisissez cette commande : **`netstat -b 5 > log.txt`**.

Au bout de quelques minutes, appuyez sur les touches [Ctrl]+C afin d'interrompre l'exécution de la commande. Saisissez ensuite cette commande : **`notepad log.txt`**. Le fichier journal qui a été généré s'affichera dans le Bloc-notes Windows.

5. Nbtstat

C'est l'équivalent de la commande "Netstat" mais pour les connexions NetBIOS over TCP/IP. Il est également possible par cette commande de recharger le fichier *Lmhosts* dans le cache NetBIOS.

- **-a <nom distant>** : affiche la table des noms d'une station distante en utilisant son nom NetBIOS.
- **-A <Adresse IP>** : idem que précédemment mais en utilisant son adresse IP.
- **-c** : affiche le contenu du cache de noms NetBIOS, la table de noms NetBIOS et les adresses IP correspondantes.
- **-n** : affiche la table de noms NetBIOS de l'ordinateur local.
- **-r** : affiche les statistiques de la résolution de noms NetBIOS.
- **-R** : purge et recharge le fichier LmHosts sans avoir à redémarrer l'ordinateur.
- **-RR** : libère puis actualise les noms NetBIOS pour l'ordinateur local inscrit par des serveurs WINS.
- **-s** : affiche les sessions NetBIOS over TCP/IP en essayant de convertir l'adresse IP de destination en nom.
- **-S** : idem que précédemment sauf que les adresses IP ne sont pas résolues en noms.
- **<Intervalle>** : répète l'affichage des statistiques sélectionnées en observant une pause égale à "Intervalle" secondes entre chaque affichage. La combinaison de touches [Ctrl]+C interrompt l'affichage des statistiques.

6. Réinitialiser le cache ARP

Le protocole de résolution d'adresse (*Address resolution protocol* ou "ARP") est un protocole permettant la traduction d'une adresse de protocole de la couche réseau (une adresse IPv4) en une adresse MAC. En IPv6, ARP a été remplacé par "ICMP pour IPv6" (*Internet Control Message Protocol Version 6*).

Cette procédure fonctionne sous toutes les versions de Windows... Le fait de ne pas pouvoir naviguer sur Internet peut provenir d'un problème de corruption du cache ARP. Afin d'en avoir le cœur net, essayez de tester une commande Ping vers l'adresse de boucle locale (127.0.0.1) ou l'adresse locale de la machine. Procédez ensuite au même test mais en choisissant l'adresse IP d'un site distant (microsoft.com ou google.com). Si vous pouvez "Pinger" une adresse locale mais pas une adresse distante, le cache ARP est clairement en cause. Auquel cas, voici la solution :

➔ Ouvrez une fenêtre d'Invite de commandes.

Notez que sous Windows Vista, vous devez l'exécuter en tant qu'administrateur.

➔ Saisissez cette commande : **`netsh interface ip delete arpcache`**.

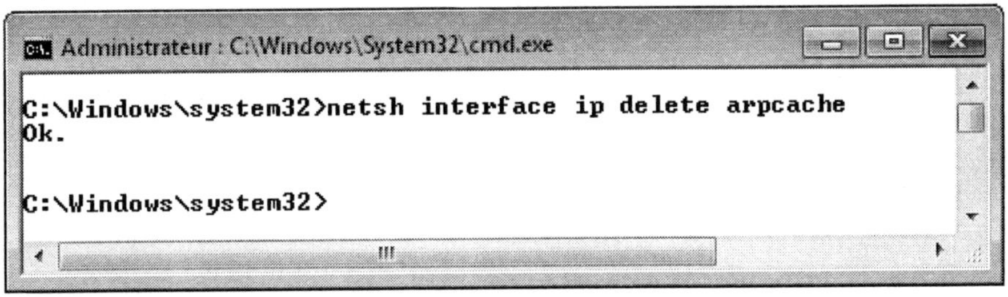

➔ Redémarrez votre ordinateur.

Chapitre 10 : Dépanner les réseaux

A. Introduction

Dans ce chapitre, nous allons passer en revue les principales difficultés que vous pourrez rencontrer lors de l'installation d'un réseau.

B. Notions de dépannage réseau

Voici un rapide mémento des erreurs que l'on peut commettre.

1. Nom du groupe de travail

- Avec le bouton droit de la souris cliquez sur l'icône **Poste de travail** puis sur **Propriétés**.
- Cliquez sur l'onglet **Nom de l'ordinateur** puis sur le bouton**Modifier...**

Vous pouvez modifier le nom de l'ordinateur ainsi que celui du groupe de travail. Un redémarrage est nécessaire.

2. Activation de NetBIOS sur TCP/IP

- Accédez aux propriétés de votre connexion réseau.
- Sélectionnez le protocole TCP/IP puis cliquez sur le bouton **Propriétés**.
- Cliquez sur le bouton **Avancé...** puis l'onglet **WINS**.
- Sélectionnez le bouton radio **Par défaut** ou l'option **Activer NetBIOS sur TCP/IP**.

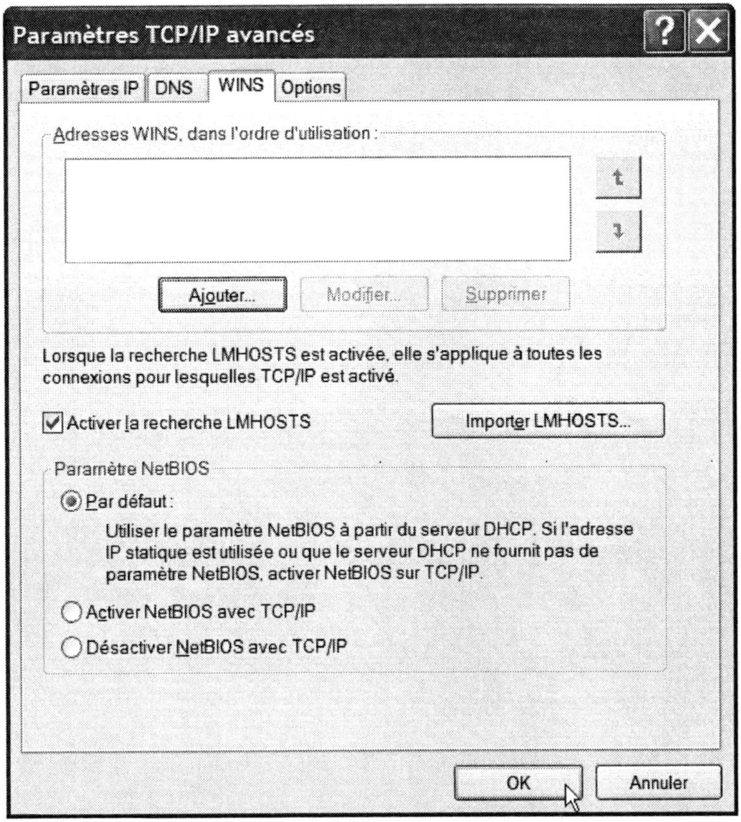

3. Paramétrer correctement le Pare-feu

Les ports suivants doivent être ouverts si vous voulez profiter du partage de fichiers et des communications SMB (*Server Message Block*) :

- Port TCP 139, port UDP 137 et 138 ("SMB Partage de fichiers Microsoft") ;
- Port TCP 445 ("Trafic SMB à hébergement direct sans protocole NetBIOS").

Relevez quel type d'emplacement réseau est configuré pour votre interface.

Pour configurer le pare-feu de Windows 7, suivez cette procédure :

→ À partir du **Panneau de configuration**, dans la section **Système et sécurité - Pare-feu Windows**, cliquez sur l'option **Autoriser un programme via le Pare-feu Windows**.

→ Cliquez sur le bouton **Modifier les paramètres**. Sélectionnez la fonctionnalité **Partage de fichiers et d'imprimantes**, autorisez l'exécution de ce programme via le pare-feu pour l'emplacement de réseau de type Domestique/entreprise (privé) comme ce devrait être le cas pour votre environnement. Cliquez sur le bouton **OK**.

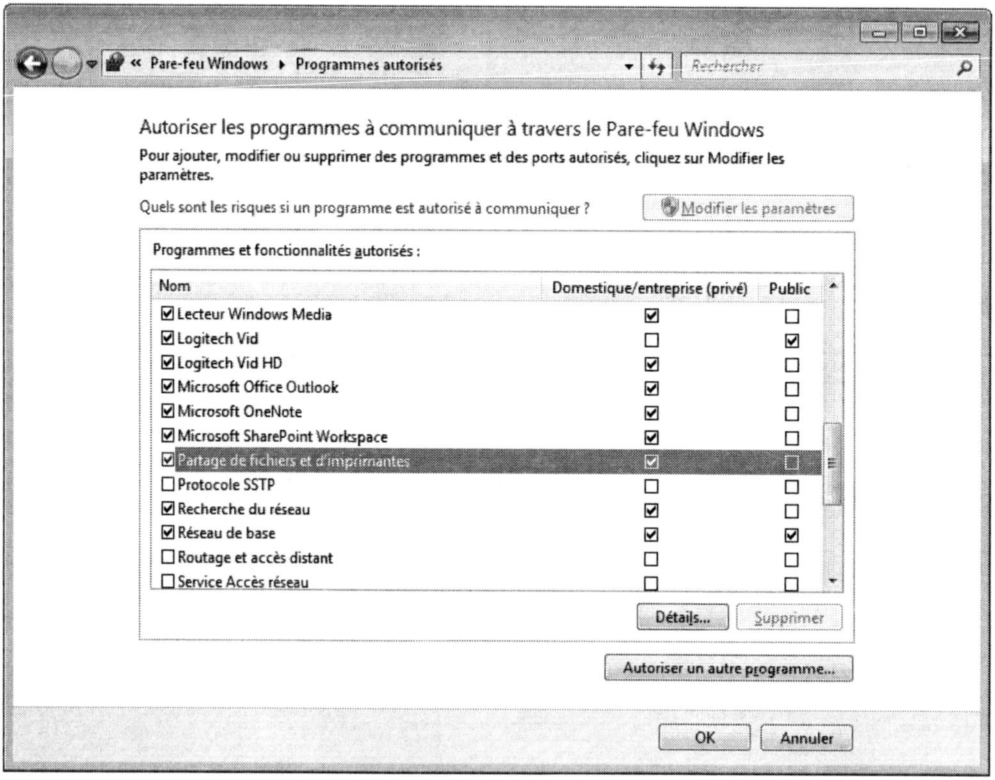

4. Les services nécessaires doivent être démarrés

La même règle s'applique à ces deux autres services : Client DHCP, Serveur et Station de travail.

5. Le type de nœud réseau

Le type de nœud définit la méthode de résolution des noms NetBIOS en adresses IP. On emploie le terme de diffusion (en anglais, Broadcast) pour désigner le mécanisme permettant à un ordinateur d'adresser des paquets de données à plusieurs machines présentes sur le réseau. Il y a cinq sortes de nœuds :

- Nœud B (ou B-node, B pour Broadcast), spécifie qu'une machine n'utilise que la diffusion pour résoudre les noms NetBIOS en adresses IP.
- Nœud P (ou P-node, P pour "Point to Point" ou "Liaison point à point") : dans ce cas, une machine s'adressera directement à son serveur WINS pour la résolution des noms.
- Nœud M (M-node, Mixte) : force la machine à utiliser le nœud B, puis le nœud P en cas d'échec de la première méthode.
- Nœud H (H-node, nœud Hybride) : la machine utilise les nœuds P, puis B si le serveur WINS ne peut résoudre le nom.
- Nœud B avancé (B+ -node) : force l'utilisation de la diffusion, puis du fichier Lmhosts.

→ En Invite de commandes, saisissez : **`ipconfig /all`**.

En face de **Type de nœud** figure la mention **Inconnu** ou **Hybride**.

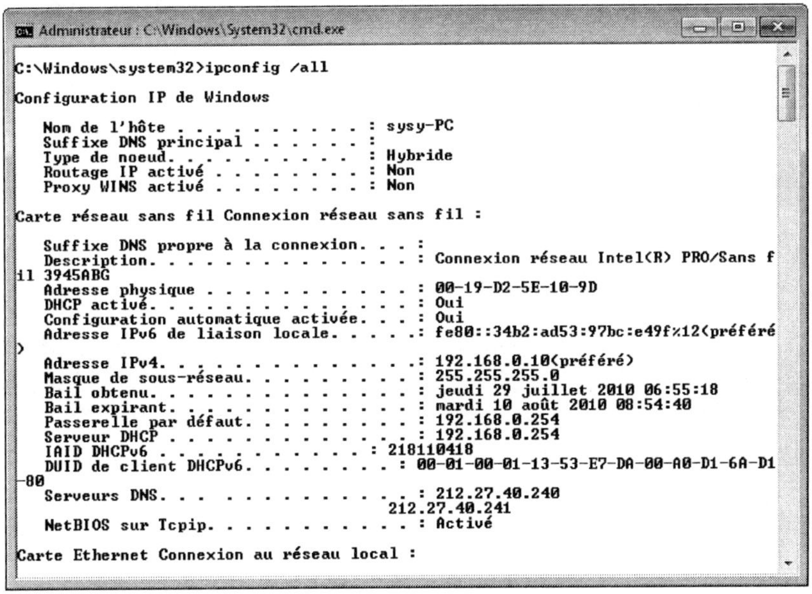
```
Administrateur : C:\Windows\System32\cmd.exe

C:\Windows\system32>ipconfig /all

Configuration IP de Windows

   Nom de l'hôte . . . . . . . . . . : sysy-PC
   Suffixe DNS principal . . . . . . :
   Type de noeud. . . . . . . . . .  : Hybride
   Routage IP activé . . . . . . . . : Non
   Proxy WINS activé . . . . . . . . : Non

Carte réseau sans fil Connexion réseau sans fil :

   Suffixe DNS propre à la connexion. . . :
   Description. . . . . . . . . . . . . . : Connexion réseau Intel(R) PRO/Sans f
il 3945ABG
   Adresse physique . . . . . . . . . . . : 00-19-D2-5E-10-9D
   DHCP activé. . . . . . . . . . . . . . : Oui
   Configuration automatique activée. . . : Oui
   Adresse IPv6 de liaison locale. . . . .: fe80::34b2:ad53:97bc:e49f%12(préféré
)
   Adresse IPv4. . . . . . . . . . . . . .: 192.168.0.10(préféré)
   Masque de sous-réseau. . . . . . . . . : 255.255.255.0
   Bail obtenu. . . . . . . . . . . . . . : jeudi 29 juillet 2010 06:55:18
   Bail expirant. . . . . . . . . . . . . : mardi 10 août 2010 08:54:40
   Passerelle par défaut. . . . . . . . . : 192.168.0.254
   Serveur DHCP . . . . . . . . . . . . . : 192.168.0.254
   IAID DHCPv6 . . . . . . . . . . . : 218110418
   DUID de client DHCPv6. . . . . . . . : 00-01-00-01-13-53-E7-DA-00-A0-D1-6A-D1
-80
   Serveurs DNS. . .  . . . . . . . . . . : 212.27.40.240
                                       212.27.40.241
   NetBIOS sur Tcpip. . . . . . . . . . . : Activé

Carte Ethernet Connexion au réseau local :
```

Dans le cas contraire :

- À partir de l'Éditeur du Registre, ouvrez HKEY_LOCAL_MACHINE\SYSTEM\CurrentControlSet\Services\NetBT\Parameters.
- Supprimez une entrée portant un de ces deux noms : NodeType ou DhcpNodeType.
- Redémarrez votre ordinateur.

6. Accéder à un ordinateur d'où le partage simple est désactivé et sans mot de passe

Si vous souhaitez accéder à des ressources partagées sans devoir vous identifier à chaque fois, veillez à ce que, sur la machine distante, les stratégies suivantes soient paramétrées de cette façon :

- Dans l'Éditeur de stratégie de groupe, ouvrez cette arborescence : Configuration ordinateur/Paramètres Windows/Paramètres de sécurité/Stratégies locales/Option de sécurité.
- Désactivez cette stratégie : **Comptes : restreindre l'utilisation de mots de passe vierge par le compte local à l'ouverture de session console**.
- Activez cette stratégie : **Accès réseau : les autorisations spécifiques des utilisateurs appartenant au groupe Tout le monde s'appliquent aux utilisateurs anonymes**.

C. L'explorateur réseau

1. WS-Discovery

Avant Windows 7 et Windows Vista, le service "Explorateur d'ordinateur" déterminait l'ensemble des équipements du réseau local par l'intermédiaire du protocole NetBIOS. Au démarrage chaque machine s'annonce par une diffusion sur le réseau local. Ce mode de fonctionnement reste d'actualité pour les versions de Windows antérieures à Windows Vista. Windows 7 et donc Windows Vista supportent ce mode de fonctionnement à des fins de compatibilité. Toutefois les dernières générations de systèmes Windows utilisent la fonction **Hôte du fournisseur de**

découverte et le **Web service-Dynamic Discovery (WS-Discovery)** pour trouver les autres ordinateurs du réseau du même type. En utilisant ce protocole, le poste qui cherche à afficher les ressources du réseau envoie une requête de type multicast et non une diffusion sur l'ensemble du segment réseau.

Vous pouvez remarquer, lorsque vous explorez le réseau sur un poste Windows 7, la présence de périphériques multimédia par exemple. Dans ce cas, Windows 7 utilise le service Hôte de périphérique UPnP et le protocole Simple Service Discovery Protocol (SSDP) (Service Découverte SSDP).

Lorsque vous activez la découverte réseau, le pare-feu est automatiquement configuré pour permettre la communication des périphériques sur le réseau. WS-Discovery utilise le protocole SOAP (*Simple Object Access Protocol*) via le port UDP 3702. L'adresse Multicast de diffusion est l'adresse 239.255.255.250 pour IPv4 et FF2::C pour IPv6.

En cas de problèmes avec la découverte des périphériques réseaux, vérifiez le démarrage des services suivants :

- Hôte du fournisseur de découverte de fonctions.
- Publication des ressources de découverte de fonctions (Sur chaque poste du réseau).
- Découverte SSDP.
- Hôte de périphérique UPnP.

Vérifiez, également, la configuration du pare-feu. Pour autoriser la recherche du réseau à travers le pare-feu, à partir du panneau de configuration, dans la section **Système et sécurité - Pare-feu Windows**, cliquez sur l'option **Autoriser un programme via le Pare-feu Windows**.

Cliquez sur le bouton **Modifier les paramètres**. Sélectionnez le programme **Recherche du réseau**, autorisez l'exécution de ce programme via le pare-feu pour l'emplacement de réseau de type Domestique/entreprise (privé). Cliquez sur le bouton **OK**.

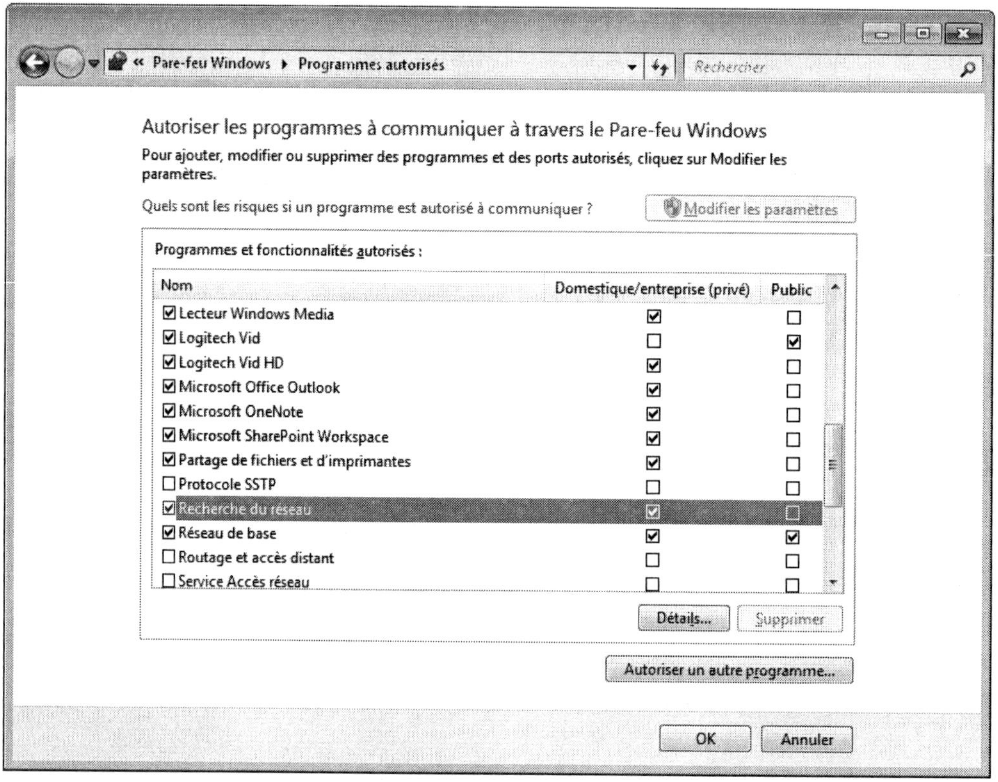

2. Mappage réseau

Le mappage réseau permet d'afficher sous forme de représentation graphique des ordinateurs et des périphériques de votre réseau. Cette fonctionnalité simplifie la vision des éléments du réseau et permet d'accéder rapidement aux propriétés des périphériques.

Windows créé la carte du réseau en utilisant le protocole LLTD (*Link Layer Topology Discovery*) et le service **Mappage de découverte de topologie de la couche de liaison**.

Pour afficher la carte de votre réseau, dans la section **Centre Réseau et partage** du **Panneau de configuration**, sélectionnez l'option**Afficher l'intégralité du réseau**.

Vous visualisez les différents composants de votre réseau interne, y compris les éléments actifs.

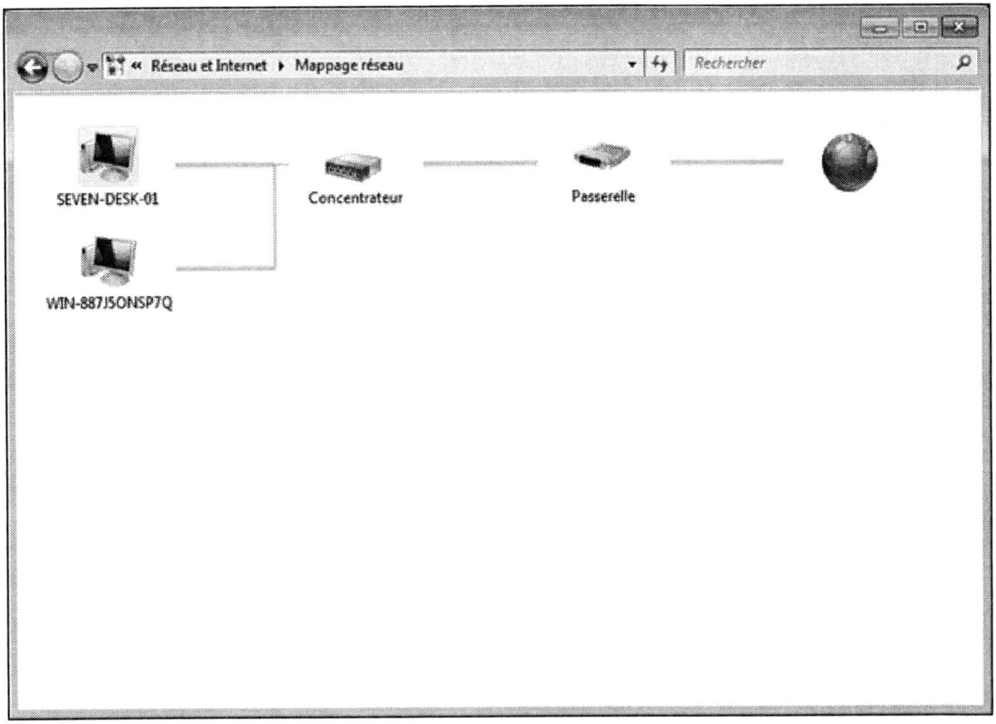

Cette fonctionnalité est désactivée par défaut sur les postes intégrés à un Domaine. Pour activer la fonctionnalité de mappage réseau :

- Dans l'éditeur de stratégie de groupe, ouvrez cette arborescence **Configuration Ordinateur\Modèles d'administration\Réseau\Découverte de la topologie de la couche de liaison.**
- Activez les stratégies **Activer le pilote du répondeur (RSPNDR)** et **Activer le pilote des entrées/sorties du Mappeur de découverte de la topologie de la couche de liaison**.

Sur les postes clients de votre réseau, ouvrez le gestionnaire des connexions réseaux.

- Cliquez avec le bouton droit sur la connexion réseau, puis cliquez sur **Propriétés**.
- Activez les cases à cocher **Pilote E/S Mappage de découverte de couche liaison** et **Répondeur de découverte de couche de liaison** puis cliquez sur **OK**.

Si, lors de l'affichage de la carte de votre réseau, vous relevez le message d'erreur suivant "Windows n'a pu découvrir ni ordinateur ni périphérique", il se peut que vous soyez connecté sur un concentrateur ou un commutateur qui ne fonctionne pas correctement ou qui n'est pas compatible avec le protocole LLTD (*Link Layer Topology Discovery*).

D. Problèmes de connectivité

Vérifiez si votre Pare-feu ne bloque pas les ports utilisés par le partage des fichiers et des imprimantes.

Vérifiez si vous pouvez pinger les autres machines.

Si vous pouvez pinger une adresse IP mais pas un nom d'ordinateur, c'est souvent dû à un problème de permissions NTFS.

Si vous pouvez pinger une adresse IP ou un nom d'ordinateur mais vous ne pouvez pas mapper une lettre de lecteur, utilisez la commande : **`net view \\Ordinateur_Distant`**.

Si vous obtenez une erreur 5, c'est un problème de permissions :

- Dans l'Éditeur du Registre, ouvrez HKEY_LOCAL_MACHINE\SYSTEM\CurrentControlSet\Control\Lsa.
- Éditez une valeur DWORD nommée RestrictAnonymous.
- Saisissez comme données de la valeur le chiffre 0.
- Redémarrez votre ordinateur.

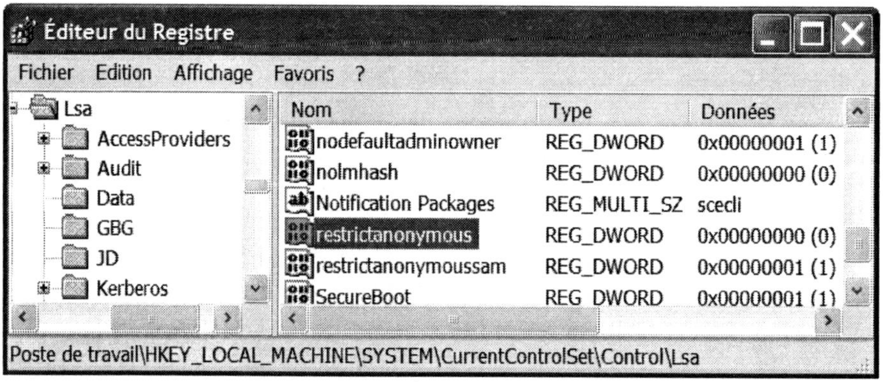

Si une erreur 51 s'affiche, vous devez activer le partage des fichiers et des imprimantes.

1. "Média déconnecté"

Vous avez également ce message d'erreur "vérifier que l'interrupteur réseau est en position "marche" sur l'ordinateur". Cette solution de contournement fonctionne : procédez au changement de votre carte réseau Wireless puis, de nouveau, remettez en place l'ancienne carte.

2. L'adresse IP est de type 169.254.X.X

C'est une adresse APIPA dans le cas où votre ordinateur ne peut obtenir une adresse IP valide du serveur DHCP (et que vous avez activé l'adressage automatique). APIPA (*Automatic Private Internet Protocol Addressing*) est un service Windows permettant d'attribuer automatiquement une adresse IP à une machine. La plage d'adresse IP utilisée est celle-ci : 169-254-0-0/16.

C'est généralement dû à un problème de connectivité (logicielle ou matérielle) ou au fait que le service DHCP n'est pas démarré.

Si un ordinateur s'est déconnecté d'un segment réseau pour se connecter sur un autre segment sans y arriver, c'est un problème d'échec d'inscription de nom DNS. Vérifiez dans ce cas les adresses IP que vous avez manuellement paramétrées pour les autres ordinateurs composant le réseau. Par ailleurs, faites le test de désactiver le pare-feu de connexion Internet. Vérifiez si la carte réseau est correctement installée. Utilisez dans ce cas cette commande : **`ipconfig /registerdns`**.

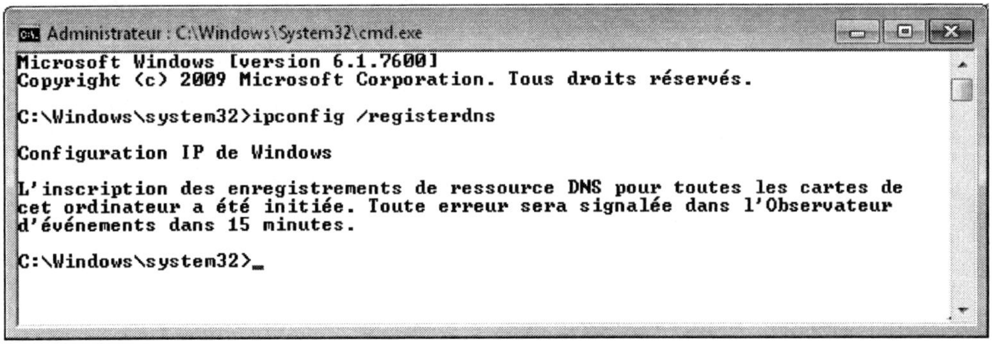

3. Mon adresse IP est de type 0.0.0.0

Un autre ordinateur utilise la même adresse IP.

4. Aucune adresse IP n'est attribuée

De plus votre connexion est indiquée comme étant limitée ou inexistante. Dans beaucoup de cas, il suffit de réparer la pile Winsock en utilisant, par exemple, le programme proposé sur cette page web :
http://www.spychecker.com/program/ winsockxpfix.html.

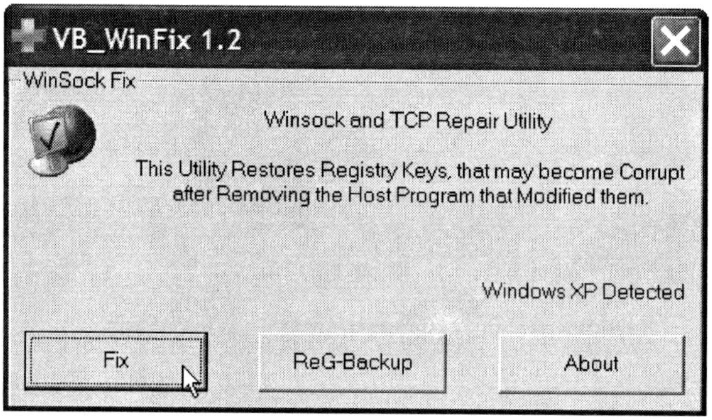

Il se peut aussi que l'adresse IP soit déjà réservée pour une autre interface réseau :

- Dans le Gestionnaire de périphériques, activez l'affichage des périphériques cachés.
- Désinstallez les occurrences qui apparaîtront dans la branche **Cartes réseau**.

5. "Une opération a été tentée sur autre chose qu'un socket"

Généralement, l'ordinateur est capable de recevoir des paquets IP mais pas d'en envoyer. La pile Winsock a été endommagée et vous devez la réinitialiser comme expliqué précédemment.

6. Impossible de renouveler l'adresse IP d'une connexion réseau

→ En Invite de commandes saisissez :

- **ipconfig /release**
- **ipconfig /renew**

Si cette dernière commande ne fonctionne pas cela peut provenir du fait que la clé Winsock2 est endommagée. La procédure pour le déterminer est la suivante :

→ Cliquez sur **Démarrer - Exécuter** puis saisissez : **msinfo32.exe**.

→ Ouvrez les branches **Composants - Réseau - Protocole**.

Vous devez voir apparaître trois types de composants :

- MSAFD Tcpip [UDP/IP] (2 branches) ;
- RSVP UDP Service Provider (2 branches) ;
- MSAFD NetBIOS (10 branches).

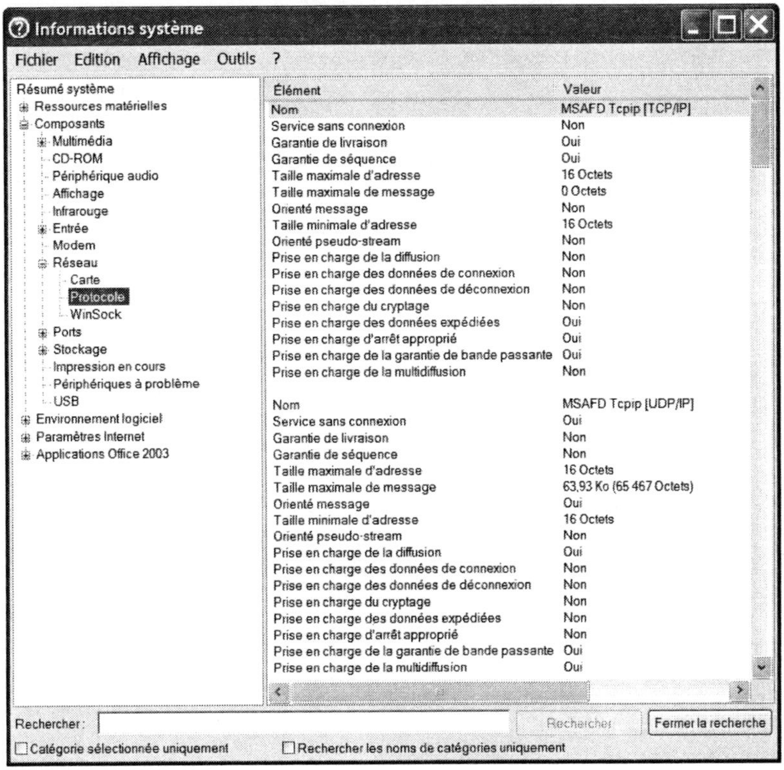

Si d'autres mentions sont présentes, il est possible que la pile Winsock ait été endommagée par un programme tiers. Vous devez dans ce cas la réparer comme expliqué précédemment.

7. J'ai des problèmes de déconnexion avec des jeux en réseau

Vous pouvez également avoir ce type d'erreur : "NET_SedPacket ERROR : NO ERROR". Par ailleurs, les transferts de données à partir d'un périphérique IP sont très lents.

→ Accédez aux propriétés de votre connexion réseau.

→ Sélectionnez la case **Planificateur de paquets QoS** puis cliquez sur le bouton **Désinstaller**.

E. Problèmes d'accès au réseau

Tous ces problèmes sont rarement matériels mais sont symptômatiques d'un problème de paramétrage. Il y a deux points à vérifier :

- les paramètres de votre pare-feu de telle façon que le partage des fichiers et des imprimantes soit autorisé ;
- le fait que le service Groupe de travail doit être démarré.

1. "Le chemin réseau n'a pas été trouvé"

Comme expliqué précédemment, activez NetBIOS sur TCP/IP.

2. Impossible de voir les autres ordinateurs d'un groupe de travail

"La liste des serveurs de ce groupe de travail n'est pas disponible actuellement" ou "Vous n'avez peut-être pas les autorisations nécessaires". La commande net view renvoie une erreur système 6118. Il est possible de pinger les machines entre elles mais vous ne pouvez accéder aux favoris réseaux.

→ En Invite de commandes, saisissez : `ipconfig /all`.

→ Vérifiez la mention placée en face de type de nœud.

Si l'indication indique ceci : "Peer-Peer", votre ordinateur est paramétré sur le mode p-node. Dans ce mode, les demandes de résolution de noms d'ordinateur sont directement envoyées au serveur WINS en mode point à point. Comme il n'existe pas de serveur WINS assurant la résolution des noms NetBIOS, les machines ne peuvent pas s'identifier.

➔ Dans l'Éditeur du Registre, ouvrez HKEY_LOCAL_MACHINE\SYSTEM\CurrentControlSet\Services\NetBT\Parameters.

➔ Supprimez ces valeurs : NodeType et DhcpNodeType.

Il se peut également que le protocole NetBIOS ne soit pas installé d'origine :

➔ Accédez aux propriétés de votre connexion réseau.

➔ Cliquez sur le bouton **Installer...**

➔ Sélectionnez l'option **Protocole** puis cliquez sur **Ajouter**.

➔ Sélectionnez l'élément relatif au composant NetBIOS.

3. "Réseau inaccessible ou vous ne disposez pas des permissions..."

Par contre, il n'y a pas de problème de partage si vous mappez un lecteur réseau en utilisant à partir de l'Invite de commandes ce type de syntaxe : **`net use x:\\nom de l'ordinateur\nom de partage`**, dans laquelle x: est la lettre de lecteur que vous souhaitez affecter à la ressource partagée.

➔ Sur la machine qui est démarrée en premier, ouvrez le Registre Windows.

➔ Ouvrez HKEY_LOCAL_MACHINE\SYSTEM\CurrentControlSet\Services\Browser\Parameters.

➔ Éditez une valeur chaîne nommée MaintainServerList puis saisissez comme données la valeur Yes.

➔ Procédez à la manipulation inverse sur les autres machines du réseau (de Yes vers Auto).

4. Je peux pinger une adresse IP mais pas un nom d'ordinateur

En bref, sur une des machines vous ne pouvez accéder au voisinage réseau.

En Invite de commandes saisissez la commande : net view Nom_Ordinateur.

Si vous obtenez une erreur n°53 vous avez un problème au niveau de la résolution des noms.

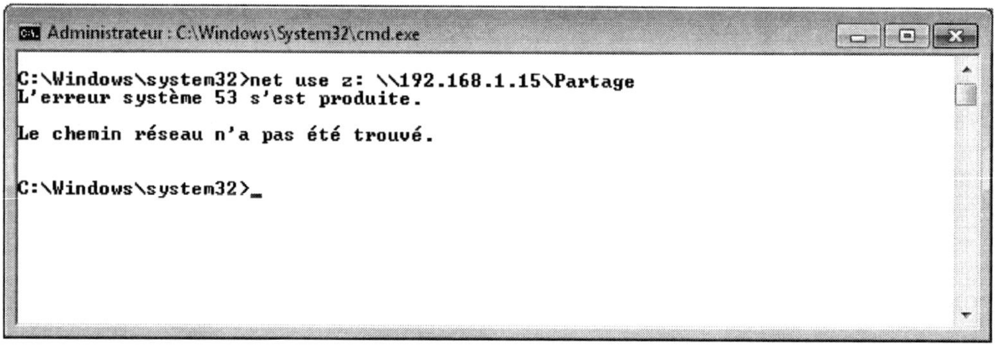

Vous devez donc vérifier que NetBIOS sur TCP/IP est activé et que le service Explorateur d'ordinateurs est démarré.

Saisissez la commande : **`net use Z: \\Adresse_IP\Nom_Partage`**.

Si vous obtenez une erreur n°5 "Accès refusé", vous avez un problème de permissions. Vérifiez que le partage des fichiers et des imprimantes est activé, que le nom de groupe de travail soit le même, que vous êtes connecté avec le même nom d'utilisateur et le même mot de passe sur toutes les machines composant votre réseau.

Si, à l'inverse, vous devez accéder à un ordinateur ne faisant pas partie du même groupe de travail, il faut activer le partage de fichier : dans l'Explorateur Windows, cliquez sur **Outils - Options des dossiers - Affichages**. Cochez la case **Utiliser l'assistant Partage (recommandé)**.

5. Impossible d'accéder aux ressources partagées sur un poste Windows XP

Vous pouvez par contre envoyer une requête "Ping" et accéder aux partages en utilisant le nom UNC. Le message d'erreur est alors celui-ci : \\Nom_Ordinateur n'est pas accessible. Vous ne disposez peut-être pas des autorisations nécessaires pour utiliser cette ressource réseau. Contacter l'administrateur de ce serveur pour savoir si vous disposer des autorisations d'accès".

La plupart du temps c'est dû à un problème d'élection du "Maître Explorateur".

Vous devez activer NetBIOS avec TCP/IP, désactiver le service Explorateur d'ordinateurs sur la machine Windows XP et vérifier les paramètres de votre pare-feu.

Si vous désactivez le service Pare-feu Windows/Partage de connexion Internet votre ordinateur ne pourra plus être le "maître Explorateur" sur le réseau. Si, dans ce cas, votre ordinateur démarre en premier les autres machines seront dans l'impossibilité de parcourir le réseau.

Par ailleurs, si vous avez activé le Pare-feu Windows mais désactivez l'exception **Partage de fichiers et d'imprimantes**, le service Explorateur d'ordinateur ne pourra démarrer. Un événement portant l'ID 7024 sera signalé dans l'observateur d'évènements.

6. Impossible de renouveler une adresse IP

Vous ne pouvez pas non plus réparer vos connexions réseaux en faisant un clic avec le bouton droit de la souris puis en sélectionnant la commande correspondante. Procédez à une réinitialisation du routeur.

7. "L'erreur système 67 s'est produite - Nom de réseau introuvable"

Faites un test en saisissant en Invite de commandes ceci : net use Nom_Lecteur: \\Nom_Ordinateur\Nom_Partage. Par exemple : net use N: \\Ordinateur1\Dossiers. Aucun mot de passe ni nom de compte ne vous sera demandé. Seul un message annoncera que "L'opération s'est terminée correctement".

Si, à partir du Poste de travail, vous tentez alors d'accéder au lecteur réseau vous aurez cette erreur : Nom_Lecteur:\ n'est pas accessible - Accès refusé". C'est donc un problème de permissions NTFS sur les dossiers partagés. Vérifiez que les utilisateurs avec qui vous partagez les ressources disposent des autorisations nécessaires.

8. Impossible de parcourir le réseau

Par contre, vous pouvez utiliser une chemin UNC pour mapper une ressource réseau. Il faut soit activer NetBIOS sur TCP/IP dans les propriétés de la connexion, soit paramétrer sur le mode de démarrage "Automatique", ce service : Station de travail.

9. Mon réseau a des problèmes de lenteur

- Vérifiez les mappages réseau.
- Vérifiez le bon fonctionnement de votre Hub.
- Vérifiez si vous n'avez pas un virus ou un spyware.

10.Ouverture de session très lente

Le problème se pose quand, une fois rentré à votre domicile, vous ouvrez une session sur un compte appartenant à un domaine. L'Explorateur Windows est dans ce cas extrêmement lent. Il suffit de désactiver les connexions persistantes en utilisant ce type de commandes : **`net use/delete`**.

11.Un ordinateur ne peut accéder à Internet

Vérifiez que le filtre des adresses MAC que vous avez paramétré sur votre routeur ne bloque pas celle de votre ordinateur.

12.Impossible d'accéder au voisinage réseau alors que l'accès à Internet fonctionne

C'est un problème de réglage de votre pare-feu.

13.Je peux pinger un site mais pas naviguer sur Internet

En Invite de commandes saisissez : **`telnet www.google.com 80`**.

Si vous avez l'erreur "Impossible d'ouvrir une connexion à l'hôte port 80, Échec lors de la connexion", vous pouvez suspecter un mauvais paramétrage de votre pare-feu.

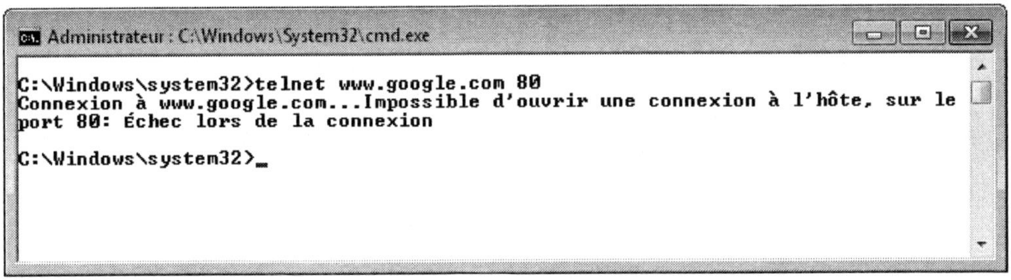

Si vous l'avez désactivé et que vous avez encore des problèmes de connexion, vérifiez que cela n'est pas lié à une désinstallation incomplète de Norton antivirus. Auquel cas, procédez à une désinstallation complète du logiciel en vous aidant d'un des outils fournis par cet éditeur. Il suffit de lancer dans Google cette recherche : **`désinstaller norton site : symantec.com`**. Une autre solution possible consiste à réinstaller la carte réseau.

14. Pas de connexion sur Internet

Vous n'avez pas ce problème si vous utilisez un "Kit de connexion propriétaire" comme celui proposé par AOL. Vous pouvez par contre pinger une adresse IP ou un nom de domaine. La commande Ipconfig renvoie des informations correctes. Voici une solution possible :

- Déconnectez le modem et le routeur.
- Attendez une bonne minute puis reconnectez-les.
- En Invite de commandes, saisissez ces deux commandes :
  - **`ipconfig /release`**
  - **`ipconfig /renew`**

Les deux commandes vont vous permettre de renouveler la configuration DHCP de toutes les interfaces réseau.

F. Problèmes sur la commande Ping

La commande Ping est une source de nombreux problèmes qui sont symptomatiques d'un souci de configuration du réseau.

1. Impossible de pinger ma propre adresse IP

C'est soit un problème de configuration de pare-feu qui fait que l'utilisation de la commande `Ping` est bloquée, soit un problème matériel.

2. La commande Ping renvoie un code d'erreur n° 5

Signalons par ailleurs qu'il ne vous ait pas possible de naviguer sur Internet.

Cela peut provenir, par exemple, d'une désinstallation incomplète d'un pare-feu de connexion Internet ou d'une solution d'anti-virus :

- Ouvrez le Gestionnaire de périphériques.
- Cliquez sur **Affichage - Afficher les périphériques cachés**.
- Ouvrez la branche Périphériques non Plug-And-Play.
- Désinstallez les occurrences qui sont en rapport avec le programme qui n'a pas été supprimé complètement.

En imaginant que votre problème provienne d'une désinstallation incomplète d'un pare-feu comme Kerio, vous pouvez devoir supprimer ce type de pilotes : **`Kerio HIPS Driver`**. Signalons qu'il se peut que vous soyez dans l'obligation de désactiver ces périphériques fantômes si vous ne pouvez pas les désinstaller.

3. "Impossible d'accéder au pilote NetBT - NetBT peut ne pas être chargé"

- Dans l'Éditeur du Registre, ouvrez HKEY_LOCAL_MACHINE\SYSTEM\CurrentControlSet\Services\netbt.
- Éditez une valeur chaîne nommée Start.
- Saisissez comme données de la valeur le chiffre 2.

- Ouvrez HKEY_LOCAL_MACHINE\SYSTEM\CurrentControlSet\Services\netbt\Parameters.
- Éditez une valeur chaîne nommée TransportBindName.
- Saisissez comme données de la valeur ceci : **`\Device\`**.

G. Problème d'accès aux ressources

Ces erreurs sont souvent le signe de problèmes aléatoires de connectivité. Vérifiez qu'il n'y a pas de câblage ou de mauvais contacts.

1. Explorer.exe se fige quand on utilise des raccourcis réseau sous XP

Autre symptôme révélateur : l'ouverture des dossiers est très lente...

Ce problème concerne Windows XP SP1 et SP2 et survient après l'installation de la mise à jour de sécurité 821557. Une méthode de contournement consiste à créer et utiliser des raccourcis réseau qui ne soient pas localisés dans les Favoris réseaux mais, par exemple, sur le Bureau. Cette page propose un correctif : http://support.microsoft.com/?kbid=841978.

2. Impossible de voir les ressources partagées

Paramétrez votre routeur de façon à ce que l'attribution des adresses IP soient faite manuellement et non sur le mode automatique.

3. "Nom_Ordinateur n'est pas accessible - Pas d'autorisation d'accès à la ressource"

Vous pouvez par contre atteindre n'importe quel répertoire partagé en utilisant un chemin UNC (\\Nom_Ordinateur\Nom_Partage). Par ailleurs, la liste des partages est bien visible. C'est un problème courant sur les réseaux mixtes...

- Sur la machine hôte, lancez l'Éditeur de Registre.
- Ouvrez HKEY_LOCAL_MACHINE\SYSTEM\CurrentControlSet\Control\Lsa.
- Éditez une valeur DWORD nommée RestrictAnonymous.
- Saisissez comme données de la valeur le chiffre 0.
- Redémarrez l'ordinateur.

4. "Nom_Partage n'est pas accessible"

La suite du message d'erreur est celui-ci : "Vous ne disposez peut-être pas des autorisations nécessaires pour utiliser cette ressource réseau - Contacter l'administrateur de ce serveur pour savoir si vous disposez des autorisations d'accès"-"Mémoire insuffisante sur le serveur pour traiter cette commande".

- Dans l'Éditeur du Registre, ouvrez HKEY_LOCAL_MACHINE\System\CurrentControlSet\Services\LanmanServer\Parameters.
- Éditez une valeur DWORD nommée IRPStackSize.

Dans certains cas, vous devez la créer...

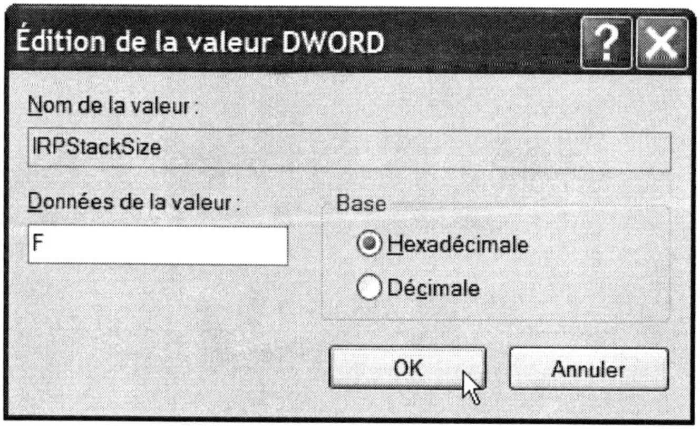

- Saisissez comme données de la valeur le nombre hexadécimal F (15 en base décimale).

En règle générale, il faut augmenter la valeur initiale de 3 unités.

5. Impossible d'accéder à un dossier partagé

Vérifiez que le nom de partage du dossier fait moins de 15 caractères.

6. "Erreur 71"

Le message d'erreur complet est celui-ci : "Il n'est plus possible d'établir de connexions avec cet ordinateur distant en ce moment car il y a déjà autant de connexions que l'ordinateur peut en accepter". Ce problème survient quand un ordinateur a déjà atteint la limite permise de connexions actives et ne peut pas répondre à une demande supplémentaire. Vous pouvez afficher le nombre de session ouverte en tapant à partir de l'Invite cette commande : **`net session`**.

- Dans l'éditeur du Registre, ouvrez HKEY_LOCAL_MACHINE\SYSTEM\CurrentControlSet\Control\LSA.
- Éditez une valeur DWORD nommée RestrictAnonymous.
- Saisissez comme données de la valeur le chiffre 2.

Cette valeur permet de restreindre le nombre de connexions de session anonyme. La stratégie correspondante sera paramétrée sur l'option "Aucun accès sans autorisation explicite".

Une machine Windows XP Professionnel est autorisée à ouvrir dix sessions entrantes clientes simultanées tandis que les ordinateurs exécutant Windows XP Édition familiale sont limités à cinq sessions.

N'oubliez pas qu'une session peut être également une connexion anonyme provenant du partage de fichiers, d'imprimantes, d'échanges utilisant un canal de communication nommé, etc.

7. Impossible d'exécuter un fichier de script à partir d'un emplacement réseau

- Dans Internet Explorer, cliquez sur **Outils - Options Internet...**
- Cliquez sur l'onglet **Sécurité** puis sélectionnez l'icône **Sites de confiance**.
- Cliquez sur le bouton **Sites...**
- Dans la zone de texte **Ajouter ce site Web à la zone:**, saisissez l'adresse IP de l'ordinateur. Par exemple, `192.168.0.100`.
- Validez par **Ok** puis redémarrez votre ordinateur.

8. "Impossible de copier le fichier - Chemin d'accès trop long ..."

Malgré les apparences, c'est un problème matériel (généralement le câble ou le Hub qui est défectueux).

H. Problèmes sur les fonctionnalités DHCP

Si vous avez opté pour le mode d'adressage automatique, vous pourrez rencontrer un certain nombre de problèmes somme tous assez bénins...

1. Impossible d'obtenir une adresse IP de la part d'un serveur DHCP

Vous ne pouvez pas non plus renouveler le bail DHCP qui détermine le début et la fin de la validité d'une adresse IP. Attribuez une adresse IP statique à votre interface réseau. Si vous ne pouvez toujours pas pinger le serveur DHCP, c'est un problème matériel. Si vous pouvez pinger le serveur DHCP, c'est un souci de configuration DHCP.

- Vérifiez les paramètres de votre pare-feu.
- Réinitialisez le protocole TCP/IP en utilisant la commande Netsh.
- Réinstallez le protocole TCP/IP.

Ces deux dernières manipulations sont expliquées à la page 311 ("Problèmes de connectivité réseau dans Internet Explorer 8").

- Si vous utilisez un routeur et que vous avez activé les fonctionnalités DHCP, procédez à une mise à jour de son firmware.

J'ajoute que si vous avez ce type d'erreur : "Connexion impossible, renouvellement de l'adresse IP en cours". C'est généralement un problème de liaison USB ou Ethernet. Il suffit dans ce cas de changer le câble.

2. Les fonctionnalités DHCP ne fonctionnent pas

Il n'y a par contre pas de problème de connectivité dès que vous attribuez une adresse IP fixe à la machine en cause. Dans beaucoup de cas, il suffit de réparer la pile Winsock en utilisant le programme proposé sur cette page web : http://www.spychecker. com/program/winsockxpfix.html.

Le problème peut par exemple se poser avec un routeur : le voyant vert de connexion indique que la liaison Ethernet se fait correctement mais l'icône de connexion réseau signale que l'adresse réseau reste introuvable. Rappelons que c'est un problème très courant !

3. Conflit d'adresses avec les fonctionnalités DHCP

Deux machines ont alors la même adresse IP.

En Invite de commandes saisissez :

- **`ipconfig /release`**
- **`ipconfig /renew`**

4. Impossible d'obtenir un bail DHCP

Quand je saisis la commande "ipconfig /renew", j'obtiens cette erreur : "Une erreur s'est produite lors du renouvellement de votre interface de connexion : Accès refusé". C'est généralement dû au fait que l'adresse IP est déjà utilisée et donc réservée. Il suffit donc de supprimer la réservation donnée à un ordinateur en fonction de son adresse MAC. Vous pouvez le faire à partir du module DHCP visible dans les **Outils d'administration**.

I. Problèmes sur le module connexion réseau

Nous nous intéressons uniquement dans ce paragraphe au module **Connexions réseaux** du Panneau de configuration.

1. J'ai un temps de latence avant de pouvoir lancer une application

Ce problème détourné ne se situe qu'au démarrage et, en quelque sorte, pendant la construction du Bureau Windows. Si cela correspond à l'installation d'une connexion ADSL, cela est dû au fait que votre adressage IP a été laissé sur le mode Automatique et entraîne des ralentissements importants au démarrage.

- Accédez aux propriétés de votre connexion réseau.
- Dans l'onglet **Général**, et dans la rubrique **Cette connexion utilise les éléments suivants**, cliquez sur **Protocole Internet (TCP/IP)**, puis sur le bouton **Propriétés**.
- Activez le bouton radio **Utiliser l'adresse IP suivante**.
- En face de la mention **Adresse IP**, saisissez une adresse IP fixe comme celle-ci : 192.168.0.1.
- Dans la zone de texte **Masque de sous-réseau**, saisissez le masque **`255.255.255.0`**, puis cliquez sur le bouton **OK**.

Les autres options n'ont théoriquement pas besoin d'être renseignées. Au prochain redémarrage, la différence sera extrêmement sensible !

2. "Il n'est pas possible d'effectuer une déconnexion actuellement"

La suite du message d'erreur est celle-ci : "Cette connexion utilise peut-être un ou plusieurs protocoles qui ne prennent pas en charge Plug-and-Play, ou elle a peut-être été initiée par un autre utilisateur ou par le compte du système".

Vous ne pouvez donc pas désactiver votre connexion réseau et la seule solution est de désactiver votre interface réseau en accédant au Gestionnaire de périphériques. Cela peut être dû au fait que le service **Services de cryptographie** est désactivé :

- Cliquez sur **Démarrer - Exécuter** puis saisissez : **`services.msc`**.
- Ouvrez le service "Services de cryptographie".

→) Dans la liste déroulante **Type de démarrage**, sélectionnez l'option **Manuel** puis cliquez sur le bouton **Démarrer**.

Il se peut également que ce service soit endommagé. Auquel cas, procédez à une réparation des services de cryptographie :

→) Redémarrez en mode sans échec.

→) En Invite de commandes, saisissez ces commandes :

- **`net stop cryptsvc`**
- **`ren %systemroot%\System32\Catroot2 oldcatroot2`**
- **`net start cryptsvc`**

Il arrive aussi qu'un programme tiers monopolise la carte réseau. Par exemple, un utilitaire Intel qui contrôle la vitesse, le mode de transmission, etc. de la carte réseau. Cet utilitaire n'étant pas signé il empêche le système de libérer le périphérique correspondant à votre connexion réseau. Dans ce cas, il suffit soit de le désinstaller, soit de le mettre à jour.

3. Impossible de créer un pont réseau

Le problème peut se poser si vous possédez une carte Wi-Fi. Rappelons qu'un pont réseau vous permet de réunir deux interfaces réseau comme faisant partie d'un même réseau local. Dans ce cas, le pont réseau est créé, mais aucun trafic ne passe. Vous ne pouvez donc pas faire un ping vers votre carte "Wireless".

Le problème qui se pose est dû au fait que beaucoup de cartes Wi-Fi ne supportent nativement pas la "promiscuité" avec un réseau de type "classique".

→) En invite de commandes, saisissez : **`netsh bridge show adapter`**.

→) Notez le numéro d'identification de l'interface réseau qui ne répond pas.

→) Saisissez : **`netsh bridge set adapter X forcecompatmode=enable`**.

→) Remplacez X par le numéro d'interface réseau dont vous allez forcer le mode compatibilité.

→) À nouveau, saisissez : **`netsh bridge show adapter`**.

La mention **ForceCompatibilityMode** doit, cette fois-ci, être indiquée comme étant activée.

- Désactivez alors votre pont réseau, puis réactivez-le.

4. Perte de ma connexion réseau sans fil

Le problème vient du fait que certains types de matériels Wi-Fi ne sont pas compatibles avec le service "Configuration automatique sans fil de Windows XP".

- Dans le Gestionnaire de services, double cliquez sur le service **Configuration automatique sans fil**.
- Dans la liste déroulante **Type de démarrage**, sélectionnez l'option **Désactivé** puis redémarrez votre ordinateur.

5. "Une erreur réseau s'est produite lors de la connexion à WMI"

"Assurez-vous que la connexion réseau fonctionne correctement". Les autres messages d'erreur possibles sont :"Impossible d'afficher les propriétés du réseau. Windows ne peut pas afficher les propriétés de cette connexion. Les informations d'instrumentation de gestion Windows (WMI) pourraient être corrompues" ou "Impossible d'afficher les informations système (MSinfo32). Échec de la connexion à ordinateur_local en raison d'un échec général de WMI".

- Cliquez sur **Démarrer - Exécuter** puis saisissez : `services.msc`.
- Double cliquez sur ce nom de service : **Infrastructure de gestion Windows**.
- Cliquez sur le bouton **Arrêter**.
- Dans l'Explorateur Windows, ouvrez C:\windows\system32\Wbem\repository.
- Supprimez tous les fichiers listés puis redémarrez votre ordinateur.

6. Vous rencontrez un problème de connectivité lors de la connexion d'un ordinateur portable Windows Vista ou Windows 7 à un point d'accès sans fil

Des problèmes de connectivité apparaissent de manière aléatoire lorsque vous connectez un ordinateur portable Windows Vista ou Windows 7 à un point d'accès sans fil. Ces problèmes surviennent si l'ordinateur fonctionne sur batterie et se traduisent par :

- Une connexion sans fil interrompue.

- La liaison affiche de faibles performances.

Le plus souvent l'origine de ce type de problème est due aux points d'accès sans fil qui ne supportent pas le protocole d'économie d'énergie 802.11.

Pour résoudre ce problème, branchez l'ordinateur portable sur une source d'alimentation. Dans ce cas Windows remplace le paramètre d'alimentation **Économie d'énergie moyenne** par **Performances maximales** pour la carte réseau sans fil. Ceci a pour effet de désactiver le mode d'économie d'énergie 802.11.

Vous pouvez également modifier le plan d'économie d'énergie utilisé par défaut.

→ Dans la zone **Recherche** du menu **Démarrer**, saisissez **Options d'alimentation**. Ouvrez cette fenêtre puis sélectionnez le lien **Modifier les paramètres du mode** du mode de gestion de l'alimentation utilisé par défaut.

→ Sélectionnez le lien **Modifier les paramètres d'alimentation avancés**.

→ Développez l'arborescence **Paramètres des cartes sans fil - Mode économie d'énergie - Sur secteur** puis sélectionnez l'option **Performances maximales**.

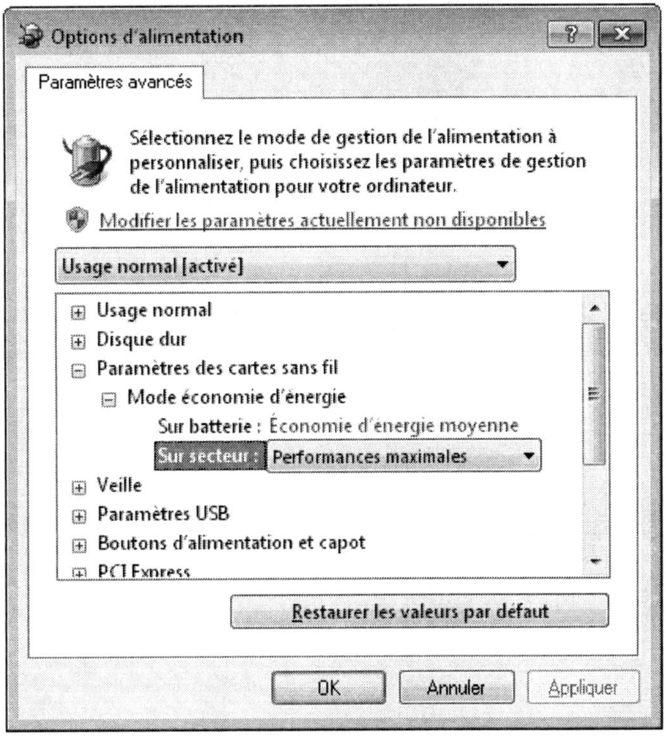

J. Problèmes spécifiques à Windows Vista et Windows 7

Sans prétendre passer en revue tous les problèmes que l'on peut rencontrer avec ce système d'exploitation, nous allons examiner les points les plus délicats.

1. Perte de la connexion Internet au bout d'un court moment

La connexion Internet se fait par contre sans problème à partir des machines tournant sous Windows XP. Si vous exécutez la commande "ipconfig /all", il est clairement indiqué en face de la mention de l'adaptateur réseau que le média est déconnecté. La solution est assez simple : il suffit d'accéder au Gestionnaire de périphériques, d'activer l'affichage des périphériques cachés puis de désactiver une interface logicielle appelée "6to4 adapter" ou "Teredo Tunneling Pseudo6Interface".

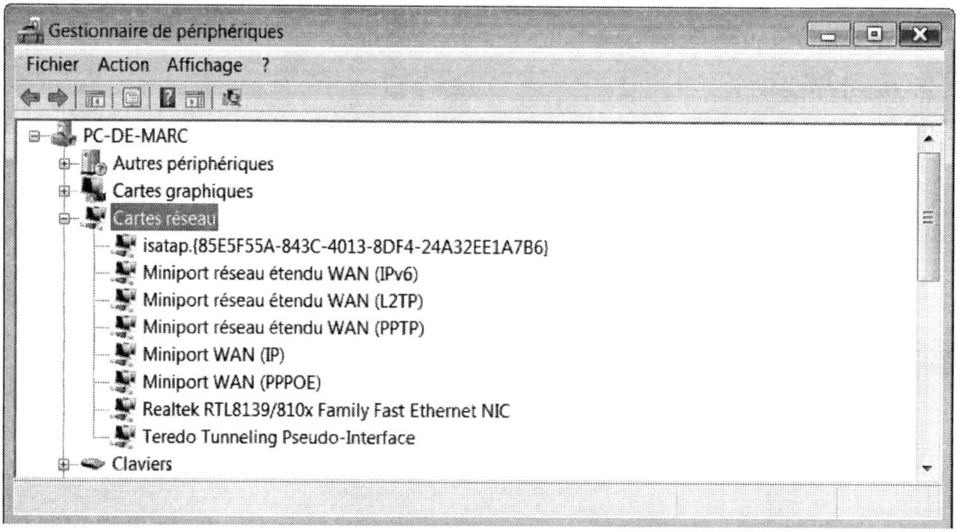

6to4 est un système permettant à des paquets IPv6 d'être transmis sur un réseau IPv4. 6to4 est utile quand deux hôtes souhaitent échanger des informations en IPv6 mais qu'une portion du réseau qui les sépare ne supporte qu'IPv4.

Le protocole Teredo ("Tunneling IPv6 over UDP through NAT") consiste à encapsuler les paquets IPv6 sur IPv4.

Le problème peut aussi se poser si votre routeur ne supporte pas la présence de l'indicateur DHCP BROADCAST. L'indicateur Broadcast permet à une machine de signaler sa présence auprès du serveur DHCP. Par défaut, cette fonctionnalité est désactivée sous Windows XP SP2 et activée sous Windows Vista. Cela peut aussi se produire avec certains serveurs DHCP "non Microsoft". Dans ce cas, Windows Vista n'arrive pas à obtenir une adresse IP.

→ Dans le Registre, ouvrez cette arborescence : HKEY_LOCAL_MACHINE\SYSTEM\CurrentControlSet\Services\Tcpip\Parameters\Interfaces.

Vous allez avoir un certain nombre de clés CLSID dont l'une d'entre elle représente votre interface réseau. Elle sera de ce type :
{4D36E972-E325-11CE-08002BE10318}.

Vous aurez une vue plus claire en ouvrant cette arborescence du Registre : HKEY_LOCAL_MACHINE\SYSTEM\CurrentControlSet\Control\Network {4D36E972-E325-11CE-08002BE10318}\{85E5F55A-843C-4013-8DF4-24A32EE1A7B6}\Connection. La valeur chaîne nommée Name indique clairement le nom de votre interface réseau et, par déduction, le GUID correspondant.

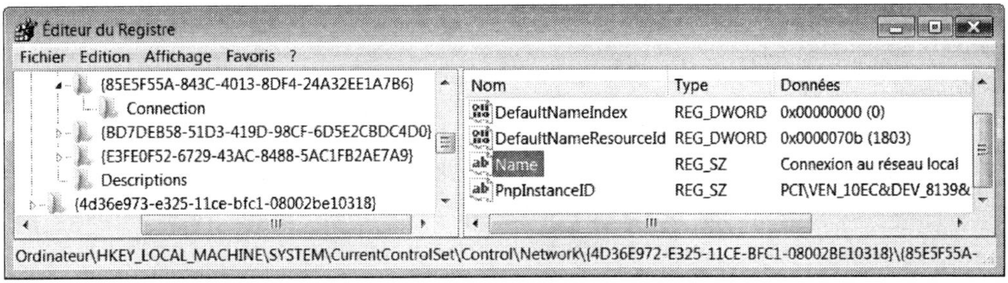

→ Une fois la bonne clé ouverte, créez une nouvelle valeur DWORD nommée DhcpConnEnableBcastFlagToggle.

→ Si vous devez modifier une valeur déjà existante, il vous suffit de saisir le chiffre 0 à la place du 1.

→ Sous Windows XP SP2, cette fonctionnalité est, par défaut désactivée alors que, sous Windows Vista, elle est activée.

2. Impossible de voir cet ordinateur dans le voisinage réseau

Il est par contre possible de pinger une machine Windows 2000 ou XP à partir d'un ordinateur tournant sous Windows Vista. Cela peut être dû à un mauvais paramétrage de Norton Internet Security (ou de votre solution de sécurité). Prenons le cas d'un système sur lequel Norton Internet Security est installé :

- Cliquez sur le lien **Options de sécurité Internet et de pare-feu**.
- Dans la rubrique **Pare-feu personnel**, cliquez sur le lien **Paramètres avancés** puis le bouton **Configurer...**
- Dans les règles générales, vérifiez que NetBIOS et Nom NetBIOS (en entrée et en sortie) sont tous deux autorisés.
- Redémarrez votre machine.

3. Problème lors de la copie de fichiers

Soit vous avez un temps de transfert extrêmement lent, soit vous avez ce type de message : "Mémoire insuffisante pour terminer cette opération". C'est particulièrement flagrant avec les lecteurs réseau mais ce problème peut aussi entraîner des coupures sur un réseau sans fil.

- Exécutez l'Invite de commandes en tant qu'administrateur.
- Saisissez cette commande :
  `netsh int tcp set global autotuninglevel=disabled`.

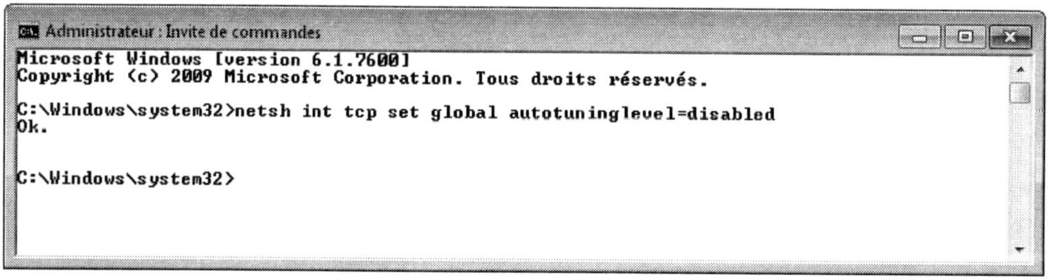

- Redémarrez votre machine.

Il y a une variante : quand un utilisateur tente de copier des fichiers d'un serveur ou d'un ordinateur distant vers une machine exécutant Windows Vista, le processus de copie peut sembler s'interrompre ou ne peut s'achever correctement. De plus, la barre de progression visible dans la boîte de dialogue de copie des fichiers indique à tort que l'ensemble des fichiers a été copié ("temps restant : 0 minute"). Vous pouvez obtenir un correctif à partir de cette page de la base de connaissances de Microsoft : http://support.microsoft.com/kb/931770.

Il y a deux autres astuces à essayer :

Dans les règles générales, vérifiez que NetBIOS et Nom NetBIOS (en entrée et en sortie) sont tous deux autorisés puis redémarrez votre machine.

En dernier recours, installez le protocole LLTD *(Link Layer Topology Discovery)* à partir de cette adresse : http://support.microsoft.com/kb/922120/fr. Attention de bien choisir la langue d'installation qui correspond à votre système...

4. Problème de partage d'imprimante sous XP avec Windows Vista

Tout semble fonctionner correctement mais aucun travail d'impression ne démarre. L'imprimante est installée sous Windows Vista. L'installation sous Windows XP s'est déroulée sans problème apparent. Il n'y a pas de message d'erreur... Mais il n'y a pas non plus de message comme quoi la tâche d'impression s'est correctement déroulée.

Bizarrement, il suffit, sous Windows Vista, de désinstaller complètement l'imprimante puis de la réinstaller et de recréer le partage réseau sur la machine Windows XP.

5. Problème de réseau mixte Windows XP et Windows Vista

Le nom du groupe de travail par défaut sous Windows Vista ("WORKGROUP") et les versions antérieures ("MSHOME") n'est pas le même. Par contre, si vous procédez à une mise à niveau de Windows XP vers Windows Vista, ce dernier conservera l'ancien nom de groupe de travail. Ce qui explique qu'il arrive que des machines tournant sous Windows Vista possèdent des noms de groupe de travail différents.

Windows Vista utilise comme dossier partagé un répertoire nommé *Public* alors que, sous Windows XP, il s'appelle *Documents partagés*. Tous les sous-dossiers de *Public* sont automatiquement partagés. Afin de partager d'autres ressources, il vous suffit simplement de les copier dans ce même répertoire.

Par défaut, Windows Vista n'accepte pas le partage simple des fichiers. Tout type d'accès à des ressources partagées (y compris le répertoire *Public*) nécessite un nom d'utilisateur et un mot de passe. Il y a d'autres points à vérifier :

- L'interface réseau doit être déclarée comme interface de confiance dans votre pare-feu de connexion Internet.
- Le partage des fichiers et des imprimantes doit être activé sur l'ensemble des machines.
- Vous devez ouvrir les ports nécessaires dans votre pare-feu. Pour plus de précisions, reportez-vous au titre Notions de dépannage réseau - Paramétrer correctement le Pare-feu de ce chapitre.

6. "Accès refusé"

Vous pouvez avoir ce message quand vous essayez d'installer une imprimante partagée sur une machine tournant sous Windows 7 (alors même qu'il n'y a pas de problème pour accéder aux autres ressources).

➔ Vérifiez tout d'abord que la fonctionnalité de Partage des fichiers et des imprimantes est correctement configurée sous la machine Windows XP.

➔ Vérifiez le nom de cette même machine ("Poste1") par exemple.

➔ Vérifiez le nom de partage de l'imprimante ("Imprimante1") par exemple.

➔ À partir de l'ordinateur Windows 7, lancez l'assistant Ajout d'imprimante.

➔ Choisissez d'installer une imprimante locale.

➔ Sélectionnez l'option permettant de créer un nouveau port.

➔ Créez un nouveau port local.

➔ Saisissez comme nom ce type de chemin : **`\\Poste1\Imprimante1`**.

➔ Vous n'avez plus ensuite qu'à indiquer l'emplacement du pilote d'impression.

N'oubliez pas d'attribuer un nom différent à l'imprimante et de la définir comme imprimante par défaut.

7. Ma connexion réseau sans-fil est très lente

Voici une solution qui fonctionne si vous possédez un ordinateur portable :

- Cliquez sur **Démarrer - Panneau de configuration**.
- Basculez vers l'affichage classique puis ouvrez l'applet nommé **Options d'alimentation**.
- Cliquez sur le lien **Modifier les paramètres du mode** visible sous l'indication du mode qui est paramétré.
- Cliquez ensuite sur le lien **Modifier les paramètres d'alimentation avancés**.
- Dans la liste déroulante qui est visible, sélectionnez l'option **Performances élevées**.

Vous devez paramétrer ce mode à la fois quand votre ordinateur portable fonctionne sur batterie et sur secteur.

- Redémarrez votre machine.

8. Accéder aux fichiers partagés d'une machine Macintosh à partir de Vista

Ce problème se pose car, par défaut, sur Windows Vista les protocoles d'authentification LM et NTLM sont désactivés. Vous pouvez avoir aussi ce type de problème : la machine Vista voit les ordinateurs faisant partie du groupe de travail mais ne peut accéder aux ressources partagées. Vous pouvez, de manière plus générale, ne pas pouvoir accéder à une ressource Unix ou joindre un domaine Samba.

- Cliquez sur **Démarrer - Panneau de configuration**.
- Basculez vers l'affichage classique puis ouvrez l'applet nommé **Outils d'administration**.
- Ouvrez le raccourci **Stratégie de sécurité locale**.
- Ouvrez les branches **Stratégies locales et Options de sécurité**.
- Ouvrez cette stratégie : **Sécurité réseau : niveau d'authentification Lan Manager**.
- Dans la liste déroulante, sélectionnez cette option : **Envoyer LM et NTLM - utiliser la sécurité de session NTLM2 si négociée**.

Notez que l'option par défaut est celle-ci : Envoyer uniquement les réponses NTLM v2.

Si vous n'avez pas accès à la stratégie de sécurité locale, suivez cette procédure :

- Dans l'Éditeur du Registre, ouvrez cette branche : HKEY_LOCAL_MACHINE\SYSTEM\CurrentControlSet\Control\Lsa.
- Éditez une valeur DWORD nommée LmCompatibilityLevel.
- Saisissez comme données de la valeur le chiffre 1 (au lieu de 3).

9. "Nom d'utilisateur inconnu ou mot de passe incorrect"

Le problème peut se poser quand vous connectez un ordinateur Windows Vista à un domaine NT4. Il suffit de créer le compte d'ordinateur dans le domaine Windows NT 4.0 avant de relier l'ordinateur client Windows Vista au domaine.

10. Le client Vista n'utilise pas le type de nœud spécifié

Il existe des informations de correctif à cette adresse : http://support.microsoft.com/kb/KB938248/fr. Ce problème est dû au fait que le service Client DHPC ne dispose pas de l'autorisation d'écrire dans la sous-clé suivante : HKEY_LOCAL_MACHINE\SYSTEM\CurrentControlSet\Services\Netbt\Parameters.

11. Impossible de synchroniser des fichiers entre un ordinateur et un dossier réseau

C'est généralement dû à un programme comme Panda Antivirus. Il suffit de paramétrer ce programme de façon à ce que ces fichiers soient exclus de l'analyse. Consultez le fichier d'aide livré avec votre version de l'anti-virus pour savoir comment procéder.

12. Une croix rouge est visible dans l'icône d'un lecteur mappé

Ce problèmes est dû à une erreur dans le fichier Shell32.dll.

Des informations de correctif sont disponibles sur cette page :
http://support.microsoft.com/kb/938062.

13. Impossible d'accéder à certains emplacements réseau

Ce problème se pose quand le Contrôle du compte d'utilisateur est activé. Dans ce cas, les utilisateurs appartenant au groupe des administrateurs reçoivent un jeton d'accès d'utilisateur standard. Les partages réseau qui sont créés via des scripts de connexion sont partagés avec un jeton d'accès standard et non un jeton d'administrateur. Quand un administrateur ayant reçu un jeton d'accès d'utilisateur standard (puisque le contrôle de Compte d'utilisateur est activé) effectue une opération nécessitant un jeton d'accès d'administrateur, une demande d'élévation de privilèges apparaît. Dans ce cas, un programme utilisant le jeton d'accès standard de l'utilisateur peut être actif en même temps qu'un autre utilisant un jeton d'accès administrateur (après la confirmation de la demande d'élévation de privilèges). Quand des partages réseau sont mappés, ils sont liés à l'ouverture de session actuelle pour le jeton d'accès accordé au processus. Cela signifie que lorsqu'un utilisateur ouvre une fenêtre d'Invite de commandes avec un jeton d'accès standard afin de mapper un lecteur réseau, le partage réseau n'est pas mappé pour les processus qui s'exécuteront avec des privilèges d'administrateur. La solution consiste simplement à configurer une valeur du Registre appelée EnableLinked- Connections. Cette valeur autorise Windows Vista à partager des connexions réseau entre un jeton d'accès filtré et celui accordé pour un membre du groupe des administrateurs. Le Gestionnaire de sécurité locale vérifiera alors s'il existe un autre jeton d'accès accordé à l'utilisateur ayant ouvert la session actuelle.

→ Dans l'Éditeur du registre, ouvrez cette arborescence : HKEY_LOCAL_MACHINE\SOFTWARE\Microsoft\Windows\CurrentVersion\Policies\System.

→ Créez une nouvelle valeur DWORD nommée EnableLinkedConnections.

→ Éditez cette valeur puis saisissez comme données de la valeur le chiffre 1.

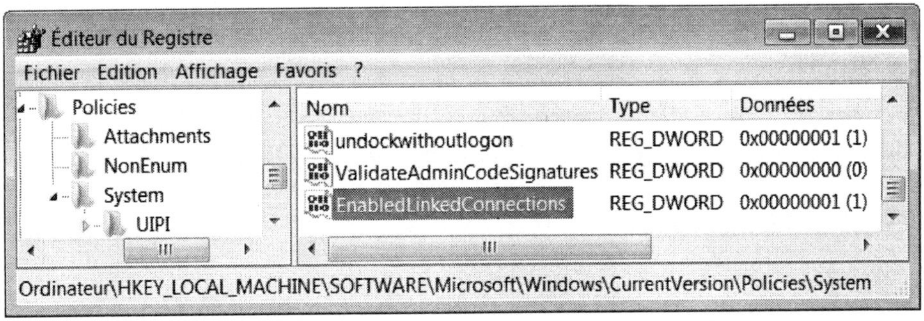

14. Réparer les erreurs réseau dans Windows Vista du Bureau à distance

Vous pouvez constater, par exemple, qu'en essayant d'utiliser les fonctionnalités d'une machine Vista vers un serveur 2003, les performances ne sont pas satisfaisantes. Nous avons déjà abordé ce problème... Le composant à blâmer est la pile réseau propre à Windows Vista. Cette nouvelle génération de pile TCP/IP inclut une technologie appelée "Receive Window Auto-Tuning". En bref, la fenêtre de réception TCP définit la somme de données qui peut être reçues de la part d'un ordinateur distant avant d'envoyer un accusé de réception. C'est une technique classique d'optimisation de sa connexion Internet que de raccourcir ce délai afin que les données soient transmises plus rapidement. La technique utilisée par Windows Vista consiste à surveiller en temps réel la bande passante consommée ainsi que les temps de latence de façon à modifier à la volée la taille de la fenêtre TCP. Le seul problème qui peut se poser est que beaucoup de programmes de pare-feux de connexion Internet ou de périphériques ne supportent pas cette fonctionnalité... S'il n'existe pas une mise à jour sur le site de l'éditeur ou du fabricant, la seule solution consiste alors à désactiver complètement cette fonctionnalité. Voici la procédure à suivre :

- Exécutez une fenêtre d'Invite de commandes en tant qu'administrateur.
- Exécutez ces deux commandes :
  - **`netsh interface tcp set global autotuninglevel=disabled`**
  - **`netsh interface tcp set global rss=disabled`**

Il n'est pas nécessaire de redémarrer votre ordinateur.

Cette solution fonctionne aussi si vous avez le code d'erreur "81000306" avec Windows Live Messenger.

15. Le statut des icônes de la zone de notification réseau et haut-parleur ne correspond pas à la configuration de votre poste

Ce problème apparaît lors de la sortie de l'état de veille ou de mise en veille prolongée.

Dans ce cas, vous pouvez effectuer l'une des actions suivantes :

- Redémarrez votre poste.

- Arrêtez puis relancez le processus **explorer.exe** depuis le **Gestionnaire des tâches de Windows**.
- Depuis le **Panneau de configuration**, cliquez sur le lien **Afficher l'état et la gestion du réseau** afin de visualiser le statut de votre connexion réseau.

!

A

B

C

D

E

F

G

H

I

M

N

O

P

R

S

T

U

V

W

X

Z